APRENDENDO A JOGAR POKER

LEO BELLO

APRENDENDO A JOGAR POKER

PRINCÍPIOS, TÉCNICA & PRÁTICA

COLABORAÇÃO DE
LEANDRO "BRASA" PIMENTEL

Editora Nova Fronteira Participações S.A.
Rua Nova Jerusalém, 345 – Bonsucesso – 21042-235
Rio de Janeiro – RJ – Brasil
Tel.: (21) 3882-8200 – Fax: (21) 3882-8212/8313
http://www.novafronteira.com.br

CIP-Brasil. Catalogação-na-fonte
Sindicato Nacional dos Editores de Livros, RJ.

Bello, Leo
B386a Aprendendo a jogar poker : princípios, técnica & prática / Leo Bello; [colaborador Leandro Pimentel]. — Rio de Janeiro : Nova Fronteira, 2008.
(Dominando a arte do poker)

Contém glossário
Inclui bibliografia
ISBN 978-85-209-2078-7

1. Pôquer. I. Pimentel, Leandro. II. Título.

08-1768. CDD: 795.412
CDU: 794.42

Sumário

Agradecimentos

Ao meu amigo e sócio Leandro Pimentel, pois muito antes de escrever este livro dividimos acertos e tropeços, sonhos e realidades, projetos e esperanças. Agradeço por acreditar em mim e estar comigo nestes últimos dois anos.

À minha mãe, Rosangela Silveira, que foi uma das primeiras leitoras e com tanto carinho e dedicação dispôs-se a revisar e a sugerir e, por que não, aplaudir, apenas para o caso de ninguém mais o fazer, e ao meu pai, Carlos Silveira, que me ensinou o gosto pelas letras. Escrever está na alma dos dois. Este é o resultado de uma de suas obras ainda incompletas, o filho que tanto os ama.

Ao meu irmão, Guilherme Silveira, autor da ilustração da capa do livro e o mais talentoso artista que conheço. À Renata Cavalcanti, cineasta que emprestou seus talentos para a foto da capa.

Ao meu editor, Rubens Prates, pela confiança e dedicação ao projeto. À Karine Hermes pela paciência e empenho com o projeto visual do livro.

Aos amigos que fiz no poker ao longo dos últimos dois anos. A união de vocês me emociona e mostra que escolhemos o caminho certo.

Ao Igor "Federal", grande amigo, pessoa maravilhosa que nos deu a honra de escrever o prefácio desta obra. Um dos melhores jogadores de poker que conheço e com um futuro brilhante.

Ao Christian Kruel e ao Raul Oliveira por ajudarem a abrir as portas do poker para o Brasil.

Às pessoas citadas neste livro, por gentilmente participarem da obra e lutarem pelo nosso objetivo comum: tornar o poker um grande esporte no Brasil.

À senhora Mandinga, que permitiu que o livro fosse publicado — sem surpresa!!!

Diametralmente,

Leo Bello

Sobre os autores

Leo Bello

Leonardo Bello, 32 anos, é carioca e formado em medicina pela UFRJ, com residência em imunologia pediátrica pela Unicamp. Iniciou sua carreira como jogador estudioso de poker há cinco anos, quando morava na Alemanha. Começando a praticar com apenas dez dólares, já acumula várias vitórias em torneios ao vivo e pela internet. Foi campeão paulista em 2006 e terceiro colocado no Campeonato Brasileiro do mesmo ano. Em 2007, foi 3º colocado no Campeonato Paulista. Há dois anos jogando profissionalmente, ainda atua como médico. Junto com Leandro Pimentel, participou da criação do Circuito Paulista e do BSOP (Campeonato Brasileiro de Poker) e criou a empresa Nutzz!, com o intuito de abranger as diversas atividades ligadas ao desenvolvimento do esporte no Brasil.

Leandro Pimentel

Leandro "Brasa" Pimentel, brasiliense, formado em Relações Internacionais, joga poker desde os catorze anos. Desde que se profissionalizou, em 2005, tem contribuído para o crescimento do esporte, lutando pela sua regularização e divulgação de seus princípios.

Em 2006, Brasa sagrou-se campeão brasileiro de poker (Brazilian Series of Poker — BSOP), um ano após ter sido campeão do Circuito Paulista de Hold'em. Já em 2007, "Brasa" foi o quinto colocado no ranking brasileiro de poker.

Mas foi em 2 de julho de 2007 que Leandro "Brasa" conquistou um lugar na história do poker, ao se tornar o primeiro brasileiro a atingir a mesa final de um evento WSOP (World Series of Poker)! O WSOP, o maior campeonato de poker, é realizado anualmente em Las Vegas e reúne jogadores de todo o mundo. Nele são disputados torneios em várias modalidades de poker.

"Brasa" disputou o Evento 49 de NL Hold'em e terminou na inédita quarta colocação, entre 3.151 competidores.

Apresentação

Por **Christian Kruel**

Terceiro colocado no ranking brasileiro em 2006, ocupou o primeiro lugar por quase dois anos desde a sua criação. Foi o primeiro brasileiro a se destacar no poker mundial, chegando a figurar no ranking da *Cardplayer*, publicação mais conceituada do poker mundial. Já esteve em uma mesa final do WPT (World Poker Tour).

Disciplina, paciência, agressividade, criatividade e muitos outros fatores serão suas grandes armas.

Além disto, o mais importante é encontrar o estilo de jogo que funcione para você. Aprenda sobre si mesmo e será um ganhador. Não tente imitar quem não é!

Ser um profissional de Texas Hold'em é um grande desafio, no qual muitos ficam pelo meio do caminho.

Conheço Leo Bello há muito tempo e, desde que começamos a discutir teoricamente o jogo, percebi que ele é um grande entendedor e talentoso especialista no assunto.

Tenho certeza de que este livro só ajudará no seu sucesso!

Boa sorte e um abraço.

♠♥♣♦

Por **André Akkari**

Primeiro colocado no ranking brasileiro em 2006, começou a jogar poker há pouco mais de um ano, e hoje é reconhecido como um dos maiores talentos brasileiros. Disciplinado, é especializado em torneios. Ganhou em 2006 uma das etapas da Bellagio Cup, torneio com vários profissionais, e já jogou na mesma mesa que Phil Ivey, no EPT (European Poker Tour), de Barcelona no mesmo ano.

Para alcançar o sucesso, existem três conceitos em que um jogador de poker deve se apoiar: disciplina, paciência e agressividade.

A disciplina é fundamental para você alavancar sua carreira de forma sustentada, sem grandes dores de cabeça, sem irresponsabilidades que trarão problemas para o seu jogo, sem o abismo financeiro que o poker pode causar.

Em segundo lugar, a paciência, já que o poker, além de vários outros fatores, é um jogo matemático, no qual você deve enxergar os dois lados da moeda, saber passar por períodos ruins, perder pouco quando a coisa não andar bem e ganhar muito quando tudo estiver lhe favorecendo.

E, finalmente, a agressividade. Ninguém deve querer mais aquele pote na mesa do que você. Para conquistá-lo, é preciso conhecer todos os caminhos técnicos, ter uma máquina de raios X instalada em sua mente para detectar quaisquer informações do seu adversário e usar de sua força para alcançar seu objetivo.

Minha carreira vem sendo um sucesso porque estudei muito e consegui chegar onde estou hoje, graças à leitura constante de materiais de qualidade, como este livro.

Prefácio

Por Igor "Federal" Trafane

Empresário e jogador profissional de poker, segundo lugar no ranking brasileiro, jogador versátil, transita entre os torneios e os *ring games* tanto no Texas Hold'em quanto no Omaha. Estudioso do poker, o qual pratica há aproximadamente dois anos, já teve vários resultados de destaque. Um dos mais importantes foi a 319ª colocação entre 8.700 jogadores no evento principal do WSOP, em 2006. Já chegou à mesa final do torneio on-line do site Poker Star com premiação garantida em US$1 milhão e mais de 2.000 participantes.

Quando fui convidado para escrever o prefácio deste livro, primeiramente fiquei muito orgulhoso, pois, no meio de tantos grandes jogadores de poker que o Brasil tem, ser escolhido me trouxe uma sincera satisfação, além de enorme prazer.

Então, recebi o Leonardo Bello em minha casa, trazendo o CD com o esboço do livro — o sumário e os primeiros rascunhos dos capítulos.

Trocamos idéias sobre a estrutura da obra, sobre a disposição dos capítulos e principalmente sobre o público para quem a obra seria escrita.

Seria ele um livro para iniciantes, com os primórdios da compreensão e do entendimento básico do poker, com regras e princípios elementares do jogo ou seria ele um livro de nível médio e/ou avançado, com detalhes de aperfeiçoamento tático, técnicas mais elaboradas, terminologias mais distantes dos iniciantes e dicas para jogadores mais experientes?

O Leo esbanjava certeza de que este livro deveria começar de forma elementar. Poderia até, no seu desenrolar, introduzir conceitos de nível médio e até chegar, quase no seu epílogo, a dar algumas pinceladas em técnicas mais avançadas. Mas ele não tinha dúvidas de que esta deveria ser uma obra que essencialmente desse acesso inicial a uma infinidade de jogadores que estão surgindo no país e que gostariam, antes de almejar ser um jogador de elite, de primeiramente entender as premissas e os fundamentos mais básicos do poker, de forma a ter condições mínimas de gastar boas horas na internet ou de reunir uma turma de amigos apreciadores de poker e se sentir efetivamente preparado para vencer.

Ter neste livro uma porta de entrada para o esporte e adquirir, após esta literatura, predicados e preparo mínimo necessários para se posicionar em uma mesa de poker como um jogador preparado e capaz de vencer — este é o objetivo principal.

A partir daí, cada leitor levará adiante — ou não — a seqüência de seu conhecimento e atividade dentro do poker de acordo com seu anseio pessoal.

Como se o desenvolvimento técnico desse jogo viesse em uma escala cronológica:

1- Ter contato com os preceitos fundamentais do poker, de forma teórica, por meio deste livro.

2- Iniciar a prática — em uma mesa de amigos ou em uma mesa on-line de valores baixos.

3- Testar empiricamente o que aprendeu. Jogar, perder, ganhar, perder novamente, descobrir coisas novas, entender algumas jogadas, descobrir novos movimentos, desentender o que tinha entendido, reentender o que havia desentendido, voltar a ler o livro, discordar de algumas teorias dele em uma segunda leitura, compreender melhor outras coisas, jogar mais, perder mais um pouco, ganhar outro pouco, trocar experiência; enfim, exercitar e se envolver com o poker dia após dia.

4- Chegar a conclusões pessoais e, depois de bastante experiência prática e teórica, descobrir e adotar um estilo próprio.

5- Evoluir efetivamente dentro do poker, desenvolvendo-se cada vez mais e aprendendo a cada dia uma experiência nova, que acrescentará na sua capacidade e no seu volume de jogo.

6- Não parar de ler, de forma a "mixar" indefinidamente conhecimentos práticos com base teórica cada vez mais farta, solidificando seu jogo e seus resultados.

7- Talvez ser um profissional (ou semiprofissional) fazendo daquilo que era um lazer, uma fonte extra (ou até mesmo fonte principal) de ganhos na sua vida.

Percebam que, nesta escala, cada leitor tem a intenção de parar em um grau diferente do seu desenvolvimento dentro do poker. Uns querem tão-somente ir até o passo 2 e se divertir com a família e os amigos. Outros pretendem ir até o último degrau, almejando ser, algum dia, um ícone deste esporte. Mas todos, quaisquer que sejam suas pretensões finais, têm de iniciar com o primeiro passo.

Abro uma brecha para lembrar de como comecei: foi exatamente em uma mesa de seis ou sete amigos que se reuniam semanalmente para se divertir, onde também estavam Leo Bello e Leandro "Brasa". Ninguém sabia nada — ou quase nada — sobre técnicas avançadas de poker. Ninguém pretendia ser um ícone nacional deste esporte. Ninguém imaginava jogar campeonatos mundiais e obter colocações expressivas. Queríamos apenas nos encontrar, beber, bater papo, nos divertir, e fazíamos do poker o motivo do nosso encontro semanal.

Os dias foram passando. A competitividade e o desejo de evoluir eram naturais e intrínsecos a cada um de nós. Um dia fulano aparecia com um vídeo de algum campeonato mundial. Outro dia sicrano trazia um livro que comprou pela internet. Uma hora um indicava um site que dava dicas de como se jogar melhor. Em outra, alguém chegava com um texto recebido do exterior. E assim, despretensiosamente, começamos a nos apaixonar e a nos aprimorar.

Descobrimos um grupo em São Paulo e outro em São Caetano que também eram de apaixonados. Começamos então a marcar os nossos primeiros torneios. Vinte e poucas pessoas que se reuniam mensalmente para um torneio de maior porte (prestem atenção: vinte e poucas pessoas formavam um torneio de grande porte na época).

Em cada mês a competição ocorria em uma cidade e, por isso, foi batizada de Circuito.

Começaram a aparecer grupos de pessoas de outras cidades e fizemos etapas em Americana, Sorocaba, Santos, Guarujá, Campos do Jordão etc.

O que era 20 virou 30, depois 40, 50, 100 pessoas por etapa. A dimensão aumentou e a repercussão, idem. As etapas eram acirradas e todo mundo queria vencer. As amizades foram se solidificando e a paixão pelo poker e o número de jogadores eram exponenciais. Fui campeão do Circuito Paulista daquele biênio — 2004/2005 — na categoria Omaha. Fui vice-campeão brasileiro on-line. Obtive meus primeiros resultados expressivos.

Não parava de ler, estudar, jogar, aprender. Assim como eu, vi meus amigos fazerem o mesmo.

Jogávamos em casas de carteado de São Paulo. Cinco ou seis "moleques", no meio de "macacos-velhos" de décadas de carteado em Sampa.

Começamos a tirar dinheiro dos dinossauros. Introduzimos matemática, estatística, leitura, *tells*, *pot odds*, posição, *range* de mãos, grupo de cartas, em suma, jogávamos com todo um embasamento conceitual, em cima de senhores que jogavam tão-somente acreditando em malandragem e experiência de baralho. Ganhávamos bastante e a *bankroll* aumentava.

Fomos a Punta Del Este, Foz do Iguaçu, Asunción e, pela primeira vez, para Las Vegas (a Meca do poker). Trouxemos mais grana de lá, ganhando torneios grandes. Começavam a aparecer resultados sólidos e a render excelentes lucros.

Unimo-nos a uma comunidade enorme de jogadores do Rio de Janeiro. Apareciam jogadores da Bahia, Paraná, Santa Catarina, Minas e Mato Grosso. Foi criado o Circuito Carioca e o Circuito Sul-Brasileiro, e a cada dia se entrincheirava uma enorme massa de bons jogadores espalhados por todo o país.

Continuamos jogando quase todo dia. Não encarávamos isso como hobby, mas como um esporte — e queríamos ser esportistas de elite.

Em agosto de 2006, muitos de nós tivemos o prazer de participar do Campeonato Mundial de Poker (o WSOP) — com 9.000 jogadores de elite do mundo todo. Fomos em um grupo de quase 30 brasileiros para Las Vegas.

E a história foi assim, despretensiosa, dedicada e apaixonante.

Mas outros não tinham pretensões maiores e simplesmente continuaram se reunindo para sua mesinha semanal. Continuam nossos amigos, mas nunca foram para cassinos no exterior ou campeonatos fora de suas cidades. Não era o que eles queriam com o poker.

E é por isso que concordo plenamente que este livro inicie com princípios básicos e fundamentais do poker.

Algumas pessoas vão usar tais conhecimentos exclusivamente em um ambiente familiar ou num círculo de amigos. Outras serão levadas pela paixão pelo poker e se juntarão ao time brasileiro em Las Vegas para os próximos campeonatos mundiais. Quem sabe, ou melhor, *who knows*?!

Mas chegue aonde chegar, o início será o mesmo: o passo número 1 da lista anterior. A pedra fundamental de sua história no poker obviamente devem ser os conhecimentos básicos.

E existe uma legião incontável de novos jogadores chegando a cada dia. Estes precisarão indiscutivelmente de uma base sólida.

Já há uma grande quantidade de praticantes de poker hoje no Brasil, mas isso em nada se compara a uma enorme e descomunal massa de jogadores que está por vir. A cada dia me impressiona como um expressivo número de novos jogadores enfileira-se para dar os seus primeiros passos no poker. Há um ano eram algumas dezenas de jogadores no país. Hoje já somos um ou dois milhares. Em três ou quatro anos não tenho qualquer dúvida de que seremos centenas de milhares.

Essa é uma onda gerada pela facilidade e comodidade do acesso via internet e pela amplitude de divulgação de canais de TV (aberta e a cabo), que vêm difundindo o jogo. Uma avalanche está acontecendo neste exato momento. E essa nova massa vai precisar, antes de saber técnicas avançadas — antes de saber terminologias complicadas, antes de desenvolver táticas mirabolantes —, ter acesso a informações básicas e primordiais para um primeiro contato com o poker. E este livro é perfeito para isto.

Não tenho dúvidas de que *Aprendendo a jogar poker — Princípios, técnica e prática* será o marco zero de muitos grandes profissionais de poker do futuro. Será a literatura citada e utilizada por décadas como a fonte acadêmica mais confiável para os iniciantes de poker no Brasil.

Eu não diria que este é o meu prefácio para o livro.

Eu diria que este livro é o prefácio do poker no Brasil.

Capítulo 1
Introdução

Shuffle up and deal!
Frase utilizada para dar início aos torneios de poker. Significa: "Embaralhem as cartas e distribuam!"

Autor desconhecido.

Quem diria que apenas um ano após o lançamento de *Aprendendo a jogar poker* eu estaria, com muito prazer, refazendo a introdução ao livro.

Só tenho a agradecer a cada um dos leitores que transformou este livro em referência para os jogadores brasileiros, dos iniciantes aos mais experientes. Cada um dos livros feitos na primeira edição acabou nas mãos de um leitor. Algo que para o poker no nosso país é fabuloso. Quando escrevi o livro, duvidava se haveria leitores suficientes no país que quisessem se informar sobre o poker. Hoje percebo que foi pouco. Se houvesse uma distribuição mais ampla e uma divulgação melhor, alcançaríamos ainda mais pessoas e como consequência mais jogadores começando a praticar.

Meus desejos foram atendidos quando a editora Nova Fronteira me procurou com um plano: desenvolver um projeto que envolvesse o poker.

Nele eu teria liberdade para produzir um novo livro e todo o suporte necessário para divulgá-lo para o Brasil. Um dos nossos maiores objetivos é mostrar aos leigos que o poker é um esporte de habilidade, complexo e interessante, mas ao mesmo tempo disponível para todos, de fácil acesso e simples de aprender.

Estamos criando a Confederação Brasileira de Poker, os torneios estão se organizando e crescendo, e os jogadores ficam a cada dia melhores tecnicamente, como é comprovado pelos diversos resultados internacionais e pela internet. Quando escrevi *Aprendendo a jogar poker*, eu sabia apontar os dez jogadores que considerava mais preparados e habilidosos no país. Hoje, menos de dois anos depois, não poderia listá-los, pois estaria sendo injusto com muitos tal a abundância de craques e estilos.

E estamos apenas no início. Vocês, novos leitores, podem ser os futuros campeões. Aprendam com o livro, participem dos eventos pelo país, pelo mundo e pela internet. Espero retornar em uma próxima edição e falar dos novos campeões.

Os motivos para escrever um livro de poker são muitos, mas tento me colocar no lugar dos leitores e imaginar o que eles buscariam em uma obra sobre o tema.

Com a atual febre mundial, o poker está presente em vários canais de televisão e, graças à internet, ao alcance de todas as pessoas. Não é difícil imaginar que o público no Brasil seja heterogêneo, e assim, seus interesses variem muito.

Pense nisto

O poker é um jogo fácil de aprender e difícil de dominar, mas qualquer jogador pode ser um vencedor, basta estudar, ser disciplinado e praticar.

Para os iniciantes, um livro pode servir apenas para aprender as regras e alguns conceitos. Mas por que escrever para quem já pratica o jogo há algum tempo? Há muitos praticantes de poker que nunca leram sobre o assunto e que podem até ter uma vasta experiência. Entretanto, se não lerem sobre alguns conceitos teóricos, permanecerão cometendo os mesmos erros por anos a fio.

Os jogadores de poker ganham quando o adversário comete erros. Jogar uma mão de forma incorreta pode custar caro se o jogador não perceber que o fez e procurar a correção. Porém, como se aperceber do erro se não se conhece a teoria? Acredito que este livro ajudará jogadores de todos os níveis, do iniciante ao mais avançado. Este último será ajudado pelo fato de conhecer um pouco de como pensa um outro jogador com o mesmo embasamento teórico. No poker, conhecer psicologicamente seu adversário é uma vantagem enorme. Utilizando de um trocadilho oportuno, diria que após essa obra alguns de meus métodos serão como um livro aberto para os oponentes.

Pense nisto

Conhecer a si mesmo e ao adversário no poker, nos negócios e na vida: estratégia para vencedores.

Já temos no Brasil mais de uma centena de jogadores profissionais, que dedicam a maior parte de seu tempo ao esporte, competindo no país e no exterior. Estes pioneiros merecem todos os aplausos porque vêm desbravando os caminhos, ajudando a acabar com o preconceito e a discriminação em relação a esse jogo. O poker praticado atualmente evoluiu para um jogo técnico, em que a habilidade dos jogadores se sobrepõe à sorte. Pudemos observar no mundo o surgimento de profissionais e da regulamentação do esporte.

Além desses jogadores, temos centenas de praticantes assíduos, que freqüentam os circuitos apoiados pelas federações e associações em todo o país, como o Circuito Paulista, o Sul-Brasileiro, o Carioca e o Mineiro de Texas Hold'em. Esses variam do iniciante ao jogador que já vem se aprofundando na teoria do poker. Até o momento, esta teoria estava disponível apenas em língua inglesa por meio de livros e de alguns fóruns pela internet. Vimos então a necessidade de trazer para o leitor material em língua portuguesa, escrito por brasileiros para brasileiros.

Temos ainda dezenas de milhares de jogadores interessados, que acompanham o poker pela televisão e engrossam a audiência de programas como o Tower Torneos, que leva jogadores a Punta Cana, na República Dominicana, os da ESPN, comentados por Christian Kruel — um dos primeiros e mais bem-sucedidos profissionais do Brasil — e até mesmo os do SBT, que transmitia torneios do WPT com dublagem dos comentaristas americanos, mas não explicava os conceitos básicos ao espectador, afastando o jogo da realidade brasileira. Desses espectadores, uma grande parte nunca teve oportunidade de jogar um torneio ao vivo ou pela internet e busca informações sobre o jogo para começar a praticar.

Neste livro procurei citar e homenagear pessoas que fizeram parte do início do Texas Hold'em no Brasil. Daqui a alguns anos, muito pode ter mudado, mas as pessoas mencionadas aqui abriram as portas. Pela união e pela vontade de cada uma o esporte está crescendo e lutando para se organizar.

O objetivo é oferecer material que interesse e auxilie tanto o iniciante, quanto o jogador mais experiente, desde aquele que quer aprender o jogo até o que apenas quer conhecer um pouco mais da cultura que o envolve. Por cultura entenda-se: conhecer os jogadores, os torneios mais importantes, as histórias, as aspirações e o linguajar criado e desenvolvido pelos desportistas.

Ensinaremos o "dialeto" do jogador de poker, mas, ao mesmo tempo, comentaremos sobre as interessantes expressões criadas pelos brasileiros que abraçaram esse esporte. Assim como quando aprendemos informática, muitos dos termos utilizados no poker se originam do idioma inglês, incluindo a própria grafia poker, com K, em vez do "qu" da língua portuguesa. Para facilitar a compreensão da terminologia, no Apêndice A incluímos um glossário detalhado com os principais termos utilizados no esporte.

Sim, porque poker é um esporte. Um esporte no qual, como em tantos outros, a prática faz o jogo melhorar, e cujos resultados vêm por meio de muito estudo e dedicação, sendo que preparo emocional é fundamental para ser um vencedor consistente.

Esporte: aptidão + treino + força de vontade = vitórias

Um grande torneio de poker pode durar até dez dias, como no caso do evento principal (*main event*) do WSOP. Este é o campeonato mundial de poker e ocorre anualmente em Las Vegas, Estados Unidos. É composto por cerca de quarenta eventos de diversas modalidades de poker e valores de inscrição variando de US$ 1.000 a 50.000, os quais duram em torno de 45 dias, começando no final de junho e se estendendo até o início de agosto. O evento principal é disputado na modalidade Texas Hold'em *no-limit* (*no-limit* se refere à inexistência de um valor limite para apostas dentro das fichas que você possui em jogo), tem inscrição de US$ 10.000 e, em 2006, contou com 8.700 participantes de todo o mundo, em que cada atleta jogou durante 12 a 16 horas diárias, descansando nos pequenos intervalos. É uma verdadeira maratona, na qual o jogador tem direito a uma pausa de algumas horas para dormir e tentar recarregar as energias, retornando no dia seguinte. Mas o resultado final compensa o desgaste. Em 2006 o vencedor levou mais de US$ 12 milhões para casa ao final dos dez dias de jogo.

Curiosidades

Jamie Gold, produtor de TV, jogador amador de poker, faturou o maior prêmio da história do poker mundial: US$ 12 milhões. Em 2003, Chris Moneymaker e em 2004, Greg Raymer, também amadores, foram campeões do mesmo evento. De assalariados a milionários.

A mente sempre aguçada e atenta e o autocontrole das emoções, desenvolvidos com treino e prática, são imprescindíveis para competições. Como não tremer as mãos em uma jogada importante, ou, ainda, como não deixar transparecer o seu blefe? A repetição das situações levará o seu corpo a se comportar com naturalidade. Por meio dessa naturalidade será possível atingir a consciência da linguagem corporal. Como o jogador de futebol que treina todos os dias o seu chute, o jogador de poker treina suas reações, seu rosto, sua expressão e sua fala.

O jogador de poker recreacional tem a seu dispor um jogo fácil, que pode ser rapidamente aprendido e praticado com amigos em casa. Para começar um jogo, basta um baralho, um local para jogar, algo para representar as apostas (fichas, feijões etc.) e pelo menos um outro jogador.

É um bom pretexto para reunir os amigos, jogar por algumas horas, uma vez por semana, no conforto de sua casa e dar umas boas risadas enquanto come-se uma pizza. Em algumas empresas, o tradicional futebol já se transformou na mesa de poker na casa de um dos colegas. E o poker tem uma vantagem: as mulheres participam em igualdade de condições. É um jogo com um escopo social maior, no qual mulheres e homens, jovens, adultos e idosos podem participar juntos, sem necessidade de diferenciação de categorias. Em uma época que falamos de inclusão social, o poker é um esporte no qual deficiências físicas não são fatores limitantes.

E hoje em dia, pode até mesmo ser uma atividade para praticar sozinho, visto que, pela internet, a qualquer momento do dia ou da noite, é possível encontrar um jogo adequado ao seu nível e estilo, começando pelos gratuitos chamados de *freerolls*, que você pode jogar de graça e competir por prêmios em dinheiro, passando pelos *sit and go's*, cujas entradas custam 1 dólar, chegando a valores maiores, como os torneios de US$ 215 que pagam até US$ 1 milhão em prêmios todos os domingos.

E como um incentivo para quem está começando, mais de um brasileiro já chegou até a mesa final desses torneios. Christian Kruel, Igor "Federal" Trafane, Fábio "Deu Zebra" Monteiro e Tiago "Fifa Soccer" Carriço (campeão mundial de Fifa Soccer em 2005) foram alguns dos que já figuraram nas finais dessas competições. Atualmente, os brasileiros vêm começando a se destacar e a competir com os melhores do mundo, e a grande maioria começou a praticar há pouco mais de um ano, como é o caso de André Akkari.

Christian Kruel já tem no currículo uma mesa final em um torneio do WPT e inúmeras finais nos principais torneios pela internet. Seu amigo Raul Oliveira é um dos fenômenos dos *ring games limit*, com resultados também impressionantes quando se aventura pelo mundo dos torneios.

Ring game é a modalidade em que as fichas equivalem a dinheiro. Você joga não para ser campeão, e sim para aumentar sua quantidade de fichas iniciais e portanto sair com mais dinheiro do que entrou.
Limit refere-se à modalidade de apostas, ou seja, com um limite predeterminado para as apostas permitidas a cada rodada.

Curiosidades

André Akkari, André Marques, Christian Toti, Christian Kruel, Igor “Federal”, Eric Mifune, Eugênio, Fábio Cunha, Fábio Loducca, Fábio Monteiro, Fernando Sabóia, Gabriel Catropa, Gabriel Loducca, José Heraldo “Rádio” Vaughan, Leo Bello (eu), Leandro Pimentel, Maria Eduarda “Maridu” Mayrink, Michel Helal, Paulo Amaral, Omar Abede, Raul Oliveira, Reinaldo Abramovay, Rogério “Pistola” Whitaker, Totonho Turtowski, Sergio Braga e Vicenzo Camilotti foram alguns dos brasileiros que em 2006 invadiram Las Vegas no final de julho do mesmo ano para participar dos eventos que aconteciam durante o torneio mais importante do poker mundial, o WSOP. No evento principal, Igor “Federal” Trafane conseguiu a 304ª colocação, sendo o segundo brasileiro a entrar na faixa de premiação. No ano anterior, Eric Mifune já havia desbravado e feito história ficando entre os 220 primeiros. Em 2007, foram quase 50 brasileiros, sendo que seis chegaram à faixa de premiação no evento principal. Juliano Maesando quase chegou à mesa final do evento de SHOE do WSOP, caindo na 10ª posição.
O grande destaque foi Leandro Brasa, que fez a primeira mesa final de um brasileiro no WSOP. Leandro foi o 4º colocado, no 4º maior evento da história em número de participantes.

Oportunidades para praticar não faltam, mas por onde começar? Como aprender o básico, ou evoluir e dar um passo à frente dos seus oponentes? O esporte no Brasil está crescendo em números vertiginosos, e as páginas do Circuito Paulista de Poker (www.circuitoholdem.com.br), BSOP (www.bsop.com.br) e Superpoker (www.superpoker.com.br) atingem diariamente, somadas, mais de 5.000 acessos. A busca por informações é grande, e este livro reunirá tudo o que você precisa para começar com um material do nível básico ao intermediário.

O poker é um jogo facílimo de aprender, mas com tanta técnica por trás que, mesmo que você o pratique a vida toda, sempre terá algo para acrescentar ao seu repertório. Paradoxalmente, trata-se de um jogo fácil de aprender, porém complexo de dominar. E justamente aí reside a beleza do jogo e o motivo desta publicação: apesar de qualquer um conseguir aprender, poucos conseguem chegar a um nível superior, conhecendo as nuances que dão as vantagens aos jogadores habilidosos.

Como um primeiro livro de poker para brasileiros, precisávamos dividi-lo em pelo menos duas partes, e ainda assim deixar muito material para futuras publicações que cobrirão os recursos avançados do jogo. O livro foi escrito por mim, Leo Bello, com a participação do meu sócio e melhor amigo, Leandro "Brasa" Pimentel. Assim, ao longo dos capítulos, apesar da narrativa em primeira pessoa, você encontrará dicas e histórias que considero vindas de um dos melhores jogadores de Texas Hold'em do Brasil: o "Brasa", campeão do Circuito Paulista de Poker em 2005 e atual quarto colocado no Event 49 do WSOP 2007.

Inicialmente apresentamos uma visão geral do poker e as regras do Texas Hold'em. Essa parte aborda os conceitos mais básicos e serve para o leitor que está querendo fazer sua introdução ao mundo do poker. Acredito que, para se apaixonar pelo jogo, como aconteceu comigo, é preciso conhecer um pouco da história e do desenvolvimento do esporte no Brasil e no mundo, além de entender o que diferencia o poker dos demais jogos de cartas.

De uma forma gradual, introduzimos as regras e os conceitos mais básicos. O jogador experiente encontrará ao longo desses capítulos iniciais algumas histórias minhas e do Leandro "Brasa" que ajudam a tornar a leitura proveitosa até mesmo para quem já conhece a parte mais básica. Tentamos dar dicas e partilhar a forma como aprendemos tais conceitos. É uma maneira de atrair os dois tipos de leitores.

A partir do Capítulo 11, o jogador um pouco mais avançado irá se sentir mais à vontade e procurar os conceitos que vão até o nível intermediário de teoria do poker. No que dependesse de nós, abordaríamos tópicos e discussões ainda mais avançados, porém, mais uma vez, procuramos atingir os dois tipos de leitores. Esta parte do livro pode facilmente ser acompanhada pelos novos jogadores, na qual apresentamos a teoria amplamente disponível na literatura americana, mas sob o nosso ponto de vista.

Lembramos que, antes de querer ser uma bíblia sobre o poker, este livro tenta apenas oferecer uma visão mais clara, em uma linguagem de jogador para jogador, dos conceitos que achamos necessário desenvolver. Trata-se de uma abordagem prática e direta, sem a preocupação em formar doutores em poker, e sim desenvolver seu raciocínio para o jogo, favorecendo inclusive discussões entre amigos, as quais tanto ajudam a elevar o nível do poker no Brasil.

Focaremos em:

- Como jogar poker.
- O poker no Brasil: histórias e fatos que marcaram o início deste jogo no Brasil e o que o futuro reserva aos profissionais e semiprofissionais brasileiros.
- Estratégias: conselhos para o leitor desenvolver-se como jogador e utilizar como guia para um crescimento sustentado, oferecendo material para o seu desenvolvimento.

Aprendi muito lendo os livros de poker americanos. No entanto, é importante saber como proceder à leitura de um capítulo teórico. Leia um capítulo de teoria por vez, com toda a calma. Depois, tente praticar os conceitos, seja jogando ou fazendo exercícios. Reflita sobre o que leu. Em um momento posterior (pode ser até mesmo dias depois), releia o capítulo. Veja se sua compreensão sobre aquele assunto melhorou. Perceba o que mudou no seu jogo. Lembre-se de que um livro de poker é também um livro de referência para estratégias. Até hoje retorno em livros que já li há mais de um ano, para rever algum conceito. Com essas revisões de tempos em tempos, reciclo meu jogo, e muitas vezes consigo compreender algo que não havia entendido perfeitamente e incorporar ao meu jogo.

Além das regras e teorias, falarei um pouco sobre o que motiva um jogador, o porquê de jogar poker e sobre a legalidade do mesmo. Entender o que se passa na cabeça de um jogador é fundamental para enfrentar seus adversários. Na realidade, se estudarmos a psicologia dos praticantes, conseguiremos perceber que entender as motivações de uma determinada pessoa pode nos ajudar a traçar uma estratégia contra ela. Quer um exemplo?

Você está em um jogo e repara que senta à sua mesa um garotão bem-vestido, com roupas e acessórios caros, falante e extrovertido, que está acompanhado pela namorada e pede para ela sentar-se próxima a ele e assistir às jogadas. Logo você repara que o mesmo aumenta o valor da aposta (no jargão do poker: subir a aposta) em várias mãos e está se exibindo para a namorada. Qual seria sua estratégia contra esse jogador? Na mesma mesa, uma hora depois, um jovem tímido e calado entra no jogo. Ele presta atenção a todos na mesa e pouco fala, participando de poucas rodadas. Comprou menos fichas do que o máximo permitido para a mesa e todas as vezes que um outro jogador sobe a aposta, ele parece querer jogar suas cartas fora. Ao jogar uma mão e perder algumas fichas fica inquieto e começa a contar quantas sobraram. Por último, um terceiro jogador senta-se, e logo acende um charuto e pede um uísque. Puxa papo com você e joga a maioria das mãos. Não entra em apostas particularmente altas e trata todos na mesa bem. Conta piadas e após uma hora já está no seu terceiro copo de bebida. Sua estratégia seria diferente contra cada uma dessas pessoas? Agora pense: qual a motivação de cada um desses jogadores ao sentarem-se à mesa?

Recomendamos que este livro sirva como uma fonte de consulta. Então todas as vezes que precisar, leia um capítulo e retorne a ele após uma sessão de poker. Releia o capítulo e veja o que modificou no seu jogo, o que você reparou naquele aspecto do jogo que pode ajudá-lo a melhorar.

Uma partida de poker é composta por várias mãos consecutivas. No Texas Hold'em, uma mão se inicia quando você recebe duas cartas, e acaba quando só resta um jogador com o melhor jogo naquela rodada. Após definir o vencedor dessa mão, inicia-se uma nova, na qual, após as cartas serem embaralhadas, todos os jogadores recebem novas cartas e assim por diante.

Para melhorar no jogo, faça anotações dos seus progressos e das mudanças no seu modo de perceber o Texas Hold'em, nos diferentes tipos de análises que você pode fazer de uma jogada vendo-a pelo lado psicológico em um momento, pelo lado matemático em outro, colocando-se na posição dos outros jogadores na rodada.

O meu início como jogador de poker foi dificultado pela falta de informações. Hoje, com a popularidade e cada vez mais praticantes no Brasil, ter uma obra que sirva como um manual sobre o poker ajudará no surgimento de novos talentos — e quem sabe em alguns meses você não será mais um participante dos campeonatos pelo país e exterior?

Sei que muitas dúvidas surgirão ao longo do caminho. Adoraria ouvir o que você pensa sobre o livro, o que gostaria de ler em um próximo ou até mesmo ajudá-lo a responder às dúvidas que possam surgir.

Quando quiser falar comigo pode enviar um e-mail para **leobello@nutzz.com.br**.

Para falar com o Leandro "Brasa", escreva para **brasa@nutzz.com.br**.

Críticas, sugestões e perguntas são bem vindas. Se quiser discutir uma situação ou mão que aconteceu com você, podemos incluí-la em um dos artigos em minha coluna na *Cardplayer* ou até mesmo em um livro futuro. A troca de informações é vital para o nosso crescimento e tenho certeza que aprenderei muito com o leitor.

E para quem terminar o *Aprendendo a jogar poker*, não deixe de ler a continuação, *Dominando a arte do poker*, que também será publicado pela Nova Fronteira.

Agradeço a todos os meus amigos na editora, que tornaram possível a realização desse sonho. Mauro Palermo, que pessoa doce e inteligente, muito obrigado. Cristiane Costa, minha editora, sempre paciente e atenciosa, Daniele Cajueiro e Leila Name, que produziram a obra, e todos os outros amigos que colaboraram.

O futuro do poker no Brasil ainda está sendo construído e tenho certeza que dentre os leitores deste livro ainda surgirão novos campeões.

Seja seu objetivo divertir-se ou se tornar um profissional, bem-vindo ao nosso mundo. Aprenda e divirta-se conosco nas páginas a seguir. Queremos que você aprenda a jogar o jogo que virou uma febre mundial e se torne bem-sucedido no esporte que escolheu.

Pense nisto

Concentração, estudo e disciplina para manter o seu raciocínio e habilidades a toda prova são características fundamentais para o jogador de poker.

Capítulo 2
Por que jogar poker?

O poker, assim como o xadrez, é um jogo de estratégia. Ambos são uma mistura de arte e ciência. Arte, porque é necessário um grande talento para jogá-los bem, e ciência, porque requerem muito estudo e dedicação.

José Maria "Zezão" Ruiz, campeão paranaense em 2005.

Por que o poker ficou tão popular e virou mania no mundo todo? Por que todos querem aprender este jogo? Por que escolher poker e não outra atividade para o lazer? Do título do capítulo até aqui já fiz quatro perguntas que o leitor pode ter se questionado ao encontrar um livro sobre o assunto no Brasil. No país do futebol, praticar um jogo de cartas como esporte não parece lógico. Entretanto, a prática deste jogo cresceu em todo o mundo — e você pode estar procurando a resposta para a pergunta: por que devo jogar poker?

Poderia começar a falar sobre o poker em geral, mas existem diversas variações, diferentes modalidades e estilos para se aprender. Assim, decidi focar o livro na modalidade Texas Hold'em, que é atualmente a mais praticada — aquela que vemos nos programas de televisão e nos principais torneios pelo mundo.

Então, por que não começarmos simplificando a pergunta: por que jogar Texas Hold'em?

Popularidade

Dentre as diversas modalidades de poker, aquela que vem ganhando mais força no cenário mundial é o Texas Hold'em. No mundo, estima-se que cerca de 25 milhões de pessoas pratiquem-no hoje em dia. Em apenas um site de poker on-line, em um sábado à noite, pode-se encontrar mais de 100.000 pessoas jogando, a grande maioria o Texas Hold'em.

A popularidade do poker fica fácil de ser constatada pela quantidade de programas de televisão e espaços em mídia. Nos Estados Unidos, já existe um canal dedicado somente à transmissão de programas de poker, sendo que várias emissoras desenvolvem seus próprios produtos, criando novos torneios como aqueles nos quais as celebridades aprendem, disputam e doam os prêmios a instituições de caridade ou, ainda, apresentam programas sobre a vida de profissionais americanos, desafios entre os mesmos e até exibem torneios com regras modificadas, como o Poker Dome, no qual os jogadores são isolados dentro de uma arena e jogam com uma platéia, dispondo de apenas trinta segundos para tomarem suas decisões. As emissoras buscam novos programas para atrair a atenção do espectador, o que acaba sendo uma via de mão dupla, pois novos campeonatos são criados e começam a ficar populares graças ao televisionamento, como é o caso do Poker Superstars e do Ultimate Poker Challenge.

Por todo o mundo há jogadores se especializando e jogando on-line em um intercâmbio cultural intenso. Pela internet, posso jogar com pessoas dos cinco continentes ou com os amigos do meu próprio bairro.

Um fato inusitado que demonstra essa popularidade e me surpreendeu ocorreu quando, durante um almoço de família, um primo comentou comigo o seguinte:

— Estava conversando com dois colegas no trabalho sobre poker. Meus amigos tinham assistido a um programa na televisão na noite anterior, mostrando um trecho do WSOP. Falei então que meu primo jogava poker em São Paulo e era profissional. Eles perguntaram: "É mesmo? E qual o nome dele?" Ao dizer que meu primo se chama Leo Bello, meus amigos ficaram empolgados: "Seu primo é o Leo Bello? Já o vi jogar várias vezes." "E eu o acompanho on-line e leio o blog dele" emendou o outro.

Essa história me surpreendeu. Nunca imaginei que, naquele momento, alguém do Rio de Janeiro, residindo a mais de 500 quilômetros de onde moro, soubesse meu nome, muito menos que acompanhasse minha trajetória como jogador. Nasci e fui criado no Rio de Janeiro, mas, por situações da vida, acabei me mudando para o estado de São Paulo, onde moro e trabalho.

Reparei naquele momento como o mundo está ficando pequeno. Pela internet, alguém que geograficamente pode estar muito longe passa a conhecer você e a ler o que escreve no seu blog (www.circuitoholdem.com.br/blog). Fiquei orgulhoso, claro, mas também surpreso por não haver reparado, até então, a dimensão que o poker está tomando no Brasil.

Longe de ser um fato inédito e exclusivo, vários jogadores, e em escala muito maior do que o acontecido comigo, hoje gozam de certa fama e estão se tornando ídolos no esporte. Não é raro ver várias pessoas acompanhando os torneios jogados on-line por brasileiros. Jogadores como Leandro Pimentel, Igor "Federal", André Akkari e Fábio "Deu Zebra" já possuem fãs que lhes enviam palavras de incentivo pelo Orkut e os acompanham nos torneios. Christian Kruel e Raul Oliveira, por meio de seus blogs no Clube do Poker (www.clubedopoker.com) e suas participações na ESPN, divulgam o esporte e acabam cativando o carinho de fãs (merecidamente, pelos grandes jogadores e pessoas que são). Maria Eduarda Mayrink, a Maridu, cineasta que atualmente realiza um documentário de longa-metragem sobre o esporte, já teve quase 50.000 acessos em seu blog no ano de 2006 (http://needanace.blogspot.com). E há muitos outros que, se começar a citar, não paro mais. No site superpoker.com.br encontra-se uma lista de blogs escritos por brasileiros sobre o assunto.

Pense nisto

Um dos caminhos para a popularização de qualquer esporte é a formação de ídolos. O ídolo passa a ser uma referência positiva e um exemplo a ser seguido.

Lembro-me do caso da sinuca no Brasil, a qual poucos conheciam como esporte. Ficou famosa por meio da televisão, na década de 1980, ao ser transmitida, aos domingos, no *Show do Esporte*, extinto programa da Rede Bandeirantes. Lembro que era ainda criança, mas assistia e torcia pelo Rui Chapéu — quem lhe assistiu deve lembrar-se também. Jamais me imaginei acompanhando sinuca e torcendo por um jogador, ainda mais sem nunca ter jogado sinuca.

E o que dizer do fenômeno Guga, no tênis do Brasil? A partir das brilhantes vitórias do Gustavo Kuerten, no tênis mundial, as escolinhas de tênis começaram a fervilhar de alunos. Todos queriam ser como aquele brasileiro simpático e simples de Florianópolis que conquistou o mundo. E, diga-se de passagem, Guga adora um poker e inclusive já participou de campeonatos.

Se os exemplos ainda não foram suficientes, podemos falar de um esporte até há pouco tempo restrito e pouco acompanhado no Brasil: a ginástica artística (ou olímpica) que, com o sucesso dos irmãos Hipólito (Daniele e Diego) e de Daiane dos Santos, passou a ter milhares de torcedores. De uma hora para outra, muitos brasileiros passaram a assistir e a torcer pela ginástica. Para isto, aprendemos os termos, as regras e vibramos com as difíceis manobras dos ginastas.

Ídolo maior no Brasil, Ayrton Senna fazia-nos acordar toda manhã de domingo e torcer por suas vitórias. Sua perda foi um choque para uma nação inteira, comovendo-nos. Um esporte que a grande maioria dos brasileiros não pode praticar, o automobilismo, ocupava as rodas de discussão em todo o Brasil após as corridas. Lembro-me do que estava fazendo e de como recebi a notícia no dia que o Ayrton faleceu. Recordo-me de como chorei junto com o país. Como posso ter sentido aquela perda como se fosse a de um membro da minha família se nunca nem ao menos cheguei perto de Senna? Como explicar essa relação com o ídolo?

Em cada uma dessas pessoas existe o reforço da imagem de um esporte, que passa a ser visto com outros olhos. Por exemplo, se alguém pensasse em poker há trinta anos, imaginaria algo clandestino; hoje, admira ídolos que são pais de família, com histórias de vida que podem servir de bons exemplos para os fãs. As pessoas passaram a gostar e a acompanhar a Fórmula 1, a ginástica artística, o tênis ou a sinuca, e se espelham em seus ídolos.

O poker já possui os seus ídolos mundiais. Jogadores como Phil Ivey, Daniel Negreanu, Doyle Brunson, Chris Fergunson, Howard Lederer, Annie Duke e Phil Hellmuth, entre muitos outros, tornaram-se referências para os novos jogadores. Escolhemos nossos ídolos devido às suas realizações, mas muitas vezes, psicologicamente, nos identificamos com traços da personalidade ou da história de alguns deles.

Pense nisto

Ao se identificar com um jogador cuja história poderia ser semelhante à de qualquer um dos leitores, cria-se um incentivo a mais para a prática.

Ver que jovens universitários, médicos, advogados, empresários, aposentados ou outros profissionais conseguiram atingir um certo grau de sucesso como jogadores estimula os novos fãs e praticantes do Texas Hold'em.

Quem é o seu ídolo no Brasil? Logo começaremos a perceber as diferenças nos estilos de cada jogador e a escolher nossos favoritos. Vamos torcer pelo Brasil nos maiores torneios do mundo. E torceremos juntos! Esta união lembra-me do segundo motivo pelo qual jogar poker.

Socialização

O senso de comunidade e união que o poker traz é visto em poucos outros esportes. Não é raro assistirmos a alguns dos melhores jogadores do país auxiliando aqueles que estão começando, conversando por meio de programas de mensagens instantâneas ou voz sobre IP (como o Messenger e o Skype), trocando idéias em fóruns pela internet e publicando suas idéias em blogs e em artigos. As comunidades Poker Mania e Poker Brasil no Orkut são exemplos dessa união. Mesmo em pequenos torneios desportivos no Brasil, encontramos nossos principais jogadores, que já participaram dos grandes torneios em Las Vegas e pelo mundo, junto com iniciantes, confraternizando e se divertindo. Joga-se no Brasil hoje em dia muito mais pela glória de disputar um ranking e poder se posicionar entre os melhores no esporte do que pelo retorno financeiro. Os melhores jogadores do país tiram seus maiores proventos da internet ou dos torneios no exterior. Entretanto, praticam o esporte no Brasil como uma forma de divulgação e também de construção de novas amizades.

Pensando em um outro aspecto, em que outro esporte colocam-se em igualdade de condições homens e mulheres, jovens e idosos? No poker não existem categorias ou divisões por idade, sexo, credo ou raça. Todos participam dos mesmos torneios e sentam-se às mesmas mesas de jogo (é o mesmo que colocar em um mesmo campo de futebol mulheres, homens e idosos, dá para imaginar?!), com as mesmas chances. Neste ano, o Circuito Paulista, em sua 10ª etapa, tinha seu ranking de melhores do ano liderado por uma mulher, Marta Putz. Da mesma maneira, sagraram-se campeões de uma etapa desse Circuito um jovem jogador com apenas 18 anos, Hélio "Cabelo", e um senhor já na casa dos 60 anos, Giovanni Polak, ganhando de cerca de 100 outros participantes.

O intercâmbio entre jogadores de diversos estados brasileiros tem sido uma constante e, não raro, ao menos 10% dos participantes do Circuito Paulista em cada etapa vêm de outros estados, como Paraná, Rio de Janeiro, Minas Gerais, Pernambuco, Bahia e Mato Grosso. Viajar e conhecer outras cidades, dando origem a uma grande comunidade brasileira de jogadores, é uma das características mais interessantes do poker nacional.

O BSOP, torneio que pretende apontar os melhores jogadores do Brasil no ano, já passou por cidades como Balneário Camboriú, Curitiba, Rio de Janeiro e São Paulo. O Circuito Paulista, por São Paulo, Campinas, Americana, Sorocaba, São Vicente, Santos e São Caetano. Outros circuitos já proliferam pelo interior, em Bauru, Araraquara, São João da Boa Vista, São José dos Campos e Campos do Jordão. No estado do Rio de Janeiro, a capital, Niterói, Angra dos Reis, Itaipava e Petrópolis já realizaram seus torneios. Em Recife, Brasília, Minas Gerais, Goiás, Santa Catarina, Paraná, Porto Alegre e na Bahia vários jogadores têm se organizado e criado seus próprios campeonatos.

Curiosidade

Até pouco tempo atrás, os principais jogadores despontavam em São Paulo e, em menor escala, em Curitiba e no Rio de Janeiro. Agora, Helio Junior, da Bahia, Leonardo Gonza, de Minas Gerais, e Pedrinho Todorovic, de Florianópolis, são alguns exemplos de como o esporte está se espalhando pelo Brasil. Em uma etapa recente do BSOP tivemos participantes de 14 estados diferentes, incluindo Amazonas, Alagoas, Bahia, Ceará, Espírito Santo, Goiás, Minas Gerais, Paraná, Pernambuco, Rio de Janeiro, Rio Grande do Sul, Santa Catarina e São Paulo, além do Distrito Federal. Já são representantes de quase meio Brasil.

Por último, o Texas Hold'em é um jogo fácil de ser praticado em casa, com sua família ou com os amigos. Com apenas um baralho e algumas fichas — que podem ser adquiridas pelo site do Circuito Paulista, por meio do link com a loja virtual da COPAG (www.circuitoholdem.com.br) —, é fácil montar um jogo que pode ocupar e divertir por algumas horas em uma noite durante a semana, constituindo-se em um bom motivo para jogar papo fora e se divertir com um grupo.

Comecei a jogar poker no Brasil na casa do Leandro "Brasa", onde eu gastava menos do que se fosse a um cinema e fazer um lanche e me divertia por horas a fio. Durante quase um ano, o grupo de amigos se encontrava e jogava um pouco de Texas Hold'em. O nosso jogo denominava-se *Reality* (realidade) e chegamos a ter 15 jogadores ativos. Tínhamos um ranking atualizado semanalmente, o qual mostrava os ganhos e as perdas de cada um. Era um tal de "ganhei R$ 10", "fulano perdeu R$ 8" e "sicrano ganhou R$ 2" que chegava a ser engraçado. O motivo desses encontros nunca foi o retorno financeiro, pois o que se ganhava em uma noite mal pagava a gasolina e o pedágio dos amigos que vinham de Jaguariúna a Campinas para jogar. O maior ganho era a diversão. A cada semana, o encontro era uma festa, o que gerou, inclusive, duas multas do condomínio por barulho excessivo. Mudamo-nos para o salão de festas, pois agrupar 15 pessoas em um apartamento não estava fácil. Assim como o nosso *Reality*, sei de diversos outros grupos de amigos que se reúnem nos seus *home-games* (jogos em casa) semanais. Hoje em dia, é mais seguro do que sair à noite nas ruas de São Paulo e do Rio de Janeiro, mais barato e me arrisco a dizer: é mais divertido encontrar com os amigos para jogar.

Dica

Reúna seus amigos para uma rodada de poker em sua casa. É simples, divertido e barato. Além de ser uma excelente maneira de praticar o que você aprender neste livro.

O autor do prefácio deste livro, Igor "Federal", conheceu a mim e ao "Brasa" em uma dessas reuniões para os *Reality's*. Eu conhecia seu irmão, Yan, que trabalhava junto com minha esposa. Um dia convidei o Yan para nosso jogo e ele perguntou se poderia levar o irmão, que também gostava de poker e era campeão de truco em sua cidade, São João da Boa Vista.

Igor é empresário e trabalha no ramo da educação, com uma rede de escolas de idiomas. Chegou "todo engravatado" na casa do "Brasa" e sentou-se com a turma para jogar algumas rodadas. Muito simpático, sorria e brincava o tempo todo, mas estava "tomando uma lavada" (perdendo feio). De repente, ao perder uma mão (perder uma mão é o mesmo que perder uma rodada) para outro jogador, sacou uma carteira com um brasão, que se parecia com um distintivo, e o atirou no centro da mesa, falando:

— *Acabou a brincadeira, tá todo mundo em cana!*

Foi engraçado ver as diversas reações na mesa. Eu, que já conhecia o Igor de tanto o Yan falar dele, sabia que era uma brincadeira, mas alguns pensaram que era algum tipo de agente federal, sei lá...

Pronto, o apelido estava dado: Igor Trafane virou Igor "Federal". Lembro que no final daquele dia fui-me embora junto com o Igor e o Yan, e, já na rua, Igor parou para conversar comigo. Disse:

— *Vim hoje aqui para aprender. Não me importo se perdi ou ganhei, mas já tive uma boa idéia de cada um que joga aí. Daqui a um mês vou estar "rapelando" todo mundo. Vou estudar as pessoas e o jogo.*

Rapelando é uma gíria utilizada em São Paulo que, no caso, tem o sentido de ganhar de todos os demais jogadores, deixando-os sem nenhuma ficha no jogo.

Uma grande amizade começou ali. Passamos várias noites discutindo as teorias do jogo. Jogávamos torneios on-line, conversávamos sobre os erros que cometíamos e dávamos dicas um para o outro. Lembro que fui um dos primeiros a conversar com ele sobre teoria do poker. Muito aprendi com essa amizade, tanto sobre poker quanto sobre outros valores.

Ah, e a título de curiosidade: o brasão que o Igor mostrou na mesa é uma comenda recebida pelos serviços prestados à educação no país. Acho muito importante ressaltar que, longe daquela imagem criada pelos filmes antigos — em que os jogadores de poker são figuras mal-encaradas, espertas, que se reúnem em um ambiente escuro e cheio de bebidas e fumaça de cigarro, com um segurança carrancudo à porta do salão — os jogadores de poker de hoje são pessoas que contribuem para a sociedade com suas profissões. Pessoas bem-formadas que estudam e encaram o esporte com seriedade. É lastimável, reprovável, aviltante ou ainda um demérito associar o jogador de poker à imagem de bandido ou vagabundo.

Mão no poker pode ter dois sentidos diferentes:

1- Sua mão: é o equivalente ao seu jogo.
2- Uma mão: é o equivalente a uma rodada.

Apesar de nesse segundo significado essa dificuldade poder ser eliminada substituindo-se a palavra "mão" por "rodada", não é este o termo comumente utilizado. Opto pelo jargão do poker e por empregar a palavra "mão" nos dois sentidos.

Mesa também tem mais de um sentido no poker:

1- Local onde ocorre o jogo. O "campo" nesse esporte é a mesa de poker.
2- Utilizado também para representar as cartas em jogo. Quando dizemos: "a mesa mostrava A♠ A♥ T♣ Q♥ 9♦", isso significa que as cartas comunitárias disponíveis para todos os jogadores eram aquelas em questão.
3- Por último, "pedir mesa" significa optar por não fazer uma aposta. Quando em uma determinada mão de poker não houver apostas, o jogador pode optar por "pedir mesa", que equivale a dizer que ele próprio não quer fazer nenhuma aposta.

Enfim, voltemos aos motivos pelos quais o leitor gostará de jogar poker, em particular Texas Hold'em.

Facilidade de ler os jogos na mesa

A maioria deve lembrar que, no Brasil, a modalidade mais difundida há alguns anos era o Five Card Draw, conhecido como poker fechado, no qual cada jogador recebia cinco cartas e podia fazer uma ou duas trocas. O problema deste jogo é que o máximo que se pode fazer é observar as trocas do adversário e tentar adivinhar o jogo que ele tem, mas nunca ter certeza da sua força.

Força de um jogo: no poker existe uma hierarquia de jogos, em que certos jogos são mais fortes e ganham de jogos menores. Por exemplo, uma trinca é mais forte do que um par.

Na ordem: carta mais alta, um par, dois pares, uma trinca, uma seqüência, um *flush*, um *full house*, uma quadra e um *straight flush*. Quanto mais alto o jogo, mais forte ele é.

O poker evoluiu! E isto foi um dos motivos pelos quais se popularizou.

Leitura de uma mesa: chamamos de leitura a habilidade desenvolvida pelo jogador de perceber quais são os melhores jogos possíveis em determinada situação. Por meio do raciocínio e da análise dos tipos de apostas do adversário e da relação entre as apostas e as cartas expostas na mesa, é possível também imaginar as cartas que seu adversário tem no momento. A habilidade que um jogador desenvolve de ler os adversários e as situações é o que o diferencia de outros jogadores em termos de resultados. Os melhores jogadores estudam arduamente para melhorar esse aspecto do jogo.

O Texas Hold'em é uma modalidade mais técnica, pois a maioria das cartas disponíveis para uma partida é comunitária. O jogador consegue, portanto, avaliar claramente as possibilidades de jogo reais em cada mão. Esta afirmação ficará mais clara com o desenrolar dos capítulos, pois você mesmo começará a se condicionar a ler cada mesa e analisar quais são os maiores jogos e com o que os seus adversários podem estar apostando. Aliás, esta será uma técnica fundamental para o seu desenvolvimento como jogador.

Pense nisto

A estratégia e a informação permitem ao jogador controlar o seu destino nas jogadas.

Existem outras modalidades de poker nas quais não é tão fácil ler os jogos dos adversários. Nos jogos da modalidade Stud, por exemplo, cada jogador recebe suas próprias cartas, sendo que parte delas fica exposta para todos na mesa, não havendo cartas comunitárias. Assim, você deve aprender a ler o seu jogo, os jogos dos seus adversários e ainda ter boa memória para lembrar as cartas dos jogadores que já saíram da mão.

No Seven Card Stud, uma outra modalidade de poker, cada jogador recebe sete cartas ao final de uma mão. Digamos que você está em uma mesa com outros oito jogadores. Quando já recebeu seis cartas, só restam dois adversários. Você precisa acertar uma carta de copas na sua sétima carta para fazer um determinado jogo (*flush*) e conseguir ganhar. Deve-se lembrar de quantas cartas de copas apareceram nos jogos dos outros que saíram da mão para ver quantas cartas restam no baralho e que o ajudam. Parece difícil, não?

No Texas Hold'em, as cartas disponíveis para seu adversário fazer o jogo são as mesmas que as suas, com exceção das duas que ele segura na mão. O jogo é comunitário e você tem bastante informação ao seu dispor para imaginar o jogo dos oponentes.

Emoção

No poker, você mantém toda a emoção das jogadas — desde antes de abrir as cartas comunitárias até a aposta final. É impossível a adrenalina não subir quando se enfrenta uma aposta *all-in* de um adversário ou até mesmo quando você é quem faz essa aposta.

All-in: situação na qual todas as fichas ainda em jogo são apostadas. É um dos momentos mais emocionantes do jogo, pois, se um adversário "chamar" a sua aposta, você pode dobrar as suas fichas ou ainda perder todas e ser eliminado de um torneio, dependendo de quem ganhar a mão.

O blefe é como se fosse o drible no futebol. É como chutar para o gol e ir acompanhando para ver se a bola entra ou se o goleiro defende.

Competindo em um minitorneio como um *sit and go* (torneio em que o número de jogadores é fixo e começa todas as vezes que o número de inscritos se completa; os mais comuns são restritos a nove ou dez jogadores, mas pode haver *sit and go* de até 180 jogadores) ou em um grande torneio, como o Circuito Paulista, enquanto os outros jogadores são eliminados e você chega próximo à premiação, sua tensão vai crescendo, e a vibração com cada jogada certa representa bem esse estado. Mesmo ao assistir a uma partida de poker pela televisão, pode-se, ao ver as cartas de cada jogador, torcer por um resultado naquela mão, seja para que um blefe passe despercebido ou ainda para que seu jogador favorito ganhe uma determinada mão. O fato de não conseguir prever o que o próximo jogador fará — se irá subir a sua aposta ou desistir da mão (sair dessa rodada) — adiciona mais um tempero a essa receita.

Lembro que no WSOP de 2006, a cada mão que o Igor ia *all-in*, ele levantava da mesa e não queria ver as cartas. Os amigos que acompanhavam do lado de fora da cerca que isolava a área dos jogadores torciam juntos. Ao ganhar a mão, era uma vibração como em um gol. Mais que tanto, o "Brasa" sentou-se com o notebook no colo, e, quase ao vivo, ia colocando na internet os progressos do "Federal". Enquanto isso, no Brasil, várias pessoas acessavam o site para ler as notícias. A ansiedade e a cobrança por notícias eram altas. Eu estava jogando a final de um outro torneio em Las Vegas, no Cassino Venetian, e o "Brasa" me ligava a cada meia hora para contar as novidades. No quarto dia de competições, vários brasileiros que estavam na viagem deixaram de ir jogar seus próprios torneios para acompanhar o Igor. No final de cada dia, todos procuravam se encontrar para uma refeição (normalmente um lanche às duas da manhã no restaurante do hotel) para ouvir as histórias sobre aquele dia de competições.

Uma história curiosa começou nos torneios do Circuito Paulista e se espalhou de tal forma pelo Brasil que hoje quase todos os jogadores a repetem por aí sem saber quem foi o criador. Fábio Monteiro é um jogador dotado de criatividade e bom humor surpreendentes. Lá no início do Circuito Paulista, toda vez em que ia *all-in* em uma jogada e era o favorito para ganhar, começava a gritar:

— *Sem surpresa! Sem surpresa!*

Todos paravam para olhar aquele "maluco" gritar e torcer:

— *Sem surpresa!*

E ao ganhar a mão, ainda arrematava:

— *Ih! Deu Zebra!*

No futebol, "zebra" é quando o time favorito perde. Para o Fábio, eram todas as vezes que ele ganhava, mesmo quando era favorito.

Sua brincadeira servia para descontrair o nervosismo de entrar em uma jogada que poderia causar sua eliminação do torneio. Quando um jogador vai *all-in*, está apostando todas as suas fichas, e, se perder, pode sair da competição.

Fábio Monteiro ganhou um apelido: Fabião "Deu Zebra" Monteiro. E hoje, quando ouço jogadores em São Paulo, no Rio de Janeiro e em Curitiba gritando o "sem surpresa!", lembro-me com saudade de como tudo começou. Realmente mexe com os brios dos jogadores esse tipo de torcida.

Quando participei dos primeiros torneios do Circuito Paulista, impressionei-me com o jogo do Fábio Cunha. Jogador muito calmo e técnico, Fábio estudava o jogo e sempre parecia ter uma estratégia para suas jogadas. Não era de espantar que seus resultados fossem sempre bons. Era um jogador com uma regularidade impressionante, sempre chegando às mesas finais. Com o tempo, começou a estudar outras formas de poker e, em julho de 2006, quando um grupo de brasileiros estava em Las Vegas para o WSOP, ele me surpreendeu no cassino Venetian. Decidiu participar de um dos jogos mais difíceis disponíveis ali, o *mixed game*. Neste, várias modalidades de poker alternam-se a cada rodada, e não só é um jogo com limites mais altos, mas tem como participantes os mais habilidosos profissionais. O jogador deve aprender a se adaptar aos estilos, e suas estratégia e habilidade devem mudar para cada um. Os profissionais dizem que, para se tornar um mestre no jogo, deve-se aprender a raciocinar em diversas situações diferentes. O entendimento que Fábio procura alcançar um dia o levará a um lugar de destaque no poker nacional. Não existe, entretanto, caminho mais curto ou fácil nessa aprendizagem? Aprender poker é fácil, mas...

Habilidade

A habilidade em interpretar o seu próprio jogo, ao mesmo tempo em que interpreta as possibilidades de jogo dos seus adversários (*hand reading* ou leitura de mãos), determina seu modo de agir e pensar na rodada. Em cada mão que você jogar, existe uma série de perguntas a se fazer, mentalmente, que ajudam a guiar o raciocínio. Por exemplo:

- Qual o melhor jogo possível na mesa?
- Quais as chances de o meu jogo ser o melhor no momento?
- Quais os jogos prováveis do meu adversário?

- Qual o meu objetivo na mão: fazer o adversário sair ou fazê-lo pagar minhas apostas?
- Quanto há no pote (total de fichas apostadas)?
- Quanto cada um tem à sua frente em fichas?
- Como conseguir o máximo de fichas dos adversários se eu ganhar, ou como perder o mínimo de fichas se for eu o derrotado na mão?

Tais perguntas serão exploradas minuciosamente nos próximos capítulos. Por hora, o mais importante é lembrar que o poker é um jogo de raciocínio. Portanto, evite agir pelo instinto, busque a resposta do porquê você deve fazer uma jogada. Assim, ao encontrar um jogador mais experiente, discuta com ele as razões das jogadas que ele fez. Sempre que assistir a um jogo, procure entender as motivações dos jogadores.

Dica
Não sinta vergonha de perguntar o porquê de uma jogada a alguém com mais experiência.

No Capítulo 3 explico por que o poker é um jogo de habilidade, e não de azar. Existem diversas técnicas que o bom jogador deve desenvolver para se aperfeiçoar. Elas começam por conhecer bem a teoria do poker (iniciada neste livro), até desenvolver a sua linguagem corporal, ficar atento aos outros jogadores na mesa, aumentar sua capacidade de concentração, disciplinar-se a seguir sua estratégia e adaptá-la às condições da mesa que estiver jogando.

Facilidade de aprender

Parafraseando Mike Sexton, jogador profissional e apresentador do World Poker Tour, um dos maiores torneios de poker do mundo: "Você leva alguns minutos para aprender e uma vida para dominar o jogo."

Qualquer pessoa consegue aprender em um único dia a jogar Texas Hold'em, contudo a quantidade de detalhes e truques faz os profissionais estarem o tempo todo estudando para melhorar seu jogo, seja aprendendo sobre psicologia no poker, tendências, nuances matemáticas ou novas estratégias, estilos de apostas e conhecimento a respeito dos adversários.

O básico para aprender poker dá para resumir em poucas linhas.

Os jogos de poker, independentemente da modalidade, têm um mesmo objetivo simples: ganhar. Então, você deve:

- ao final da rodada, ter a melhor combinação de cartas dentre os jogadores ainda no jogo;

ou

- fazer todos os outros jogadores saírem da mão, restando apenas você por meio das suas apostas.

No Texas Hold'em, cada jogador recebe duas cartas privadas (que só ele pode ver) e, depois, cinco cartas são colocadas abertas na mesa — e estas são comunitárias, isto é, todos os jogadores podem usá-las em seus jogos.

Com as sete cartas disponíveis, deve-se escolher cinco que façam a melhor combinação para vencer as dos seus adversários ainda no jogo.

Decorar o valor de cada combinação de cartas é o suficiente para aprender o jogo. Decorado o valor, qualquer um consegue jogar algumas mãos. E são apenas nove tipos para decorar.

Em uma combinação de cinco cartas, você pode ter (ordem crescente de valor):

1- carta mais alta (não formar nenhum par);
2- um par (duas cartas com o mesmo valor, mas com naipes diferentes);
3- dois pares;
4- trinca (três cartas com o mesmo valor, mas com naipes diferentes);
5- seqüência (cinco cartas em ordem crescente e de naipes diferentes);
6- *flush* (cinco cartas do mesmo naipe);
7- *full house* (uma trinca e uma dupla);
8- quadra (quatro cartas com o mesmo valor, mas com naipes diferentes);
9- s*traight flush* (cartas do mesmo naipe em seqüência).

Estas informações são as mais básicas para aprender poker. Assistindo a algumas poucas rodadas, será possível saber a mecânica do jogo.

Possibilidade de ganhos reais

O poker é um jogo com o qual você pode faturar uma "grana extra". O jogador de poker pode jogar pela internet ou ainda em viagens pelo exterior e ter uma fonte extra de renda. Ou, ainda, participar de torneios onde haja premiações, mas não aposta monetária durante o jogo. Contudo, seja qual for seu objetivo — ganhar dinheiro ou apenas se divertir —, é importante lembrar que o poker hoje em dia é uma profissão para muitos desportistas.

Os atuais profissionais chegam a ganhar milhões de dólares nos maiores torneios do mundo. Estima-se que, apenas em 2006, mais de 100 pessoas tornaram-se milionárias (faturaram mais de US$ 1 milhão) participando de torneios de poker. E esses torneios já estão se tornando acessíveis aos brasileiros — muitos já estão se classificando em diversos satélites (torneios com valores de entrada menores, cujo prêmio é uma entrada para um maior) on-line e irão jogar e participar de etapas do WPT e WSOP no exterior.

Quem sabe logo não teremos um profissional brasileiro milionário? Não vai levar muito tempo, tendo em vista os resultados maravilhosos que temos conseguido on-line e ao vivo pelo mundo. Somente para o WSOP de 2006, seis brasileiros se classificaram em satélites nos quais, com menos de US$ 200, ganharam vagas para um torneio cuja entrada era de US$ 10.500. A premiação total desse torneio chegou quase a US$ 90 milhões, com o primeiro colocado levando a bagatela de US$ 12 milhões e com os 12 primeiros levando mais de US$ 1 milhão para casa.

E os brasileiros já estão faturando por lá. Pelo segundo ano consecutivo, um conterrâneo chegou à faixa de premiação: Igor "Federal". De 8.800 jogadores, Igor ficou na 314ª posição. Em 2005, Eric Mifune já havia feito história e se tornado o primeiro brasileiro a se posicionar bem no WSOP, chegando entre os 250 primeiros colocados em um *field* de cerca de 5.500 jogadores.

Curiosidade

Em uma escala menor, os sites de poker on-line permitem que se jogue até mesmo em torneios gratuitos, recebendo prêmios em dinheiro. São os chamados *freerolls*. Muitos jogadores no Brasil começaram a praticar neste tipo de torneio, que costuma ter um número elevado de participantes. Algumas vezes são mais de 5.000 jogadores disputando uma premiação para menos de 100 deles.

Acessibilidade para praticar

Como já foi dito, você pode jogar em casa com os amigos, pela internet sozinho, viajar para jogar no exterior ou procurar sua federação e os clubes e participar de torneios com rankings e disputas para ver quem são os melhores.

No Brasil, torneios de cunho desportivo iniciaram-se em 2005. Hoje, contando com o apoio e o suporte de suas próprias federações e clubes, o esporte está se difundindo. Um torneio de poker não é um jogo de apostas, no sentido que as fichas em jogo não têm relação alguma com dinheiro. As fichas passam a ser apenas o mecanismo com que você se movimenta pelo jogo. No futebol, a bola é o seu instrumento de jogo; na sinuca, o taco; no tênis, a raquete. No poker suas apostas são o mesmo que os passes, dribles e chutes no futebol. Assim, ao entrar em um torneio e receber 5.000 fichas, você passa a competir com outros jogadores. Se dobrar as suas fichas (10.000), não pode se levantar e receber de volta o dobro de sua inscrição. Em um torneio, você continua jogando até ter todas as fichas em jogo (campeão) ou ser eliminado sem fichas. Dependendo da sua colocação no torneio (ordem em que foi eliminado), poderá ou não ser premiado de acordo com o evento.

Normalmente, em um torneio, 10% dos jogadores são premiados, mas isto pode variar, dependendo do formato do mesmo. Nos torneios satélites, por exemplo, já explicamos que a premiação vem na forma de vagas para torneios de maior porte.

O Circuito Paulista é um bom exemplo de um torneio acessível a todos. Começou como uma reunião de amigos para jogar poker, e hoje representa o mais importante torneio de São Paulo, sendo realizado mensalmente, até chegar a uma mesa dos campeões, reunindo os jogadores que mais se destacaram ao longo do ano. O melhor jogador do ano recebe um bracelete de prata e é eleito o campeão do Circuito.

A origem dos braceletes vem do próprio WSOP, no qual os campeões de cada evento recebem um, considerado uma das maiores glórias para um jogador de poker. O bracelete representa o troféu máximo para muitos jogadores, constituindo-se em um objetivo na carreira. Os jogadores que mais braceletes ganharam no WSOP foram Doyle Brunson, Johnny Chan e Phil Hellmuth Jr., todos com dez braceletes. A maioria dos jogadores profissionais americanos sempre utilizou os *ring games* como fonte de renda e poucos jogavam torneios antes de 2002. Mesmo o World Series of Poker só começou a ser freqüentado por um massivo número de profissionais nos últimos cinco anos. Hoje ganhar um bracelete com tantos participantes por torneio é um feito ainda mais difícil de ser alcançado.

No Brasil, os dois primeiros jogadores a receberem os braceletes de prata no Circuito Paulista foram Leandro "Brasa", na modalidade Texas Hold'em, e Igor "Federal", na Omaha. A idéia é ser um torneio desportivo, uma competição em que os mais habilidosos se classificam até que um se destaque como o melhor jogador do ano.

Curiosidades

Os jogadores têm se unido e tentado buscar o reconhecimento da prática do Texas Hold'em como esporte.

Assim como o Circuito Paulista, vários torneios acontecem hoje pelo Brasil. Importante destacar que a grande maioria tenta se organizar junto a federações ou associações para que a prática esteja de acordo com normas que defendem o poker como esporte e jogo de habilidade como demonstraremos à frente.

Jogar contra outra pessoa, e não contra a banca

Algumas pessoas ainda fazem relações equivocadas entre o poker e os jogos de cassino. Uma das principais diferenças é que os de cassino são jogos bancados, ou seja, o jogador está sempre jogando contra a banca, e não contra outro jogador, e, em 100% das vezes, a banca leva uma vantagem matemática em relação aos jogadores, significando que no longo prazo é impossível para um jogador ganhar do cassino. Você pode ter "sorte" e ganhar várias vezes em um cassino, mas é garantido que este não está perdendo, pois o seu ganho vem de outros jogadores, e a margem de lucro dele está garantida matematicamente.

No Texas Hold'em não se está jogando contra um cassino ou contra alguém com uma vantagem matemática fixa em relação a você. Joga-se contra outros jogadores, e, quanto mais se conhecem os outros jogadores contra os quais você vem jogando, aí sim sua vantagem aumenta. Não pelo lado matemático, mas por permitir que trace uma estratégia adequada para jogar contra o estilo do seu adversário.

Esse fato é tão importante e ao mesmo tempo tão simples que muitas vezes não é percebido pelos jogadores ou por quem fala sobre o poker:

Pense nisto
Você joga os jogadores, e não somente as cartas.

Isso leva a um ensinamento sobre o Texas Hold'em: se estiver em uma mesa, contra nove outros jogadores e sabe que dois deles são muito bons, enquanto os outros sete são muito fracos, você pode ajustar a sua estratégia para evitar enfrentar os jogadores bons e tentar entrar em mãos contra os mais fracos.

É o que chamamos de seleção de mesas. Idealmente, devemos escolher jogar contra os jogadores mais fracos e evitar os embates com os mais fortes. Em um torneio, no qual seu lugar é sorteado, você não pode escolher onde se sentar, mas pode, na mesa, evitar jogar contra certos adversários. Já no ambiente on-line, em um *ring game* (jogo onde o valor das fichas corresponde a dinheiro e o seu objetivo não é ser o único sobrevivente da mesa, mas simplesmente ganhar mais fichas do que o número com que entrou no jogo), é possível evitar sentar-se em mesas com jogadores muito fortes ou com muitas fichas, optando por mesas com jogadores mais fracos. Existem, inclusive, softwares e sites que o auxiliam a escolher tais mesas com base nas estatísticas de jogos dos seus adversários, como o Poker Tracker (www.pokertracker.com).

Logo que comecei a jogar on-line, passei a utilizar o Poker Tracker. O programa nada mais é do que um gerenciador de banco de dados, onde carrego todas as mãos que jogo on-line em diferentes sites. Cada site de poker possibilita-me ter todas as mãos que joguei em formato de texto. O software capta tais arquivos e armazena no seu banco de dados, retornando diversos tipos de dados sobre minha performance e também sobre as estatísticas do meu jogo. Consigo, por exemplo, ver quantas vezes recebi AA, quanto ganhei com eles, a porcentagem de vezes; rever como joguei certas mãos, qual mão ganhei mais ou perdi mais, contra quais jogadores jogo bem e contra quais jogo mal. O programa também me ajuda a verificar quanto ganhei ou perdi ao longo do tempo, quais os jogos mais lucrativos. Há tantos tipos de análises possíveis com o Poker Tracker que poderia escrever um livro somente sobre esse programa. Caso você entenda a língua inglesa e queira uma ferramenta para análise de seu jogo, recomendo testá-lo.

Dica

Estes softwares de auxílio servem como ferramentas para treinos e reavaliação do seu próprio jogo.

Está na hora de acabar com o preconceito gerado pela falta de informações sobre os fundamentos do Texas Hold'em. Trata-se de um jogo de habilidade, que não fere os princípios da lei brasileira e muitas vezes é confundido com outros jogos de azar, dos quais difere muito.

Capítulo 3
Jogo de azar ou habilidade?

— O Brasil tem sorte?

— Claro, treinamos todos os dias para isso.

Bernardinho, técnico da Seleção Brasileira de Vôlei, ao ser perguntado se a sorte estava do lado do Brasil.

Uma discussão, que no Brasil toma grande importância, refere-se à caracterização ou não do poker como um jogo de azar. A legislação de contravenções penais proíbe a prática dos jogos de azar, e isto confunde os leigos que, incorretamente, associam o poker aos jogos de chances ou azar. Entretanto, vários elementos dissociam o poker desta classificação, conforme demonstramos neste capítulo.

> Pense nisto
>
> Poker não é um jogo de azar. É um jogo de habilidade, no qual os melhores sairão vencedores a longo prazo.

Primeiro, vejamos o que é um jogo de azar e como ele se configura: quando você vai a um bingo ou aposta em uma loteria, tudo o que pode fazer para ganhar é sentar-se e aguardar as bolas serem sorteadas, torcendo pelo seu número. Não existe nenhuma maneira de você interferir no resultado, estando, assim, à mercê de sua sorte. Este é um jogo de azar. Você não tem nenhum processo de escolha durante o jogo. Do mesmo modo, em uma loteria, você escolhe e marca seus números, mas, durante um sorteio, você não pode modificar a sua escolha e, como é um evento totalmente aleatório, não consegue predizer quais números serão sorteados.

Em um jogo de roleta, você consegue saber quanto cada tipo de aposta paga. Sabe por exemplo que, ao apostar em apenas um número simples, chamado de pleno, receberá para cada ficha que apostar outras 36 (35 + uma que você apostou), caso acerte. Se apostar com uma ficha em dois números ao mesmo tempo, receberá 16; em quatro números ao mesmo tempo, receberá oito, e assim sucessivamente. Porém, depois de fazer suas apostas, somente restará torcer para que acerte o número, a cor ou a dúzia. E não é porque saiu dez vezes seguidas um número vermelho na roleta que, na décima primeira vez, sairá um preto. As chances de um número preto nas rodadas seguintes é exatamente a mesma que nas anteriores: 18 em 37 ou 48%, aproximadamente (no caso das roletas com apenas um zero).

Para entender bem sobre estes tipos de jogos, convém ter alguma noção de estatística e probabilidade, mas o mais simples de entender é que, em um jogo de azar, o resultado está totalmente nas mãos do destino. A sorte é o único fator para determinar os vencedores.

Já explicamos o que é um jogo de azar. Agora vamos abordar o que torna o poker um jogo no qual a habilidade é preponderante nos resultados.

Poder modificar o curso de uma mão (escolha)

O poker não é um jogo de azar porque, durante todo o tempo, você pode interferir no resultado de uma mão por meio de suas ações. Você tem decisões e escolhas para tomar que modificam o destino traçado para a mão.

Por exemplo, você recebe duas cartas muito ruins, como 2 e 7 de naipes diferentes (2♣7♠). A ação chega a você, que resolve blefar e então aposta. Um outro possui A♣7♣. Estas cartas são potencialmente melhores que as suas, porém ele pode se assustar com sua aposta e decidir não jogar com tais cartas e sair da mão. Matematicamente, o seu adversário era um grande favorito. Se fizéssemos uma simulação com a ajuda de um software próprio para isto, de uma mão contra a outra por 100.000 vezes em que não houvesse apostas, após distribuir as cinco cartas comunitárias, o segundo jogador ganharia em cerca de 76% das vezes.

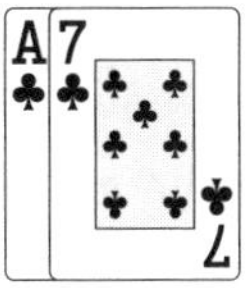

76% x 20%

EMPATE: aprox.: 3%

Se fôssemos pensar na sorte, ele teve mais sorte em receber cartas melhores, mas você conseguiu modificar o curso do destino com sua ação. Se no poker você fosse obrigado a jogar com essas cartas e seu adversário também, sem possibilidades de escolha e de ações, a sua mão teria apenas 20% de chances de ganhar. No mesmo exemplo, se um jogador antes de você resolve subir a aposta, você pode correr (desistir) dessa mão e não jogá-la. Mais uma vez, você altera o resultado, desistindo de jogar e, portanto, de perder qualquer coisa a mais nessa rodada. Qualquer que seja a sua decisão, suas ações estão durante todo o tempo modificando os resultados.

Vou citar um exemplo com uma mão inteira (uma jogada do início ao fim). Não se preocupe se ainda não conhece as regras, pois conseguirá entender o sentido do que estou explicando. No Capítulo 5 conversaremos sobre as regras do Texas Hold'em.

Você está em uma rodada de um torneio on-line na posição de *dealer* (último a falar, isto é, a realizar uma ação) com sete outros jogadores à mesa. Um jogador fraco no meio da mesa apenas paga a aposta corrente (chamada *big blind*, que é a maior aposta obrigatória). Pelo estilo de jogo dele, no mesmo momento você começa a imaginar uma série de mãos que ele poderia ter.

Digamos que com mãos muito fortes (cartas boas) ele teria aumentado a aposta, então você supõe uma mão média, algo como AJ, AT, KJ, JT, J9, K9, ou um par menor como 88, 77, 66. Você olha para as suas cartas e vê:

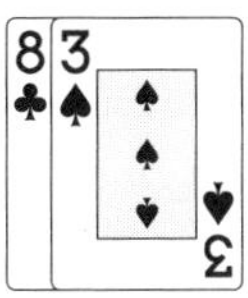

Sua mão é muito ruim, mas você resolve representar uma mão forte (blefar) e sobe a aposta em quatro vezes mais do que a atual. Os outros jogadores saem da mão, ou seja, desistem do jogo nesta rodada, e seu adversário, que na realidade tem

depois de pensar um pouco, resolve chamar sua aposta. O *flop* vem:

Pronto, você não acertou nenhuma combinação, e seu adversário fez um par de noves. Ele faz uma aposta pequena e você tem consciência de que está em desvantagem no jogo, porém conhece o adversário e ainda acha que pode ganhar dele, mesmo sem ter nenhum par. Você sobe a aposta. Ele pensa novamente e resolve pagar a aposta e ver mais uma carta.

No *turn* vem:

e a mesa fica:

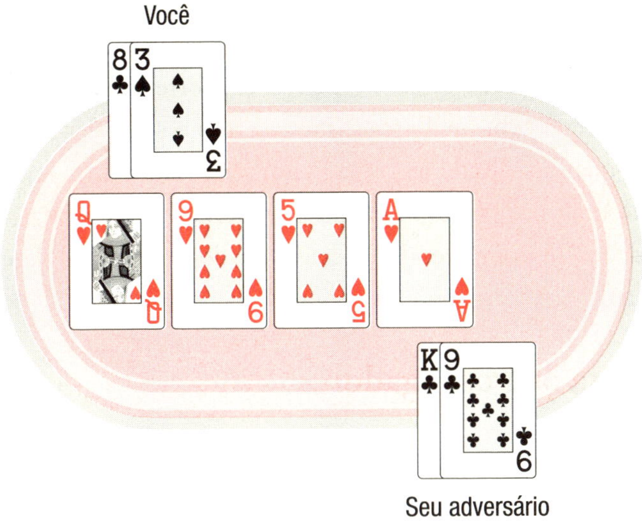

Agora, porém, seu adversário com medo do A e da Q que estão na mesa ou ainda da possibilidade de você ter um *flush* (cinco cartas do mesmo naipe) na mão, apenas dá *check*, que significa continuar no jogo passando a ação ao próximo jogador sem aumentar a aposta. Você percebe a fraqueza, e mesmo não tendo nenhum par ou carta de copas, aproveita-se da imagem que gerou ao aumentar a aposta antes de as cartas da mesa serem abertas: faz uma aposta grande, algo em torno de dois terços de todo o valor das apostas da rodada. Ao seu adversário não resta outra opção senão jogar fora seu par de noves (jogar fora é o mesmo que sair do jogo, desistir da mão, ou, vindo do inglês, dar *fold*).

Check: o mesmo que pedir ou dar mesa. Quando não há apostas na rodada e for sua vez, não realizar nenhuma aposta. Tradicionalmente é indicado pelo ato de dar uma pequena batida com a palma da mão na mesa. Se já houver uma aposta feita por outro jogador, não há possibilidade de pedir mesa, você deve pagar a aposta.
Fold: o mesmo que correr, desistir ou sair da mão. Quando alguém realiza uma aposta e você resolve não pagá-la, joga suas cartas na direção do centro da mesa, indicando que não participará mais desta rodada.
Raise: o mesmo que aumentar ou subir uma aposta. Quando já houver uma aposta em curso e você resolve fazer um valor ainda maior em fichas apostadas.

Você acabou de modificar o curso de uma mão por meio de apostas inteligentes e pela percepção da fraqueza do seu adversário, o qual acaba jogando fora o melhor jogo. Se fôssemos pensar em sorte, a dele foi maior nesta mão, pois começou com melhores cartas, acertou o seu par no *flop* e tinha a melhor mão quando saiu do jogo. Você, por outro lado, viu a sorte passando longe, tendo uma das piores mãos possíveis e não acertando nenhum par. Sua habilidade em compreender a estrutura do jogo é que determinou o resultado final.

Jogar contra outros jogadores

No poker, o seu adversário é uma pessoa, e não a banca (ou um cassino). Você mede seu conhecimento e suas habilidades contra um outro adversário, e quanto maior for a diferença em relação ao seu adversário, maior sua vantagem ao longo de um jogo.

Jogando contra outros jogadores, você está sujeito ao próprio estudo da natureza humana. Ou seja, deve aprender a lidar com suas próprias emoções, tais como ansiedade, nervosismo, insegurança, medo de perder, ao mesmo tempo em que estuda os adversários para perceber as mesmas sensações neles e se aproveitar delas.

Em uma negociação, você deve tentar alcançar os seus interesses, muitas vezes sem demonstrá-los ao seu interlocutor. No poker é a mesma coisa. Você quer todas as fichas do seu adversário, mas, para consegui-las, não pode demonstrar ansiedade, tem de disfarçar a força do seu jogo, blefar em certos momentos, apostar mais ou menos em busca de seu objetivo.

Por isto, o jogo de poker assemelha-se ao mundo dos negócios: as habilidades para se tornar um bom jogador de poker são as mesmas essenciais para ser bem-sucedido em um mundo competitivo. Neste sentido, você se aproveita das suas percepções e intuições, das fraquezas dos adversários, das instabilidades emocionais, do humor dos jogadores da mesa. Você consegue induzir seus adversários a desistirem da rodada com as melhores mãos, fazendo-os jogar com a emoção, e até mesmo fazê-los "entrar em *tilt*" ao mostrar suas cartas, revelando que fez um grande blefe.

A aptidão desenvolvida no poker para controlar (ficar impassível) e manipular as próprias emoções (demonstrar o oposto do que você está sentindo), além de perceber e alterar o estado emocional dos adversários, pode ser aplicada na sua vida. Poderíamos escrever outro livro apenas traçando paralelos entre as qualidades desenvolvidas por um jogador de poker que melhorariam seu desempenho como empresário ou executivo, como a necessidade de tomar decisões sob pressão, a habilidade de trabalhar essas mesmas pressão e tensão, transferindo-as para o seu adversário, a análise de risco envolvida em cada decisão em uma mão e a análise do seu retorno em relação ao valor investido.

Dica

Hoje em dia é muito comum que empresas façam jogos de negócios com seus funcionários. Realizam treinamentos que visam desenvolver características de liderança, trabalho em equipe, negociações e controle emocional. O poker é uma ferramenta para explorar estes potenciais.

Duas situações comuns para ilustrar. Estava em uma mesa de *ring game* jogando contra oito pessoas. Destas, três tinham jogadores muito bons; duas, medianos e outras três, bastante fracos. Recebi, em duas ocasiões quase seguidas, as mesmas cartas:

Reparem que, na primeira situação, meu respeito pelo adversário e minha leitura dele fizeram-me abandonar uma mão em que podia ter perdido muito. Na segunda, como o adversário era outro, assim como minha leitura, acabei jogando a mão de um outro modo e ganhando um belo pote.

Na primeira mão, subi um pouco a aposta, e dois jogadores pagaram (um dos medianos e um bem forte, que era o *big blind*). No *flop* veio:

O primeiro jogador (o *big blind*, bom jogador) deu *check*. Então apostei. O jogador mediano "correu" (desistiu da rodada), enquanto o primeiro só pagou minha aposta. No *turn* apareceu outra carta de paus,

e o jogador "saiu apostando". Reparem que no *flop* ele deu mesa (*check*) e depois pagou a minha aposta. Já no *turn*, em vez de dar mesa novamente e esperar eu apostar, ele começou apostando. Isto demonstra que a mão dele acabou de ficar melhor? Esta é a situação em que se diz que precisamos de informações sobre o jogo do adversário. Ele apostar nesse momento pode significar muitas coisas. A pior delas seria ele ter um *flush* na mão. Fazemos, então, o que chamamos de dar um *raise* para conseguir informação (*raise* para saber onde você está, como é dito no jargão do poker).

Decidi aumentar a aposta dele e observar a reação. Chamamos este aumento de uma aposta já existente de *raise*. Quase imediatamente ele voltou *all-in*. Ou seja, após ter aumentado a aposta, ele, sem pensar muito, aumentou novamente a minha aposta (*reraise*) com todas as suas fichas. Um sinal claro de que o seu jogo realmente era muito forte, provavelmente um *flush*.

Neste caso, o meu aumento deu-me a informação de que precisava. Ele tinha o melhor jogo e eu deveria sair da mão. Pensei por um tempo e larguei (desisti do jogo) meu par de ases. Mostrei minha mão. Ele abriu um sorriso e disse "Boa leitura!", mostrando um *flush* com K♣Q♣.

Na mesma sessão, passei depois por uma mão bem parecida, só que, desta vez, ao subir a aposta, ela foi paga por três jogadores, dos quais dois eram jogadores fracos. O *flop* veio:

Como já comentei, minhas cartas eram as mesmas da mão anterior:

Dois jogadores deram *check* (pediram mesa, ou seja, não apostaram) e eu, como havia feito naquela primeira mão, apostei metade do pote (adaptação do termo *pot*, que é o valor de todas as apostas já acumuladas na rodada). O último a falar, isto é, a ter a vez de ação, saiu do jogo, o que costumamos chamar de "correr". Nesse momento, a jogadora do *small blind*, que era muito falante e já tinha perdido todas as suas fichas e as recomprado, resolve pagar minha aposta. Ao fazê-lo, diz a seguinte frase:

— *Tenho que pagar.*

O outro jogador corre.

Prestando atenção, a oração "tenho que pagar" só poderia ter dois significados vinda desse perfil de jogadora. Primeiro: ela tem chamada para seqüência, tipo JQ e quer ver o K em uma das próximas cartas. No caso, ela poderia ter quatro cartas de uma seqüência precisando de mais uma para completar a seqüência. Segundo: ela acertou um par forte, como um par de K, mas sabe que está perdendo.

No *turn* veio uma carta baixa. Ela então disse:

— *Vou* all-in.

Quando o jogador naquela outra rodada veio *all-in* contra mim, larguei a minha mão imediatamente. Sabia que ele tinha um jogo muito forte pelo tipo de aposta e por reconhecê-lo como um adversário habilidoso. Neste segundo caso, paguei a aposta no mesmo instante.

Ela me disse: "Tinha que jogar tudo", e mostrou KK. Ou seja, ela tinha um par de K de mão, e, apesar do A que apareceu na mesa, não acreditou que eu tivesse um par de ases. Assim, resolveu apostar todas as suas fichas, com uma mão pior do que a minha no momento (par de reis contra par de ases).

Naquele ponto só um K a salvaria, pois então ela faria uma trinca. Como a carta que ela precisava não veio, o meu par de ases acabou ganhando o pote.

Ao terminar a jogada, ela, muito simpática, olhou para mim e perguntou:

— *Eu tinha que pagar, não? Sabia que estava perdendo, mas e se aparecesse o meu rei?*

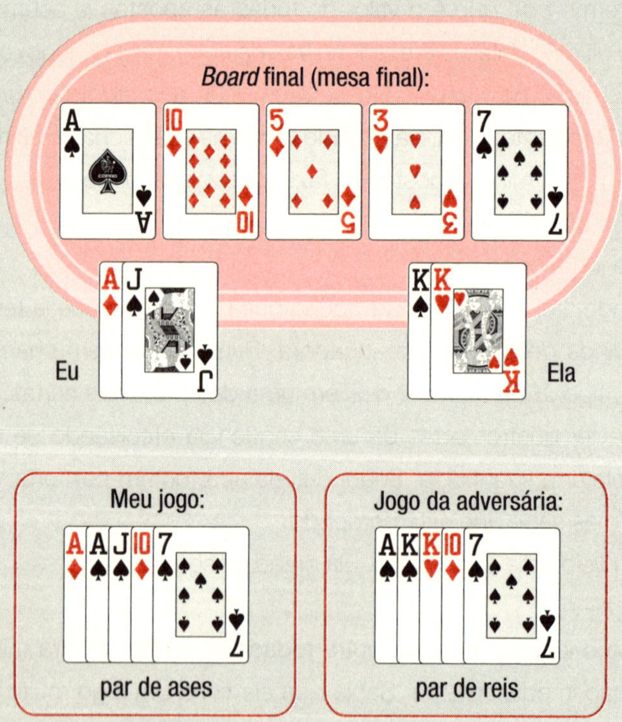

Draw: o mesmo que chamada, queda ou projeto. Quando um jogador tem quatro cartas de uma seqüência ou quatro cartas de um mesmo naipe para formar um *flush*, e precisa que venha uma quinta carta para completar seu jogo, dizemos que o jogador está em um *draw*. Ter uma chamada é o mesmo que dizer que tem a possiblidade de fazer um jogo.

Reparem que na primeira situação que contei, o respeito e a leitura do adversário fizeram-me abandonar uma mão em que poderia ter perdido muito. Na segunda, como o adversário era outro, e minha leitura diferente, acabei jogando a mão de forma diferente e ganhando um belo pote.

O importante com estas histórias é perceber que, mais que confiar nas minhas cartas, confiei na minha leitura dos jogadores. Consegui ter a certeza de que, no primeiro caso, o jogador não apostaria contra mim nem iria *all-in* se não estivesse me ganhando, enquanto que, na segunda, com a frase "tenho que pagar" somada a todo o histórico da jogadora na mesa, ficava claro que ela arriscaria suas fichas, mesmo sabendo que estava perdendo. É claro que já errei em muitas leituras, mas aí entra a parte de habilidade e prática. Repetindo as situações aos poucos aprende-se a reagir a cada tipo de jogador.

Dica

Lembre-se de respeitar os adversários de quem você ganhou e tenha sempre uma atitude simpática até mesmo para não afastar a boa freguesia. Mantenha a mesma cortesia se você perder a mão.

Conhecer as nuances matemáticas *

Um outro fato importante do poker ressaltado neste livro é que você pode se dedicar um pouco mais e conhecer aspectos de probabilidade e estatística para auxiliá-lo no seu jogo, tanto para calcular se uma aposta pode ou não ser paga de forma lucrativa, decidindo se é melhor continuar em uma mão, quanto para avaliar os adversários e estilos de jogo, adaptando-se a eles. Os conceitos de *pot odds* e *implied odds*, explicados nos capítulos 13 e 14, são muito comentados, mas poucos realmente dominam o assunto. Sendo assim, ao longo do livro daremos dicas simples de como saber quais apostas devem e podem ser pagas ou como apostar de modo a fazer seu adversário cometer um erro ao chamar suas apostas.

O jogador que não procurar ao menos entender esses princípios estará perdendo dinheiro, pois esse é um dos aspectos capazes de excluir o fator sorte e de aumentar o fator habilidade.

Com o tempo e o estudo, aprenderá quais mãos são favoritas para ganhar de outras. Saberá até mesmo a porcentagem de vezes em que uma determinada mão costuma ganhar contra outras específicas. Aprenderá ainda que certos tamanhos de apostas podem e devem ser pagas, porque trarão lucro a você, enquanto outras devem ser rejeitadas, pois são prejudiciais.

Ao permanecer sempre com as mãos com maior probabilidade de ganho e pagando as apostas em que, matematicamente, você garante lucro ao longo do tempo, o efeito da sorte torna-se irrisório a longo prazo: você minimiza a influência da sorte quando joga preferencialmente em situações nas quais é favorito, evitando aquelas em que não é.

Curiosidade

Underdog: no poker, quando você disputa uma mão em que estatisticamente não é favorito para ganhar, dizemos que você entrou na mão como *underdog* ou simplesmente *dog*. Jogar várias vezes nesta situação o levará a perder mais do que ganhar.

Todas as estatísticas no poker podem ser simuladas por meio de softwares que calculam a porcentagem de vezes que determinada mão irá ganhar com as cartas ainda a serem abertas contra as mãos adversárias. Para ter uma compreensão melhor do jogo e de suas possibilidades, o jogador precisa conhecer as principais situações e as chances aproximadas de sua mão ser a melhor considerando determinada configuração das cartas na mesa.

Em outras palavras, o jogador mais habilidoso sabe a porcentagem de vezes que um par de mão (AA, por exemplo) ganha de um par mais baixo; ou conhece o conceito de *race* (corrida), que é quando um par enfrenta duas cartas mais altas com ambos jogando *all-in* pré-*flop* (todas as fichas de ambos os jogadores são apostadas antes mesmo de se abrirem as cartas na mesa) — situação em que o par tem uma pequena margem de favoritismo. Se tiver, por exemplo, J♦J♣, e seu adversário, A♠K♠, você tem cerca de 53,6% de chance de ganhar a mão.

53,6% x 46%

EMPATE: 0,4%

O mesmo acontece se você tiver 7♠7♦ e seu adversário T♥J♥. Contudo, neste caso, há um pequeno favoritismo para o T♥J♥.

48,9% x 50,6%

EMPATE: 0,5%

Essa situação também é conhecida como *coin-flip* (algo como jogar uma moeda, ou cara-e-coroa). O indivíduo com mais habilidade sempre preferirá situações nas quais, matematicamente, ele é um grande favorito, e evitará participar de mãos em que ele não seja o favorito a ganhar. Somente estudando esta parte da matemática você poderá decidir corretamente se deve ou não jogar certas mãos. Não é necessário ser mestre em matemática para tornar-se um jogador de pocker; o importante é conseguir pensar logicamente e ter facilidade para resolver problemas, o que, no fundo, são habilidades matemáticas.

Temos exemplos práticos todos os dias desta falta de formação matemática. Praticamente em todas as mesas que jogo, sempre há um jogador disposto a pagar qualquer aposta para tentar completar um *flush*. Esse jogador não entende a relação entre as chances de ganhar a mão, o tamanho do pote e da aposta que ele tem que pagar. Os valores desta relação são os que determinam se, no longo prazo, ele terá lucro na mão. Ele paga qualquer aposta para ver o *flush* e perde muito. No Capítulo 14 você aprenderá em que situações deve pagar tais apostas.

A prática leva a resultados melhores

Quem ainda acha que poker é um jogo de sorte deve lembrar o seguinte: qualquer jogador pode enfrentar o campeão mundial de poker e ganhar umas poucas mãos por ter tido sorte nas cartas, mas a habilidade do campeão mundial permitirá que ele evite perder muito nessas mãos em que a sorte ajudou o adversário. Em virtude de todo o repertório técnico dele, quanto mais tempo você jogar contra ele, mais perderá.

Esse repertório dos profissionais aparece porque eles já passaram por aquela situação inúmeras vezes, construindo assim uma biblioteca interna de movimentos e possibilidades para referências futuras.

- Como jogar AK em primeira posição (quando você é o primeiro a ter a ação na rodada)?
- O que fazer com AQ quando alguém subir a aposta antes de você?
- Como jogar quando, no *flop*, você tem os dois menores pares da mesa?

São situações que nos colocam em dúvida de como agir, mas que os profissionais já passaram diversas vezes até desenvolver estratégias de ação.

Essas mãos se repetem e, hoje em dia, tornar-se um profissional ou ao menos um jogador habilidoso é bem mais fácil. Anos atrás, os profissionais tinham de procurar por locais onde pudessem praticar o Texas Hold'em. Hoje, qualquer garoto pode jogar de sua própria casa 30 mil mãos de poker em um mês. Muitos, em apenas um ou dois anos de carreira, já jogaram mais mãos do que os profissionais na década de 1970.

Curiosidade

Em um jogo ao vivo, no espaço de uma hora dá para jogar em torno de 15 a 25 mãos, pois leva um tempo para embaralhar as cartas após cada rodada, contar e separar fichas de um pote e para os jogadores agirem e pensarem. Em um jogo on-line, em uma hora dá para jogar de 30 a 45 mãos, pois todo o processo é automático e os jogadores têm um tempo limitado para agir estipulado pelo software. E você ainda pode jogar em mais de uma mesa ao mesmo tempo pela internet. É comum que o jogador de poker on-line esteja com quatro ou cinco mesas abertas na tela do seu computador ao mesmo tempo. Assim, enquanto em uma hora em uma mesa ao vivo são jogadas 25 mãos, pela internet você pode jogar até 200 mãos no mesmo período de tempo. Não é de se surpreender que os jogadores de hoje adquiram experiência de um modo muito mais rápido do que antigamente.

Não precisamos nem ir tão longe. Se um jogador iniciante desafiar um profissional para um duelo *heads up* (jogo a dois, "mano-a-mano") e ambos fizessem algo como uma melhor de 20 partidas, aquele poderia ganhar em até quatro ou cinco delas, mas em todas as demais provavelmente perderia, assim como perderia de qualquer outro jogador que, ao contrário do iniciante, usasse seu conhecimento técnico no jogo.

Já houve muita discussão sobre o percentual da relação sorte/habilidade em um jogo de poker. Em minha opinião, a sorte compreende de 20 a 25% contra os 75 a 80% determinados pela habilidade do jogador. Alguns profissionais aumentam esse número em relação à sorte. É indiscutível — e não é o foco do capítulo — o fato de a sorte ter um papel no poker. Por exemplo, há uma situação em que a sorte é determinante: é quando dois jogadores praticam *all-in* pré-*flop* (apostam todas as suas fichas antes de abrirem as cartas na mesa). Neste caso, você retirou as opções de escolha e ação, dependendo exclusivamente de quais cartas serão abertas.

No entanto, ainda assim pode-se argumentar que o jogador teve a opção de não jogar *all-in* pré-*flop*. Ou seja, mesmo nesta situação havia uma decisão a ser tomada, para a qual se deveria considerar diversos fatores, como: expectativa de ganhar, análise das mãos que seu adversário pode ter etc.

Temos de lembrar, entretanto, que em maior ou menor grau a sorte está presente em qualquer competição esportiva. Um exemplo: na temporada 2006 de Fórmula 1, o piloto Fernando Alonso liderava o campeonato com mais de 20 pontos de vantagem sobre o segundo colocado, Michael Schumacher. O carro de Fernando Alonso não havia quebrado nenhuma vez no ano de 2005 nem no de 2006. De repente, em duas corridas consecutivas, quebrou, e o Schumacher chegou em primeiro lugar em ambas as corridas, praticamente empatando o campeonato. Depois, na terceira corrida, o piloto da Ferrari largou em sexto lugar, enquanto Alonso logo conseguiu tomar a dianteira e se distanciar. Ao entrar nos boxes, a equipe de Alonso teve um problema na troca de um dos pneus (o que nunca havia acontecido com ele). Acabou perdendo tempo e Schumacher assumiu a ponta, vencendo o GP, com Alonso chegando atrás e passando a liderar o campeonato quando faltavam apenas duas corridas.

PERGUNTA: Schumacher teve sorte pelo carro do Alonso ter quebrado em três provas consecutivas?

Não fossem os problemas da Renault, mesmo que o alemão ganhasse as corridas, não teria conseguido ultrapassar Fernando Alonso no campeonato. Schumacher só ultrapassou porque o piloto espanhol não conseguiu fazer nenhum ponto nessas provas.

Na prova seguinte, Schumacher estava em primeiro na corrida, aumentando sua vantagem no campeonato, e de repente seu carro quebrou. Alonso ganhou a corrida, abriu dez pontos de vantagem e praticamente selou sua vitória no campeonato, que foi confirmada no Grande Prêmio do Brasil de Fórmula 1, em 2006. Novamente a sorte influenciou no resultado e mudou o destino de um campeonato que estava se encaminhando para outro desfecho.

Por causa dessa sorte podemos dizer que a Fórmula 1 é um jogo de azar?

Mas a sorte não influenciou o resultado?

A sorte influencia o resultado de muitos esportes. Muitos deles têm o elemento sorte como parte de sua essência. Entretanto, ela não é o elemento primordial do jogo, não é o que tem o maior peso na definição dos resultados. O que diferencia o poker dos jogos de azar é a possibilidade constante de escolhas.

No livro ganhador do prêmio *Financial Times, Desafio aos deuses — A fascinante história do risco* (Campus, 1996), o autor Peter L. Bernstein — uma das maiores sumidades no tema — diferencia o poker e o gamão dos jogos de roleta, de dados e de máquinas caça-níqueis no sentido de os primeiros não serem jogos de azar:

> Os jogos de azar devem ser distinguidos daqueles em que a habilidade faz a diferença. Os princípios em ação na roleta, nos jogos de dados e nos caça-níqueis são idênticos, mas explicam apenas parcialmente o que está envolvido no poker, nas corridas de cavalo e no gamão. Com um grupo de jogos, o resultado é definido pelo destino, com o outro grupo entra em jogo a escolha. A vantagem — a probabilidade de ganhar — é tudo que você precisa saber em um jogo de azar, mas você precisa de muito mais informações para prever quem vencerá ou perderá, quando o resultado depende da habilidade, além da sorte. Existem jogadores de poker que são verdadeiros profissionais, mas ninguém faz do jogo de dados uma profissão bem-sucedida.

Receber reconhecimento na legislação por meio do direito comparado

Por último, poderíamos recorrer à comparação com outras legislações. Na Holanda, o jogo é taxado em duas categorias: o governo cobra uma alíquota de impostos para jogos de azar e uma outra alíquota diferente para jogos de *skill* (habilidade), sendo o poker enquadrado na segunda categoria. Este é, para nós, um precedente na legislação de um país que estudou para conseguir classificar o poker. Além disso, no Brasil mesmo, temos outros jogos de carta que já foram legalizados perante a lei brasileira por não se enquadrarem na categoria de jogo de azar, com suas federações e associações promovendo seus próprios torneios e rankings como é o caso do truco, do pif-paf e do pontinho.

Os jogadores profissionais de poker sabem que podem confiar nas suas habilidades e por isso lucram tanto no que fazem. Não faria o menor sentido profissionalizar-se, ocupar-se dessa atividade regulamentada e ainda por cima pagar impostos se não fosse uma atividade de habilidade.

A figura do jogador profissional de poker existe nos Estados Unidos; ele declara seus rendimentos e paga imposto de renda. Este imposto não é barato, além de ser diferente do imposto pago por ganhar um prêmio em loteria. Alguns jogadores de outros países mudaram-se para os EUA e tiraram seus vistos de permanência como trabalhadores (o *green card*) declarando como profissão ser jogador de poker. Até onde eu saiba, não existe a profissão de jogador de bingo ou de roleta.

O mesmo respeito que é dado ao desportista e ao profissional nos Estados Unidos e na Europa deve ser trazido para o Brasil. A mídia precisa conhecer mais sobre o Texas Hold'em e sobre os jogadores que o estudam e praticam, antes de classificá-lo erroneamente como um jogo de azar.

Por todos os aspectos citados, e como vocês irão reparar ao longo deste livro, quem estuda e se dedica ao poker começa a ter resultados consistentemente melhores. Esta demonstração de que a prática leva a melhores resultados afasta o poker da categoria de jogos de azar e o classifica como jogo de habilidade. Ou você acha que quem joga a vida toda na loteria têm mais chances de, com a prática, ganhar mais vezes na Mega-Sena?

Pense nisto

Texas Hold'em é um jogo no qual a habilidade determina o resultado em uma escala muito maior do que a sorte.

Estou certo de que existe no Brasil falta de informações sobre o Texas Hold'em, associada a um preconceito em relação a jogos com cartas. Quem começa a jogar Texas Hold'em logo percebe as diferenças — um dos motivos pelos quais este jogo é tão apaixonante.

Capítulo 4
A (r)evolução do poker

A vida só pode ser entendida se olharmos para trás, mas precisa ser vivida olhando para a frente.

Sören Kierkegaard (1813-1855), escritor e filósofo.

O poker mudou ao longo dos anos. Na realidade, o termo refere-se não apenas a um, mas a um conjunto de jogos que têm os mesmos princípios de combinação das cartas para decidir o vencedor e as apostas que podem eliminar jogadores ao longo das mãos. Os tipos de poker mais jogados hoje representam uma evolução nas regras, em que a habilidade determina a maior parte do resultado.

A história do poker e dos jogos de cartas remonta aos primeiros séculos, sendo talvez tão antiga quanto o nascimento de Jesus Cristo. Os jogos com dados ou com ossos e as apostas aparecem em relatos ainda mais antigos, datados por volta do ano 600 a.C.

No livro de David G. Schwartz, *Roll the Bones*, da editora Gotham Books, historiadores afirmam que os primeiros baralhos datam do século VI, com origem provável na Coréia, e que o baralho moderno, com 52 cartas e quatro naipes, foi uma criação francesa de 1480. Já tivemos na história até baralhos de cinco naipes, mas os jogos com esse naipe extra não se popularizaram, causa de terem caído no esquecimento.

Os jogos de cartas em geral proliferaram pela Europa e Ásia do século X ao XVI, com diversas variantes por conta das diferenças culturais. Alguns autores creditam a criação do poker aos persas, que tinham um jogo chamado de *as nas*, no qual se vencia com as melhores combinações de cartas.

Jogos em que as apostas serviam para indicar a força das mãos ou para blefar e, assim, tirar os adversários do jogo foram antecedentes do poker, como o *primero* — jogo italiano —, o *brelan* — jogo francês — e o *pochen* — criado na Alemanha. Deste último, tivemos a derivação do nome poker.

Curiosidades

Pochen em alemão é o mesmo que *to knock* em inglês: gesto tradicional feito até hoje quando um jogador quer indicar que pediu mesa (*check*), batendo de leve com a palma da mão ou com os dedos na mesa.

A origem do poker é européia, mas, como o jogo estava em voga no século XV, ele foi trazido junto com os navegadores e colonizadores para a América do Norte, onde realmente se espalhou e acabou virando um dos jogos favoritos do povo americano. Por este motivo, muitos acreditam que o poker foi criado nos Estados Unidos.

A palavra poker era a forma como os nativos da América do Norte pronunciavam a palavra *poque*, nome do jogo na França. Dizem que a Louisiana foi a primeira colônia nos Estados Unidos em que o jogo se difundiu, já que era de origem francesa. Durante a fase da corrida do ouro e da expansão para o oeste do país, o poker permitiu que fortunas mudassem de mãos. Eram apostas altas, que definiam os donos das terras e das propriedades, além de determinarem, ainda, o futuro de muitas famílias.

Quem já não viu, nos velhos filmes de faroeste, um *saloon* em praticamente todas as cidades com um jogo de poker em andamento? O poker virou parte do folclore do povo americano. Mas, naquela época, o poker era praticado com menos cartas: somente do 10 ao A, e, na sua forma fechada, com cinco cartas para cada jogador. Eram famosas as histórias de jogadores que roubavam no jogo e daqueles que conseguiam fazer verdadeiras magias com embaralhamentos, assim "fabricando" jogos como quadras de ases em várias mãos.

Um dos grandes feitos da evolução do poker foi eliminar o elemento da trapaça com o refinamento das regras. Hoje em dia, é bem mais difícil e raro encontrar formas de fraude e, se acontecerem, é muito mais fácil de serem descobertas no mesmo momento.

Como todo jogo de cultura popular, variantes foram surgindo. Cada estado americano tinha sua forma mais comum de praticar o jogo. Daí surgiu, por exemplo, o Texas Hold'em, no estado, claro, do Texas.

No século XX, com o surgimento da cidade de Las Vegas e seus cassinos — no meio do deserto no estado de Nevada — e com a liberação do jogo em outros estados americanos, é comum pensar que o poker passou de jogo mais popular a carro-chefe dos cassinos. Engano de quem pensa assim. Como dito no Capítulo 3, o poker não é um jogo bancado (em que uma banca ganha parte do lucro) e nem ao menos existe uma vantagem para algum praticante. Assim sendo, o poker não era um jogo interessante para os cassinos ou para aqueles que queriam explorar o jogo, pois não há margem para o negócio. Nos jogos de roleta, *bacarat*, *blackjack* e *craps*, o cassino possui uma vantagem matemática, que faz com que ele, na grande maioria das vezes, aufira lucro.

Ao contrário, se os jogadores de poker ficassem em um cassino, estariam deixando de jogar outros jogos nos quais o cassino ganha. Além disso, era pequeno o número de jogadores conhecedores das habilidades para ser um vencedor no poker, ou estudiosos da matemática e suas nuances capazes de ganhar de todos os demais adversários. Um dono de cassino não quer um jogador lá dentro que tire o dinheiro de todos os outros, afastando seus clientes, e ainda não servindo para trazer rendimentos ao empreendimento.

Pense nisto

Um dos motes de um cassino é que qualquer um com sorte pode vencer e ganhar um prêmio milionário. Nesta premissa, vários jogadores todos os anos dirigem-se a Las Vegas, em busca de fortuna imediata, mas a grande maioria deixa seu dinheiro para o cassino e para um feliz e sortudo ganhador.

Como um jogo de habilidade, sem vantagens para o cassino e sem a presença da banca, o poker foi relegado a segundo plano, praticado apenas no submundo, em grupos fechados. Uma das pessoas que ajudou a mudar essa história foi Benny Binion, dono do famoso Binion Horseshoe. Amante do jogo de poker, ele resolveu aceitar um desafio de poker em seu cassino. Sua visão de marketing era incrível se considerarmos o ano em que isso aconteceu: 1949. Naquele ano, um milionário excêntrico, chamado Nicholas "Nick The Greek" Andréas Dandalos, resolveu pedir a Benny Binion para intermediar uma partida de poker com Johnny Moss, considerado o melhor jogador da época. A batalha durou cinco meses e dizem que Moss ganhou cerca de US$ 2 milhões naquele período usando de toda a sua habilidade. Em números atuais, isto seria o equivalente a ganhar quase 50 vezes esse valor. O desafio plantou em Benny a idéia de um dia desenvolver um torneio que durasse vários dias e reunisse os principais jogadores de poker. Até que isso acontecesse, passaram-se ainda 21 anos, talvez pela discriminação com o jogo ou, ainda, pela falta de visão dos cassinos que o consideravam prejudicial aos negócios.

Em 1970, pela primeira vez foram reunidos os maiores jogadores de poker daquele país para uma competição de duas semanas. O formato era diferente dos conhecidos hoje. Foram várias partidas ao longo dos dias e, no final, os participantes votaram em quem julgavam merecer o título de melhor da série de jogos.

Crandall Addington, Doyle Brunson, Carl Cannon, Thomas "Amarillo Slim" Preston Jr., Walter "Puggy" Pearson e Brian "Sailor" Roberts foram alguns dos 13 participantes que votaram, elegendo Johnny Moss campeão do primeiro WSOP ou *World Series of Poker* (Série Mundial de Poker). Entenderam agora de onde veio o nome "série de poker"? Muitos pensam que o nome foi dado por existirem várias modalidades no WSOP, mas, na realidade, em sua criação, era apenas uma modalidade, jogada várias vezes pelos mesmos jogadores, assim como uma série de partidas em dias diferentes.

A grande visão de Jack Binion, herdeiro de Benny Binion, foi a forma de expor essa série no seu cassino. Ele colocou a mesa do torneio bem no centro de um dos salões principais do cassino e, enquanto o jogo acontecia, as pessoas paravam para assistir. Dias depois, uma multidão aglomerava-se para torcer. Os americanos começaram a ver seu jogo favorito com destaque dentro de um dos maiores cassinos da época.

Os leitores que já conhecem um pouco do mundo do poker devem ter reparado que no grupo citado está o nome de Doyle Brunson, atualmente maior jogador vivo em atividade da história do poker. Só no WSOP ele ganhou dez braceletes de campeão mundial (equivalente a ganhar uma dezena de torneios diferentes nestes mais de 36 anos de história do WSOP, contando do início até 2006).

Pense nisto

Para quem ainda acha que poker é um jogo de sorte, tente explicar como um jogador conseguiu, ao longo de mais de 50 anos de carreira, manter-se um vencedor e conseguir ganhar o título de melhor do mundo na terceira edição do *World Series of Poker*, quando apenas 30 jogadores participavam, além de ganhar em 2005 seu décimo bracelete, enfrentando mais de 1.000 jogadores — muitos deles novos talentos da era da internet.

Doyle Brunson escreveu e lançou, em 1979, o livro que muitos consideram a bíblia do assunto: *Super System*. Ele foi um dos primeiros jogadores a colocar no papel seus métodos e estratégias para desbancar outros jogadores. Suas observações de mais de três décadas servem de base, até hoje, para quem está começando a se aventurar no universo do poker.

Se hoje posso humildemente tentar passar um pouco do conhecimento adquirido ao longo dos últimos anos estudando obras como o *Super System* entre muitas outras, imagine quando Doyle abriu sua caixa mágica e contou seus segredos ao mundo, em uma época tão escassa em informações. Suas lições valiam ouro. Doyle adquiriu uma fortuna tamanha que, em 2004, ofereceu US$ 750 milhões de sua fortuna pessoal para tentar adquirir a empresa que realiza os torneios do WPT (World Poker Tour).

Já que estamos tratando de WSOP e WPT, que tal pensarmos no que determinou este *boom* do poker nos últimos anos?

O poker iniciou seu crescimento exponencial na virada do século. A televisão e a internet proporcionaram esse aumento, mas o fator determinante para a explosão foi a criação das *hole card cameras* (câmeras que filmam as cartas iniciais de cada jogador).

Para quem não sabe, o criador foi Steve Lipscomb, hoje um dos donos do WPT Enterprises, empresa detentora dos direitos sobre todos os torneios do WPT e franquias como o EPT (*European Poker Tour*), além de todos os produtos relacionados, como programas de televisão, DVDs, fichários e roupas, entre outros.

Na década de 1990, os torneios do WSOP já haviam sido transmitidos pela ESPN. O programa, porém, era bastante monótono, pois não possibilitava que o espectador visualizasse as cartas dos jogadores e, portanto, o máximo que os comentaristas podiam fazer era supor o que havia acontecido na jogada. Era um daqueles programas que você começava a assistir e adormecia. Tanto era assim que a ESPN o deixava em um canto da grade horária, sem prestar muita atenção.

A inovadora idéia era colocar microcâmeras nas bordas das mesas, de modo que, quando o jogador recebesse suas cartas, estas ficassem gravadas, e, assim, público e comentaristas poderiam acompanhar o raciocínio de cada jogador ao longo das mãos.

Steve Lipscomb tentou vender a idéia para várias emissoras, até que o Travel Chanel comprou o projeto e nasceu o WPT, cujas atividades tiveram início em 2001. A primeira temporada foi toda filmada em sua maior parte com jogadores profissionais, antes de ser exibida na televisão. Os programas semanais que mostravam apenas a mesa final dessa série de torneios, onde o espectador podia ver as cartas dos jogadores, logo passaram a ter a maior audiência em todo os Estados Unidos. De lá para cá, os programas já são vistos em mais de 170 países e estão em sua quinta temporada em 2007.

Os torneios do WPT já pagam mais de um milhão de dólares aos vencedores, reunindo em média 400 jogadores por etapa, com a entrada custando entre US$ 5 a 25.000. Rapidamente outras emissoras copiaram a idéia e hoje temos mais de dez programas semanais diferentes pelas tevês no mundo: Celebrity Poker Showdown — em que celebridades participam de torneios e cujo prêmio é endereçado a instituições beneficentes —, High Stakes Poker — onde os maiores profissionais jogam em *ring games* com o próprio dinheiro, sendo o cacife mínimo US$ 50.000 —, Professional Poker Tour, European Poker Tour, National Heads up Championship, Poker Superstars e o próprio WSOP, em diferentes formatos de torneios.

Curiosidade

A televisão levou o poker para as massas. E o mesmo efeito acontece no Brasil.

As emissoras brasileiras que colocaram programas sobre campeonatos de poker no ar experimentaram aumentos na audiência nas madrugadas. A desinformação e o preconceito com o jogo de poker no Brasil fizeram com que, até hoje, uma grande emissora aberta não produzisse um programa com os torneios. Todas as emissoras que foram abordadas têm receio de ser processadas ou de infringirem alguma lei do nosso país. O importante é focar na parte desportiva, na competição e na habilidade que envolvem o esporte. O poker pode ser mostrado ajudando as pessoas, seguindo o exemplo internacional, onde artistas jogam torneios em que a premiação vai para obras sociais e assistenciais.

Temos certeza absoluta de que, com a devida orientação e com o enfoque no esporte, tais torneios seriam um sucesso. O importante é passar o lado da competição e ressaltar a habilidade dos jogadores, assim como é feito nos programas internacionais.

O cinema também deu sua contribuição para a popularização do poker. Em 1998, os astros em ascensão Matt Damon, que acabara de ganhar o Oscar pela sua atuação em *Gênio Indomável* (*Goodwill Hunting*), e Edward Norton foram os protagonistas de *Rounders*, conhecido no Brasil como *Cartas na mesa*. O Texas Hold'em foi apresentado às grandes massas como o novo jogo de poker. Até então, eram retratados nos filmes os jogos de poker fechado, aquele em que se recebem cinco cartas e se pode escolher trocar algumas. Alguns jogadores mais antigos no Brasil devem se recordar desse jogo como o poker que era jogado aqui.

Lembro-me até que no WSOP de 1998, como forma de promoção, os atores do filme foram participar do torneio. Matt Damon acabou perdendo com KK contra AA do Doyle Brunson. Foi o profissional das telas eliminado pelo verdadeiro profissional.

Curiosidade

Em 1998, não havia nem 500 jogadores no evento principal do WSOP. Em 2006, o número de participantes foi de 8.700 jogadores: um crescimento de 1.740% em menos de dez anos.

No final da década de 1990 os avanços tecnológicos permitiram que se formassem os primeiros sites de poker on-line. Por que não embarcar na febre do poker verificada na televisão e permitir que os espectadores participassem de torneios e outros jogos em suas próprias casas? Sem ter de apostar dinheiro, usando do *play money* (dinheiro de brincadeira), ou, ainda, realizando torneios com valores baixos, possibilitou-se que o poker invadisse os lares por meio dos computadores.

Curiosidade

Por um lado a televisão, e por outro a internet. A entrada na grande rede das salas de poker foi um fator decisivo para a popularização do esporte.

Party Poker e Paradise Poker foram pioneiros, com o Poker Stars vindo logo em seguida. Lembro que meu primeiro contato com sites de poker foi em 2003 e, na época, o maior site tinha cerca de 800 jogadores. Hoje em dia, um site em horário de pico pode atingir a marca de 100.000 jogadores, enquanto os menores sites no mercado têm pelo menos 3.000 jogadores nesses horários. A internet hoje está nos lares de quase 80% dos norte-americanos. No Brasil, apesar de esse número ser inferior, somos o terceiro país em que o usuário passa mais tempo conectado à rede por dia.

TRÍADE PERFEITA: televisão + internet + jogo fácil de aprender

Com a soma desses fatores, vimos um *boom* comercial, que poderia ser comparado ao *boom* da própria internet e das empresas de tecnologia anos antes no mercado de valores. Bilhões de dólares foram movimentados pela indústria do poker nos últimos cinco anos e muitos mais são esperados para os próximos. Só no ano passado, três grandes companhias ligadas ao poker on-line — Party Poker, 888.com e Interpoker — abriram capital na Bolsa de Londres (passaram a ter suas ações negociadas) e vêm apresentando cotações recordes e volumes consistentes.

Tal crescimento possibilitou a profissionalização dos jogadores, com contratos comerciais de exclusividade com sites, programas de televisão e acertos com editoras para publicações de livros. Atualmente, o jogador profissional vive, assim como do próprio jogo, da venda de sua imagem. Ao contrário de estar à margem da sociedade como nos anos de 1970, hoje estão no centro dos holofotes e são vistos e tratados como celebridades. Fã-clubes e páginas na internet. Convites para palestras, festas e torneios. Viagens ao redor do mundo, jogando torneios e levando o poker adiante. Considerado o melhor do mundo atualmente, Phil Ivey fatura com publicidade e contratos de imagem o que alguns dos melhores jogadores de futebol ganham.

E a expansão não pára: proliferação de novos torneios pelo mundo, massificação do jogo on-line, criação de fóruns de discussões, pelo menos três revistas dedicadas inteiramente ao poker (*Cardplayer*, *Bluff* e *All-in Magazine*), multiplicação de salas de poker pelos cassinos, renovação do público que procurava esses mesmos cassinos, atraindo jogadores de outras faixas etárias e criação de um canal de TV nos Estados Unidos apenas para cobertura de poker, entre outros.

Os cassinos entre 1980 e 1990 sobreviviam dos *high rollers*: jogadores que deixavam milhões de dólares em uma mesa de jogo em um final de semana. Hoje, este perfil de jogadores é cada vez mais raro. Para a sobrevivência dos negócios, os cassinos precisam de uma quantidade enorme de competidores. Para uma melhor compreensão, pense em uma pirâmide: uma base muito larga de jogadores que jogam pouco — no sentido de serem jogadores fracos — sustenta os ganhos dos jogadores que jogam "pesado", e vice-versa.

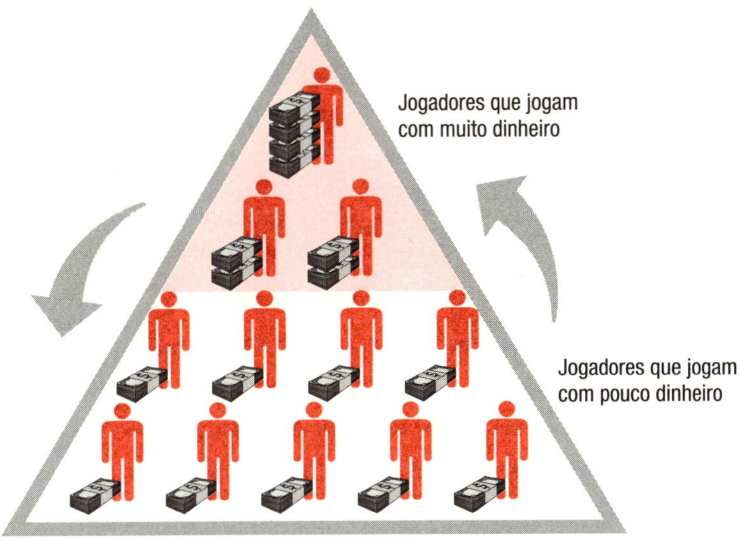

Porém, o público dos cassinos vinha envelhecendo e as novas gerações não demonstravam o mesmo interesse em freqüentá-los. O poker renovou esta força, sendo que hoje os cassinos disputam para oferecer os melhores torneios de poker como atrativos para os jogadores.

Com todo este movimento acontecendo no exterior, é claro que o Brasil não iria ficar de fora. Em um país de muito talento para os esportes, as artes e a cultura em geral, era esperado que logo despontassem os primeiros profissionais. Alguns dos jogadores pioneiros de Texas Hold'em no país começaram pela internet. Outros já possuíam um passado com outros jogos, ou até mesmo com o poker fechado, e fizeram a migração junto com a popularização.

Os agentes principais por aqui foram os programas de televisão, principalmente o World Poker Tour e o World Series of Poker. Em maio de 2005, criamos um torneio de confraternização on-line, chamado de Circuito Brasileiro Online, no site Poker Stars. Na época, apenas 25 jogadores participaram. O número de brasileiros no site que se conheciam e participavam de torneios não passava de 50. Após o início das transmissões dos torneios de poker pela ESPN e outros canais, os sites de poker on-line já têm comunidades de brasileiros com mais de 10.000 membros, que jogam, trocam idéias e têm ganhado vários torneios on-line jogando contra os estrangeiros. Em um torneio no Party Poker realizado em setembro de 2006, mais de 600 brasileiros participaram. Estima-se que atualmente cerca de 20 mil já joguem Texas Hold'em on-line.

Curiosidade

O site Tower Torneos, em outubro de 2006, contava mais de 55 mil brasileiros cadastrados.

Mas, no Brasil, antes ainda da internet, pequenas iniciativas começaram a fazer o poker progredir: a criação do Circuito Paulista; a fundação da Federação Paulista de Poker, seguida da Federação Paranaense e da de Santa Catarina; a formação de clubes recreativos de Texas Hold'em, com o intuito de criar locais onde o esporte pudesse ser praticado. Uma boa distinção para se fazer em tempo é que tais clubes, ao contrário do que muitos pensam, em nada têm a ver com cassinos. Como já explanado, o Texas Hold'em não é um jogo bancado, em que a banca ou cassino ganha com o mesmo. Ele deve ser visto como um jogo de habilidade, desvinculado de outros jogos de cassino, com os quais não guarda semelhança. Faz-se necessário haver locais onde o Texas Hold'em possa ser praticado, assim como clubes de bocha, truco e sinuca existentes pelo país.

O número de admiradores e curiosos em relação a esta modalidade não pára de crescer. A curiosidade é natural porque se trata de um jogo fácil de aprender, divertido e que está em todos os canais de mídia possíveis. Ídolos já estão se formando no Brasil, o que é necessário para qualquer esporte, e logo, logo, o Brasil estará se destacando mais no cenário mundial.

Em 2006, vários brasileiros foram participar de etapas do WSOP e do WPT. O movimento que começou há poucos anos com apenas alguns jogadores ganhou força — e é possível que mais de 100 jogadores brasileiros tenham participado de torneios internacionais em 2007.

O que o futuro reserva? Difícil dizer, mas, se as expectativas se confirmarem, o crescimento será expressivo. Para tanto, precisamos acabar com o preconceito e com as idéias erradas a respeito da modalidade. O pré-julgamento é o maior entrave para o poker se desenvolver no Brasil. Espero, com este livro, mostrar uma parte da técnica que envolve o jogo: a mesma técnica que o separa dos jogos meramente de azar e que o tornam tão competitivo.

Capítulo 5
Regras de Texas Hold'em

It takes a minute to learn and a lifetime to master.

(Leva um minuto para aprender e uma vida para dominar.)

Mike Sexton, profissional de poker e apresentador do World Poker Tour.

Este capítulo é a base para quem nunca jogou Texas Hold'em e tem o objetivo de passar com atenção e da forma mais didática possível as regras do jogo. Aqueles que já conhecem bem o jogo provavelmente encontrarão poucas informações novas, entretanto não deixem de ler, então, a parte final, onde são apresentadas algumas dicas importantes sobre como um jogador deve estruturar seu raciocínio ao abordar uma mão.

Objetivo: Ganhar fichas. Você não precisa ganhar todas as mãos em um jogo nem participar de todas as rodadas.
Como ganhar: Tendo a melhor combinação na mão entre os adversários, com cinco das sete cartas disponíveis para você ou eliminar todos os seus adversários da mão com suas apostas.
Como jogar: Todos recebem duas cartas. Inicia-se a primeira rodada de apostas. Abrem-se três cartas na mesa, as quais chamamos de *flop*. Segue mais uma rodada de apostas. É distribuído o *turn* (abertura de mais uma carta). Temos a terceira rodada de apostas. Por último vem o *river* (última abertura de carta) e, após, a quarta e última rodada de apostas.

Vamos às regras!

O Texas Hold'em pode ser jogado com duas até 10 pessoas, as quais se sentam em torno de uma mesa, com a ação acontecendo sempre em sentido horário.

O jogo é composto de várias rodadas consecutivas, ou mãos, e a cada rodada um jogador será o *small blind* e o outro, o *big blind*. Os *blinds* são apostas obrigatórias, cujo valor é combinado previamente para o tipo de jogo que se está jogando, ou, no caso de torneios, este valor será aumentado em intervalos constantes e definidos previamente. Os *blinds* existem para iniciar a ação, garantindo que nenhuma mão terminará sem que fichas sejam apostadas.

A cada rodada/mão, os *blinds* serão os jogadores sentados à esquerda dos da rodada anterior. Isto é, a ação segue em sentido horário. Se um jogador foi o *big blind* em uma rodada, na seguinte, o que está à esquerda dele será o novo *big blind*, enquanto ele próprio será o *small blind*, e assim por diante. Ou seja, em uma mesa com dez jogadores, após dez rodadas, todos os participantes terão sido por uma vez o *small* e uma vez o *big blind*, seguindo sempre o sentido horário.

Para continuar participando da rodada após receber suas duas cartas, cada jogador, na sua vez, deverá, no mínimo, pagar o valor da aposta atual, que, caso não tenha havido nenhuma outra aposta, é equivalente ao valor do *big blind* ou, ainda, poderá optar por subir esta aposta.

Na primeira mão de um jogo, devemos proceder com o sorteio do jogador que será o primeiro *dealer* (distribuidor de cartas). O costume é cada participante retirar uma carta do baralho; o jogador com a maior carta começa como *dealer*, com os jogadores à sua esquerda sendo, nessa ordem, o *small blind* e o *big blind* na primeira mão.

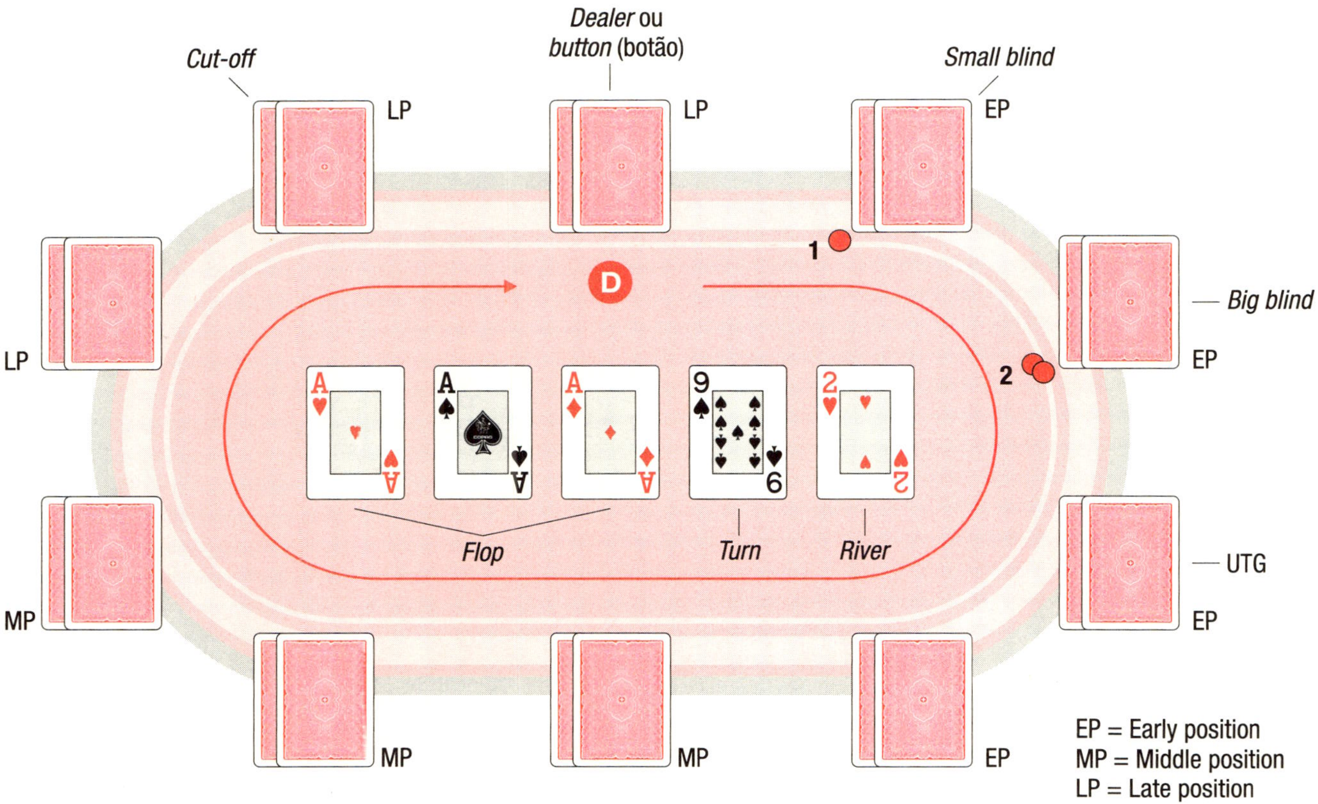

Cut-off
Dealer ou button (botão)
Small blind
Big blind
UTG
LP
LP
LP
EP
EP
EP
EP
EP
MP
MP
MP
D
1
2
Flop
Turn
River
EP = Early position
MP = Middle position
LP = Late position

Antes de abordar a seqüência de ações, é importante conhecer alguns termos essenciais:

***Dealer* ou *button* (botão)**: o jogador que irá agir por último ao longo da maior parte da mão. É o jogador que está à direita do *small blind*. O nome da posição vem do fato de o último jogador fazer as vezes de crupiê, quando não houver um crupiê profissional distribuindo as cartas. Como essa distribuição de cartas começa sempre pelo jogador que estiver no *small blind* seguindo em sentido horário, o último jogador antes do *small blind* é o *dealer* (crupiê). Em jogos em que há um crupiê, o mesmo vai marcando a posição do último jogador com um botão ou disco para facilitar a visualização de por onde ele deve começar a distribuir as cartas (jogador à esquerda do *button*, o *small blind*).

Cut-off: o jogador sentado à direita do *button* é chamado de *cut-off*. Ele seria o jogador para o qual o *dealer* deveria entregar o baralho após o embaralhamento para ser cortado.

Late position: o *dealer*, o *cut-off* e o jogador sentado à direita do *cut-off* (posição 8 em uma mesa com 10 jogadores) são assim chamados por serem os últimos a agirem em uma mão nas rodadas de apostas após o *flop*. *Late* pode ser traduzido como tardio.

Middle position: os jogadores que se encontram no meio da mesa, considerando os *blinds* como uma ponta da mesa; e o *cut-off* e o *dealer*, como a outra ponta.

Early position: os jogadores que estão sentados logo após os *blinds*. O primeiro jogador à esquerda do *big blind* é chamado de *Under the gun* — UTG — (na mira do revólver) e será o primeiro jogador a "falar" durante a rodada de apostas antes do *flop*.

Flop: três primeiras cartas comunitárias abertas na mesa.

Turn: quarta carta comunitária aberta na mesa.

River: quinta carta comunitária aberta na mesa.

***Burn Card* ou Queima**: antes de distribuir o *flop*, o *turn* e o *river*, o *dealer* deverá queimar, ou seja, retirar (descartar) do jogo a carta que está no topo do baralho, ainda fechada.

***Check* ou "pedir mesa"**: quando não houver aposta na rodada, significa manter o estado atual, optando por não apostar mas continuar no jogo, já que ainda não há aposta a ser paga.
***Raise* ou aumento**: quando já existe uma aposta em vigor e um jogador decide aumentá-la.
Fold: quando não quiser continuar no jogo, corresponde a sair de uma mão entregando suas cartas. Em uma mesa ao vivo, isto corresponde a pegar as suas duas cartas iniciais e jogá-las em direção ao *dealer* ou ao meio da mesa, fechadas para que nenhum outro jogador as veja. Ao decidir sair do jogo, nenhum jogador pode permanecer com as duas cartas iniciais em sua posse, é obrigatório dispô-las de modo que fique claro que não está mais participando da mão.
Esses e outros termos podem ser encontrados no glossário ao final do livro.

Rodada de Texas Hold'em

Uma rodada de Texas Hold'em acontece da seguinte forma:

- Os *blinds* colocam suas apostas na mesa em frente aos próprios jogadores.
- Cada jogador recebe duas cartas fechadas que só ele pode ver, começando a distribuição pelo jogador que for o *small blind*, uma carta por vez, e seguindo em sentido horário até que o último jogador receba sua carta; o processo se repete para a segunda carta (este jogador é conhecido como *dealer* ou *button*, e será o último a "falar" ao longo das rodadas).
- Segue-se uma rodada de apostas, onde cada jogador na sua vez, em sentido horário, decide se:
  1- faz uma aposta;
  2- paga a aposta atual;
  3- aumenta a aposta atual;
  4- sai do jogo (da rodada).

- Para fazer uma aposta, o jogador deverá anunciar sua intenção de apostar ou aumentar, preferencialmente em voz alta. Em seguida, deverá declarar o valor da aposta e, por último, colocar as fichas correspondentes à aposta sobre a mesa à sua frente, o mais próximo do centro da mesa, na frente das cartas. Se o jogador não anunciar suas apostas em voz alta, as fichas que ele jogar na mesa falarão por si. Entretanto, vale lembrar que, normalmente, só jogar uma ficha de valor maior do que a aposta atual na mesa não caracteriza um aumento, mas apenas o pagamento da aposta atual. Para evitar confusões, tenha o hábito de anunciar em voz alta sua intenção de aumentar e o valor do seu aumento.

Estas ações se repetem sempre; toda vez que houver uma aposta, as ações possíveis quando for sua vez são:

1- "Chamar" a aposta (ou "pedir mesa", se não houver aposta até o momento);
2- Apostar ou aumentar a aposta;
3- Sair da mão.

- O primeiro jogador a "falar" nesta rodada é o que está sentado à esquerda do *big blind*, chamado de UTG (*Under The Gun*, o mesmo que "na mira do revólver", pois é o primeiro jogador a ter ação antes do *flop*). O último jogador a falar será o *big blind*. Em caso de alguém aumentar a aposta, todos ainda no jogo, em ordem, terão a chance de pagar esse aumento, ou seja, a ação retornará aos jogadores, que deverão decidir se irão pagar a diferença entre o que já havia apostado e a nova aposta, se irão pagar essa diferença e ainda reaumentar a aposta, ou se irão desistir da mão dando *fold*, deixando no pote as fichas que já haviam sido lá colocadas. A ação encerra-se quando o último jogador à direita daquele que aumentou a aposta tiver agido.

Atenção

Antes do *flop*, o primeiro jogador a falar é o UTG, e o último, o *big blind*. Após o *flop* ser distribuído e até o final da mão, o primeiro jogador a falar é o *small blind* (ou o primeiro a partir dessa posição que ainda estiver no jogo) e o último, o *dealer* (ou o último jogador antes dessa posição que permanecer na mão).

- Se depois das apostas ainda houver mais de um jogador no jogo (mais de um jogador pagou a aposta atual), abrem-se três cartas na mesa: o *flop*.
- Segue nova rodada de apostas
    - Desta vez, as apostas começam pelo *small blind* ou o primeiro a partir dessa posição que ainda está no jogo e seguem em sentido horário. Quando não houver mais possibilidades de apostas, ou seja, a maior aposta em jogo for "chamada" pelos jogadores que continuam ou, então, não houver apostas na mesa inteira, passa-se à próxima etapa.

Repetindo:

Toda vez que houver uma aposta, as ações possíveis na sua vez são:

1- "Chamar" a aposta (ou "pedir mesa", se não houver aposta até o momento)

2- Aumentar a aposta

3- Sair da mão

- Abre-se mais uma carta na mesa: o *turn*.
- Segue nova rodada de apostas.
    - Esta rodada segue o mesmo princípio da anterior.
- Abre-se a última carta na mesa: o *river*.
- Última rodada de apostas.
    - Segue-se o mesmo princípio das duas últimas.
- O ganhador de cada mão é aquele com o melhor jogo feito com cinco das sete cartas disponíveis ou aquele que realizar uma aposta não-paga por nenhum adversário naquela mão.

Observação: ao distribuir o *flop*, o *turn* e o *river*, o *dealer* "queima" uma carta antes de cada passo, ou seja, descarta uma carta e abre as três cartas do *flop*; depois, descarta uma outra carta e abre a carta do *turn*; descarta novamente mais uma antes de virar a carta do *river* na mesa. O motivo para se queimar cartas é evitar que haja a possibilidade de o jogador visualizar a carta de cima do baralho devido a alguma marca ou por descuido do *dealer*.

Importante notar que o elemento principal no Texas Hold'em são as apostas. Com elas, você consegue eliminar os adversários da mão, ou ainda pode ser levado a desistir de sua mão pelas apostas dos adversários.

Mas quais são as apostas mínimas e máximas possíveis? Isto depende da estrutura do jogo que explicaremos em seguida. No caso do foco do livro, Texas Hold'em *no-limit*, a aposta mínima é sempre o valor do *big blind*, assim como o *raise* (aumento) mínimo.

Estrutura de apostas

Quando você decide jogar uma partida de Texas Hold'em, uma das primeiras informações a buscar é sobre a estrutura de apostas em disputa. Elas determinam os limites a serem apostados em cada rodada e diferenciam os jogos radicalmente em termos de estratégias e técnicas. Muitas vezes um jogador que domina um tipo de estrutura pode, até mesmo, não se enquadrar bem em outra estrutura, não sabendo desenvolver seu jogo.

Sendo assim, as possíveis estruturas de apostas são:

Limit

A maioria dos livros sobre Texas Hold'em foi escrita com base nesta estrutura, na qual as apostas são predefinidas para cada rodada. Em um jogo *limit*, a aposta e as subidas somente podem ser feitas de acordo com o pré-estipulado (valores combinados previamente). Em um jogo chamado 2/4 (lê-se dois-quatro), por exemplo, as apostas seriam assim:

- *Blinds*: *small blind* = 1 e *big blind* = 2. O valor das próximas apostas será metade do valor das apostas cheias (2/4). Assim, no pré-*flop* todas as apostas são de 2, e as subidas de 2 em 2, ou seja, se o primeiro jogador a "falar" depois dos *blinds* quiser subir a aposta, apostaria os 2 do *big blind* + 2, totalizando 4. Se outro jogador resolver subir a aposta novamente, apostaria os 4 + 2, totalizando 6. No *flop*, as apostas ainda seguem o padrão de 2 (metade da aposta máxima). Já no *turn* e no *river*, as apostas são então em incrementos de 4 (a aposta cheia).

Conforme o próprio nome já diz, existe um limite máximo até o qual as apostas em cada mão podem chegar. O jogo com a estrutura *limit* é muito técnico e difícil de ser jogado devido à dificuldade de, por meio de suas apostas, inibir os outros jogadores a entrarem nas mãos.

Pot-limit

O jogador pode apostar no máximo o valor que já estiver apostado no centro da mesa, que é chamado de pote — por isso o nome *pot-limit* (limite é o pote). Em um jogo 2/4 citado no exemplo anterior, o *small blind* seria 2, e o *big blind*, 4 (apostas cheias). Como verificar qual o valor máximo que um jogador pode apostar?

Na mesa já estão 6 fichas apostadas (2 do *small blind* e 4 do *big blind*). O primeiro jogador a "falar" é obrigado a colocar pelo menos a aposta atual, 4 fichas — o valor do *big blind*. Se ele quiser subir, deve avisar que irá aumentar a aposta. Temos no pote: 10, sendo 2 do *small blind*, 4 do *big blind* e 4 do pagamento da aposta atual feita pelo jogador. Neste caso, o *raise* máximo permitido seria então mais 10, equivalente ao valor do pote (2 + 4 + 4 = 10). Entendeu?

Vamos ver então? Se o próximo jogador a "falar" quiser subir a aposta, qual o máximo que ele pode colocar?

a. 4
b. 10
c. 20
d. 30

Vamos pensar. O jogador deve primeiro anunciar que vai subir a aposta. Em seguida, paga a aposta atual que é 10. Após, soma o que já tem no pote 2 + 4 + 4 + 10 + 10 = 30. Pode então subir 30 (alternativa d) fichas mais.

Como você pode perceber, o valor apostado pode subir muito rapidamente em um jogo *pot-limit*, enquanto na estrutura *limit*, o máximo que se pode apostar em uma mão é predefinido em um limite.

No-limit

Nesta modalidade, o jogador pode, a qualquer momento da mão, apostar todas as fichas que possui, ou seja, ir *all-in*.

Atenção

Só podem ser apostadas as fichas que estão em jogo neste momento, ou seja, que no início da mão estavam com você no seu *stack* (nome dado à quantidade total de fichas de um jogador). Um jogador não pode se levantar no meio da jogada, ir buscar mais fichas e apostá-las na mesma rodada.

Algumas pessoas pensam que, devido ao jogo ser *no-limit* (sem limites), você é obrigado a cobrir qualquer valor de aposta que um adversário com mais fichas que você fizer. Trata-se de um pensamento errado. Se um jogador A tem 1.000 fichas, o jogador B tem 600 e o A resolver ir *all-in*, caso o jogador B pagar a aposta, ele colocará as 600 fichas no meio do pote e o jogador A apenas igualará a aposta. As 400 fichas excedentes retornam ao jogador A, e não serão consideradas na disputa.

Independentemente de o jogador A ou B ganhar, o total da aposta será sempre a soma dos menores *stacks* de fichas.

Exemplo: Em um jogo *no-limit*, João tem 3.500 fichas, Pedro, 4.100 e Augusto, 25.000 fichas. Em determinada mão, os blinds estão 1.000 e 2.000 e Augusto vai *all-in* e é "chamado" por Pedro e João. Os jogadores nos *blinds* saem da mão. Como fica a divisão de fichas neste jogo?

Primeiramente, vemos qual o menor dos *stacks* que está *all-in*. No caso, é o de João, com 3.500 fichas. O primeiro pote formado terá: 1.000 fichas do *small blind*, 2.000 fichas do *big blind*, 3.500 fichas do João, 3.500 do Pedro e 3.500 de Augusto. Total: 13.500 fichas.

Sobraram 600 fichas para Pedro das 4.100 que ele tinha. Estas 600 fichas são o menor *stack* das fichas que estão *all-in*. Juntam-se, então, estas 600 do Pedro com as 600 de Augusto, fazendo um segundo pote que terá 1.200 fichas e que será disputado apenas por estes dois jogadores.

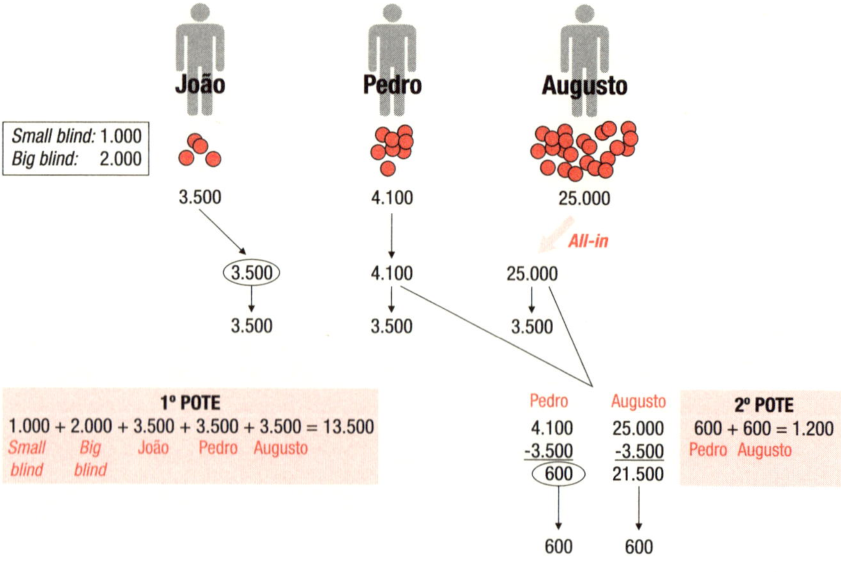

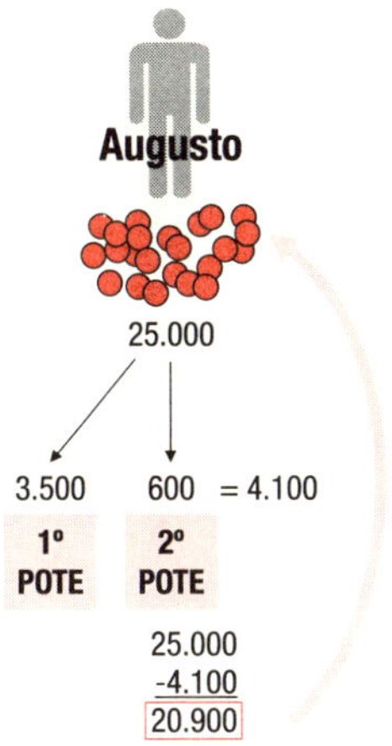

Augusto tinha 25.000 fichas. Nesta mão, apenas 4.100 fichas entraram em jogo: 3.500 no primeiro pote e 600 no segundo. As 20.900 fichas restantes retornam imediatamente para ele.

Ao terminar a rodada, primeiro observam-se as mãos de Augusto e Pedro e decide-se quem ganhou o pote de 1.200. Depois, observa-se a mão dos três jogadores, João, Pedro e Augusto e decide-se quem ficou com o pote principal de 13.500 fichas.

Os jogos *no-limit* normalmente têm um valor mínimo e máximo predeterminado de fichas, o que serve para não haver disparidades entre as fichas de um jogador e de outro. Assim, em um jogo 2/4, normalmente o valor mínimo para se entrar é igual a 20 vezes a aposta maior, e o valor máximo igual a 100 vezes a aposta maior (respectivamente, 80 e 400). Como tais valores podem variar de jogo para jogo, então informe-se antes de se sentar à mesa. Quando estivemos em Las Vegas, em agosto de 2006, jogamos NL 5/10 (lê-se cinco-dez) em três cassinos diferentes. No Venetian, o limite máximo para entrar na mesa (participar do jogo) era de US$ 1.000. No Bellagio, não havia limite máximo para entrar na mesa, enquanto no Caesar's o limite mínimo para entrar era de US$ 1.000, sem máximo. Ou seja, o mesmo nível de *blinds*, mas com valores de *stacks* bem diferentes.

Cartas e combinações de jogos

O Texas Hold'em é jogado com um baralho completo (52 cartas), sem coringas. As cartas possuem o valor de face do 2 ao A, com o A servindo também para formar uma seqüência abaixo do 2.

Assim: A 2 3 4 5 6 7 8 9 T (10) J Q K A

Em toda a literatura disponível sobre poker convencionou-se utilizar uma simbologia na forma de letras para representar as cartas em letras maiúsculas, e, ao lado do nome da carta, em letra minúscula, o nome do seu naipe. Os naipes também seguem sua notação em inglês na maior parte da literatura sobre o assunto.

Assim:

Notação	Significado	Tradução	Cartas
As	A *of spades*	A de espadas	
Ac	A *of clubs*	A de paus	
Ah	A *of hearts*	A de copas	
Ad	A *of diamonds*	A de ouros	

O 10 é normalmente anotado em livros e artigos como T, que vem de *ten*, dez em inglês.

O J representa os valetes; o Q, as damas; e o K, os reis.

Observação$_1$: Quando ao lado da carta você vir um “x” (desta forma, Ax), significa que você tem um A e que o naipe não importa para efeito de explicação da mão.

Observação$_2$: Quando houver um “s” depois de duas cartas, este não representa o naipe espadas e, sim, uma abreviação para *suited*, isto é, do mesmo naipe. Por exemplo, AKs pode ser A♠K♠ ou A♥K♥ ou A♦K♦ ou A♣K♣. Em contrapartida, quando existir um “o” depois das cartas, é uma abreviação para *off-suit*, que significa naipes diferentes. Aí são 12 combinações (para AQo podem ser quatro ases e quatro damas combinados de todas as formas possíveis).

Agora que já sabemos como ler as notações em outros livros e artigos, vamos descobrir quais jogos valem mais no poker e como decidimos quem ganhou cada mão.

Relembrando:

Na modalidade Texas Hold'em, cada jogador recebe duas cartas inicialmente, depois serão abertas cartas comunitárias da seguinte forma: três cartas juntas primeiramente, chamado de *flop*. Após, mais uma carta, chamada de *turn*, e por último mais uma, chamada de *river*. Entre cada distribuição de cartas comunitárias há uma rodada de apostas.

No poker, o objetivo é formar combinações entre as suas duas cartas e as cartas comunitárias que sejam melhores do que as combinações feitas pelos seus adversários, de acordo com uma hierarquia de jogos possíveis.

No final, o jogador poderá montar sua combinação de cartas dentre as sete que estão disponíveis. Podem ser duas da mão com três da parte comunitária, uma da mão com quatro da mesa ou nenhuma da mão com as cinco cartas da mesa.

Atenção

Esclarecendo uma dúvida muito comum: não existe desempate entre jogos utilizando uma sexta carta. Sempre serão utilizadas para comparação entre os jogos apenas cinco cartas, as outras duas restantes são desconsideradas para o jogo em questão.

As combinações disponíveis em ordem crescente de valor vão de não ter nenhum par (apenas a carta mais alta) até o *royal straight flush*. Do jogo mais baixo ao jogo mais alto, o primeiro jogo perde do segundo, o primeiro e o segundo do terceiro, e assim por diante, na ordem a seguir:

1 - Carta mais alta

Suas cinco cartas não formam nenhum par. Na comparação com um jogo adversário, você só ganharia se o adversário também não tivesse sequer um par. Neste caso, vocês comparariam primeiramente a carta mais alta de ambos; se empatasse, a próxima mais alta, e assim por diante.

Exemplo:

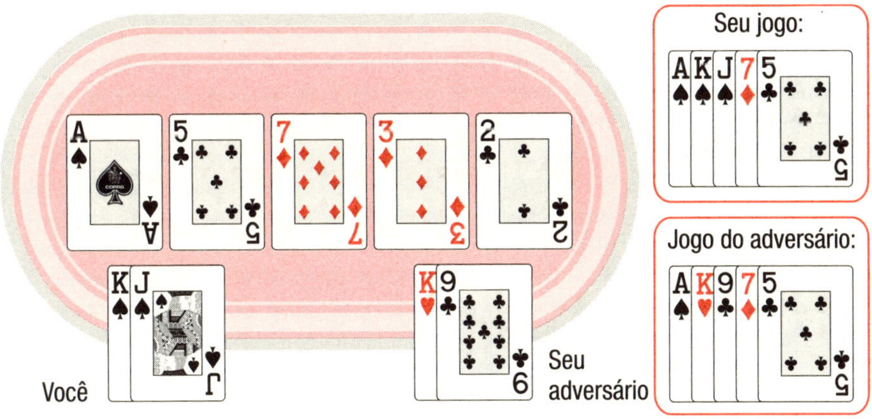

Como ambos usam o A e possuem um K, o desempate é feito na terceira carta, no caso a sua, um J, e a do adversário, um 9. Você ganhou a mão.

* **Empate:** no poker, dois ou mais jogadores podem empatar em uma mão, basta seus jogos serem os mesmos. Em caso de empate, as fichas são divididas igualmente entre os jogadores empatados. Se o resultado final foi indivisível e sobrar uma ficha, esta última ficha será dada ao jogador que estiver mais próximo da posição de *dealer* (último a "falar" na jogada).
O desempate no poker só pode ser feito com cinco cartas. Não é utilizada nem a sexta nem a sétima cartas para efeito de desempate, somente as cinco que fazem o maior jogo possível.

2 - *Um par*

Uma das suas cartas forma um par com uma carta comunitária, ou ainda com a outra carta na sua mão. Um par sempre ganha de alguém que tiver apenas carta mais alta. Se o seu adversário também tiver um par, comparam-se os pares. Quem tiver o par mais alto, ganha. Se o par for igual, o desempate acontece na terceira, quarta ou quinta cartas. Somente se as cinco forem iguais dá-se o empate. Conforme observado anteriormente, não há desempate com sexta carta.

Exemplo:

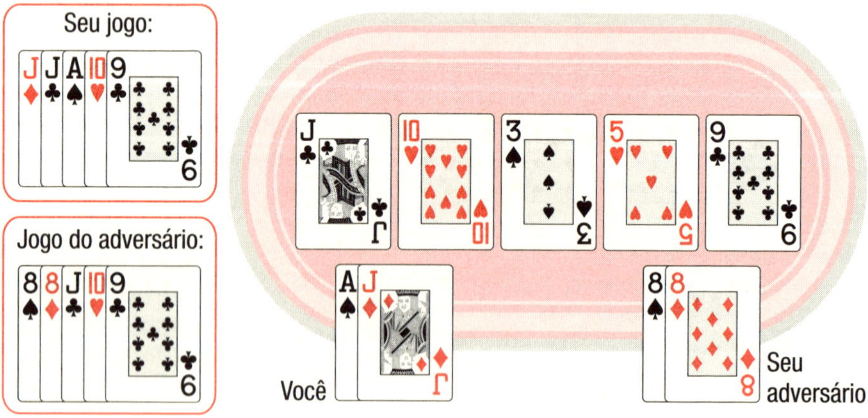

Você tem um par de valetes e seu adversário, um par de 8 que começou o jogo na mão. Seu par é mais alto que o dele, você ganhou o jogo.

Fazer um par no Texas Hold'em é muito comum. Por isso, com apenas um par, jogue potes pequenos. Evite entrar em jogos em que os adversários estão apostando muito alto e não faça apostas grandes. Os jogos passam a ser realmente valiosos e com chances reais de ganhar uma mão a partir de dois pares. Quanto maior for o seu jogo, mais seguro você poderá estar de que ganhará a mão. Portanto, deverá procurar apostar mais e jogar potes maiores.

Muitos jogadores perdem potes gigantescos em situações nas quais acreditavam que, por terem o maior par da mesa, com um *kicker* alto, iriam ganhar a mão. Independentemente de o seu par ser alto, lembre-se de que, em quase todas as mãos, jogos maiores do que um par são possíveis e prováveis.

Kicker: é a carta utilizada para desempatar dois jogos de mesmo valor. Por exemplo:

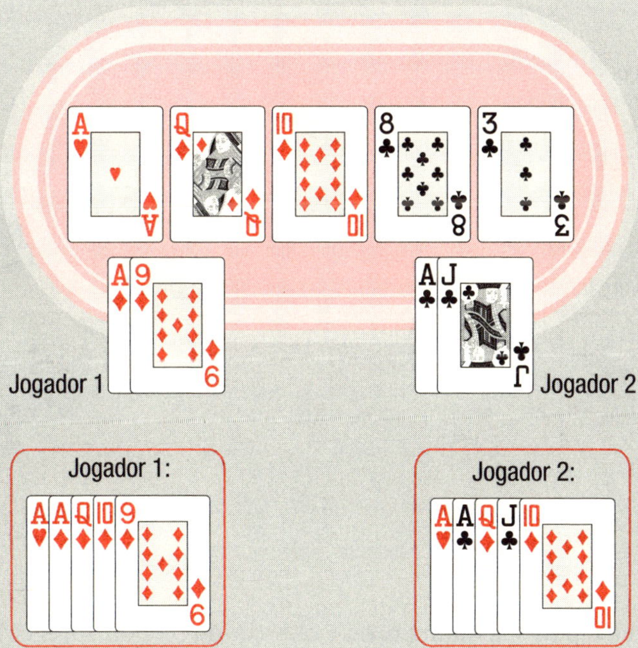

Portanto, o jogador 2 tem o J como *kicker* que é mais alto que o 9 e ganha o jogo.

3 - Dois pares

Você pode fazer dois pares de quatro maneiras;

- par na mão + 1 na mesa;
- carta na mão + 1 na mesa + 1 par na mesa;
- duas cartas na mão que fazem pares com cartas da mesa;
- dois pares na mesa com as cartas comunitárias (caso em que seu adversário também tem pelo menos dois pares).

Quando o adversário também tiver dois pares, primeiro comparam-se os pares mais altos de cada um — quem tiver o maior já ganha a mão. Se forem iguais, comparam-se os pares menores. Se forem iguais, desempata-se na quinta carta.

Exemplo:

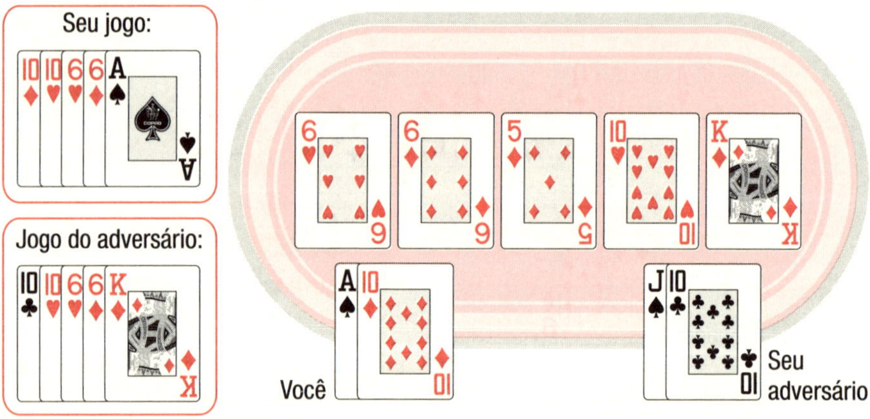

Você ganha, pois sua quinta carta é o A contra o K do adversário.

Modificando um pouco a mão, vejamos se você já entendeu o critério de desempate.

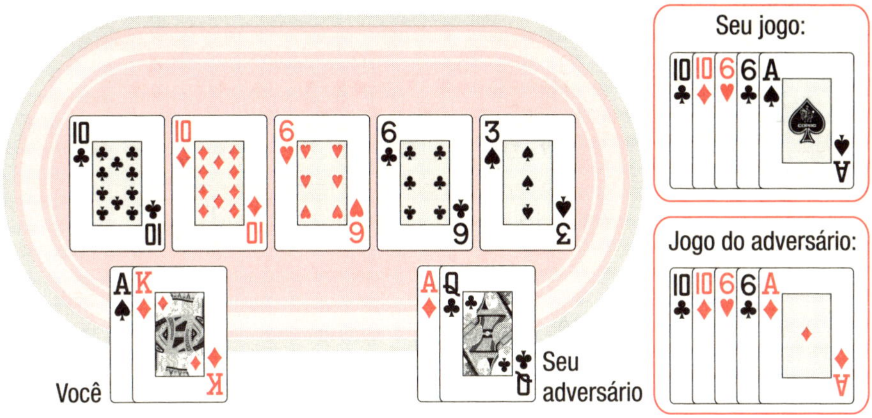

Neste caso, você tem um empate.

Não importa que sua sexta carta seja K e a do adversário Q, as sextas cartas não jogam. Da mesma forma, não importa que seu A seja de espadas e o do adversário de ouros, pois os naipes não têm valor diferenciado no poker.

4 - *Trinca*

Três cartas de mesmo valor de face. As regras continuam as mesmas: se um adversário também tiver uma trinca, comparam-se as mesmas. Se forem iguais (possível, caso duas ou até mesmo as três cartas da trinca estiverem na mesa comunitária), desempata-se com a quarta ou quinta carta. A trinca mais alta ganha imediatamente da outra.

Um dos jogos mais poderosos no Texas Hold'em é quando você sai com um par na mão, e no *flop* consegue formar uma trinca. Isto deve acontecer em média uma vez a cada oito que você começar com um par na mão. Pela dificuldade de os seus adversários descobrirem que você tem uma trinca, normalmente ganhará muitas fichas.

Exemplo:

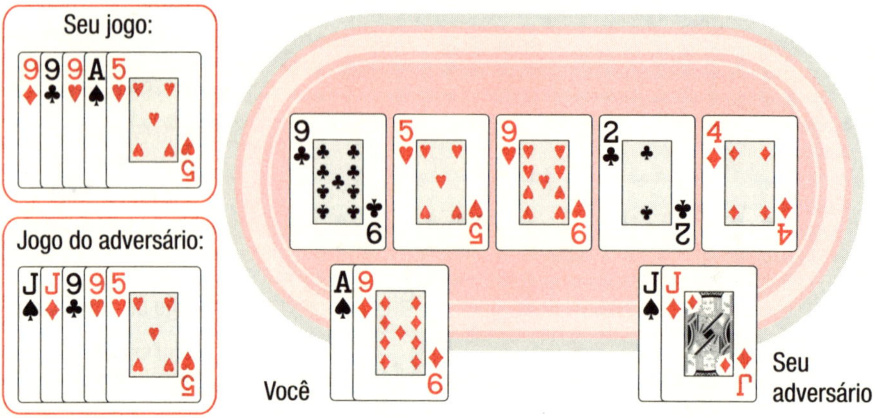

5 - *Straight* (seqüência)

Cinco cartas em seqüência crescente. As cartas não são do mesmo naipe (se forem, você fez um *straight flush*, o maior jogo possível).

Dica

Costuma ser fácil reparar quando existe a possibilidade de uma seqüência na mesa. Se o *flop* trouxer cartas próximas, você deve sempre pensar na possibilidade de alguém ter uma seqüência. Por outro lado, costuma ser bem mais difícil suspeitar de uma trinca quando o jogador tem duas cartas pareadas na mão e uma terceira aparece no *flop*.

Quando você tiver com um jogo menor que uma seqüência, fique atento à possibilidade de algum outro jogador completar uma seqüência. Jogue com cuidado.

Se dois jogadores tiverem uma seqüência, comparam-se as seqüências pela maior carta. Se a maior for igual, já existe um empate. Não existe desempate com outras cartas, já que, para a seqüência, é necessário que as cinco cartas sejam usadas; portanto, se a maior carta for igual, as seqüências também são iguais.

Exemplo 1:

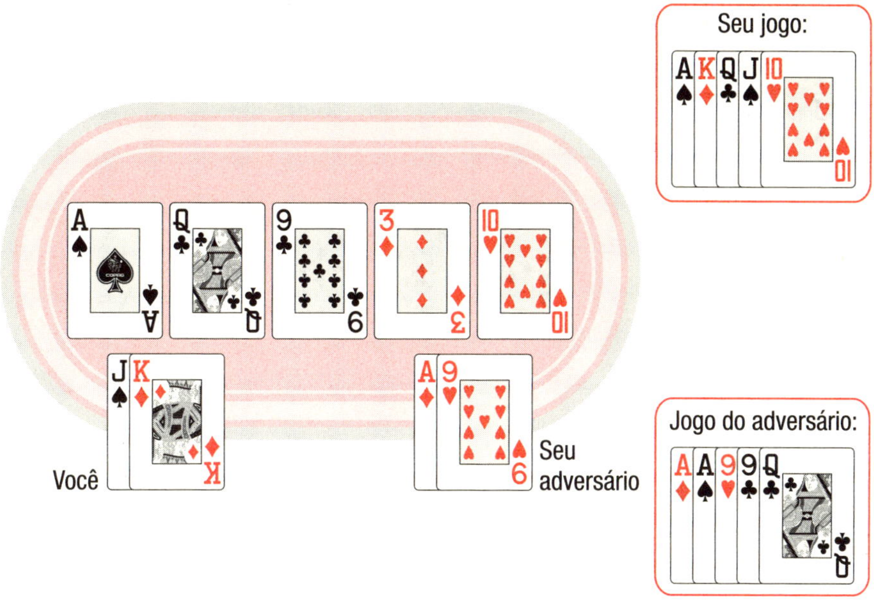

Exemplo 2:

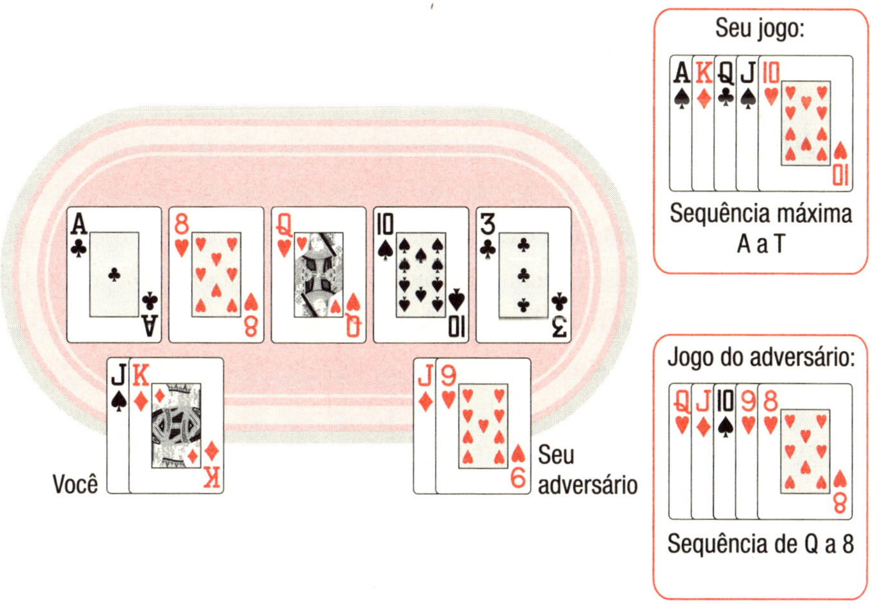

Sua seqüência é maior e você ganha o jogo.

Exemplo 3:

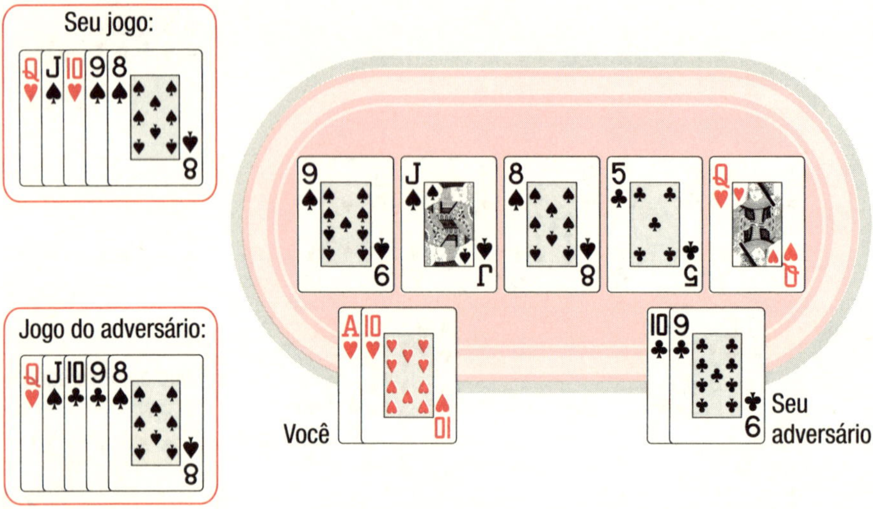

Vocês dois têm uma seqüência de Q a 8. Apesar de seu adversário ter usado as duas cartas para seqüência e você só uma, trata-se de um empate. Não importa quantas cartas foram usadas, assim como não importa que a sua sexta carta seja um A, pois, como já ressaltamos, a sexta carta não é usada para desempate.

6 - *Flush*

Em português também chamado de *flash* ou cores, são cinco cartas do mesmo naipe que não estejam em seqüência. O melhor *flush* possível é aquele em que a carta mais alta é um A. Da mesma forma, se dois jogadores têm um *flush*, comparam-se os jogos começando pela carta mais alta do *flush*. Este jogo tem um efeito hipnótico sobre os maus jogadores, o que queremos que você, desde já, aprenda a evitar. Os maus jogadores apaixonam-se de tal forma por cartas do mesmo naipe na mão que, ao verem um *flop* com duas outras cartas do mesmo naipe que o seu, pagam qualquer tipo de aposta para ver se completam o *flush* (se aparece a quinta carta do mesmo naipe). Este jogador, que paga qualquer valor para ver um *flush* ou joga com quaisquer cartas que sejam do mesmo naipe apenas para tentar fazer um *flush*, normalmente perde dinheiro no longo prazo. Você aprenderá neste livro em quais situações vale a pena pagar a aposta para ver um *flush* e até quanto você deve estar disposto a cobrir a aposta do adversário sem deixar de ser lucrativo.

Exemplo:

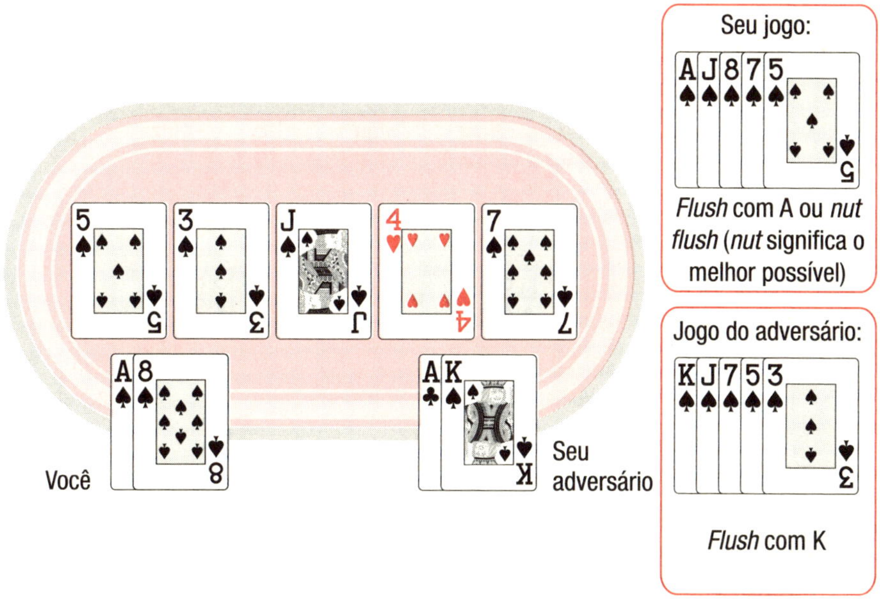

Apesar de vocês dois terem o *flush*, o seu tem como maior carta o A; portanto, você ganha.

Já vale notar o perigo no Texas Hold'em de se tentar um *flush* sem ter o A do naipe na mão, pois alguém pode fazer um *flush* maior que o seu.

7 - *Full house*

Formado por uma trinca e um par. No Texas Hold'em, acontece em média uma vez a cada 50 mãos em uma mesa. É um dos jogos que, quando você conseguir fazer, provavelmente ganhará a mão. O maior risco é outro jogador ter um *full house* maior que o seu (com a trinca maior que a sua, ou com a mesma trinca, mas com o par maior). Quando dois jogadores tiverem um *full house*, o critério de desempate é comparar primeiro as trincas — e só se elas empatarem, comparar as duplas. Assim, um *full house* com

KKK22 ganha de um *full house* com QQQAA. Comparando as trincas, a trinca de K é maior que a trinca de Q. O fato de o par de 2 ser menor que o de A não tem relevância, pois o desempate foi feito na trinca.

Exemplo 1:

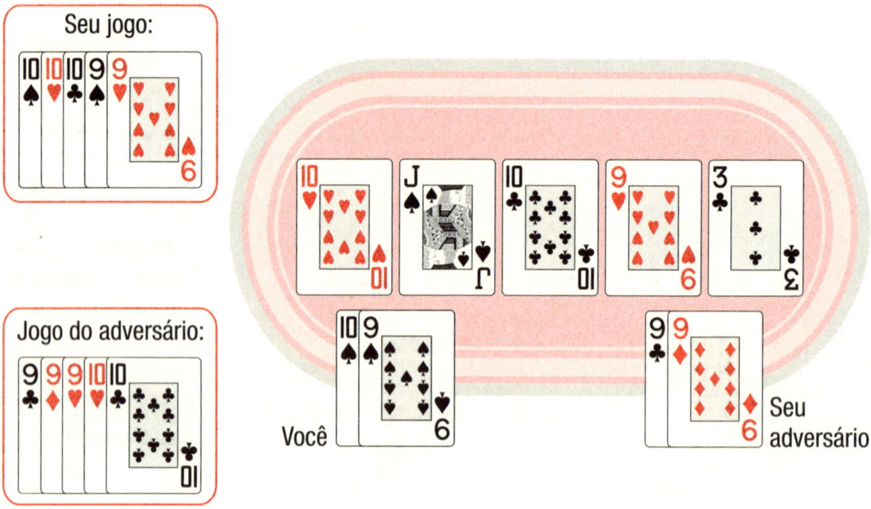

Você ganha por ter a trinca maior.

Exemplo 2:

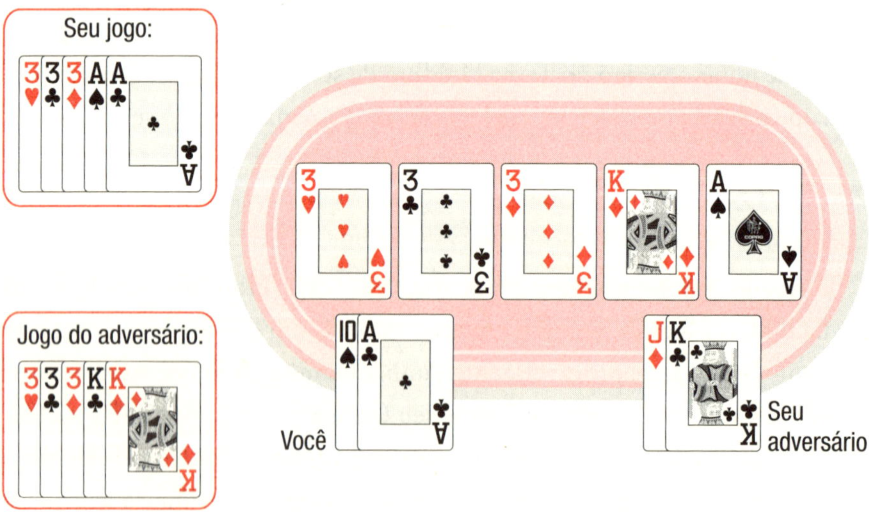

Você ganha a mão. As trincas são iguais, mas a sua dupla é maior.

Muito cuidado quando estiver em uma situação na qual é provável alguém ter um *full house* maior, como no Exemplo 3.

Exemplo 3:

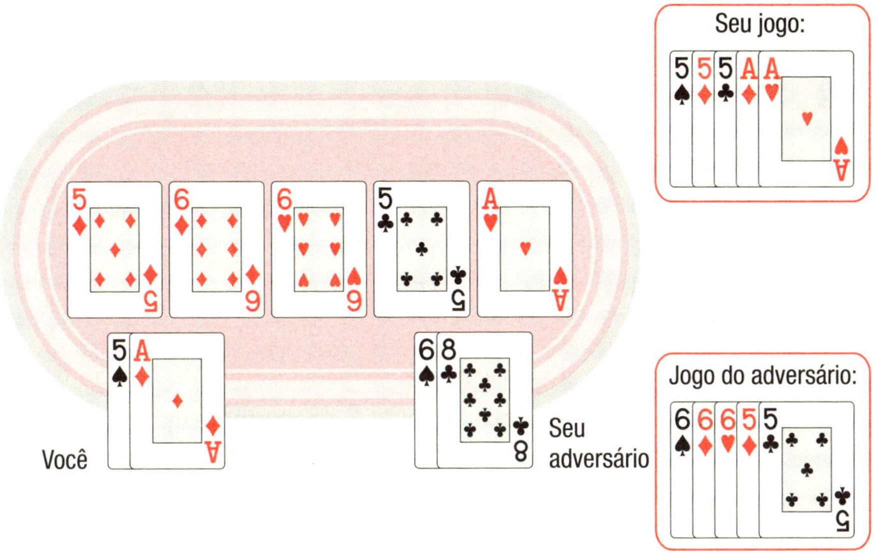

Nesta situação, você tem um *full house* de 5 com A, mas a mesa favorece qualquer jogador com um simples 6 na mão. Cuidado quando formar esse jogo com dois pares abertos na mesa.

8 - Quadra (Four)

A partir daqui começamos a falar das raridades. A quadra é quando alguém consegue quatro cartas do mesmo valor, como AAAA, KKKK ou 2222. Não se preocupe em desempatar duas quadras, pois isto, no Texas Hold'em, será raríssimo (porém possível). Caso aconteça, quem tiver as quatro cartas maiores ganha. É tão raro isto acontecer que em alguns *poker rooms* existe um prêmio chamado *jackpot*, dado a quem perder com uma quadra (no caso, somente para uma outra quadra ou jogo maior). Se as quatro cartas da quadra forem comunitárias, ganha a mão o jogador com a quinta carta maior.

Exemplo:

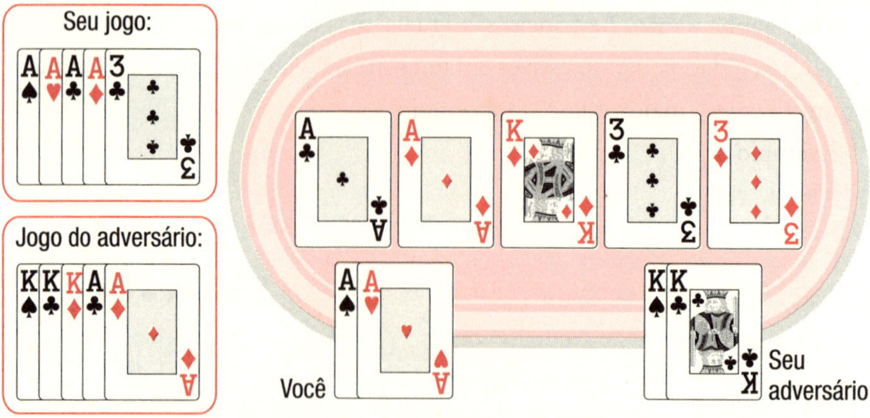

9 - Straight flush *e* Royal straight flush

O melhor jogo possível. São cartas em seqüência, todas do mesmo naipe, sendo o *Royal* a seqüência máxima (AKQJT do mesmo naipe). Esta combinação acontece uma vez a cada 10.000 mãos em média, ou seja, é muito rara. Como se diz na gíria do poker, é um "monstro" (mão muito boa) que você verá raramente. Nestes tempos de jogos on-line, em que é possível um jogador, sem sair de sua casa, jogar mais de 30.000 mãos em um mês, vai se tornando mais comum de ser visto. Ainda assim, eu, que jogo há quase cinco anos, quase diariamente, posso contar nos dedos das mãos o número de vezes que presenciei um *royal straight flush*. Quem joga uma hora por semana com os amigos pode levar até um ano e nunca ver um jogo dessa magnitude.

Exemplo:

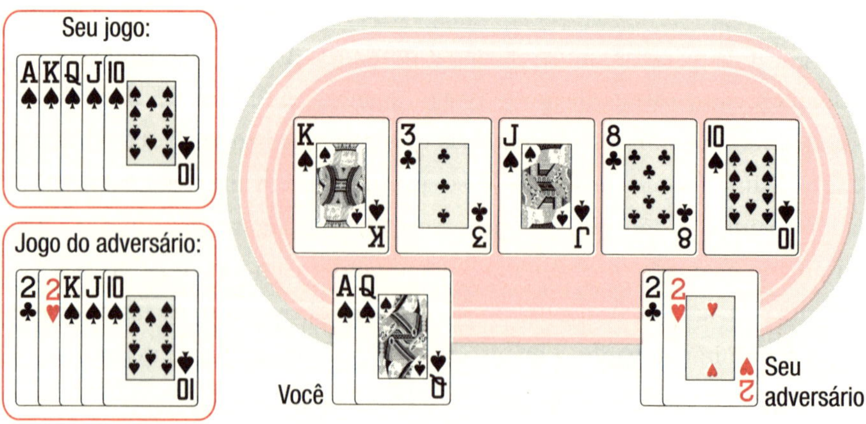

Jogo	Jogo em inglês	Descrição	Exemplos	Combinações
Carta mais alta	*High card*	Quando não se forma nenhum par, ganha quem tiver a carta mais alta	K♦ 9♣ 2♦ J♥ 6♠	1.302.540
Um par	*One pair*	Duas cartas iguais e três diferentes	7♣ 7♦ 4♠ A♦ 8♣	1.098.240
Dois pares	*Two pairs*	Dois pares de carta	K♥ K♠ 10♠ 10♥ 6♣	123.552
Trinca	*Three of a kind*	Três cartas iguais e duas diferentes	9♥ 9♣ 9♠ 5♦ A♥	54.912
Seqüência	*Straight*	Cinco cartas em seqüência de naipes diferentes	8♥ 9♣ 10♣ J♥ Q♦	10.200
Flush	*Flush*	Cinco cartas de mesmo naipe, mas não em seqüência	10♦ 3♦ 9♦ J♦ 7♦	5.108
Full house	*Full house*	Uma trinca e uma dupla	5♥ 5♣ 5♠ 7♣ 7♥	3.744
Quadra	*Four of a kind*	Quatro cartas iguais	3♥ 3♦ 3♣ 3♠ Q♠	624
Straight flush	*Straight flush*	Cinco cartas em seqüência e do mesmo naipe	9♣ 10♣ J♣ Q♣ K♣	36
Royal straight flush	*Royal straight flush*	Seqüência máxima, de T a A do mesmo naipe	10♠ J♠ Q♠ K♠ A♠	4

Dica

O jogo de um par perde para muitos jogos maiores. Portanto, não confie apostando em excesso com um jogo de um par apenas. Um dos maiores erros dos jogadores iniciantes é confiar excessivamente em um par e apostar muitas fichas. Lembre-se de que um par perde para muitos jogos.

Um grande ensinamento é que jogos pequenos são para potes pequenos e jogos grandes para potes grandes. Não aposte alto quando você tem apenas um par.

Um par alto na mão antes do *flop* é ultrafavorito. O AA é a melhor mão no Hold'em, ganhando em 80% das vezes. Mas até o AA perde em 20% das vezes para outros jogos. Por isto, veremos mais à frente a importância de proteger seu jogo, aumentando as apostas em suas melhores mãos, evitando que várias pessoas entrem no pote e seu AA acabe perdendo para dois pares ou uma trinca.

Proteger o jogo: aumentar as apostas fazendo com que os adversários tenham de pagar mais se quiserem continuar no jogo. Quando você tiver um jogo potencialmente fraco, o seu aumento protege sua mão, pois evita que pessoas com jogos muito fracos se aventurem a continuar jogando e vendo o *flop* com cartas ruins.

Dica

Entretanto, a partir de dois pares, sua confiança vai aumentando. Um jogo que normalmente não perde é um *full house*, pois jogos maiores são muito difíceis de acontecer. Em um jogo de Texas Hold'em, uma quadra só irá ocorrer uma vez a cada 2.000 mãos jogadas em média.

Em outras palavras, procure sempre apostar mais alto com suas melhores mãos (*flushes* e *full houses*), e em menor escala em trincas e seqüências (particularmente quando não houver oportunidades para *flushes* na mesa, ou seja, quando não houver três cartas das comunitárias sendo de um mesmo naipe). Uma trinca, quando é feita com duas cartas na sua mão e apenas uma na mesa, costuma ser um jogo muito poderoso, pois é muito difícil de ser percebido pelo adversário. Assim, você pode ganhar muito com suas trincas.

Com as regras explanadas, é possível começar a praticar o jogo.

Importante

Exercício obrigatório

Tente sempre verificar qual o melhor jogo possível de acontecer em uma determinada mão. Vendo as cinco cartas da mesa, pergunte-se: "Com estas cartas na mesa, quais são os maiores jogos possíveis de montar, imaginando que os jogadores podem ter duas cartas quaisquer nas mãos?"

Você tem de aprender a reconhecer, em todas as situações, quais são os maiores jogos da mesa.

Exemplo:

Na seguinte mesa:

Quais os maiores jogos possíveis em ordem decrescente, imaginando que seu adversário pode ter duas cartas quaisquer na mão?

Resposta:

1- Quadra: com 8♣ 8♦ na mão.
2- *Full house*: com AA, KK, TT ou 8T, 8K, 8A.
3- *Flush*: com as cartas de espadas (duas cartas de espadas na mão).
4- Seqüência: com JQ na mão.
5- Trinca: com um 8 na mão e outra carta que não A, K, T.
6- Dois pares: tendo um A, um K ou um T na mão, ou ainda um par de mão diferente dos da mesa: QQ, JJ, 99, 77, 66, 55, 44, 33 e 22.

Para decidir sobre sua força, você deve avaliar onde o seu jogo compara-se com os outros jogos presentes na mesa. Por exemplo, no caso, ter dois pares é um jogo relativamente fraco, pois existem muitas chances de alguém ter jogos maiores como *full houses*, *flushes*, seqüências e trincas.

Dica

O principal é saber se há possibilidade de alguém ter feito uma seqüência, ou um *flush*, ou um *full house*, uma quadra ou um *straight flush*.

Trincas, dois pares e pares não há como você descobrir antecipadamente, pois tais jogos são sempre possíveis com quaisquer cartas nas mãos dos jogadores.

Neste outro exemplo:

Imaginando que seu adversário pode ter duas cartas quaisquer, quais são os maiores jogos?

Resposta:

1- Trinca: com AA, KK, 88, 77 e 33

2- Dois pares: com combinações de A, K, 8, 7 e 3

3- Um par: uma das cartas que estão na mesa ou com um par de mão diferente.

Neste caso, se você tiver dois pares, só estará perdendo para uma trinca. Assim, como as chances são bem menores, seu jogo é mais forte e você deve apostar mais.

Sempre antes de apostar, pergunte-se qual a força relativa do seu jogo em relação aos outros.

> Curiosidade
>
> Quando você tiver o melhor jogo possível na mesa, diz-se que está com o *nuts*. Na gíria brasileira costuma-se dizer que você está absoluto.

Faça este treino com as sugestões a seguir:

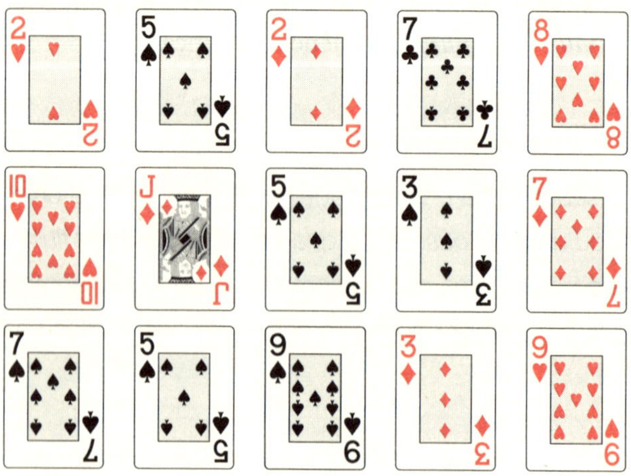

Treine também fazer esta análise de modo parcial. Qual o melhor jogo possível após abrir somente as três primeiras cartas? Depois, quando abriu o *turn* e por último o *river*?

Observe como os jogos maiores possíveis mudam a cada carta que entra.

Dica

Perceba também quais são os projetos que existem em cada mão no *flop* e no *turn* (projeto de *flush*, projeto de seqüência). Estes projetos são chamados tradicionalmente de *draws*. Assim, quando, no livro, falarmos de *flush draw* ou *straight draw*, saiba que estamos falando respectivamente de "chamada" para *flush* ou seqüência.

Agora, antes de ler os próximos capítulos, se você é iniciante, pratique um pouco. Jogue algumas rodadas. Basta um baralho e uns amigos para ajudar, ou então acesse www.circuitoholdem.com.br, faça o download de um dos programas de poker (Party Poker ou PokerStars, por exemplo) e crie uma conta. Para fazer o download, clique em um dos *banners* com a propaganda dos programas e siga as instruções para criar uma conta nova. Jogando com *play money* (dinheiro de mentira), pratique algumas rodadas de Texas Hold'em, ou ao menos assista às rodadas de um jogo em andamento. Tente perceber como os *blinds* se movimentam, quem "fala" primeiro e por último, como são as apostas, quem ganha cada mão. Tente perceber o valor das apostas que são feitas. Se tiver dúvidas nas regras, volte a este capítulo. Somente passe aos próximos capítulos quando achar que a parte do funcionamento do jogo foi bem assimilada.

Se tiver dúvidas sobre como fazer o download dos programas de poker, escreva para: duvidas@nutzz.com.br.

Capítulo 6
As modalidades do poker

Dizem que se você sempre for o *underdog*, nunca vai ter uma história de *bad-beat* para contar. Prefiro continuar contando minhas histórias.

André Kaplar participou da história do Circuito Paulista desde sua criação. Junto com seu pai, "presidente Cabral" e seu irmão Kleber "Cabral", formam uma das famílias mais queridas do poker no Brasil.

O assunto deste livro é o poker, mas claramente a abordagem maior é sobre a modalidade Texas Hold'em — que ficou mais popular nesta febre mundial que nos últimos cinco anos atraiu mais de 60 milhões de novos jogadores em todo o mundo, sendo que em 2006, estima-se, movimentou mais de US$ 2 bilhões. Entretanto, muitos jogadores mais antigos conheceram uma outra modalidade de poker, o poker fechado (conhecido nos Estados Unidos como Five Card Draw), no qual cada jogador recebe cinco cartas, pode escolher entre trocar algumas delas e depois apostar contra o adversário.

Ao longo do tempo, diversas variantes foram criadas, ganhando maior ou menor destaque. Um bom jogador de poker deve ao menos conhecer as regras básicas de algumas outras modalidades.

Dica

Praticar um pouco outras modalidades que não o Texas Hold'em pode ajudar a desenvolver o raciocínio lógico e novas estratégias. Você passa a enxergar o jogo sobre outros pontos de vista em relação à matemática dos jogos e ao comportamento dos jogadores.

Em todos os capítulos explicamos os princípios e fundamentos do Texas Hold'em; contudo, alguns desses servem para qualquer estilo de poker. Portanto, vale expor outras modalidades também conhecidas e praticadas.

Omaha

É talvez a segunda modalidade em termos de popularidade. Jogada exatamente como o Texas Hold'em, porém cada jogador inicia com quatro cartas na mão, em vez de duas. Para montar seu jogo é obrigatório que o jogador utilize duas de suas cartas na mão, com três cartas comunitárias da mesa. O jogador não pode montar um jogo com apenas uma ou com mais que duas de suas cartas.

Exemplo:

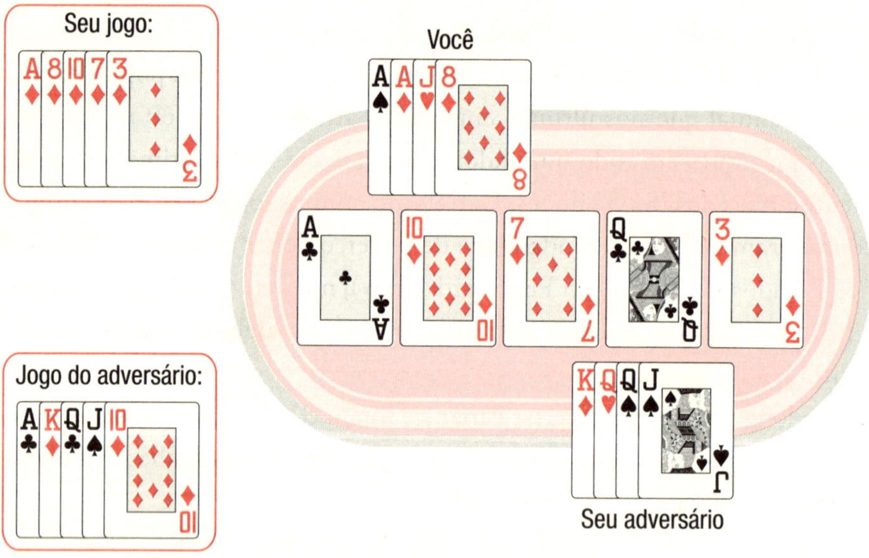

Partindo da premissa de que cada jogador só pode utilizar duas cartas da mão, vejamos qual o melhor jogo de cada um: você tem um *flush* e seu adversário, uma sequência máxima.

Observe que o seu adversário não usou as damas da sua mão para fazer a seqüência, usou o K e o J. O A, a Q e o T eram da mesa.

O jogo de Omaha demanda uma grande atenção pois já que todos os jogadores começam com quatro cartas na mão, as chances de se fazerem combinações (jogos) grandes são maiores. Normalmente, para ganhar uma mão de Omaha é necessário ao menos dois pares, mas o mais comum é termos seqüências, *flushes* e *fullhouses* ganhando. Muitas vezes, o jogador que tem a melhor mão no *flop* vê a situação se modificando ao abrir o *turn*. É um jogo recomendado apenas para os mais experientes que já possuem alguma habilidade em leitura de apostas que estão acontecendo na mesa e conheçam profundamente os jogos e as possibilidades de outras melhores surgirem.

A profissional americana Annie Duke escreveu um livro, em 2005, que fala apenas sobre Omaha. O título é bem interessante: *Annie Duke – How I Raised, Folded, Bluffed, Flirted, Cursed, and Won Millions at the World Series of Poker*. (Traduzindo: Annie Duke: como eu aumentei, dei *fold*, blefei, flertei, xinguei e ganhei milhões no World Series of Poker.) O livro foi lançado pela editora Globo em 2007, sob o título *Annie Duke – Como ganhei milhões jogando pôquer no WSOP*.

Trata-se de uma obra em parte autobiográfica, em parte um relato de como ela se tornou a primeira mulher a ganhar um bracelete do WSOP em um torneio de Omaha com um *field* 99% masculino. Um feito realmente incrível que comprova que uma mulher pode ganhar de um homem, jogando de igual para igual no poker. Para quem ainda tem alguma dúvida, em 2006 Annie Duke ganhou a etapa do WPT chamada de Tournament of Champions (Torneio dos Campeões), em que só os melhores profissionais do mundo competiram. Esta etapa foi de *No-Limit* Hold'em, provando que ela é uma jogadora completa, com capacidade de vencer em mais de uma modalidade. Com apenas este torneio, Annie aumentou seu patrimônio em mais de US$ 2 milhões. Basta que se dedique e estude o jogo com afinco. Aliás, sua dedicação transparece ao longo de todo o livro, e é interessante ver como se forma um profissional de poker.

O livro é de leitura fundamental para quem quer aprender mais sobre este estilo, pois apresenta as principais diferenças entre o Texas e o Omaha Hold'em. Além disto, a história de uma das maiores jogadoras de todos os tempos é um bônus. Perceber como ela consegue conciliar a vida atribulada de mãe de quatro filhos e de profissional de poker é um grande ensinamento. Para aqueles que não sabem, Annie Duke é irmã de Howard Lederer, que ficou conhecido como *The Professor* e ganhou na primeira temporada do World Poker Tour duas etapas. No torneio em que se consagrou campeã, Annie conta como é jogar contra seu próprio irmão e eliminá-lo do torneio, como aconteceu.

Omaha 8/b (*eight or better*)

Também conhecido como Omaha Hi-low (alto e baixo), tem as mesmas regras do Omaha, porém com um elemento de maior complexidade: cada mão pode ser ganha não só pelo maior jogo, mas também pelo menor.

Em uma mão qualquer, o menor jogo somente existirá se for composto de cinco cartas não-pareadas (portanto, diferentes), com valor de face menor que o 8.

Exemplos de jogos em que o *low* é válido:

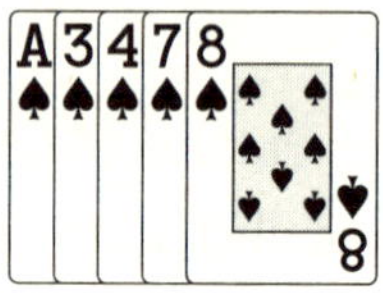

Exemplo onde o *low* não é válido:

(carta acima de 8)

Atenção

Quando no *flop* já vierem três cartas acima de 8, você automaticamente já sabe que nesta rodada não há chances de alguém fazer um *low*.

Para os jogos do tipo *low* não são contadas seqüências ou *flushes*, ou seja, não faz diferença os naipes ou a seqüência.

No caso, o pote nesta modalidade de Omaha pode ser ganho inteiro pela maior mão (*high*) quando não existir um jogo compatível com uma mão menor (*low*) ou ser dividido entre uma mão *high* e uma mão *low* pela metade. Quando um mesmo jogador ganha na mesma rodada tanto o jogo *high* quanto o *low*, dizemos que fez um *scoop*. Interessante ressaltar que ele pode utilizar duas cartas para montar seu jogo *high* e outras duas diferentes para disputar ou não o *low*. É como se ao final da mão se procurasse o melhor jogo possível para um e o melhor para outro.

Exemplo:

Jogo que conta para a metade do pote que vai para o *high*:

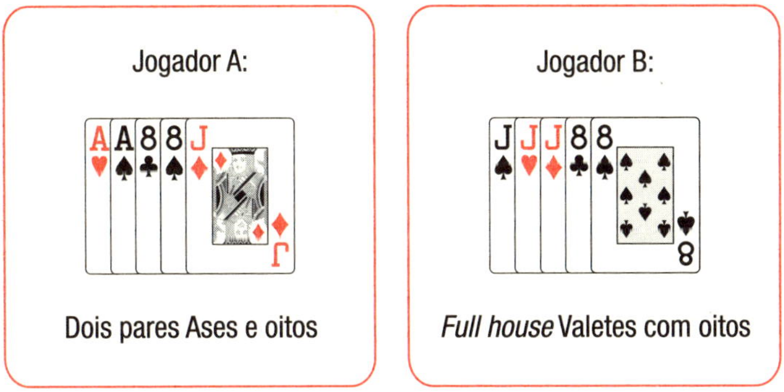

Repare que se o jogador B selecionasse o A♣ e o 3♣ como suas cartas, ele teria um *flush* de paus. Mas, como o *fullhouse* é maior, obviamente ele seleciona o JJ para o jogo *high*.

Jogo que conta para a metade do pote que vai para o *low*:

Jogador A:

Lê-se: às, dois, quatro, cinco e oito

Jogador B:

Lê-se: às, três, quatro, cinco e oito

O jogador A ganha o pote, pois sua segunda carta *low* é o 2, enquanto a segunda do jogador B é o 3. Note que neste caso não importa que o jogador B tenha um *low* com cartas do mesmo naipe, pois não se contam *flushes* ou seqüências para os jogos *low*, apenas cinco cartas diferentes de menor ranking possível que estejam todas abaixo de 8.

Stud

É um jogo sem cartas comunitárias que utiliza um tipo de raciocínio e habilidade bem distintos dos jogos de Hold'em. O Stud assemelha-se mais ao poker que era praticado no Brasil antigamente, no qual cada jogador tinha seu próprio jogo diferente do dos adversários. Cada jogador recebe duas cartas fechadas e uma terceira carta aberta — e seguem-se as apostas. Existe o Five Card Stud e o Seven Card Stud, sendo o segundo o mais conhecido e praticado. Nele, a terceira, quarta, quinta e sexta cartas são distribuídas abertas com uma rodada de apostas após cada carta. A sétima carta é distribuída fechada, como foram a primeira e a segunda, seguindo-se uma última rodada de apostas. O melhor jogo formado com cinco das sete cartas distribuídas vence a rodada. No Five Card Stud, cada jogador recebe apenas cinco cartas — e esta é uma modalidade menos praticada. O Stud também pode ser jogado na variante *high-low*. Alguns jogadores consideram o Stud o jogo mais difícil e de maior habilidade do poker. Os profissionais americanos costumam dizer que ele é o jogo nobre do poker, enquanto o Texas Hold'em é o mais popular. Torneios de Stud hoje em dia são raros, mas alguns dos jogos mais caros de poker no formato *ring game* são disputados nessa modalidade.

Razz

Nesta modalidade, o objetivo é formar o menor jogo possível, que significa não ter nenhum par e ainda estar com as menores cartas possíveis. O melhor jogo possível seria A 2 3 4 5. Seqüências e *flushes* não contam. No Razz não existe limitação até o número 8 para formar o menor jogo, que pode ser, por exemplo, A 2 3 4 Q. Se um jogador de Texas Hold'em resolver, por brincadeira, jogar uma partida de Razz, provavelmente ficará confuso e embaralhado. Já há mesas on-line de Razz, e é possível encontrar alguns poucos torneios. Como o raciocínio é completamente inverso aos dos outros jogos de poker, praticá-lo ajuda a tornar o raciocínio analítico mais aguçado.

H.O.R.S.E.

Trata-se de um jogo que mistura cinco modalidades, cada uma jogada em seqüência após um determinado número de rodadas ou tempo. Elas são: Hold'em, Omaha, Razz, Stud e Eight or Better Stud. Seria como um *pot-pourri* do poker: todas as modalidades mais famosas em um só jogo. Em 2006, o torneio de H.O.R.S.E. do WSOP teve como preço de inscrição a bagatela de US$ 50.000. Quase 100 jogadores se inscreveram — 90% profissionais do poker —, e esperava-se que o vencedor fosse considerado o melhor jogador *all-around* (em todas as modalidades). Não houve surpresa: venceu Chip Reese, um profissional renomado, muito respeitado pela sua capacidade de jogar bem em diversas modalidades de poker. Reese é um dos maiores ganhadores da história do poker em *ring games*.

Outros

Triple Draw, Chinese Poker, Pai Gow, Indian Poker são outras modalidades menos conhecidas e que raramente se encontrarão on-line. Resolvi citá-las somente para dar uma idéia do quanto ainda há para se descobrir.

Pense nisto

Lembrem-se sempre de que o objetivo maior no poker para um jogador deve ser entender o porquê das jogadas.

Aprender mais de um estilo de poker ajuda no raciocínio quando estiver jogando Hold'em. É como se abrisse sua percepção e facilitasse seu trabalho de leitura das mesas ao retornar ao Hold'em, que é um jogo menos complexo para leituras que o Omaha ou o Seven Card Stud.

Quando comecei a jogar on-line em 2003, só sabia jogar o Texas Hold'em. Passei cerca de seis meses praticando e estudando o estilo. Em determinado momento, reparei que havia encontrado uma barreira no meu desenvolvimento. Meu lucro começou a diminuir no nível que eu jogava e parecia que estava cometendo mais erros do que o normal. Este tipo de situação ocorre com quase todos os jogadores de tempos em tempos, representando um bom momento para uma pausa e reavaliação.

Decidi parar um pouco de jogar o Texas Hold'em e experimentar o Stud. Por umas duas ou três semanas só joguei Seven Card Stud, ao mesmo tempo em que lia sobre a modalidade. Comecei a desenvolver outros tipos de apostas e a prestar mais atenção nas cartas dos adversários e nas apostas deles. O padrão de leitura que passei a desenvolver ajudava-me a entender quando o adversário tinha dois pares ou estava em uma "chamada" para seqüência ou *flush*. Quando retornei ao Texas Hold'em, meu jogo deu uma "deslanchada". Fiquei mais agressivo ao jogar com meus *draws* (quero dizer, apostava mais forte quando ainda não havia completado meus *flushes* ou seqüências, mas era favorito para completá-los até o *river*) e passei a atacar meus adversários. Minha leitura dos jogos deles ficou mais aguçada.

Algo muito importante que vamos aprender ao longo do livro é que apostar é melhor do que pagar apostas. Enquanto em muitas situações pode ser correto apostar quando você tem um *draw*, em outras, absolutamente iguais, pode ser incorreto chamar apostas dos adversários.

Não posso falar por outros jogadores, mas tenho a impressão de que o mesmo processo ocorreu com pelo menos dois grandes amigos — Fábio "Deu Zebra" Monteiro e Igor "Federal" sempre foram grandes jogadores de Texas Hold'em. Extremamente agressivos e com uma ótima percepção para o jogo. Em determinado momento, comecei a perceber que passavam horas jogando Omaha e discutindo suas mãos. Logo, viraram dois dos maiores especialistas no Brasil nesta modalidade. Não sei se foi apenas impressão, mas, conforme iam melhorando e se aperfeiçoando no Omaha, suas apostas no Texas Hold'em foram mudando. E o mais interessante foi que começaram a ganhar muito mais. Hoje, Igor "Federal" e Fábio "Deu Zebra" destacam-se entre os melhores jogadores em torneios de Texas Hold'em, e acredito que suas incursões por outras modalidades foram um fator preponderante para enxergar de modo diferente seus jogos originais.

Da mesma maneira, respeito muito os jogadores que aprenderam a jogar com outras estruturas de apostas. Os jogos de *ring game* do tipo *limit* são completamente diferentes dos *no-limit*. Em um jogo *no-limit*, você pode jogar mal uma sessão inteira, ou ainda escolher não jogar a maioria das mãos. Aí, no final da sessão, ter um AA, ir *all-in* pré-*flop*, ganhar a mão, dobrar seu *stack* e ir embora no lucro. Em um jogo de *limit*, para você ter lucro, há que conquistá-lo ao longo de várias mãos. Isso faz com que tenha de errar menos, pois, se jogar três mãos muito bem e depois três muito mal, praticamente anulará o seu lucro. Por conseguinte, no jogo de *limit*, você treina em todas as mãos vários princípios. Da mesma forma, acredito que seja mais fácil aprender a desenvolver as habilidades de leitura e a utilizar a matemática do poker nesta estrutura. Passei boa parte do meu aprendizado jogando *limit* e até hoje o pratico nos *ring games*, o que gerou uma versatilidade para o meu jogo, tanto que já ganhei alguns torneios on-line de Texas Hold'em Limit no Poker Stars e Party Poker.

Um jogador que muitos profissionais admiram — não somente eu — é Raul Oliveira. Parceiro e amigo de infância de Christian Kruel, o C.K., Raul especializou-se nos *ring games* do tipo *limit*. Seu conhecimento teórico sobre o jogo é enorme, além de ser um jogador vencedor.

Joga muito pouco em torneios, mas, quando o faz, costuma ter um poder de leitura enorme e comete poucos erros. A pequena margem de erros deve-se à atenção redobrada e aos conceitos matemáticos que traz do seu jogo na estrutura *limit*. Além disto, mantém uma calma invejável ao longo dos jogos e uma educação a toda prova. Uma das maiores contribuições de Raul foi ter sido, juntamente com C.K., um dos primeiros brasileiros a defender o nome do Brasil nos torneios.

Em várias partes deste livro menciono que o iniciante, para aprender a jogar Hold'em, em primeiro lugar tem de aprender a selecionar o que não jogar. Acredito ainda que, para dar um passo em direção ao nível avançado no jogo, se deve aprender outros jogos, descobrir as semelhanças e as diferenças e instintivamente aplicá-las.

Dica

Uma brincadeira divertida

Uma modalidade que traz muitas risadas para os jogadores que participam e que é ótima para ser utilizada em um jogo informal com os amigos é o Indian Poker. Joga-se com as mesmas regras do Texas Hold'em, com cada jogador recebendo duas cartas. A diferença está no fato de que o jogador não pode olhar as suas cartas, e sim segurá-las em frente à sua testa, abertas para as outras pessoas verem. Ou seja, todos conseguem ver quais cartas você tem menos você mesmo. Em compensação você conhece os jogos de todos os outros jogadores. É divertido, pois suas apostas parecerão absurdas o tempo todo. Um jogo que é garantia de muitas risadas.

Capítulo 7

Os jogadores e seus perfis

A toda ação corresponde uma reação em sentido oposto e de igual intensidade.

Isaac Newton.

Após aprender as regras, em geral o impulso dos principiantes é começar a jogar imediatamente. De maneira intuitiva, a maioria dos jogadores começa a pensar em quais rodadas deveria jogar, ou seja, com quais duas cartas iniciais deveria pagar e entrar no jogo.

Muitos livros de poker começam ensinando quais tipos de mãos deveríamos jogar. Optei por tomar um caminho um pouco diferente e, primeiramente, tratar dos tipos de jogadores que são encontrados na mesa.

Dois motivos levaram-me a adotar esta estratégia. Primeiro, porque acredito que entender os seus adversários é fundamental para escolher quais mãos você deve jogar contra ele. O segundo é pelo fato de alguns iniciantes não perceberem com clareza a diferença existente no valor das mãos iniciais e que tais valores podem mudar de acordo com a situação. Um par TT na mão em um pote no qual nenhum jogador subiu a aposta tem um valor, enquanto um pote no qual um jogador foi *all-in* e o outro pagou o *all-in* passa a ter outro valor. Ou seja, na primeira situação ninguém mostrou força, ao passo que, na segunda, dois jogadores já participam do pote com todas as suas fichas. As chances de alguém ter um par maior que o seu são maiores no segundo caso. Isso reforçou em mim a idéia de que é importante compreender os tipos de jogadores, pois será possível ver que cada jogador tem uma tendência a jogar um número de mãos maior ou menor; e, conhecendo-se o perfil de cada um, será possível estar apto a fazer melhores escolhas quanto às mãos que você mesmo vai jogar.

Qual a diferença entre jogar muitas ou poucas mãos? Será que isto influencia os resultados do seu jogo? E como jogar contra adversários que jogam qualquer tipo de mão e os que são mais seletivos e só jogam com mãos iniciais melhores (jogam com AA, KK, AQ, TJ, mas não entram em rodadas quando recebem cartas como A5, K8 e Q7)?

Vamos tentar perceber a dinâmica entre jogar muitas mãos ou poucas mãos e como jogá-las, e, a partir daí, criar uma base para classificar os oponentes. Esta classificação será muito útil para ajudá-lo a traçar sua estratégia para a mesa, que normalmente deve ser a oposta daquela adotada pelo seu adversário.

O que proponho é que primeiro aprendamos a reconhecer o terreno; aprender a, antes mesmo de sentar-se à mesa, observar. Assim, logo se saberá o que esperar do jogo e dos jogadores com os quais está-se sentando para uma partida.

Dica

Antes de entrar em um jogo, observe-o por alguns momentos. Veja como estão sendo feitas as apostas na mesa. Quais jogadores estão mais ativos, participando freqüentemente do jogo, e quais estão envolvidos em menos mãos e potes.

Neste momento não se preocupe se é um torneio ou um *ring game*, veremos isso mais tarde. Apenas à guisa de exemplo, imagine-se entrando em uma mesa do tipo *ring game*. O primeiro aspecto que comentei foi que, para decidir sua estratégia no jogo, você deve “sentir” como a mesa está se comportando ou, em outras palavras, como estão ocorrendo as apostas e quais as características dos jogadores à mesa.

Dica

O Texas Hold’em é um jogo no qual os mecanismos de ataque e defesa são as apostas. Você tem de saber em que tipo de campo está jogando e quem são seus adversários. Em seguida, deve procurar jogar aqueles jogos que favoreçam o seu estilo.

Ainda que você tenha apenas assistido a alguns programas de televisão, já deve ter reparado que, em certas mesas, os jogadores parecem apostar o tempo todo, subir as apostas e blefar, enquanto em outras a maioria dos jogadores dá *check* ("pede mesa") e pouco sobe as apostas, fazendo o jogo parecer mais tranqüilo.

Além disto, deve também ter reparado que, além do "jeitão" da mesa, alguns jogadores destacam-se pelo seu comportamento contrário à tendência do restante: apostam a todo momento e participam de várias mãos, ao passo que outros parecem nem estar presentes, os quais você repara apenas que jogam uma mão ou outra de vez em quando.

Dica
No futebol, se estiver jogando contra um time com ataque forte, você monta sua estratégia baseada em uma defesa forte e realiza contra-ataques. Se estiver jogando contra um time defensivo, monta o seu time ofensivo, pressionando o adversário constantemente em seu campo. No poker, você também procura ir contra a tendência do adversário.

Antes de tentar entender os jogadores individualmente, vamos falar sobre o comportamento de uma mesa, ou melhor, sobre o conjunto de jogadores na mesa. Este pode apresentar uma gama de estilos que nos ajudem a entender qual estratégia devemos adotar para jogar.

A característica mais importante nesta primeira avaliação é perceber como estão ocorrendo as apostas na mesa. Em termos de atitude, podemos falar de passividade ou, do contrário, de agressividade.

Uma mesa passiva é aquela na qual vemos poucas apostas. Os jogadores "pedem mesa" e fazem apostas pequenas. Quando ocorre uma aposta, raramente é reaumentada ou, mesmo, contestada com alguém "chamando" a aposta. Os potes na mesa são pequenos, e normalmente vários jogadores entram no jogo dando apenas *limp* (pagando o *big blind*), sem que ninguém suba. Nestas mesas, o número de *all-ins* é pequeno, como se existisse um respeito geral. Poucas pessoas resolvem entrar em disputas grandes por potes.

Contestar uma aposta seria como, ao "chamá-la", duvidar do jogo que o adversário tem ou que está representando ter. No poker, normalmente o jogador que faz uma aposta acredita ter o melhor jogo ou quer representar que o tem, e por isto aposta.

Você "chamaria" uma aposta no final de uma mão em que tivesse certeza de que perderia?

A resposta é óbvia: não. Assim, quando você "chama" uma aposta do adversário, é como se estivesse lhe dizendo: "Será mesmo que você tem jogo melhor do que o meu como está querendo demonstrar?" Você está contestando a aposta dele.

Quando você tem certeza de que seu jogo é melhor que o dele, certamente sua atitude será aumentar a aposta. É como se dissesse para ele: "Você apostou, mas eu sei que tenho um jogo melhor do que o seu e, por isto, aumento a aposta."

De uma maneira geral, apenas "chamar" uma aposta pode demonstrar fraqueza de sua parte, ou seja, demonstrar que não tem um jogo tão bom assim para fazer frente ao adversário. Existe uma escola de jogadores de poker que defende que, se você acredita ter o melhor jogo no momento, deve aumentar a aposta, e não apenas "chamá-la".

Na mesa agressiva, o bombardeio de apostas ocorre o tempo todo. Aumentar várias apostas, reaumentá-las, com muita ação ao longo de toda a mão. Usualmente nestas mesas, os potes são grandes, com muitas fichas envolvidas e poucas pessoas (duas ou três) disputando cada mão. O número de *all-ins* é bem maior do que nas mesas passivas, onde os jogadores não costumam "chamar" apostas altas.

É claro que, em uma mesa com dez jogadores diferentes, o estilo de cada um pode diferir e assim não formar uma mesa exatamente como descrevi nos dois casos, e sim uma mesa com algumas características comuns a uma e a outra. Isso quer dizer que raramente você encontrará uma mesa totalmente passiva, ou uma totalmente agressiva, mas uma com tendência mais para um lado ou para o outro.

Se eu pudesse fazer uma escala de zero a dez, na qual o zero representasse a mesa mais passiva e o dez, a mais agressiva, a mistura das características dos jogadores colocaria a maioria dos tipos de mesas com graduações próximas ao meio (quatro, cinco, seis e sete). É raro encontrar um jogo com características de apenas um dos extremos. Assim, você deve tentar classificar a mesa pela tendência. Se a pontuação fosse cinco, seria uma mesa com equilíbrio, sem condições para notar o lado sobressalente.

A mudança das tendências no decorrer de um jogo

Ao longo de um jogo, esta tendência da qual estávamos tratando pode mudar. Por exemplo, os jogadores começam a ficar cansados após algumas horas e resolvem apostar de forma mais agressiva. Ou, em uma mesa agressiva, quando um determinado jogador tiver muito mais fichas que os outros, o resto da mesa pode parar de pagar apostas altas e assumir uma postura mais passiva. Por esse motivo é que você deve estar atento à dinâmica da mesa, ou seja, à forma como no decorrer de uma partida as tendências se modificam. Isto é ainda mais claro em um torneio, onde, com a subida dos *blinds*, alguns jogadores têm de começar a se movimentar mais, e até mesmo ir *all-in* com maior freqüência, enquanto outros tendem a parar de jogar e poupar suas fichas para tentar chegar à faixa de premiação.

Uma sugestão: ao observar uma mesa, tente atribuir uma nota entre zero e 10. No meio do jogo, refaça sua avaliação. Veja se algo mudou.

Dica

Você pode classificar a mesa como um todo, mas também pode classificar cada jogador em relação a ele ser passivo ou agressivo.

Mas como classificar os jogadores de uma mesa? Em uma mesa com poucas apostas, pode haver um jogador mais agressivo, subindo várias mãos e apostando forte. Este jogador que está indo contra a tendência normalmente será bem-sucedido na mesa. Trata-se de um dos truques e motivos para você classificar as mesas. Jogar na contramão da tendência costuma pagar bons dividendos.

Apesar de ser aconselhável jogar contra a tendência da mesa, é importante que você se sinta à vontade com o comportamento da mesa para jogar nela. Se o estilo que está sendo jogado o faz se sentir incomodado, não deixando que se concentre nem faça as jogadas corretas, evite participar deste grupo.

Em julho de 2006, quando estávamos com um grupo grande para o WSOP em Las Vegas, joguei no cassino Venetian, em mesas de *ring game* NL 5/10. Guardei bem uma história para minha referência futura. Por volta do meu quinto dia jogando naquele *poker room* (salão onde ocorrem os jogos de poker em um cassino), encontrei uma mesa cuja característica era bem passiva. Resolvi adotar uma estratégia de agressividade que logo demonstrou ser bastante lucrativa. Em pouco mais de duas horas, tinha triplicado o meu *stack* inicial. Como estava ganhando muitos potes seguidos, alguns jogadores começaram a cansar e saíram da mesa. Pouco tempo depois, três jovens jogadores ingleses juntaram-se ao jogo. Eles eram amigos e conversavam o tempo todo, parecendo estar ligeiramente alcoolizados. Em uma das primeiras mãos, lembro que subi a aposta, um deles deu *raise* e outro veio *all-in*. Eu saí da jogada e o segundo amigo "chamou" o primeiro. Ao serem abertas as cartas, eles mostraram:

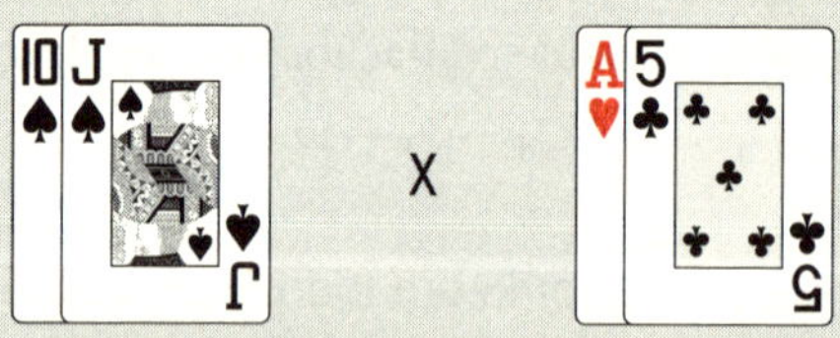

Fiquei espantado, pois estas cartas eram muito fracas para que um subisse a minha aposta e o outro viesse *all-in*. Decidi que nas próximas mãos iria observar o jogo sem me envolver na ação (ou seja, fiquei dando *fold* nas cartas que recebia). Por várias jogadas seguidas, eles aumentavam as apostas. Jogavam todas as mãos, aumentando as apostas com quaisquer duas cartas. E não paravam de falar. Reparei que dois outros jogadores começaram a ficar irritados com eles. Ainda joguei mais umas duas mãos nesta mesa, mas fui reaumentado novamente, e decidi sair do jogo. Este exemplo é importante para mostrar como a adição de novos jogadores à mesa pode modificar totalmente o estilo da mesma e você deverá se adaptar a isto. Eu não podia naquela situação continuar subindo as apostas e chamando os reaumentos dos adversários. Se o fizesse, estaria correndo sério risco de perder o lucro que tinha conseguido até então. Contra os novos jogadores, minhas opções eram mudar meu estilo ou levantar da mesa. Escolhi a segunda opção, pois não me senti confortável para jogar em outro estilo naquele momento.

Se aplicarmos a escala usada para classificar a tendência de uma mesa na avaliação dos jogadores, faltaria ainda uma informação. Existe uma característica que não pode ser aplicada à mesa, e sim aos indivíduos: quais tipos de mãos eles estão elegendo jogar. No caso de um jogador, é como se tivéssemos de olhar para ele sob duas perspectivas diferentes, em vez de uma só ao classificar o estilo dos jogos.

Os adjetivos passivo e agressivo são uma forma de qualificar o jogador depois que ele já está jogando uma mão. Como classificar o jogador em relação aos tipos de mãos que ele costuma jogar? Como veremos à frente, nem todas as mãos iniciais no Texas Hold'em têm o mesmo valor. Assim, todos os jogadores fazem uma pré-seleção natural das mãos que decidem jogar. Alguns desses jogadores escolhem jogar apenas com um pequeno grupo das melhores cartas possíveis. Outro grupo resolve ser mais liberal e se arriscar jogando uma quantidade maior de mãos.

Os jogadores que jogam poucas mãos são chamados de *tight* (presos, apertados). Esses jogadores são pacientes, abandonam muitas mãos antes mesmo do *flop*, e quando resolvem jogar, costumam ter cartas acima da média.

Os jogadores que jogam muitas mãos são chamados de *loose* (solto). Eles disputam vários potes, pois querem participar da ação e normalmente são jogadores menos pacientes para ficar esperando vir uma mão boa.

Resumindo:

Conceitos aplicados somente ao jogador.

- ***Tight***: jogador que joga poucas mãos, escolhe as melhores cartas para jogar.
- ***Loose***: jogador que joga muitas mãos, entra com uma maior variedade de cartas iniciais.

Conceitos que se aplicam tanto ao estilo da mesa quanto aos jogadores individuais.

- **Passivo**: jogador que pouco aposta ou sobe apostas. "Chama" ou dá *fold* (sai da mão) com freqüência.
- **Agressivo**: jogador que aposta e sobe apostas com freqüência e intensidade elevadas.

Se você entendeu bem os conceitos, deve ter reparado que *tight* e *loose* referem-se à escolha das mãos, enquanto os outros termos dizem respeito à maneira de jogar as mãos (apostando ou ficando na espera).

Agora que conhecemos os dois eixos de características podemos classificar quatro tipos básicos de jogadores:

1- *Tight* passivo: entra em poucas mãos e as abandona com facilidade, não apostando muito.
2- *Tight* agressivo: joga poucas mãos, mas quando joga aposta forte e dá *raises*.
3- *Loose* passivo: joga muitas mãos, porém com apostas baixas e dá bastantes *check* e *fold*.
4- *Loose* agressivo: joga muitas mãos apostando forte.

Da mesma maneira que funciona a escala do tipo de mesa, a dos jogadores raramente se concentrará nos extremos, mas sim nas características intermediárias entre tais grupos.

Antes de explicar as características psicológicas dos jogadores de cada grupo e como você deve jogar contra eles, gostaria de fazer uma ressalva sobre como classificar pessoas. Um dos maiores erros que podemos cometer é tentar rotular pessoas de uma forma fixa. No entanto, fazemos isso todos os dias de nossas vidas. Existe uma necessidade básica do ser humano relacionada ao próprio instinto de sobrevivência, que rotula os indivíduos com base em características observadas em outras pessoas no passado. Não há nada errado nisto, o problema é quando, após termos colocado o rótulo, não nos permitimos mudar de opinião ou ainda aceitar que a pessoa possa agir contra a tendência de sua personalidade.

Perdemos grandes chances em nossa vida de fazer amizades, pois olhamos o superficial e não procuramos entender as motivações de uma pessoa. Temos apenas poucos rótulos diferentes para atribuirmos às pessoas. Uma pessoa tímida e fechada pode ser uma grande companhia a partir do momento em que você a conhece melhor, mas, após rotulá-la, muitas vezes você procura não se aproximar. Uma pessoa extrovertida e falante pode, por outro lado, ter dificuldades em falar sobre seus sentimentos. Quem nunca teve uma impressão errada sobre alguém? Você se permite repensar sua posição sobre gostar ou não de alguém?

O livro *Blink – a decisão num piscar de olhos*, de Malcom Gladwell, é um "prato cheio" para os jogadores de poker. Como tema central, o autor tenta entender de que forma acontece o *feeling* (intuição) de certos especialistas, ou seja, como certas pessoas em frações de segundos conseguem ter percepções que outras não têm em um longo tempo. O jogador de poker precisa muito da sua leitura do adversário. Os melhores jogadores parecem ter um talento natural para descobrir quando um adversário está blefando ou possui um jogo forte na mão. Gladwell chama essa habilidade de saber "fatiar fino" , ou seja, com um mínimo de informação conseguir tirar o máximo de proveito.

Se você pedir para um desses jogadores que sabem "fatiar fino", logo após ele ter tomado uma decisão correta, "chamando" um blefe de um adversário em um piscar de olhos, descrever o que lhe deu a certeza de que o oponente estava mentindo, provavelmente ouvirá uma resposta vaga. Ele próprio dirá algo do gênero:

— *Apenas senti.*

Alguns jogadores podem procurar racionalizar uma explicação.

— *Percebi que ele estava blefando porque o olho dele piscou duas vezes e segurou a respiração, e quando isso acontece eu sei que...*

Na verdade, essa sensação ocorreu no nível subconsciente e, portanto, fora do controle voluntário. Todas as tentativas de colocar em palavras a sensação que permitiu fazer a leitura do adversário podem se tornar infrutíferas ou inverídicas.

Considero o livro uma boa leitura para o jogador de poker, por ajudar a compreender como essa atividade subconsciente se processa e até mesmo para dar suporte ao nosso *feeling* durante o jogo. Desenvolver a intuição não é algo que eu possa ensinar com teoria de poker, mas podemos trabalhar a concentração e estar abertos para os estímulos exteriores corretos que serão processados pelo nosso lado não-consciente.

Como assim, "estímulos corretos"? O tempo todo nosso corpo é bombardeado por uma série de informações do ambiente ao nosso redor: sons, luzes, cores, um inseto que passa voando à sua frente, um copo que cai na mesa ao lado, um jogador cochichando algo no ouvido de outro, o barulho de um trovão, o telefone de alguém que toca, pessoas andando e o seu adversário falando com você. Como conseguir filtrar, dentre todos esses estímulos acontecendo ao mesmo tempo, qual o ajuda a decifrar o jogo do seu adversário? Se você parar para pensar na chuva que cai, isso não o auxiliará a descobrir se o adversário está blefando, não é mesmo? Bom, e se o adversário tiver comentado que estava querendo ir embora antes que começasse a chover? Mudaria seu pensamento saber que ele está *all-in* logo após os trovões anunciarem a aproximação de uma chuva? Saber filtrar os estímulos importantes daqueles que não o são é fundamental.

Um exemplo mais prático e útil: em torneios, quando o horário do intervalo (*break*) se aproxima, os jogadores começam a não querer se envolver em muitos potes. Alguns começam a pensar em ir ao banheiro ou em fazer um lanche, e a cabeça de cada um parece não estar mais concentrada no jogo. Identifique quais são esses adversários e comece a subir apostas contra eles. Você deve estar atento ao meio para perceber tais mudanças.

"**Fatiar fino**": sensação aparentemente intuitiva que alguns especialistas têm sobre um assunto em apenas poucos segundos de observação. Na realidade, está ligada ao subconsciente que já captou situações semelhantes.

O termo "fatiar fino" não foi criado para o poker, mas pode ser aplicado a ele. Em *Blink* vemos alguns exemplos dados pelo autor em outras áreas do conhecimento. O policial que, ao ver uma pessoa na rua, percebe que ela está prestes a cometer um crime; ou o *marchand* que, ao ver uma obra de arte, percebe que ela é apenas uma cópia, uma falsificação; e ainda o espectador que, sem nunca ter jogado tênis, percebe todas as vezes em que um jogador está prestes a errar o saque, antes mesmo que ele o faça.

O mesmo autor também escreveu *Ponto de desequilíbrio* (*The Tipping Point*). Este livro tem uma passagem que mostra o porquê de ser errado rotular de forma rígida as pessoas ou, em nosso caso, o comportamento de um jogador à mesa. Em uma pesquisa com crianças em idade escolar, foram aplicados vários testes individuais em ocasiões e condições diferentes, com o objetivo de observar até que ponto elas tentariam trapacear ou "colar" se fossem dadas as oportunidades. Algumas provas foram realizadas em sala de aula; outras, orientadas para serem feitas em casa; outras ainda em grupo. Ora havia supervisão e pressão, ora a criança era deixada livre, sem ninguém por perto. Os assuntos cobriam diversas áreas. O resultado até certo ponto surpreendente é que praticamente todas as crianças, em algum momento, tentaram trapacear. E o pior: não era possível identificar um padrão sobre em que situações ou quais tipos de crianças "colavam". Algumas trapacearam em determinados assuntos, e em outros, não; havia aquelas que o faziam quando sozinhas; outras, em grupo. Não foi possível encontrar uma característica comum que agrupasse as crianças. Dada a oportunidade, qualquer uma delas poderia trapacear.

O que isso tem a ver com poker?

Simples. Raciocínio da maioria dos adversários. "O Leo Bello é um jogador *tight*. Joga muito poucas mãos, normalmente quando ele participa de uma mão é porque tem jogo."

De acordo com esta classificação, não devo blefar nunca? Também não devo jogar mãos fracas? Você não acha que posso me aproveitar de minha imagem para tentar blefar um pouco mais ao longo da partida? Ou, ainda, jogar um torneio de modo totalmente oposto ao meu estilo, para confundir e surpreender os adversários?

Dada a oportunidade, todos os jogadores podem agir de uma maneira inesperada.

Um raciocínio ainda pior e que costuma dar resultados ainda mais desastrosos é imaginar que um jogador *loose* agressivo nunca tem jogo. Todos pensam:

— *Ele sobe com quaisquer duas cartas, não deve ter nada.*

Em determinado momento, o jogador *loose* agressivo também pode receber AA.

Acabei de citar dois livros que não são literatura específica de poker, mas ambos estão à disposição em português e acredito que muito ajudariam o jogador de poker no sentido de fazê-lo perceber um pouco mais a psicologia.

Dica

Não pense em poker apenas ao ler sobre histórias de mãos ou estratégias. O jogo de poker precisa de habilidades que você encontra em várias ciências, como psicologia, filosofia, matemática e artes cênicas, além de atividades práticas como negociações, relações com pessoas, avaliação de riscos e controle financeiro.

Abra sua mente.

Ao compreendermos que a dinâmica dos jogadores pode mudar ao longo de uma partida e que não podemos prever com toda a certeza o comportamento de determinado adversário em tempo integral, ainda assim é extremamente útil procedermos à classificação dos mesmos nos quatro subtipos citados.

Características de cada grupo — como identificá-las à mesa e como jogar contra elas

O primeiro grupo abordado é o daqueles que são *tight* passivos. Como vimos, um jogador desse grupo joga poucas mãos e larga facilmente suas mãos fracas. Sendo assim, é o tipo mais difícil para se jogar contra e ganhar dinheiro. Ele só entrará na disputa do pote com suas melhores cartas, e, se você apostar e ele pagar, pode ter a certeza de que ele tem um bom jogo na mão. Jogando contra ele, você levará potes pequenos, mas, caso ele jogue um pote grande contra você, provavelmente você estará perdendo. O extremo desse estilo é chamado de *rock* (pedra). Pode-se até lembrar do ditado popular: "Difícil como tirar leite de pedra."

Por outro lado, é relativamente fácil estabelecer uma estratégia contra esse tipo de adversário: ele entra em um pote grande, você sai caso não tenha o melhor jogo possível.

São difíceis de vencer e, portanto, pode ser frustrante jogar contra eles. Se você ficar impaciente, resolver jogar com qualquer mão contra eles, provavelmente irá perder. A melhor posição para jogar com eles é tendo-os à sua esquerda, pois você pode roubar os *blinds*. O seu objetivo será ganhar pequenos potes, não esperando uma grande vitória.

Roubar *blinds*: sempre que você estiver em umas das posições finais, *cut-off* ou *dealer*, e nenhum jogador tiver entrado no pote, você poderá tentar aumentar a aposta de modo a fazer com que os *blinds* saiam da mão e você consiga ganhar a rodada antes mesmo de abrir o *flop*. Este aumento é popularmente conhecido como roubo de *blinds* (*stealing the blinds*).

O segundo grupo é o dos *tight* agressivos. Eles também jogam poucas mãos, mas, quando estão na rodada, apostam forte e sobem apostas. O senso comum diz que se trata do estilo mais lucrativo e que deve ser o objetivo de todo jogador iniciante. Para alcançar este estilo, deve-se escolher bem as suas mãos pré-*flop*. Quando for jogar a mão, tome a iniciativa, aposte e aumente apostas. Tente fazer com que suas melhores mãos tenham potes grandes que compensem o tempo que esperou para elas surgirem. Jogando de forma agressiva, você não só consegue ganhar mais, mas também evita que jogadores com mãos fracas continuem nas rodadas.

Você deve escolher sentar-se à esquerda de um jogador *tight* agressivo (ou seja, o jogador *tight* agressivo estará à sua direita), e o mais longe possível, para que ele não fique em todas as rodadas tentando roubar seus *blinds*. Tente evitar o confronto contra este tipo de jogador, evite blefar em um pote que ele parece estar interessado, e cuidado com os *check-raises* que ele costuma aplicar.

Por que é desaconselhável sentar-se antes de um jogador *tight* agressivo (com ele à sua esquerda)? Porque quando você subir uma aposta ou entrar em um pote dando *limp* (apenas pagando a aposta), a tendência é o jogador *tight* agressivo subir sua aposta, às vezes aumentando muitas fichas. Se você queria entrar em um pote barato, apostando pouco, esse jogador agindo depois de você tende a frustrar seus planos.

O terceiro grupo é o dos *loose* passivos. Este tipo de jogador entra em muitas mãos para ver o *flop*, mas depois de fazê-lo, se não formar um bom jogo, costuma sair da mão caso alguém aposte um pouco mais alto. Às vezes chega a acertar um jogo pequeno, como um par na mesa, e não aposta. É um estilo difícil de jogar, pois tanto pode fazer perder muito dinheiro como ganhar muito em se tratando de um bom jogador com boa habilidade para as apostas no período pós-*flop*. Costumamos dizer que é um tipo de jogador que dá ação, mas não recebe de volta na mesma moeda. A passividade faz com que ele "chame" várias pequenas apostas e com várias mãos, o que pode fazê-lo perder bastante dinheiro. Contudo, quando ele resolve apostar, se o adversário for um bom observador, perceberá que ele tem um bom jogo e sairá da mão. Assim, nas vezes em que acerta um jogo, não costuma ter suas apostas pagas. Se tivesse de escolher um estilo candidato a perder mais dinheiro, acredito que seja ele.

É o melhor tipo de jogador para se jogar contra. Paga suas apostas, mesmo sem ter grandes jogos, e costuma perder muitos potes.

Dica

Um grande cuidado a se tomar é que a maioria dos iniciantes começa jogando com esse estilo: entra em várias mãos e não é muito ativo em termos de apostas, mas "chama" apostas menores dos adversários na esperança de acertar seu jogo. São aqueles que quando têm um *draw* não largam a mão, mas também não apostam.

O último grupo é o dos *loose* agressivos. São os que parecem jogar com qualquer mão. Além disto, sobem as apostas com várias delas e apostam bastante. São imprevisíveis, pois você realmente não consegue saber quando é um blefe e quando é uma mão sólida. O extremo deste estilo é chamado de maníaco. Encontrar um maníaco na mesa pode fazer você ganhar ou perder uma fortuna. Jogar neste estilo é muito difícil, pois se joga com muitas mãos e, caso não tenha bom controle do jogo no pós-*flop*, estará fadado a ser um grande perdedor.

Um pouco menos extremistas que um maníaco, estão alguns dos jogadores mais notáveis do poker mundial, como Gus Hansen, Daniel Negreanu, John Juanda e Sam Farha.

Dica
Uma das melhores dicas em relação a tais jogadores é prestar atenção quando eles não aumentam as apostas ou "pedem mesa".

Basta raciocinarmos juntos: se o estilo deles é aumentar com diversos tipos de jogos e apostar forte, por que de uma hora para outra, após ter subido pré-*flop*, um jogador agressivo daria *check* no *flop*? Muitas vezes, é sinal de que ele acertou um jogo muito forte. Por exemplo: suponhamos que ele tenha QQ. O *flop* vem Q 5 3. Ele dá *check*. O motivo é que, se ele apostar, você irá sair da mão na mesma hora. Ele sabe que o jogo dele é muito forte, então, instintivamente, adota a estratégia de "pedir mesa" e deixar você apostar.

Dica
Preste sempre atenção quando um jogador que sempre aposta "pedir mesa", ou quando um jogador que sempre "pede mesa" apostar: Algo de importante está acontecendo com o jogo deles.

Quando não estiver jogando uma mão, preste atenção na ação que está se desenrolando. Você pode obter grandes informações dessa maneira.

Você pode ainda não estar percebendo a importância de classificar os jogadores, mas quando começarmos a tratar de quais mãos devem-se jogar e depois de como apostar com certos jogos, perceberá que o tipo de adversário — ou o estilo geral da mesa — influenciará o modo como você deve apostar.

De uma maneira geral, se a mesa ou o adversário forem *tight*, você deve tentar ser *loose*. Se a mesa ou o adversário forem *loose*, você deve ser *tight* e esperar a mão certa para "pegá-los".

Dica
Jogue sempre contra a tendência. Assim você ganha no poker.

Colocando em exemplos práticos:

Você recebe as seguintes cartas na posição de *dealer*:

Um jogador *loose* agressivo que age antes de você sobe a aposta. Ninguém mais entra no pote. O que você acha que deve fazer?

- Pode aumentar a aposta. Ele é um jogador *loose*, então provavelmente "chamará" seu aumento e você, aumentando, consegue tirar outras pessoas dessa mão (o *small blind* e o *big blind* que "falam" depois de você), jogando só contra ele.
- Pode apenas "chamar" a aposta. Com isto, você espera ao longo da mão agir contra ele, mas corre o risco de que os *blinds* também resolvam entrar no jogo.

Você decide apenas "chamar" a aposta dele, mas os *blinds* saem da mão, deixando você sozinho contra ele. O *flop* vem:

Ele "sai apostando" metade do valor que já tem no pote.

Apareceu uma carta maior que o seu par de damas no *flop*. Se o adversário tiver um A, neste momento você estará perdendo. O que você faz?

Reaumenta a aposta dele. Por ele ser um jogador *loose* agressivo, você sabe que ele pode estar apostando mesmo sem ter nada, nenhum par. Como a quantidade de mãos em que ele subiria é muito grande, você precisa saber posicionar a sua mão, se está perdendo ou ganhando. Você resolve subir a aposta. Chamamos este tipo de subida de "aumento para pedir informação". Você quer saber se o adversário tem um A ou não. Se você apenas pagasse a aposta, não aumentariam suas informações sobre que cartas o adversário tem nas mãos.

Ele pensa e apenas paga. No *turn*, vem um outro A.

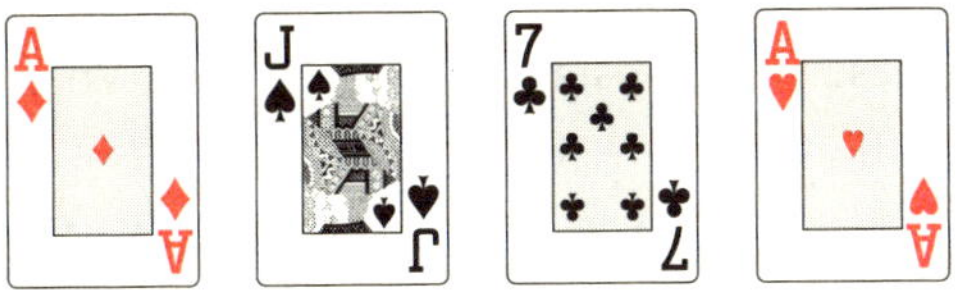

Ele dá *check*. Pedindo mesa, seu adversário demonstrou provavelmente não ter o A. Você resolve apostar e ver a reação dele.

Você aposta meio pote, ele "corre" e você ganha a mão. Ao classificá-lo como *loose*, você imaginou que ele jogaria com várias mãos, inclusive com aquelas sem um A, como 78, TQ, KT, 56, ou até um par mais baixo.

Utilizemos o mesmo exemplo, substituindo o jogador *loose* por um *tight* passivo. Este jogador sobe a aposta e você está no *button*. O que você faria?

Por ele ser um jogador *tight*, você deve respeitá-lo, pois pode ter uma mão boa. Porém, neste caso, a sua mão também é:

Você resolve aumentar para jogar somente com ele, e mostrar-lhe que tem mão forte também.

Os *blinds* novamente saem da mão e o seu adversário paga sua aposta. O *flop* vem:

Ele:

1- Aposta forte: você dá *fold* na mesma hora. Se um jogador *tight* passivo aposta em um *flop* que tem um A, ele provavelmente tem esse A. Não deve, entretanto, ter JJ ou AA, pois, se tivesse estas mãos, provavelmente daria *check* para tentar criar uma armadilha para você com um jogo extremamente forte.

2- Ele dá *check* e, se você aposta, ele dá *check-raise*. Você deve dar *fold* imediatamente. Um jogador passivo fazer um *check-raise* significa que tem um "monstro" na mão (AK, AA, JJ, AJ). Pode dar *fold* de imediato.

3- Ele dá *check*. Você aposta, ele "corre". Neste caso, por ele ser passivo, se o A no *flop* não o ajudou, quando você aposta, ele desiste da mão. Mesmo sem ter o A, você ganhou o pote.

Viram como a mesma mão, com a mesma mesa, deve ser jogada diferentemente, de acordo com o tipo de adversário?

O autor Alan N. Schoonmaker, que escreveu há mais de 20 anos um livro sobre psicologia no poker (*The psychology of poker*), costumava fazer um gráfico com as características dos jogadores. Ou seja, colocava em uma tabela, no eixo X, uma numeração de 0 a 9 em que o zero representava ser *tight* e o 9, *loose*, enquanto no eixo Y, outra numeração de 0 a 9, em que o zero era passivo e o 9 agressivo.

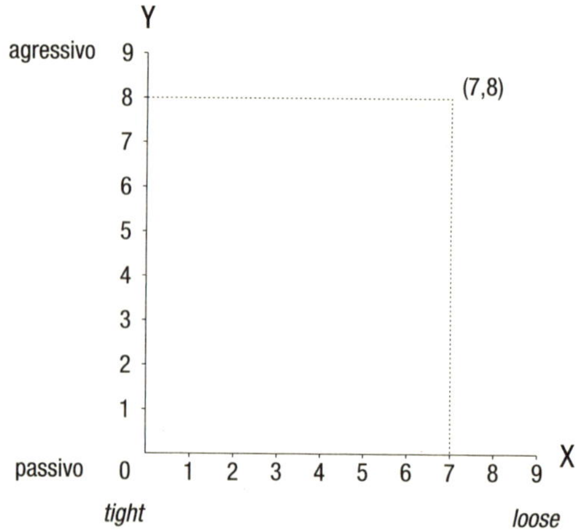

Schoonmaker sugere, então, que você observe alguns jogadores e os classifique primeiramente em um único eixo. Para o jogador mais *loose*, você daria nota 9, daria 8 para outro um pouco menos *loose*, e nota 7 para um notadamente menos *loose* que o 8. Faria o contrário para o *tight*: nota 1 para o mais *tight*, nota 2 para outro um pouco menos e nota 3 para o outro. Não se preocuparia com as notas 4, 5 e 6. Seriam os meio-termos. Depois disto, procederia da mesma maneira, só que pensando em passivo e agressivo.

Então, você chega a classificações em dois eixos para vários jogadores. Com estes exemplos na cabeça, começa a comparar cada jogador novo que encontrar com um dos que conheceu anteriormente, criando em sua mente grupos por similaridade. Você passa a ter um maior número de classificações em vez de só as quatro propostas anteriores. Para cada uma delas, uma referência com um jogador conhecido seu.

Exemplificando:

Comparo o Christian Kruel a um jogador 7-8. Ele é um jogador *loose* agressivo, mas com extrema habilidade no jogo após o *flop*.

Já o Igor "Federal" seria um jogador 5-9, um pouco mais *tight* que o Christian, porém mais agressivo em um pote.

André Akkari já possui um estilo 3-8, conseguindo ser bem mais *tight* que os dois anteriores, mas extremamente agressivo quando entra nas mãos.

Leandro "Brasa" e Helio Junior (Baiano Arretado) são jogadores 6-9, um pouco mais *loose* e tão agressivos quanto o Igor "Federal".

Omar Abede é um jogador que consegue, em certos dias, estar próximo do 9-9, mas tem condições de mudar seu jogo de uma maneira radical, pois tem notável habilidade de leitura no pós-*flop*.

Rodrigo "Zidane" e Marcelo Carabina têm estilos mais *tight* de jogo, estando em 3-7. Porém, sabem apostar forte no pós-*flop*.

Fábio Cunha é um jogador mais equilibrado, colocando-se em um estilo intermediário 5-5, variando bem seu jogo.

E assim por diante, vou criando grupos imaginários.

Ao participar de uma mesa, em vez de me preocupar com estes números e com nomes de classificações, apenas tentaria comparar meus novos adversários com os amigos que já havia rotulado mentalmente.

Sempre tive um jogo muito *tight*, e os meus adversários me conhecem por isso. Assim, muitas vezes tenho a cobertura perfeita para um blefe. Quando resolvo jogar mãos diferentemente, simulo ter mãos mais altas. Tomo cuidado, entretanto, de jogar contra pessoas que saibam que sou um jogador *tight* e, portanto, respeitariam uma aposta minha, dando-me crédito por uma mão alta quando subo a aposta. Um jogador que dominou esta característica foi o André Akkari. Todos o conhecem por ser extremamente *tight*. Porém, hoje em dia, acredito que quase 30% das vezes em que ele resolve subir na fase intermediária de um torneio, não tem um jogo tão forte assim. Deste modo, quase ninguém o chama, pois é muito difícil fazer uma leitura do jogo dele.

Em minha opinião, os jogadores mais difíceis de se jogar contra são os do tipo *loose*. Lembro-me de como em 2006 já fui eliminado pelo "presidente Cabral" em duas etapas do Circuito Paulista. João Kaplar, conhecido como "presidente Cabral", na época era um jogador com características semelhantes a um *loose* passivo: gostava de jogar muitas mãos e ver muitos *flops*; se a aposta corrente fosse barata, ele pagava para ver mais uma carta. Atualmente, não é mais possível confiar nesta avaliação, pois seu jogo evoluiu de uma maneira tal que, hoje, adota as melhores características do *loose* passivo, misturando com um jogo bem mais *tight*.

Em um dos torneios tínhamos:

Leo Bello 66,4% x 33,1% "Presidente Cabral"

EMPATE: 0,5%

Como tinha uma mão favorável para aquele momento, fui *all-in*. O "presidente Cabral" era o *big blind*. O curioso é que minha aposta era bem alta em relação aos *blinds* e teria sido fácil para um jogador *tight* dar *fold*. "Cabral" resolveu "chamar" com seu K♥8♠. Um 8 no *flop* deu um par para ele. Até o *river,* nada mais me ajudou e acabei eliminado do torneio em quarto lugar.

Não havia muito o que eu pudesse fazer na mão, exceto, talvez, sabendo que o *big blind* era o "Cabral" — e que ele provavelmente me "chamaria" — ter optado por uma aposta mais baixa que não o *all-in*. Observe bem que "chamar" com K♥8♠ em certas situações pode ser o correto a fazer, caso o jogador que está "chamando" sua aposta tenha um *stack* bem maior e que não seria comprometido perdendo a mão. Algumas vezes, é necessário correr riscos para ganhar um torneio. Então, no final das contas, "Cabral" estava certo, pois correndo este risco, conseguiu me eliminar e se posicionar melhor para ganhar o campeonato.

Dica

Use a imagem na mesa a seu favor. Lembre-se de que seus adversários também tentarão rotular o seu jogo.

Dica

O tamanho dos *stacks* é um fator importante conforme um torneio vai avançando. Quando você tem muito mais fichas que um adversário, pode se dar ao luxo de correr mais riscos e chamar apostas com mãos não tão boas na expectativa de conseguir eliminar esse adversário. No caso, perder uma mão não compromete o seu futuro no torneio, pois você continua com fichas suficientes para o jogo.

Quando você tem poucas fichas, começa a perder o espaço que tem para esperar boas mãos, ou fazer com que suas apostas assustem os adversários.

Uma boa dica para um torneio é atacar os *stacks* médios, que não estão nem tão altos nem tão baixos. Os jogadores que estão nos extremos em termos de fichas (muitas ou poucas) têm uma maior tendência a chamar apostas maiores que os jogadores com uma quantidade média, os quais normalmente se arriscam menos.

Depois, em outra ocasião, "tomei uma fatiada" (perdi uma grande quantidade de fichas) no meu *stack* que me deixou praticamente fora de outro torneio.

Apostei forte no *flop*, e ele com apenas T♠J♠ resolveu "chamar", sem me dar crédito pelo K (não acreditando que eu tivesse um K na mão e, portanto, um par). Eu havia feito uma boa leitura da mão dele, pois ele não tinha cartas para ganhar de mim naquele momento. O 3♣ que veio no *turn* não ajudou a nenhum de nós. No entanto, desta vez, meu erro foi apenas dar *check*. Se eu tivesse feito uma aposta grande, ele teria largado a mão. No *river*, abriu um T♥.

A mesa final era:

Ambos deram *check*, e ele levou o pote fazendo um par de T, enquanto eu tinha apenas o A como carta mais alta.

Cometi dois erros nesta mão. O primeiro foi não ter analisado o estilo de jogador que estava jogando contra e me adaptar. O correto era ter subido mais as apostas para não permitir que ele, com o estilo passivo que tinha, pagasse as duas apostas. O segundo foi não ter confiado em minha intuição de estar ganhando a mão nem no *flop* nem no *turn*, razão de eu não ter subido no *turn*. Portanto, faltou que eu me adaptasse ao estilo do adversário.

Nesta mão faltou eu saber utilizar um conceito: "*Fire another barrel*", ou seja, atirar uma nova bala. Contra jogadores *loose*, muitas vezes uma única aposta não é suficiente. Você deve atirar de novo no *turn* com mais força ainda do que no *flop*.

Muito difícil jogar uma mão com alguém que pode ter duas cartas quaisquer. Fica difícil saber onde você está. Mas o que fazer nesta situação? No caso, a agressividade teria ganhado a mão, ou no pré-*flop*, com uma aposta maior, ou no *turn*, com uma nova aposta.

Dica

Adapte sua estratégia ao adversário contra quem você está jogando.

Outra opção contra os jogadores *loose* é somente jogar contra eles quando sua própria mão for bastante sólida. No caso, você tende a ganhar muitas fichas. Mas, tal como comentei sobre os jogadores modificarem seus rótulos ao longo do tempo, o próprio "presidente Cabral" mostrou um amadurecimento grande em seu jogo ao longo do ano. Começou a ficar mais *tight* durante os torneios, escolhendo bem as mãos que jogava. Isto se refletiu em resultados progressivamente melhores que o levaram à terceira posição no ranking do Circuito Paulista de 2006. Hoje, classificá-lo como *loose* passivo ou como *tight* agressivo são dois erros, pois ele consegue variar o seu jogo entre os dois estilos.

Shifting gears: saber mudar a marcha, ou seja, adaptar seu jogo — de acordo com a evolução de um torneio — aos estilos dos seus adversários.

Por isto, lembre-se sempre de não avaliar somente seus adversários, mas também de se auto-reavaliar. Modifique suas estratégias de tempos em tempos. Experimente vários estilos, encontre sua zona de conforto, mas não deixe de tentar jogar com outros estilos. Para se tornar um jogador completo, você deve ao menos ter passeado por várias maneiras de jogar. Como o poker é um jogo em que a mente e a psicologia são importantes, tente se colocar no lugar dos seus adversários. Um exercício interessante é escolher determinado torneio e tentar jogar um estilo oposto ao seu. Brinque com isto. Surpreenda-se e reaprenda.

Resumindo:

1- **Contra adversários *tight* agressivos**: evite jogar, pois são os jogadores mais difíceis de se jogar contra. Seus ganhos serão normalmente pequenos e suas perdas, grandes. Tente sempre sentar-se à esquerda deles, ou o mais longe possível na mesa. Blefe menos contra tal tipo de jogador. Não aumente sem uma mão forte, nem abuse de *check-raises* e evite roubar os *blinds* deles. O segredo é evitar o confronto.

2- **Contra adversários *loose* agressivos**: evite ir para o jogo com mãos fracas contra eles, ou seja, jogar mãos em que você não seja altamente favorito. Tome muito cuidado com as mãos em que estranhamente eles não derem *raise* — normalmente nestas mãos estão os "monstros" (melhores jogos) destes jogadores. Procure prestar muita atenção quando e por que eles deixam de aumentar. Aumente e reaumente para isolar tais jogadores quando você tiver boas mãos.

3- **Contra adversários *loose* passivos**: são os jogadores mais fáceis de serem vencidos. Jogam várias mãos e dão *folds* com facilidade. Basta apostar consistentemente contra eles. Quando eles derem *raise*, dê *fold*. Um *re-raise* de um jogador assim significa que eles têm o melhor jogo possível.

4- **Contra adversários *tight* passivos**: dê-lhes crédito quando entrarem nas jogadas, eles devem ter boas mãos. Use isto a seu favor; se a mesa não vier coordenada, por exemplo, toda baixa e sem "chamada" para *flush*, aposte forte. Você deve procurar expulsar este jogador da mão com apostas repetidas. Lembre-se de que ele provavelmente possui uma mão inicial forte.

Capítulo 8
Jogar torneios ou *ring games*?

Procure jogar 10% das mãos e pensar no que seu oponente tem e não somente no seu jogo.

Omar Abede, um dos jogadores mais conhecidos do poker em São Paulo, tem em seu currículo ter chegado à faixa de premiação de um torneio do WPT (World Poker Tour) nas Bahamas em janeiro de 2006, o Poker Stars Caribean Adventure. Com estilo agressivo próprio, é um adversário a ser respeitado nas mesas.

Dependendo de como você começou a aprender poker ou se pratica ou não, já deve ter opinião formada sobre o assunto. Mas muitos jogadores iniciantes só assistiram a disputas de poker em torneios pela televisão. Entretanto, a maioria dos profissionais costuma "ganhar o pão" longe dos holofotes dos torneios, nos chamados *ring games*. É claro que existem exceções importantes, pois, aqui no Brasil, um dos nossos principais jogadores, André Akkari, não joga *ring games*, levando sua vida como profissional apenas com o dinheiro ganho em torneios. Por outro lado, temos um jogador como Raul Oliveira, reconhecidamente um dos melhores do país, que raramente é visto em torneios, preferindo jogar apenas *ring games*.

Ring games: jogos nos quais cada jogador senta-se com uma quantia em fichas equivalentes a dinheiro. Ao sair do jogo, troca suas fichas por moeda, utilizando a mesma taxa de conversão, normalmente um para um. Seu objetivo não é eliminar todos os adversários da mesa, mas acumular mais fichas do que quando entrou na mesa. Se você perder suas fichas, pode comprar mais e continuar no jogo. Também é possível sair do jogo a qualquer momento.

Torneios: o jogador paga uma entrada e recebe um número de fichas igual ao dos demais. O objetivo é ganhar as fichas de todos os adversários e ser o último jogador a restar com fichas. Você é eliminado do torneio ao perder todas as suas fichas. Normalmente são premiados 10% dos participantes, de acordo com as melhores colocações (pode variar de acordo com o torneio). Você não pode ir embora no meio do jogo nem trocar suas fichas por dinheiro, ou seja, as fichas não possuem valor monetário algum, são apenas utilizadas como mecanismos de jogo para as apostas. Se você for embora, suas fichas continuam na mesa.

Mas qual a diferença entre os dois tipos de jogos, que faz alguns jogadores especializarem-se em um ou em outro e por que é tão difícil, após se adaptar a um tipo, jogar o outro com a mesma eficiência?

TORNEIOS	RING GAMES
Entrada fixa.	Cacife: pode entrar com 20 a 100% do valor máximo permitido para a sua mesa.
Se perder todas as fichas, está eliminado.	Se perder todas as fichas, pode recomprá-las.
Tempo de torneio predeterminado. Só é permitido entrar no horário do início do torneio, o qual tem uma duração específica.	Flexibilidade de horário (a todo momento há um jogo em andamento e você pode entrar no meio). É permitido levantar da mesa a qualquer momento.
Eliminar adversários, sobreviver e acumular fichas são os objetivos.	Objetivo é aumentar a sua quantidade de fichas sem necessariamente eliminar adversários.
Ganhos maiores.	Ganhos proporcionais ao nível jogado.
Blinds sobem em intervalos determinados.	*Blinds* fixos.
É possível que você seja movido de mesa sem que queira ou que sua mesa seja quebrada (a mesa deixa de existir e os jogadores são realocados para outras mesas novas).	Joga-se na mesa escolhida do início ao fim, ou pode mudar para uma outra mesa, simplesmente saindo do primeiro jogo e solicitando entrar em outra mesa que tenha vagas.

Como já foi explicado, o Texas Holde'm é um jogo de habilidade e, portanto, não vai de encontro à legislação brasileira. No Brasil é contravenção a prática de jogos de azar, que são aqueles em que a sorte determina ou é o fator preponderante no resultado. Além disso, não existem apostas em dinheiro durante o campeonato, você apenas faz uma inscrição. As fichas são apenas instrumentos do jogo, sem relação a valor monetário. Já nos *ring games*, as fichas representam o dinheiro com o qual você entrou no jogo. Assim sendo, o que tratamos aqui se refere à prática dos *ring games* pela internet ou ainda fora do país, em locais como o *Conrad Cassino*, no Uruguai, e todos os cassinos de Las Vegas.

Antes de decidir qual o melhor tipo de jogo para o seu perfil, vamos entender o que está por trás de cada um.

O *ring game* é o jogo em que você compra um cacife para jogar. Deve escolher um nível para jogar adequado ao valor que você tem disponível (sua *bankroll*). Este nível normalmente recebe o nome das *blinds*.

Por exemplo:

- **1/2**: *small blind* = US$ 1 e *big blind* = US$ 2
- **2/4**: *small blind* = US$ 2 e *big blind* = US$ 4
- **10/20**: *small blind* = US$ 10 e *big blind* = US$ 20

Observação: na modalidade *limit*, os *blinds* são aproximadamente metade do valor especificado no nome do limite. Assim, jogando 5/10, os *blinds* seriam 2,50 e 5 (ou 2 e 5 em alguns lugares), respectivamente.

> ***Bankroll***: total de dinheiro que um jogador reserva para o seu jogo, entradas de torneios, jogos em *ring games* entre outros. Um aspecto importante a lembrar é que os profissionais não arriscam mais do que possuem. A atitude correta é separar o seu dinheiro pessoal daquele utilizado para a prática do Texas Hold'em.

Em geral, em uma mesa NL (*no-limit*), o jogador pode sentar-se com cerca de 100 vezes o valor do *big blind* como *stack* máximo. Esta medida de limitar o máximo que um jogador traz à mesa serve para evitar que ele tenha muito mais fichas do que os demais, assim não colocando pressão monetária nos outros com suas apostas (se um jogador tem US$ 10.000 e outro apenas US$ 100, o primeiro pode a toda hora apostar tudo o que o segundo possui, sem medo de perder parte do seu *stack*). Isso também apaga aquela idéia transmitida pelos filmes de poker mais antigos, nos quais, ao não ter mais o que apostar, o jogador apostava seu carro ou sua casa. Ao sentar-se em uma mesa 1/2, o jogador sabe que o máximo com o que poderá entrar será US$ 200. E se em algum momento alguém fizer uma aposta maior do que ele pode cobrir, ele só pagará a aposta com o que tem à sua frente.

Exemplo:

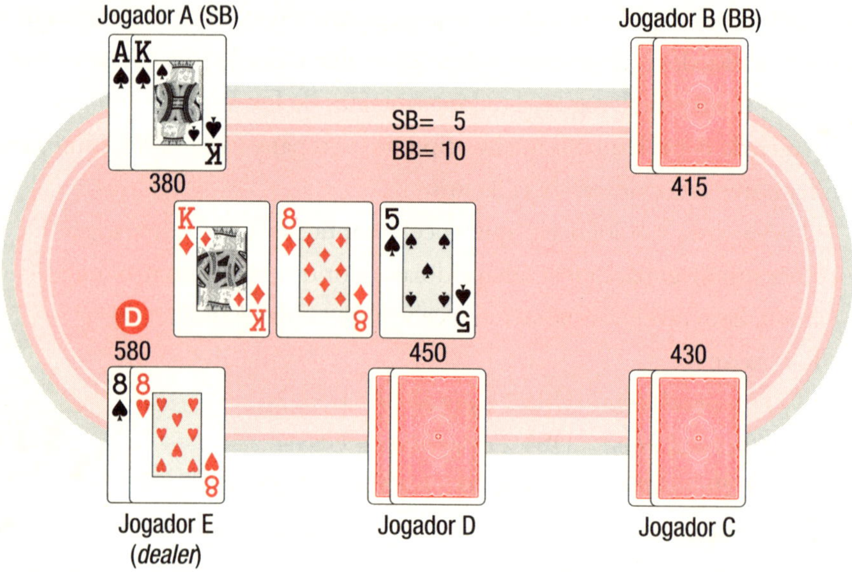

O jogador C sai da mão. O jogador D paga a aposta atual, 10 equivalente ao *big blind*. Então, o jogador na posição de *button* (*dealer*) sobe a aposta para 40. O jogador no *small blind* paga a aposta. O *big blind* sai da mão e o jogador D também paga a aposta.

O *flop* vem: K♦ 8♦ 5♠

O jogador A e o D dão *check*. O jogador E, último a "falar", aposta 90. O *small blind*, que tinha feito um par de K com A de *kicker* no *flop*, resolve aumentar a aposta e sobe mais 100 (total 190), sobrando com 150 fichas (380 – 40 – 190 = 150).

O jogador D "corre". Então, o E, que ainda tinha 450 fichas (580 – 40 – 90 = 450), resolve pagar os 100 de aumento e voltar *all-in* mais 350 fichas.

O jogador A, que só tem mais 150 fichas, resolve pagar.

Neste momento, o valor que vai para o pote é o equivalente ao que o menor *stack* pode pagar: 150. O *dealer* (pessoa que distribui as cartas e controla as fichas no pote) pega 150 fichas de cada um, devolvendo 200 fichas para o jogador E que está no *button*.

Ou seja, o jogador no *small blind* não precisa comprar mais fichas para cobrir a aposta do jogador E.

Porém, nos jogos mais altos, este limite pode não existir. Em Las Vegas, alguns cassinos, a partir do 10/20 NL, já aceitam que o jogador sente-se com qualquer valor à sua frente, sem um valor máximo.

Em um torneio, paga-se uma inscrição que dá direito a uma quantidade de fichas que não guarda relação direta com a inscrição. Pode-se, por exemplo, pagar R$ 10,00 pela inscrição e receber 1.500 fichas. As fichas são apenas seu mecanismo de aposta. Somente poderá sair do torneio em duas situações: ganhando todas as fichas em jogo e se tornando campeão ou perdendo todas as fichas.

Cada torneio institui um valor de inscrição que pode ou não ser revertido em premiação, da mesma maneira que ocorre em tantos outros esportes. Na época em que eu era atleta de judô, cada competição de que participava tinha uma taxa de inscrição, às vezes alta, que era utilizada para ajudar na organização do evento, assim como comprar medalhas e troféus para premiar os lutadores, sobrando ainda uma parte para a federação. A academia que ficava em primeiro lugar ainda ganhava um prêmio em dinheiro que servia para estimular mais ainda a equipe.

No exterior, os torneios tradicionais de poker têm prêmios vultosos em dinheiro para os melhores participantes. Ganhar um torneio como o WPT ou o WSOP pode torná-lo milionário da noite para o dia. O seu ganho em um campeonato de grande porte pode chegar entre cem a mil vezes o valor que você investiu (ou ainda mais, caso tenha conquistado sua vaga em um satélite).

Curiosidade

Jamie Gold, vencedor do evento principal do WSOP de 2006, pagou US$ 10.000 de inscrição e faturou 12 milhões pelo primeiro lugar. No ano anterior, Joe Hachem ganhou sua vaga on-line por menos de US$ 200 dólares e ganhou US$ 7,5 milhões, ou seja, 37.500 vezes o valor investido. Mais impressionante, ainda, em 2003, Chris Moneymaker ganhou sua vaga por US$ 3 jogando em um satélite on-line e levou quase US$ 4 milhões para casa: mais de um milhão e trezentas mil vezes o que investiu.

Em um torneio, você pode investir pouco e multiplicar seu capital várias vezes. Em um *ring game,* em um dia de boas vitórias, o máximo que um jogador costuma conseguir é multiplicar em até cinco a dez vezes o valor com o qual entrou no jogo.

Por outro lado, em um torneio, apenas 10% costumam sair com algum dinheiro no bolso, enquanto em um *ring game* com dez pessoas é possível, por exemplo, nove ganharem e apenas uma perder para os demais. Ou seja, é mais fácil sair com lucro em uma mesa de *ring game*, pois você não precisa eliminar vários participantes para ganhar algo. Pode, exemplarmente, sentar-se em uma mesa, participar de uma mão, dobrar seu capital, levantar-se e ir embora com um lucro de 100% em cinco minutos. Em um torneio, você deve jogar às vezes durante horas e, ainda assim, corre o risco de sair com as mãos abanando.

Uma outra diferença fundamental entre os dois tipos de jogos diz respeito aos níveis de *blinds*. Nos *ring games*, o nível que você escolheu para jogar permanecerá o mesmo ao longo de toda a sessão, sem mudanças. Ou seja, você senta-se às nove horas da noite em uma mesa 1/2. Às duas da manhã, ainda está jogando com *blinds* de 1 e 2. Os valores de *blinds* do *ring game* são fixos para aquela mesa.

Isto determina uma das diferenças na sua estratégia entre os dois tipos de jogos. No *ring game*, pode-se esperar a mão certa. Não há necessidade de ganhar vários potes, sendo possível até mesmo ficar uma ou duas horas sem jogar mão alguma. Às vezes, apenas uma mão bem jogada pode trazer o lucro da noite inteira. Como os *blinds* são fixos, não se corre o risco de eles irem aumentando e acabando com as fichas cada vez mais rapidamente se não se jogar.

Em um torneio, os *blinds* começam baixos, mas em intervalos predeterminados — variando de cinco minutos a duas horas (on-line, em média de 10 a 15 minutos; nos torneios ao vivo, entre 20 e 30 minutos) —, eles vão aumentando. O aumento dos *blinds* é que faz com que um torneio tenha uma duração limitada. Se os *blinds* permanecem subindo, em algum momento eles ficam tão altos que os jogadores mal podem pagá-los, e acabam tendo que ir *all-in*. Assim, em um torneio que você comece com 3.000 fichas, e cujos *blinds* sobem a cada 20 minutos, eles podem começar em apenas 25/50 — uma pequena fração do que você tem inicialmente —, mas depois de aproximadamente duas horas eles podem atingir, por exemplo, 300/600 e, portanto, a cada rodada tirarão 900 fichas do seu *stack* inicial de 3.000. Deste modo, em um torneio, você não pode ficar por uma ou duas horas esperando para jogar uma mão e levar o lucro da noite. Você é obrigado a jogar mais potes para aumentar seu *stack* e garantir a sobrevivência no jogo.

Seguindo este raciocínio, em um torneio seu objetivo é conquistar todas as fichas e ser campeão, mas pode ser eliminado no processo tentando. Este é um dos aspectos mais frustrantes em um torneio: às vezes você joga por horas, ganhando diversas mãos difíceis, mas, ainda assim, sai do jogo sem chegar até a posição que entra na faixa de premiação.

Bubble: jogador que é eliminado a uma posição da faixa de premiação do torneio. A tradução de *bubble* é bolha. Diz-se que, ao ser eliminado o último jogador que não levou prêmio algum, a bolha estourou.

No *ring game*, você não precisa conquistar todas as fichas da mesa ou eliminar outros jogadores (apesar de uma situação destas ser bem agradável...). O objetivo é aumentar seu *stack* em relação ao que você entrou no jogo. Quanto mais, melhor. Você pode evitar jogar contra um jogador com um *stack* grande e atacar os jogadores mais fracos ou com *stacks* menores.

Já que no *ring game* entrar com 400 em fichas equivale a entrar com US$ 400, se você, depois de duas horas, levantar-se com 500 ou com 300 fichas, trocará as mesmas pelo valor correspondente em dinheiro. Já dissemos que em um torneio as fichas não têm valor monetário (você paga a inscrição de um torneio e recebe fichas que não apresentam correlação monetária com o que pagou). Assim, você não pode, em um torneio que começou com 3.000 fichas, levantar-se quando dobrar suas fichas e pedir o dobro do valor da inscrição de volta. Você continua jogando até ter todas as fichas que estão em jogo, ou perder todas as suas. Se tiver de sair do jogo no meio, suas fichas ficam na mesa, e continuam a serem pagos os *blinds* quando for a sua vez, até que suas fichas acabem mesmo sem que você esteja ali.

Atenção

Outra diferença é que em um *ring game*, se você perder todas as suas fichas iniciais, pode recomprar até o valor máximo da mesa e continuar jogando. Aliás, isto é recomendável. Se você participou de uma mesa 2/4 com US$ 400 e perdeu uma ou duas mãos, caindo para US$ 100, teoricamente deve repor o que perdeu comprando mais fichas. Por quê?

Imagine que você perdeu uma mão e caiu para US$ 120. Pensa um pouco e resolve não comprar. Na mão seguinte, um presente dos deuses: AA. Você acaba indo *all-in* contra outro jogador, ganhando e dobrando suas fichas. Pronto, tem agora 240 e nem ao menos recuperou seu prejuízo inicial. Se tivesse recomprado até US$ 400 teria agora US$ 800. Teria comprado um total de 680 (400 + 280) e estaria com um *stack* de 800, portanto com um lucro de US$ 120. Por este motivo é importante estar sempre com o *stack* máximo na mesa, a fim de aproveitar as boas oportunidades de dobrar.

Não faz sentido permanecer com um *stack* pequeno na mesa após perder algumas mãos. Se você estiver achando que não está jogando bem, e que pode perder ainda mais, o melhor a fazer é levantar-se e ir embora. Você só deve continuar em um *ring game* enquanto tiver certeza de que consegue ganhar neste jogo. Caso a mesa esteja particularmente difícil, o melhor é sair antes de perder mais. Esta escolha de continuar ou não em um *ring game* é uma habilidade que todos os jogadores devem desenvolver da melhor maneira possível.

Em um torneio, as recompras de fichas só são permitidas em um período especial, chamado de *rebuy*, no qual se você estiver com menos fichas do que o valor inicial de seu cacife (o total de fichas iniciais é chamado de cacife), pode recomprar. Ou, ainda, em um outro período denominado *add-on*, é possível adicionar fichas ao seu cacife, independentemente do número de fichas que você tenha. O número de fichas e o valor do *rebuy* e *add-on* podem variar de um campeonato para outro, e nem todos dispõem de tais recursos nas regras. Em muitos, você apenas começa com certo número de fichas, mas, se perdê-las, é eliminado. Alguns torneios oferecem a opção de comprar múltiplos *rebuys* todas as vezes que você tiver o número de fichas com o qual começou o torneio ou menos. Informe-se sobre o modelo adotado para o torneio que pretende participar.

Você pode presumir, com base no que foi explicitado até agora, que a estratégia de um jogador é totalmente diferente em cada tipo de jogo. Em um *ring game*, seu objetivo é maximizar seus lucros, minimizar suas perdas, sem se preocupar com o tempo de jogo ou com a eliminação de seus adversários. Em um torneio, seu objetivo é ser o campeão (este deve sempre ser seu objetivo principal) ou então tentar chegar à faixa de premiação (objetivo secundário), buscando não ser eliminado, ao mesmo tempo em que elimina o máximo de jogadores, tomando cuidado com as subidas dos *blinds*.

Assim, no *ring game*, tende-se a jogar mais com mãos especulativas (que serão explicadas no Capítulo 16), enquanto em torneios, mais com mãos sólidas. O jogador profissional adapta-se bem a tais diferenças, mas, mesmo assim, quando se especializa demais, costuma não ser tão hábil no repertório de jogadas da modalidade contraposta à que exerce rotineiramente.

Pense nisto

Lembre-se de que em um *ring game* você não precisa ser o melhor da mesa para sair com lucro. Já em um torneio precisa ser um dos melhores e sobreviver ao longo do torneio para poder ganhar.

Uma outra vantagem dos *ring games* é que você pode jogar pelo tempo que desejar. Pode sentar-se e participar por 10 minutos ou várias horas e, quando decidir ir embora, simplesmente levantar-se e trocar suas fichas pelo correspondente em dinheiro, obtendo lucro ou prejuízo. Para jogar um torneio, você deve no mínimo separar o tempo previsto de duração do torneio na sua agenda. É impossível querer jogar somente "um pouquinho" e entrar em um torneio com 200 pessoas com intenção séria de ganhá-lo. Ao entrar em um torneio, você só sairá sendo eliminado, e sua vontade deve ser de chegar em primeiro lugar ou de ser eliminado o mais tarde possível. Também não é possível entrar no meio de um torneio em andamento.

Qual a duração razoável de uma partida de *ring game*?

Para responder a essa pergunta, é mais fácil verificar se estou ganhando ou perdendo na sessão.

Quando estou ganhando e os meus adversários, perdendo, tento permanecer na mesa pelo máximo de tempo possível. Os motivos são simples: os oponentes estão tentando recuperar o que perderam e, por conseguinte, começam a jogar mais mãos e de uma forma mais descuidada. Quanto maior as suas perdas, maiores serão as chances de me aproveitar das falhas deles.

Por outro lado, quando estou perdendo, o efeito contrário acontece e tento me levantar da mesa o mais rápido possível. Isso por quê:

- os oponentes param de respeitar o meu jogo e, portanto, não dão o mesmo valor quando aumento as apostas, pois pensam que estou jogando mais mãos que o normal;
- como eles estão ganhando, começam a jogar com mais confiança e melhor contra mim;
- perco algumas armas como a capacidade de blefar, pois minhas apostas são "chamadas" com maior freqüência.

Dica

Nunca jogue apenas para tentar recuperar o que perdeu em uma sessão. Lembre-se de encarar o poker como uma única e grande partida na qual os resultados dos dias se somam. Quando estiver nos seus melhores dias, aproveite-os; nos piores, contenha-se e saia dos jogos.

Para os iniciantes, recomendo tentar um pouco da ação on-line em *ring games*. Esta modalidade permite que você jogue mais mãos e observe o jogo com *blinds* fixos e *stacks* semelhantes. Como aprenderemos mais tarde, o tamanho dos *stacks* dos jogadores, ou seja, a diferença entre a quantidade de fichas de um para o outro, causa um tremendo impacto no jogo. Em um *ring game,* já que os *stacks* costumam ser mais equilibrados e os *blinds,* constantes, fica mais simples praticar os conceitos matemáticos iniciais do jogo.

O iniciante que preferir jogar os torneios deve começar pelos *sit and go's*. O nome vem do fato de tais torneios não terem um horário marcado, iniciando toda vez que o número máximo de jogadores previstos é preenchido. Os *sit and go's* também são chamados de *sits* (SnG é uma forma de representar na escrita) para abreviar. Nos sites você encontra muitos com nove ou dez pessoas. Encontra também alguns com vagas para até 180 pessoas, ou seja, com múltiplas mesas. Para o iniciante é aconselhável treinar nos torneios de uma mesa apenas, com nove ou dez pessoas, onde normalmente os três primeiros colocados são premiados com 50, 30 e 20% dos valores das inscrições somadas de todos os jogadores.

A estrutura dos *sit and go's*, os quais duram de 30 a 90 minutos, é muito adequada para começar a praticar torneios. Mais adiante no livro, dedicamos o Capítulo 23 a uma estratégia básica para *sit and go*, assim como para torneios maiores como os chamados de MTT, *Multi-table Tournaments* (torneios de múltiplas mesas — veja mais no Capítulo 28).

Pense nisto

Pelo exposto até agora você já consegue perceber as diferenças. Mas qual jogo agrada mais ao seu estilo? Provavelmente você só descobrirá praticando os dois.

Em termos de retorno de seu investimento, o *ring game* mostra uma volatilidade grande, porém você verá os resultados de modo mais imediato. A cada sessão jogada você sairá com lucro ou prejuízo facilmente calculados. O lucro esperado para um determinado nível é relativamente fixo, isto é, um jogador que entra em um *ring game* com US$ 400 dificilmente se levantará com mais do que 10 vezes esse valor.

Já vimos este fator multiplicador nos ganhos para quem joga torneios. O problema é que apenas um jogador por torneio pode ser o campeão e ainda você pode passar um período relativamente grande de tempo pagando as inscrições e não entrando na faixa de premiação. Por este motivo expus, no início do capítulo, que o *ring game* é o ganha-pão diário dos profissionais. É com ele que se leva para casa o leite dos filhos todos os dias. Entretanto, ganhar um torneio tem o mesmo efeito que ganhar de uma vez o salário inteiro do ano.

Dica

Uma estratégia dos profissionais é conquistar nos *ring games* o lucro básico do mês e retirar uma parte dele para pagar as inscrições dos torneios que querem jogar.

Um assunto coberto no Capítulo 29 diz respeito à administração de *bankroll*, ou seja, como administrar o dinheiro que você tem disponível para o poker. Um jogador recreativo que apenas participará de um torneio ou outro para se divertir não precisa se preocupar diretamente com isto. Entra nos torneios em que se sente confortável, podendo serem eles até gratuitos, e não joga os *ring games*.

O jogador profissional e aquele que pratica o esporte com freqüência já devem avaliar qual percentual alocar para cada tipo de modalidade e evento. Precisam sempre manter em vista o retorno que esperam para os seus investimentos. Um bom jogador de *ring game* consegue em média um lucro equivalente a uma *big bet* (aposta grande, que vem a ser o número da direita no nome do limite) a cada 100 mãos que joga. Ou seja, em um jogo de limite 2/4 é esperado um lucro de US$ 4 a cada 100 mãos. Em um jogo de 100/200, espera-se US$ 200 de lucro a cada 100 mãos.

Calcular o retorno que um bom jogador pode conseguir em torneio é bem mais difícil. Qualquer jogador pode, no seu primeiro torneio, ganhar um prêmio muito significativo ou ficar um longo tempo participando de torneios sem ganhar nada.

A revista *Cardplayer*, especializada em poker e uma das mais conceituadas sobre o assunto em todo o mundo, publicou, na edição da primeira quinzena de setembro de 2006, um artigo sobre lucratividade de jogadores especializados em torneios.

O autor tomou como exemplo dois dos maiores jogadores de torneios do mundo: Phil Hellmuth Jr, detentor de 10 braceletes do WSOP, e Men "the Master" Nguyen, eleito o melhor jogador do ano no ranking da revista em determinada ocasião. Considerou-se o total de seus ganhos em torneios nos últimos 20 anos e dividiu-se pelo que eles gastam em entradas de grandes torneios durante todo o ano. O cálculo apresenta um viés importante: nos últimos cinco anos, com o crescimento vertiginoso do poker, as premiações dos torneios aumentaram consideravelmente. Na época em que Phil Hellmuth ganhou o evento principal do WSOP, levou menos de US$ 500 mil, o que corresponde a apenas 1/24 dos ganhos do campeão de 2006, Jamie Gold.

Mas os custos também aumentaram proporcionalmente. Como hoje em dia a maior parte dos grandes torneios custa cerca de US$ 10 mil e, ainda, para participar, os jogadores têm de viajar e pagar hospedagem, estima-se que um profissional gaste cerca de US$ 150 a 200 mil por ano para tomar parte dos principais eventos. Considerando que a carreira dos dois tivesse sempre esse padrão de custos, nas últimas duas décadas somente para cobrir os gastos eles precisariam ganhar cerca de US$ 3 a 4 milhões em torneios. Phil Helmuth ganhou quase o dobro desse valor em sua carreira, enquanto Men "the Master" mal ultrapassou tal barreira.

É óbvio que a conta não deve ser feita exatamente assim, pois, após ganhar um torneio de um milhão de dólares, o dinheiro será investido e renderá ao longo do tempo. Com US$ 1 milhão, qualquer pessoa pode se aposentar e viver de rendimento, visto que a taxa de 1% ao mês dá um rendimento mensal de US$ 10.000, o suficiente para um padrão de vida confortável no Brasil.

Mas o que quero dizer com isso é que não basta ganhar um ou dois torneios para ser um profissional. Se você quiser se manter no topo, precisa de resultados continuamente bons que lhe permitam continuar pagando suas entradas para as competições ou, ainda, deverá ter um suporte em *ring games* ou *sit and go's* para manter sua *bankroll* equilibrada.

Seja qual for a sua escolha, o mais importante é ter a consciência dos custos e do retorno esperado dos seus investimentos no tipo de jogo que escolher. Seu sucesso dependerá, entre outros fatores, de uma boa administração de sua *bankroll*. Assim como no futebol, a profissionalização trouxe grandes vantagens aos jogadores. Atualmente, muitos deles faturam com publicidade, contratos de uso da imagem e patrocínios. Muitos dos melhores jogadores não chegam nem mesmo a ter de pagar suas entradas em torneios, sendo totalmente custeados pelos patrocinadores.

Uma outra forma comum de custeio dos gastos é o chamado *staking*. Um investidor paga parte das entradas de um jogador em um torneio ou em um *ring game*, em troca de uma porcentagem dos lucros obtidos pelo mesmo.

Curiosidade

O *staking* é muito comum fora do país como uma forma de investimento. Investir em craques do poker. No Brasil, uma forma para fazer *staking* seriam os contratos de patrocínio para atletas. Uma grande empresa pode pagar as entradas dos maiores torneios para os profissionais brasileiros em troca da propaganda, do uso da marca da empresa em bonés e camisas ou até mesmo de parte dos ganhos. Quem estiver interessado em conhecer condições de patrocínio para jogadores pode escrever para nutzz@nutzz.com.br.

Um caso recente de acordo que acabou indo parar na justiça americana aconteceu justamente com o campeão do WSOP de 2006, Jamie Gold. Apesar de ter ganhado US$ 12 milhões, Jamie acabou ficando com apenas metade deste valor, pois foi obrigado a cumprir com um acordo que fez no início do torneio com um amigo. A corte proferiu a sentença a favor do reclamante com base em uma gravação da secretária-eletrônica dele, em que Jamie Gold fala para o amigo ficar tranqüilo, pois irá cumprir o acordo e dividir os lucros obtidos com o evento principal do WSOP.

Uma história incrível que mexeu com o mundo do poker está relatada no livro *The professor, the banker and the suicide king*. O milionário banqueiro Andy Beal desafiou os melhores jogadores de poker do mundo em uma série de desafios de Texas Hold'em, *heads up* (um contra um), com os maiores *stakes* (valores) do mundo. Os *blinds* chegaram a US$ 20.000 e 40.000. O interessante é que os profissionais formaram um time que ficou conhecido como "*The Corporation*". Para jogar contra Andy Beal, cada jogador colocava uma parte necessária do dinheiro para formar a *bankroll* do time. Alguns jogadores profissionais que não chegaram nem mesmo a jogar contra Beal possuíam parte do seu dinheiro investido neste *pool* dos jogadores.

Para vocês terem uma idéia, o jogo acontece ao longo dos últimos cinco anos, a cada vez que Beal passa uma temporada em Las Vegas. Já aconteceu de um dos lados ganhar até US$ 10 milhões do outro ao longo de uma das sessões. Nenhum dos profissionais enfrentaria diretamente o banqueiro por tais valores, e no caso, o *staking* permitiu que eles levantassem dinheiro suficiente para jogar contra Andy Beal, com todos dividindo os lucros e os prejuízos, caso ocorressem.

Patrocinar jovens jogadores brasileiros pode ser uma boa aposta para o poker no país. Com os resultados que os brasileiros vêm obtendo on-line, fica claro que logo estaremos competindo nos maiores torneios do mundo em igualdade de condições com os americanos.

Dica

Seja em *ring games* ou em torneios, pratique sua escolha. Especialize-se, mas de preferência aprenda a ser um jogador completo, transitando por todos os tipos de jogos.

Um exemplo de como jogaríamos uma mão de um modo diferente em um ring game ou em um torneio.

Você é o jogador E. O jogador C com A♦K♠ resolve apenas pagar o *big blind*, dando *limp* na mão. Você acha que o jogador C é *tight*, e percebe que ele tem poucas fichas. Resolve pagar com 9♦8♦. Você pensa que ele tem um par baixo ou uma mão como AK ou AQ.

O *small blind* chama a aposta e o *big blind* também.

O *flop* vem: A♦T♦7♠.

O UTG vem *all-in*. O que você faz?

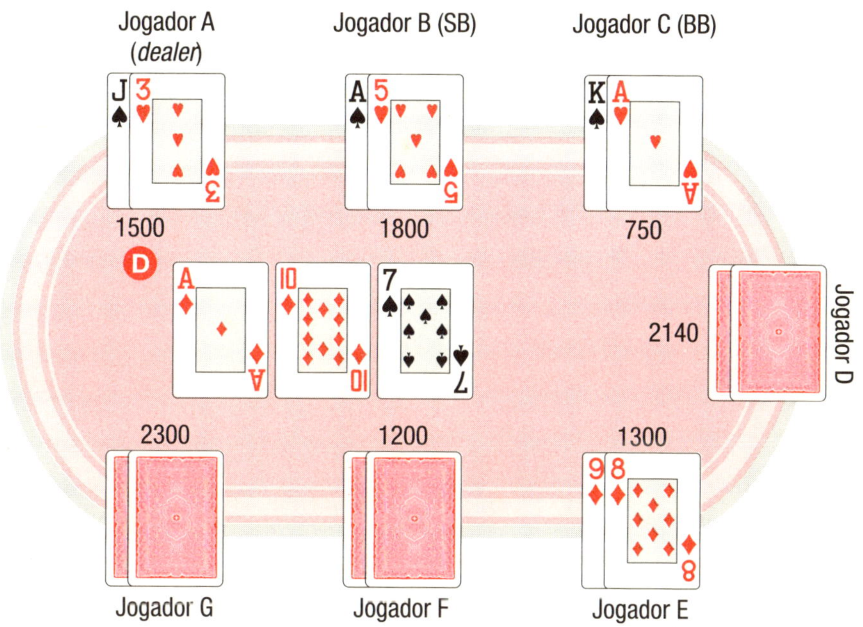

Sua situação é a seguinte: você não tem nenhum par, mas tem um *straight draw* e um *flush draw*. O problema é que atrás de você (ou seja, falando após você) ainda estão o SB e o BB. Eles podem chamar também o *all-in*. Ou seja, você teria que acertar a sua mão pra tentar ganhar do UTG e ainda torcer pra ninguém ter uma mão melhor atrás.

Imagine que você está em um torneio, faltam apenas esses sete jogadores, e a cada posição que você subir, o seu ganho aumenta. Se você chamar e for eliminado agora, perde a chance de concorrer a uma premiação maior. Por outro lado, se ganhar essa mão pode se posicionar melhor para ganhar o torneio. Decisão difícil.

Em um *ring game*, sua decisão seria feita em um piscar de olhos. Seria apenas pagar a aposta. Se perder, é só levantar e comprar mais fichas. Decisão imediata.

Viram como é diferente o jogo nas duas situações?

Capítulo 9
Objetivo no poker e teorema fundamental

No poker, dinheiro poupado é o mesmo que dinheiro ganho.

Barry Greenstrein, profissional americano de poker, conhecido por "Robin Hood do poker" por doar todos os seus ganhos em torneios a instituições de caridade.

O principal objetivo no poker é ganhar. Ponto.

Mas o mais interessante é que, para ganhar no poker, você não precisa vencer todas as mãos ou rodadas. Nem o melhor jogador do mundo consegue ser bem-sucedido em toda jogada. Entretanto, ele deve procurar jogar corretamente sempre.

O jogador lucrativo é aquele que joga o mais próximo do correto o maior número de vezes. Isto significa sair de mãos em que iria perder dinheiro e ganhar o máximo possível nas outras.

Dica

O bom jogador de poker procura:

- aumentar seus lucros nas rodadas que ganha;
- diminuir suas perdas nas rodadas que perde;
- entrar em mãos nas quais seja favorito a ganhar;
- não jogar mãos nas quais não seja favorito;
- quando não estiver jogando, prestar atenção nos seus adversários, principalmente vendo em que situações eles costumam perder muito e em quais costumam ganhar;
- usar o máximo de informações disponíveis na mesa, psicologia, *tells*, matemática, instinto e habilidade.

O Teorema Fundamental do Poker, do profissional e matemático David Sklansky, define o poker como um jogo para não se cometerem erros. Se você jogar corretamente, mesmo que perca determinada mão, na realidade ganhou por ter jogado certo (no caso, o jogar acertadamente poderia evitar que você perdesse mais que o mínimo na mão).

> Toda vez que você joga uma mão diferentemente do que jogaria se tivesse visto todas as cartas dos seus adversários, eles ganham; e toda vez que você joga da mesma maneira como se tivesse visto todas as cartas deles você ganha. Inversamente, quando seus adversários jogam suas mãos de uma maneira diferente da qual eles teriam jogado se pudessem ver as suas cartas, eles perdem; e quando jogam exatamente como deveriam se tivessem visto suas cartas, eles ganham.
>
> David Sklansky, *The Theory of Poker*.

Complicado? Parece difícil à primeira vista, mas é bem fácil de entender.

Mostrarei uma situação em que você, sabendo a mão do adversário e depois vendo as cartas da mesa, consegue decidir se a melhor atitude é "correr" (dar *fold*), "pedir mesa" (dar *check*), apostar um pouco ou apostar forte.

Digamos que você tem:

Seu adversário tem:

Pela lógica, é fácil ver que sua mão é melhor que a dele. Se colocarmos ambas as mãos em um software para simular os resultados em várias situações seguidas, antes do *flop* sua mão é favorita para ganhar em 81,9% das vezes contra apenas 17,6% em que perderia. Sabendo que seu adversário tem Q♠ Q♥, estaria correto colocá-lo *all-in* pré-*flop* (apostar todas as suas fichas antes mesmo de abrir o *flop*), pois ele sempre pagaria e 82 vezes em 100 você ganharia todas as fichas.

Para este exemplo, imaginemos que você não colocou *all-in* antes do *flop*, apenas subiu a aposta. Ele, desconfiado que você pudesse ter AA devido ao seu *raise*, resolveu somente pagar a sua aposta, sem reaumentá-la. O *flop* veio:

Seu adversário agora tem uma trinca de Q. Naquele momento, ele acabou de virar o grande favorito na mão. Você precisaria acertar um dos dois ases que restam no baralho, ou seja, há uma chance ínfima de você sair vencedor nessa mão. Se você continuar pagando apostas dele, provavelmente estaria perdendo dinheiro, o que um bom jogador de poker deve evitar a todo custo.

Mas se você sabe quais são as cartas dele, já sabe que ele tem uma trinca. Se ele apostar essa mão, você com apenas um par de ases "correria" do jogo. Você perdeu a mão, mas jogou corretamente e, na realidade, ganhou, não perdendo mais do que deveria.

Em outras palavras, de acordo com o teorema, se você soubesse que ele tem Q♠Q♥, fugiria dessa mão com seu A♠A♥. Se você não conhecesse as cartas do adversário, você acabaria pagando a aposta com o A♠A♥ e perderia mais fichas na mão.

Conhecendo a mão do adversário, você tomou a decisão correta depois do *flop*: *fold*. Cada vez que você toma decisões certas, você tem um ganho.

Dica

Deixar de perder fichas ou dinheiro equivale a aumentar a sua lucratividade. Uma mensagem para todos os iniciantes, aprenda primeiro a como não perder jogando errado em situações simples. Para começar a jogar bem, primeiro você precisa aprender quando não jogar, que mãos deve dar *fold* e que situações deve evitar.

Mas vamos um pouco além na compreensão do teorema. O exemplo que dei o colocava com duas opções, uma delas claramente correta, *fold* ou *call*. Mas veremos que, em algumas situações, você se depara com um dilema maior: quanto apostar? Digamos que você tem certeza de que ganhou uma mão. No *river* você deve fazer uma aposta. Obviamente você quer ganhar o máximo possível nesta mão, mas, se apostar todas as suas fichas, o adversário pode não pagar. Será que se você fizer uma aposta média ou pequena ele paga? É lógico que ele vai pagar apostas maiores se achar que o jogo dele pode ganhar do seu.

Utilizando as cartas do exemplo anterior (AA x QQ), vamos imaginar que as cartas na mesa eram:

Você sabe que ele fez uma mão grande, trinca de damas (Q♠Q♥Q♦), mas que perde para sua própria trinca (A♠A♥A♦). Nesta situação em que você sabe que seu adversário fez um jogo enorme, é possível apostar todas as suas fichas, pois ele vai pagar. Você pode até mesmo dar mesa, que ele vai apostar contra *você*. Imagine ambos tentando demonstrar não ter um jogo forte, dando *check* no *flop* e no *turn*. Quando a última carta aparece, o *board* mostra:

Conhecendo as cartas do adversário, você sabe que ele não fez o *flush* e nem a seqüência. Sabe, também, que desde o *flop* você está na frente. Sendo assim, você não teria medo de apostar. Mas agora você sabe que se apostar muito alto, ele pode não pagar, pois terá medo que você tenha *flush* ou seqüência.

Você reparou que, conhecendo as cartas do adversário, consegue fazer apostas adequadas ou tomar decisões corretas de fugir de certas mãos?

Por outro lado, se não tivesse conhecimento das cartas dele, você ficaria preocupado com ele ter o *flush*, já que existem quatro cartas de ouros na mesa, ou a seqüência, para a qual só falta o T. Por conseguinte, não apostaria ou poderia até "correr" caso ele apostasse forte.

Ou seja, você ganhou essa mão, mas sem saber as cartas do adversário, está jogando de maneira errada caso dê *check* ou *fold* no *river*. Esse "erro" custa-lhe parte do lucro que poderia ter nesta mão. Seguindo o teorema, mesmo ganhando a mão, você jogou errado e, portanto, perdeu fichas.

Pense nisto

Deixar de ganhar fichas tem o mesmo valor que perdê-las, como se elas estivessem com seu nome e endereço escritos, mas você não foi buscá-las.

E se nesta última situação, em vez de Q♠ Q♥, seu adversário tivesse:

A situação mudou, pois agora você sabe que ele, ao ver no *flop* um A e uma Q, e depois no *turn* um J, pensa que o par de 9 é um jogo fraco para esta mesa. Ele não pagaria apostas grandes. Sabendo disto, a sua melhor chance de conseguir mais fichas seria dar *check* e ver se o adversário tentaria blefar e apostar algo. Se você apostar forte, seu adversário "corre" da mão e você não ganha mais nada. Entendeu?

O teorema é apenas uma linha de pensamento. Não há aplicação prática direta, porque não existe meio de você saber com absoluta certeza as cartas do adversário durante um jogo. De acordo com Sklansky, quanto mais próximo do correto você jogar, melhor será seu resultado no longo prazo.

Por isto, você deve sempre tentar posicionar seu adversário mentalmente em algum tipo de jogo. Deve tentar imaginar as cartas que ele tem para poder tomar a decisão correta de acordo com o jogo dele.

Dica

Em todas as mãos que você jogar no Texas Hold'em, não conhecerá as cartas do adversário, mas deverá sempre tentar imaginar quais as mais prováveis pelas apostas que ele realiza e pelas presentes na mesa. Nunca coloque o adversário em apenas uma mão, imagine algumas que ele possa ter e que o façam jogar de determinada maneira.

E o que é o tal do longo prazo? Uma agonia dos jogadores é tentar fazer o longo prazo tornar-se curto ou o curto se tornar longo. Algumas pessoas são partidárias de que o jogo de poker é como uma longa sessão única, na qual o resultado vai flutuando em seu decorrer.

Imagine um dado com seis lados. Todos sabem que, em um dado normal não-viciado, a tendência é que cada um dos números tenha a mesma chance de sair que o outro.

Perguntas:

- É possível que, jogando um dado 10 vezes, saia 10 vezes o número 1?
- É possível que, jogando o dado 50 vezes, não saia nenhuma vez o número 5?

A resposta para as duas situações é sim. A possibilidade existe, porém é improvável. No poker, quando um jogador recebe como duas cartas na mão AA, ele sabe que deve em média ganhar em 80% das vezes. É possível que ele perca 10 vezes seguidas com AA? Da mesma maneira é possível, mas improvável. Lembre-se que o improvável pode acontecer.

Agora modifiquemos um pouco as perguntas:

- É possível que, jogando um dado 100 vezes, saia 100 vezes o número 1?
- É possível que, jogando um dado 500 vezes, não saia nenhuma vez o número 5?

Apesar de as respostas serem novamente afirmativas, o leitor deve pensar que isto é praticamente impossível.

Este exemplo simples ajuda a entender intuitivamente o conceito do longo prazo quando falamos de probabilidade e estatística. Em uma série curta de eventos (como 10 ou 50 lançamentos de dados), aberrações podem acontecer, isto é, resultados improváveis não só podem, como irão aparecer.

Conforme estas séries fiquem maiores, as aberrações ou desvios da média vão diminuindo. A tendência é que os resultados esperados aconteçam.

O jogador de poker trabalha muito com esta noção na cabeça. Ele sabe que se pelo resto da vida for *all-in* com a mesma quantidade de fichas todas as vezes que tiver AA e sempre for "chamado" pelos adversários, no longo prazo, o AA ganhará por volta de 80% das vezes. Ele pode até perder algumas vezes seguidas, mas depois ganhará nas oportunidades seguintes, compensando suas perdas.

Dica

Não se desespere caso perca 10 vezes seguidas com AA. Tenho certeza de que se você jogar 1.000 vezes com AA, ganhará aproximadamente 800 vezes. Quanto maior a amostra, mais perto do estatisticamente esperado você chegará.

Quantas mãos são necessárias para se definir longo prazo? Não é fácil determinar o número, mas dizem que, no caso do poker, você deve começar a analisar seus resultados a partir de 10 mil mãos. É difícil determinar, mas é fácil entender que, matematicamente, quanto maior a sua amostra, mais acurácia você tem nas suas medidas. Tenho hoje carregadas no software Poker Tracker quase meio milhão de mãos diferentes. Desde que comecei a praticar o Texas Hold'em tive de iniciar três bancos de dados diferentes no programa para poder catalogar todas as mãos que joguei on-line. Hoje consigo predizer minha taxa real de ganhos com o poker, que infelizmente é menor do que já sonhei ser quando estava tendo um bom *run* (seqüência) de cartas, mas, ao mesmo tempo, melhor do que imaginei quando tive uma fase de pouca sorte. Quando estas fases se anulam com o tempo, encontramos o que chamamos de *win rate*: nada mais do que uma medida do quanto você estima ganhar por hora ou por 100 mãos jogadas de cada vez. Depois de três anos, consigo dizer que sou vencedor nos *ring games* que pratico e não me abalo com os resultados individuais de algumas sessões. Ou, melhor dizendo, quando começo a ficar abalado ou preocupado com resultados recentes, forço-me para retornar ao meu programa e estudar meu desempenho ao longo do tempo.

O que fazer quando o jogo não estiver indo bem?

1- Pare para relaxar. Não jogue mais nesse dia.
2- Mude de jogo. Abaixe o limite que você está jogando ou troque a modalidade.
3- Pare para estudar. Reveja suas mãos e verifique onde cometeu erros.
4- Converse com outro jogador. Não conte suas mazelas. Ouça seu amigo. Ouvindo se aprende mais do que falando.

5- Se quiser, escreva-me contando as mãos em que você está com dúvidas. (leobello@nutzz.com.br)

Os conceitos de prazo são muito utilizados em outras ciências:

- Em economia, para analisar se um investimento é rentável, observam-se os gráficos ao longo do tempo. Quem lida com ações já deve ter visto os gráficos que mostram a evolução no tempo de determinada ação.
- Em medicina, utilizam-se séries históricas para avaliar incidência e prevalência de determinadas doenças.

Pense nisto

É por isto que no poker os jogadores que contam apenas com a sorte estão fadados a não se tornarem vencedores. Só sobrevive neste jogo quem aprende a fabricar sua sorte com muito treino, estudo e disciplina. Jogar a favor dos números e com inteligência.

Com os sites on-line é muito comum que os jogadores iniciantes participem de muitos *sit and go's*. Em tais torneios, assim que o número predeterminado de pessoas se inscrever, o jogo começa. Os mais comuns são os *sit and go's* de uma mesa com nove ou dez jogadores, sendo premiados os três primeiros colocados.

Outro dia, um aluno veio me mostrar seus resultados nos últimos vinte *sit and go's*:

— *Acho que finalmente aprendi. Nesses últimos vinte, fiquei quatro vezes em primeiro lugar, seis vezes em segundo e duas em terceiro: um aproveitamento de 60% das vezes in the money (na faixa de premiação) e um retorno do meu investimento (ROI%) de 110%. Você não acha que agora aprendi?*

Por mais que ele estivesse contente, e é claro, dei-lhe parabéns pelos excelentes resultados, não podemos afirmar que tais resultados irão se manter nos próximos vinte torneios.

Para tentar ter uma idéia de como você está indo em *sit and go's*, não adianta analisar o resultado de vinte torneios jogados, muito menos cinqüenta ou cem. Quando você se aproximar de mil, podemos dar uma olhada nos seus números. Antes disso, eles podem estar influenciados por fatores diversos como a sorte, ou ainda ter pego jogadores muito ruins como adversários.

ROI: *Return of Investment*

É um número dado em porcentagem que representa o percentual de ganho em relação ao que você investiu nos torneios.

Exemplo: Meu aluno jogou vinte torneios de US$ 10. Portanto, gastou US$ 200 em entradas.

Nas oito vezes em que ficou fora da faixa de premiação, ganhou zero.

Pelos terceiros lugares, levou US$ 20 x 2 = US$ 40.

Pelos segundos lugares, levou US$ 30 x 6 = US$ 180

Pelos primeiros lugares, levou US$ 50 x 4= US$ 200.

Total de ganhos: US$ 420.

Retorno de investimento = $\frac{(ganho - gastos)}{gastos} \times 100$

$$\frac{(420 - 200)}{200} \times 100 = 110\%$$

Uma das vantagens de ter um programa como o Poker Tracker é que posso comparar meus números com aqueles esperados para certas situações. Por exemplo, se eu quiser saber se os meus AA estão mesmo ganhando cerca de 82% contra QQ, basta checar em meu banco de dados.

No entanto, não se pode começar nem mesmo a tentar analisar após 1.000 mãos. Cem mil seria um mínimo para análise. Se você imaginar que receberá um AA a cada 169 mãos, após cerca de 1.700 terá recebido em média dez pares de A. Como comprovar uma média com apenas dez exemplos de uma mão (talvez nem isto)? Com 17.000 mãos você terá recebido cerca de cem pares de A. Ainda assim, quantas vezes você acha que o AA jogou contra QQ?

Parece muito analisar 100.000 mãos? Apenas para servir de parâmetro, mantenho uma média de cerca de 5.000 mãos por semana. Ou seja, neste ritmo, análises estatísticas somente após cinco meses. E você precisaria esperar tanto para fazer uma análise do seu jogo? É claro que não! Apenas tenha consciência de que, em amostras menores (menor número de mãos), os resultados obtidos podem se afastar um pouco da média, a seu favor ou contra.

Em 2006, alguns jogadores amigos ficaram surpresos por eu ter conseguido, nas seis primeiras etapas do Circuito Paulista, atingir cinco mesas finais: um aproveitamento de 83% (5/6 x 100). Apesar de estar muito contente, sei que este tipo de resultado é insustentável, quero dizer, é altamente improvável que, em 60 torneios, chegue 50 vezes à final, ou que em 600 torneios, chegue a 500. Tanto é verdade que, nas quatro etapas seguintes, não cheguei nenhuma vez à faixa de premiação.

No final da temporada de 2006, em 10 etapas do Circuito Paulista, atingi cinco mesas finais: um aproveitamento de 50%. Se considerar as duas temporadas do Circuito Paulista (2005 e 2006), foram 20 etapas com oito finais, e, portanto, meu rendimento alcançou 40%. Quanto maior a amostra, mais os resultados se aproximam do normal (da média esperada). O BSOP teve sete etapas em 2006, das quais participei de seis, chegando a três mesas finais. A tendência é quanto maior número de etapas e de participantes, menor a incidência de mesas finais.

Isso acontece com todos os profissionais. Em 2004, Daniel Negreanu foi eleito o jogador do ano pela *Cardplayer*. Este ranking é o mais respeitado internacionalmente e dá pontos aos profissionais em eventos ao vivo por todo o mundo, com inscrições mínimas de US$ 5.000. Naquele ano Daniel ganhou vários eventos importantes, como os torneios do WPT, além de um bracelete em um evento do WSOP. Sua fase era tão boa que chegou a faturar dois torneios seguidos com mais de 500 jogadores com apenas uma semana de diferença. Em resumo, estava impossível ganhar dele. No ano seguinte não conseguiu manter o ritmo e amargou um ano inteiro sem conquistar títulos. A imprensa chegou a comentar que ele não jogava tão bem assim e que fora apenas sorte. Eu acompanhava o blog do Negreanu, e a falta de resultados também o incomodava. Nos seus posts ele escrevia o quanto se cobrava, mas dizia que tinha confiança no seu jogo. Logo no início de 2006, Daniel foi campeão no WSOP Circuit em Túnica, nos Estados Unidos, e, na semana seguinte, chegou à final de outro torneio. Pronto, *Kid Poker*, como havia sido apelidado, estava de volta. No evento principal do WSOP do mesmo ano, chegou a ser um dos líderes em fichas no segundo dia de competições e voltou a atrair todos os holofotes.

O que aconteceu com Negreanu é absolutamente normal. Trata-se de um excepcional jogador, um dos melhores do mundo. Seu estilo de jogo, ultra-agressivo, quando as cartas estão ajudando, leva a muitos títulos, e além disso ele tem uma habilidade de leitura dos adversários acima do normal. Para jogar com esse estilo, além de ter essa habilidade, é necessário que os jogos bons apareçam. Entretanto, mesmo para Daniel, a matemática e a estatística funcionam. Eventualmente ele passará por um período no qual não receberá tão boas cartas ou não estará jogando seu melhor jogo. Preste atenção que não é uma questão de sorte, mas sim de diversos fatores que contribuem para que não estejamos sempre com nosso melhor jogo.

O que posso garantir é que, para pessoas com o talento do Negreanu, o poker sempre será um esporte lucrativo. Sua habilidade o faz sobressair-se da média e, portanto, chegar a mais mesas finais que os outros jogadores.

No poker, a regularidade conta mais do que aquele que consegue ganhar um torneio e depois não ganha mais nada. Bom, verdade seja dita, após ganhar uma etapa do WPT ou do WSOP e levar mais de US$ 1 milhão para casa, não será necessário permanecer ganhando para encerrar a carreira com um bom lucro.

Além da força da estatística, existe um outro fator importante que se chama reforço positivo ou negativo.

O reforço positivo acontece quando você vence algo, ou tem uma atitude recompensada prazerosamente. Para entender melhor, é o que acontece em experimentos com ratos de laboratório. Todos já devem ter ouvido sobre uma variação da experiência na qual o animal pode escolher entre duas opções: ao seguir pelo caminho A, ganha comida; ao seguir pelo B, leva um choque. Após alguns choques, o rato deixa de procurar o caminho B e se concentra apenas no A, onde a recompensa é prazerosa.

O que acontece se em um determinado dia, ao procurar o caminho A, ele levar um choque? Será que procura o B ou continua tentando o A e levando mais choques? O que acontece conosco quando nossa recompensa não está no caminho que sempre utilizamos? Se o ratinho deixar de encontrar sua recompensa, poderá iniciar um retrocesso no aprendizado?

No poker é só seguir a mesma lógica. Enquanto você está ganhando, parece que tudo que faz traz uma recompensa boa e, portanto, associa-se a um reforço positivo. Quando você começa a esbarrar em alguma dificuldade, e perde uma ou duas mãos, a ausência do reforço positivo, somado à presença do obstáculo, faz com que você erre e jogue mal. Vira então uma bola-de-neve, pois, a cada jogada errada, aparece o reforço negativo, de impacto maior no ser humano do que o positivo.

Por um motivo inerente à nossa psicologia, costumamos guardar com muito mais facilidade os eventos negativos do que os positivos. Por isto tanta gente se lembra dos *bad beats* (mãos em que era favorito e perdeu com poucas chances teóricas de ganhar) que levou, mas raramente comenta aquelas vezes em que aplicou um *bad beat*.

O reforço negativo se multiplica, levando a pessoa a jogar cada vez pior.

Reforço positivo: os acertos levam a uma atitude positiva e a mais ganhos ainda.
Reforço negativo: os erros contribuem para o surgimento de mais incorreções e inseguranças.

Aplicando tais conceitos, percebi que, após a terceira mesa final seguida, jogar a quarta, a quinta e a sexta etapas foi tranqüilo para a minha mente. Parecia que nada conseguiria impedir que eu chegasse até o mesmo ponto. Chegar até a mesa final era fácil. Era uma questão de jogar um jogo seguro, sem me expor a muitos riscos e aproveitar as chances para dobrar o meu *stack*. Entretanto, algo começou a me incomodar.

Comecei a ficar frustrado porque chegava à final e não conseguia ficar em primeiro em nenhum dos torneios. Chegava com *stacks* (quantidade de fichas) menores que os dos adversários na mesa, pois a estratégia adotada era sobreviver até ali, mas me deixava com pouca munição para atacar os adversários. Apesar de os resultados darem-me a primeira colocação no ranking do Circuito Paulista, naquele momento encontrei um reforço negativo na situação. Eu não ganhava o torneio.

Conseqüências? Nas etapas subseqüentes não cheguei nem mesmo à mesa final. Na nona etapa, caí relativamente cedo no torneio, talvez o meu pior resultado no ano. Vítima do que se chama de *winners falacy* (falácia dos vencedores), ou seja, a autoconfiança no seu jogo vira-se contra você e se soma aos reforços negativos, fazendo com que você não consiga se manter com seu melhor desempenho. Você começa a jogar menos concentrado, cometer erros e não analisar todas as situações de uma maneira metódica, sendo mais impulsivo. É mais ou menos como dizer que age como se já soubesse de tudo. Diria até que as derrotas em tais momentos são importantes para fazê-lo voltar a estudar.

Os exemplos servem apenas para mostrar que os seus resultados dependem também do seu controle emocional, e que bons resultados trazem mais resultados positivos, enquanto os maus podem empurrar mais para baixo. Por isto é tão importante, em uma sessão em que se está perdendo, aprender a levantar-se da mesa e sair do jogo.

Quando estiver em uma fase ruim, pare e estude. Fique umas duas semanas longe, leia e releia livros. Pense no seu jogo. Trabalhe internamente o que precisa melhorar.

Tilt: após perder uma ou mais mãos, um jogador pode começar a jogar de forma errada e descuidada pelo simples fato de estar abalado emocionalmente, impedindo o julgamento frio das situações.

Este livro lhe trará mais ferramentas para desenvolver o seu lado vencedor e também ensinará que dominar seu instinto, treinar e aguçar suas habilidades, ser paciente e esperar os momentos certos farão de você um vencedor.

Pense nisto

É até curioso, mas ouso dizer que, para ganhar no poker, primeiramente é preciso aprender a perder... **menos**.

É quase unânime considerar os maiores erros do jogador iniciante a má seleção das mãos que irá jogar e a vontade de jogar muitas mãos; não ter a paciência para esperar o momento certo de agir. Uma das primeiras lições, portanto, a aprender no poker é como evitar cometer os erros que fazem os jogadores perder mais do que ganhar. A partir da identificação e da correção dos erros, passa-se então ao momento de valorizar o lado bom do seu jogo e a começar a aperfeiçoar suas qualidades. Ou seja, para se colocar no caminho certo do desenvolvimento, é necessário, primeiro, diminuir os erros.

Pense nisto

Lembre-se também de que para um profissional de poker os ganhos e perdas são financeiros. Mas, para quem o pratica como um *hobby*, muitas vezes o ganho vem de outras formas, como fazer novos amigos, divertir-se e relaxar a mente.

Recordo-me de quando estava começando a jogar. Foi em 2003, quando morava na Alemanha e estagiava em um hospital de lá. Como havia a barreira da língua, eu tinha trabalho nos ambulatórios pela manhã no Olga Hospital, mas à tarde ficava livre para estudar alemão. Após as aulas particulares, passava uma boa parte do tempo na internet, onde podia matar a saudade da família, escrever para os amigos e tentar ler alguns sites em alemão para praticar. Em uma daquelas tardes, encontrei um site chamado Paradise Poker, no qual se jogava Texas Hold'em on-line e que oferecia US$ 10 para qualquer um que abrisse uma conta para jogar, sem necessidade de realizar nenhum depósito.

Eu mal conhecia o poker, principalmente o Texas Hold'em. Já havia visto o filme *Rounders*, mas este era todo o contato que tinha com a modalidade. Na época, sites como o Party Poker, Poker Stars e o próprio Paradise estavam apenas começando suas atividades, e acredito que no Brasil poucas pessoas já os conheciam (Christian Kruel e Raul Oliveira foram dois dos jogadores pioneiros no Brasil, começando ainda antes a descobrir o poker on-line).

O Party Poker, que era o maior site, não chegava a mil jogadores online simultaneamente, e hoje tem mais de cem mil simultâneos e mais de seis milhões cadastrados. Só hoje no Brasil há mais de cinco mil jogadores ativos no Party Poker. Nos últimos anos, o site vinha disputando com o Poker Stars a posição de liderança no mercado. O Party Poker tinha uma base de jogadores maior, porém o Poker Stars gozava de um maior prestígio em relação à qualidade do *software* e do seu suporte. Em outubro de 2006, com a assinatura de uma lei nos Estados Unidos que visa regulamentar as transações financeiras para tais sites, o Party Poker retirou-se do mercado americano, assim como vários outros sites menores. Com isso, hoje o Poker Stars consolidou-se como o maior site on-line para poker.

Curiosidade

A lei que regulamenta os depósitos para os sites ligados à indústria do jogo gerou polêmica e foi mal-interpretada pela falta de informações. Foi aprovada em 13 de outubro pelo Senado norte-americano uma lei que regulamenta ações fiscais nos portos dos Estados Unidos. Em meio ao texto do documento, conseguiram aprovar um trecho que legisla sobre as transações financeiras entre bancos e operadoras de cartões de crédito com companhias ligadas ao jogo que estejam fora do país, restringindo tais operações. O objetivo não é acabar com o jogo on-line nos EUA, até mesmo porque, em boa parte do país, o jogo é liberado, pois não se enquadra nas definições de jogos de azar, mas sim controlar o fluxo de dinheiro que está deixando a economia americana. Somente no último ano, o mercado do poker on-line movimentou quase dois bilhões de dólares. O problema é que, como os sites mantêm suas bases em paraísos fiscais como Gibraltar e Isle of Men — Ilha dos Homens —, o dinheiro desaparecia da economia americana sem garantia de retorno. Enquanto nos cassinos de Las Vegas todo o dinheiro passa por cobrança de impostos e ainda por causa deles são gerados empregos para a população local, no jogo on-line o dinheiro acaba saindo do país e deixando de aquecer a economia. A lei não é voltada para o poker, mas generaliza todos os tipos de transações para sites de jogos, nos quais o poker acabou sendo incluído. Entretanto, o futuro é regularização e liberação. O próprio governo americano não irá querer perder os impostos relativos a um mercado de bilhões de dólares em crescimento. Espera-se que tais mecanismos sejam estudados e aperfeiçoamentos sejam propostos. Por enquanto, com exceção da saída de algumas redes do mercado americano (Party Poker, Poker Room, Paradise, Crypto Network), tudo continua igual. Os americanos continuam jogando on-line, e a febre por lá nunca esteve tão alta. Recentemente o site Poker Stars fez o maior torneio da história do poker on-line, com mais de sete mil competidores. Em setembro de 2006 ainda realizou um torneio que deu mais de US$ 6 milhões em premiação, o evento principal do WCOOP (World Cup of On-line Poker): notável mudança desde a época em que comecei.

Voltando à história de meu início no poker, depois de fazer o cadastro, eu tinha os US$ 10 e a tarefa de descobrir como jogar. Comecei a pesquisar pela internet e acabei descobrindo vários sites com estratégias e regras, todos em inglês. Nenhuma referência a brasileiros jogando.

Neste ponto tive uma vantagem enorme em relação a outros jogadores: a mídia ainda não destacava o poker, eu não conhecia outros brasileiros que jogavam e tampouco tinha como depositar dinheiro novamente, caso perdesse, pois meus cartões de crédito não aceitavam depósitos para os sites de poker. Ou seja, estava sozinho e não tinha como redepositar, o que me permitiu criar na cabeça a seguinte imagem: se perdesse aqueles US$ 10, nunca mais jogaria poker.

E por que digo que se trata de uma vantagem? Hoje, como existe uma facilidade maior em conseguir algum amigo que faça uma transferência, ou até mesmo de conseguir depositar por outros métodos, quase ninguém consegue fazer um depósito e ser disciplinado para jogar dentro de um limite baixo. A maioria quer logo jogar limites mais altos, que comprometem uma boa parte do valor do depósito (exemplo: depositar US$ 50 e jogar *sit and go's* de US$ 10, que representam 1/5 do total disponível).

Assim, comecei a jogar Texas Hold'em em um nível com *blinds* de 0,01/0,02, ou seja, centavos de dólar. O máximo com o que eu podia entrar em uma mesa do estilo *no-limit* era US$ 0,20 (vinte centavos de dólar, menos de cinqüenta centavos de real). Mas apesar do limite ínfimo, eu tinha uma certeza: se perdesse aquela importância inicial, não conseguiria depositar novamente, e minha "brincadeira" acabaria.

Ou seja, apesar de jogar com uma quantia irrisória, tinha a pressão de não poder perder aquele dinheiro. Tal pressão fez com que eu estudasse para aprender, me dedicasse e comemorasse cada dólar que conseguia ganhar. Lembro-me de minha felicidade quando consegui dobrar os US$ 10 para US$ 20 quase um mês depois de ter começado a jogar.

O processo aconteceu ao mesmo tempo em que meus estudos me levavam às fórmulas matemáticas de risco de ruína, isto é, que serviam para calcular o risco de perder toda a *bankroll* de acordo com o limite jogado e o retorno obtido, dado determinado desvio-padrão. *Kelly criterion* e risco de ruína podem ser expressões conhecidas por estatísticos, mas para mim eram novidade.

De início, não entendi a fórmula: algo extremamente matemático para alguém que estava apenas começando. Porém, fui aprendendo algumas regras, como, por exemplo, que é necessário ter o equivalente a 300 vezes o valor da *big bet* (maior aposta) do nível que você está jogando para o risco de ruína não ser preocupante.

Então, para jogar com *blinds* de US$ 1 e US$ 2, é preciso ter US$ 600 de *bankroll* para um risco de ruína irrisório. Isso se você fosse um jogador com um retorno de um *big bet* a cada 100 mãos jogadas (lucro de US$ 2 dólares a cada 100 mãos jogadas). Sendo assim, as fórmulas de risco de ruína levam em conta que você é um jogador vencedor e, para tanto, precisa dominar boa parte dos conceitos explicados ao longo deste livro.

Aprendi ainda que para jogar um *sit and go* precisaria ter pelo menos 20 vezes o valor daquele torneio em minha *bankroll*.

Mantinha tais números como um mantra. Não subia de nível para não arriscar os meus ganhos, e continuava nos jogos de centavos. Fui até conservador demais, somente elevando o nível de *blinds* para US$ 0,05/0,10 quando cheguei a US$ 100 de *bankroll*. Importante notar que, à época, meu jogo era *limit Hold'em,* e não *no-limit*. Naquele ano, era muito mais fácil achar material de estudo baseado nesta modalidade, já que os próprios livros de poker sempre abordavam a parte teórica relativa a jogos *limit*.

Por seis meses joguei neste novo nível, aventurando-me um pouco depois no US$ 0,10/0,25. Foi então que cheguei aos US$ 400 on-line e aprendi a lição mais dura. Passei a me considerar um deus do poker: vinha dominando os limites que jogava e havia em seis meses transformado US$ 10 em US$ 400. Sentia que sabia tudo sobre o jogo e que a concorrência não era tão dura assim. Foi então que decidi entrar em um jogo 1/2. Todavia, dei um salto muito grande. Primeiro, pela fórmula de cálculo de *bankroll*, o maior limite que poderia jogar com US$ 400 seria 0,5/1. Segundo, simplesmente pulei dois níveis: fui direto do limite US$ 0,10/0,25 para o 1/2, pulando o US$ 0,25/0,50 e o US$ 0,50/1. Dois erros gigantescos.

Em apenas um dia, perdi quase US$ 300. Tinha levado seis meses para chegar aos US$ 400, e ali, em apenas um dia, perdi quase três quartos da minha *bankroll*. Ao menos tive o bom senso de parar de jogar naquele dia, antes que perdesse mais. Aliás, um excelente sinal, pois saber parar e reconhecer que não se está jogando seu melhor jogo é fundamental. Não jogamos bem todos os dias, e, principalmente, após perder algumas mãos, estamos muito mais sujeitos a entrar em mais mãos na tentativa de compensar as perdas e assim começar a jogar descuidadamente.

Resolvi voltar para o estudo, entender os motivos que me fizeram jogar mal aquelas sessões, rever as mãos em que havia perdido e constatar que isto acontecera por descuido, e não por falta de sorte, como muitos gostam de dizer. É claro que em certas sessões você pode jogar corretamente e ainda perder algumas mãos, mas, de uma maneira geral, após perder estas nas quais nada podia fazer, você começa a jogar outras mãos incorreta e desatentamente.

Em uma reportagem recente sobre poker, a jornalista pergunta a Christian Kruel sobre sua carreira. C.K. comenta que já passou por uma fase em que perdeu boa parte da sua *bankroll*, e naquele momento ele parou, ficou estudando por quase um ano, e quando retornou nunca mais perdeu. A jornalista emenda essa parte da reportagem com a seguinte pérola: "Após um ano em que ficou estudando e aprimorando seu jogo, finalmente *a sorte* [grifo do autor] de C.K. virou."

Christian Kruel passa um ano estudando e, depois disso, tem resultados consistentes e vencedores nos últimos anos, e a jornalista comenta que, por meio do estudo, a sorte dele virou? Retorno ao meu argumento: vou parar para estudar a Mega Sena por um ou dois anos e ver se ganho várias vezes depois.

Apenas para destacar, quando algum jogador de poker afirma que não perdeu em determinado período, isto não significa que ganhou em todas as sessões, mas que, na soma das derrotas e vitórias, o resultado é positivo. Os jogadores de poker ganham a vida assim: os resultados positivos ultrapassando os negativos.

Mas o que isto tudo tem a ver com o tema do capítulo: objetivo no poker? Meu objetivo era ganhar. E, como disse muitas vezes, o ganhar não se relaciona exclusivamente com o quesito financeiro. Mas, no poker, tradicionalmente um jogo em que o dinheiro está envolvido, seja como uma inscrição, prêmio ou como uma aposta, ter começado a jogar com um limite baixo, mas relevante para mim, foi fundamental.

Se estivesse jogando com *play money*, sem arriscar nenhum centavo, provavelmente teria perdido o equivalente aos US$ 10 falsos, depois colocaria mais 10, e assim por diante, sem nunca ter parado para estudar e aprender. Ou, ainda, se pudesse depositar indiscriminadamente, teria perdido, colocado mais por uma ou duas vezes e depois desistido.

Assim, jogar com dinheiro de verdade, ainda que fossem apenas centavos, foi fundamental para o meu aprendizado. Você pode jogar com seus amigos em uma mesa com R$ 10,00 de cada um, mas encare como se estivesse jogando por um prêmio gigantesco. E o principal: não tenha pressa em jogar torneios de valor alto; o que você pode aprender nas mesas que valem centavos pode valer mais que um milhão.

O fato de eu estar jogando com uma quantia pequena, a qual, pela circunstância, seria todo o dinheiro que teria para jogar, fez-me ser extremamente cuidadoso e consciente em relação àquele dinheiro.

Pense nisto

Seja consciente e cuidadoso quando for lidar com sua *bankroll*.

Daquele dia em diante, nunca precisei recarregar minha *bankroll* ou comprar mais créditos. Continuei jogando em limites baixos e só fui aumentando quando meus ganhos o permitiam. Até hoje, sou visto pelos amigos mais chegados como uma pessoa controlada neste aspecto, o que limita meus ganhos, pois não me arrisco nos torneios caros disponíveis hoje em dia na internet.

Tenho amigos que, após se arriscarem em um ou dois torneios, conseguiram dar um salto gigantesco em sua *bankroll*, o que hoje lhes permite jogar níveis (limites de jogos) bem elevados. Porém, estes poucos amigos que conseguiram tal façanha são jogadores extremamente talentosos e que fizeram escolhas conscientes. A grande maioria dos jogadores, se não seguir um plano e tiver disciplina com suas contas, provavelmente acabará perdendo ao jogar em um nível para o qual não está ainda capacitado.

Quando me refiro a nível, não estou falando de iniciante, intermediário ou avançado, até mesmo porque este tipo de divisão é apenas teórica. Não existe um jogo em sites de poker feito apenas para jogadores intermediários ou avançados. Quando me refiro a níveis, quero dizer os diferentes valores que você pode jogar. Existe *sit and go's* cuja entrada varia de US$ 1 a US$ 5.000, passando por diversos valores intermediários, como US$ 5, 10, 20, 50, 100 etc.

Hoje em dia, você pode escolher o nível em que deseja jogar. Ter consciência das suas capacidades e limitações atuais o ajudará a superar aos poucos os limites de sua *bankroll* de uma maneira saudável.

Dica

Encare o poker de uma forma saudável. Para tanto, aproveite as dicas deste livro, estude bastante, mas não esqueça nunca de encontrar o **seu objetivo**.

Capítulo 10
Como começar a jogar

Poker para mim significa mudança de vida. Quem me acompanha desde o meu início sabe do que estou falando, estou há dois anos vivendo somente de poker, e meu padrão de vida melhorou 1.000%. Sorte? Não acredito que sorte dure dois anos!

Marcos "XT" Grossi, profissional do poker que em 2006 conquistou sua vaga para o WSOP em um site on-line.

O título deste capítulo tem duplo sentido. Além de saber onde começar a praticar, é importante saber como fazê-lo. Aprendi da mesma maneira que 99% das pessoas começaram: sozinho, cometendo mais erros do que acertos e tendo de "me virar" para entendê-los.

Acredito que todos os jogadores seguem um processo lógico em que, primeiro, percebem o quão fácil o jogo é e como não há dificuldades em ganhar algumas mãos. Começam a entender a estrutura do jogo a ponto de começar até mesmo a perceber quando alguém em sua mesa joga equivocadamente. Após ler alguns capítulos do livro, você já estará observando nas mesas quando certos jogadores entram com mãos fracas, ou não sobem as apostas, ou, ainda, pagam qualquer tipo de aposta para ver se completam um *flush*. Inclusive, começa a ganhar mãos destes tipos de jogadores. Nessa fase você se sente muito bem, e o seu progresso com o poker parece estar acontecendo a passos largos. É uma etapa que pode passar mais rápida ou lentamente, dependendo do seu grau de compreensão e tempo de prática.

O problema surge na etapa seguinte, quando algumas de suas derrotas em mãos começam a irritá-lo. Neste momento, é comum culpar a tudo e a todos, menos a si próprio. Para superar isto, precisa estudar o jogo e perceber o porquê de perder certas mãos, onde você poderia jogar melhor etc.

Darei então um conselho que muito teria me ajudado quando comecei. Não se preocupe, no início, em jogar muito, mas sim em entender o que se passa em uma jogada. Não jogue muitas mãos, e quando não estiver em uma rodada observe os outros jogadores. Poker é um jogo de paciência.

Dica

Como começar a jogar? Comece de modo *tight* (não jogue muitas mãos).

Outro erro muito comum é o jogador que acabou de aprender querer jogar em mesas altas, de valores elevados. Deposita US$ 50 em um site e opta por participar de um jogo de NL50 ou NL25 (NL = *no-limit*). Entrar em uma mesa com metade de todo o dinheiro que se tem disponível para jogar é, no mínimo, uma atitude irresponsável. O poker pode ser praticado até de graça nos jogos com *play money*. Para que começar em uma mesa alta?

Você pode até começar a jogar on-line com dinheiro, mas procure mesas ou torneios que custem centavos ou poucos dólares. O mecanismo de jogo é o mesmo, mas você terá oportunidade de praticar muito mais sem perder parte do que disponibilizou para começar sua prática. O Capítulo 29 aborda como desenvolver a sua *bankroll*. Explicarei estratégias para jogar preservando seus valores e fazê-los aumentar com segurança. Lembre-se de que comecei com apenas US$ 10, em mesas de centavos, e nunca mais precisei fazer um único depósito para me sustentar no poker. Fui responsável com o dinheiro que usava para os meus jogos.

Lembro-me de um caso que ilustra bem este quadro. Conversava com Giovanni Polak, que foi campeão de uma das etapas do Circuito Paulista e tem sido um jogador muito esforçado em melhorar seu nível estudando e buscando informações. Giovanni já tem mais de 60 anos e descobriu no poker uma nova paixão, principalmente pelo lado da habilidade que o jogo envolve. Em mais um exemplo de família que joga unida, seu filho também já participa de torneios, sempre acompanhando o pai.

Ele me perguntou:

— Leo, como faço para não perder no poker on-line?

Obviamente esta é uma pergunta capciosa — e de resposta no mínimo complexa. Só para começar, poderia dizer, por exemplo, para estudar todos os conceitos presentes neste livro, ou até escolher um deles, e usar como base para minha resposta. Mas acho que a pergunta ia um pouco além. Ele queria saber como não perder muito quando se está começando, ou seja, não gastar durante a fase de aprendizado.

Respondi-lhe o mesmo que estou sugerindo aqui: jogue valores baixos. Pela internet, encontram-se diversos torneios chamados de *freerolls*, onde, sem pagar nada, pode-se jogar um torneio que dá prêmios em dinheiro. Normalmente tais torneios são muito difíceis, pois costumam ter mais de 1.000 jogadores. Mas é um bom lugar para treinar seus conceitos. Ou, ainda, por que não jogar torneios de US$ 1 a 5 que quase todos os sites dispõem?

Se eu tivesse apenas US$ 100 em um site, jogaria torneios de uma única mesa (*sit and go's*) com valores de inscrição de US$ 5. Com uma base teórica mínima, um jogador consegue chegar à faixa de premiação destes torneios em torno de 30 a 40% das vezes. Assim, esta *bankroll* é suficiente para jogar pelo menos uns 30 torneios contando os altos e baixos entre pagar as inscrições e eventualmente ser premiado e recuperar parte do dinheiro gasto com elas. Um jogador de um nível mais avançado usando essa estratégia de jogar torneios baixos pode até mesmo começar aos poucos a ir aumentando seu capital inicial.

Dica

Como começar a jogar? Comece a jogar barato.

E, por último, onde começar? A internet é o melhor lugar para começar a praticar. Os motivos são inúmeros, como, por exemplo:

- você joga no conforto da sua casa ou escritório;
- joga na hora que bem lhe convier;
- há uma abundância de sites de poker para escolher;
- diversos limites, do gratuito aos mais caros;
- vários tipos de jogos: torneios, *sit and go's*, torneios qualificatórios, *cash games;*

- várias modalidades: Texas Hold'em, Omaha, Stud, Five Card Draw, Razz, Horse etc.;
- milhares de adversários, incluindo muitos *fishes* (patos, jogadores mais fáceis para jogar contra).

Alguns dos leitores estão começando a praticar, outros já jogam há tempos. Acho interessante contar como foi o meu processo de aprendizado do jogo.

Jogo poker da minha casa ou do meu trabalho. Sou médico, e muitas vezes estou de plantão à noite em algum hospital. Com o meu notebook, nos horários de descanso e vigília de madrugada, muitas vezes abro algum site e me divirto um pouco. Em casa, posso jogar da minha cama ou do escritório. Não existe maneira melhor para jogar que chegar em casa e, após um bom banho, deitar na cama com o computador no colo, uma Coca-Cola gelada ao lado, uma boa música ao fundo e ainda faturar uns dólares dos adversários nos sites. Jogar de forma relaxada, à vontade, é algo que não se conseguirá em um torneio ao vivo. E ainda se pode trocar umas idéias com os amigos e fazer outras atividades ao mesmo tempo. Entretanto, faça isto apenas no seu momento de jogar poker relaxadamente, por diversão.

Como escrevo no blog e gosto de fazer novas amizades com o poker, adoro conversar no MSN com jogadores que estão começando e trocar idéias. Da mesma forma, conversar com jogadores mais experientes sobre mãos jogadas e situações vividas no poker ajuda no crescimento bilateral. Porém, na hora de um jogo importante, evite distrações.

Dica

Quando resolver entrar em um torneio sério, prepare o ambiente.

Todas as vezes em que vou jogar um torneio importante ou em um *ring game* de limites maiores, vou para o escritório, coloco o computador sobre a bancada e me posiciono confortavelmente. Desligo a televisão e outros aparelhos e procuro ficar em silêncio. Concentração é fundamental para o jogo, e não dá para prestar atenção no que está acontecendo na mesa, assistir ao telejornal e ainda jantar ao mesmo tempo.

Da mesma maneira, evito navegar em outras páginas na internet, acessar o meu e-mail ou responder ao MSN.

Lembro bastante do André Akkari ao falar sobre este tema. Há mais ou menos um ano, ficávamos todos sempre no Skype (programa que permite que vários usuários conversem como em um telefone pela internet) enquanto jogávamos poker pela internet. A princípio, estes encontros foram fundamentais para o nosso crescimento no jogo, pois aprendíamos com os outros e ainda dávamos força torcendo. Comecei a reparar que, no meio das conversas, o André falava:

— Aí, galera, tenho que ver minhas meninas aqui, vou desligar. (André tem duas filhas pequenas e uma esposa que o apóia em toda a sua carreira, um bom exemplo de como o apoio da família é importante para o jogador.)

Só que ele saía para vê-las e não voltava para o Skype. Umas duas horas depois, lá estava o André brigando em uma mesa final. Na realidade, ele procurava se concentrar para os seus jogos importantes. Adorava conversar com os amigos, mas na hora de jogar a sério se retirava.

Isto é fundamental para evoluir como jogador. Aprender a se concentrar para estar atento a todos os sinais possíveis. E lembre-se de que isso só é possível jogando de casa pela internet. Em um torneio ao vivo, silêncio e ambiente controlado não são possíveis. Algumas vezes, os outros jogadores poderão até incomodá-lo, falando alto, puxando papo ou fumando. E esta é mais uma das vantagens da internet e do jogo em casa.

Meu poker teve quatro fases em que deu saltos de qualidade. A primeira, quando estava na Alemanha e havia acabado de aprender o jogo. Já contei em outra parte do livro que só tinha US$ 10 de *bankroll* e nenhuma outra forma de depositar dinheiro. Então, jogava mesas de centavos por mais ou menos uma hora, e depois parava e analisava a sessão jogada. Freqüentava um famoso fórum de mensagens na internet denominado Twoplustwo, onde vários jogadores do mundo todo postavam as histórias de suas mãos e outros jogadores faziam comentários. Lia o fórum diariamente, e logo comecei a postar. Em questão de dois meses já havia feito quase 500 posts no fórum. Acho que naquela época o meu jogo deu o primeiro salto de qualidade porque jogava sozinho, em paz, e me dedicava a estudar.

Quando voltei ao Brasil, meu período livre diminuiu e passei um bom tempo jogando recreativamente, mas sem estudar. O jogo deu uma estagnada, mas continuou lucrativo para mim.

Meu segundo salto aconteceu na época em que conheci o Leandro "Brasa". Como comecei a jogar *ring games* com ele e seus amigos na casa dele, tive de me adaptar a este estilo de jogo. Na Alemanha aprendi a jogar *limit poker*, que foi minha modalidade durante os meus primeiros seis meses. Com o grupo do "Reality", jogava *No-limit Hold'em*. Como sou competitivo, mesmo sendo um jogo entre amigos, resolvi estudar esta modalidade, para ter chances reais de ganhar. Voltei a reservar um tempo em minha agenda para o estudo. Jogava com eles uma vez por semana, e depois, em casa, praticava pela internet.

Mais uma vez, após algum tempo, estagnei. Comecei a jogar cada vez mais com eles e pelos torneios do Circuito Paulista. Logo trouxe alguns amigos para o poker on-line (orgulho-me de ter sido a pessoa que passou os primeiros créditos para o Leandro "Brasa" e o Igor "Federal" começarem a jogar on-line). Durante mais ou menos uns oito meses, tudo aconteceu muito rápido. Muitas amizades novas, vários torneios ao vivo e pela internet. O problema é que não eram minhas especialidades. Orgulhava-me de jogar um bom poker, mas só praticava on-line os *ring games*.

Logo vi meus amigos começarem a se destacar em torneios. E fui ficando para trás. Mas em um determinado momento — que não sei precisar — veio o terceiro salto. Novamente fechei-me em uma concha e fui estudar. Comecei a praticar torneios e a estudar a teoria do jogo em casa, sozinho, trancado no meu escritório. Várias madrugadas olhando os outros e estudando.

E os resultados vieram. Ganhei três torneios quase seguidos no Paradise, em um deles fazendo o *heads up* com o "Brasa". Depois fui até Bombinhas, onde seria realizado o Primeiro Desafio Brasileiro de Poker. Naquele torneio estavam presentes alguns dos melhores jogadores do Brasil, como Christian Kruel, André Akkari, Igor "Federal", "Brasa", "Zezão" (campeão sul-brasileiro), Fábio "Deu Zebra", Fabio Cunha, Raul Oliveira, Omar Abede, entre outros de igual talento. Obtive a quarta colocação no torneio e fiquei muito feliz, pois foi um resultado expressivo entre os melhores. Logo no início de 2006 ganhei dois torneios grandes no site Poker Stars e outro no Poker Room. Em seguida, nas seis primeiras etapas do Circuito Paulista de 2006, fiz cinco mesas finais. No BSOP, em quatro etapas que tomei parte, cheguei a duas mesas finais. Ou seja, os resultados em torneios, que não eram minha especialidade, começaram a aparecer. Mais uma vez fruto de uma pausa para estudo.

Em julho de 2006 estagnei novamente. Talvez por me cobrar demais, talvez por ter começado a aprender muitos jogos, perdi o foco. Participava de muitos jogos sem dar a importância devida. Ficava com os amigos no Skype e no Messenger conversando enquanto jogava. Tive o pior mês em termos de resultados no *live* e no on-line. E, claro, comecei a questionar meu jogo. Era a hora de mais uma pausa. Buscar a concentração para estudar e entender quais os meus erros.

Reparem que todas as vezes em que meu jogo passou a um nível maior, tinha um objetivo a cumprir.

Dica

Coloque metas para você e vá atrás delas. Escolha um objetivo e corra trás. Frases perfeitas para o poker que se encaixam perfeitamente para outros setores da nossa vida, como a carreira no mundo de negócios.

Os saltos no seu jogo acontecerão de maneiras semelhantes. Um grande salto inicial. Uma pausa. Reestude e se prepare para um novo salto.

Acredito que ainda vou passar por vários ciclos assim. Achei interessante falar sobre isto aqui, antes mesmo de entrar na parte teórica do poker, para que você que está começando possa se preparar para o que vem pela frente.

Dica

Se você resolver que dedicará ao poker X horas por semana, divida o seu tempo da seguinte maneira:

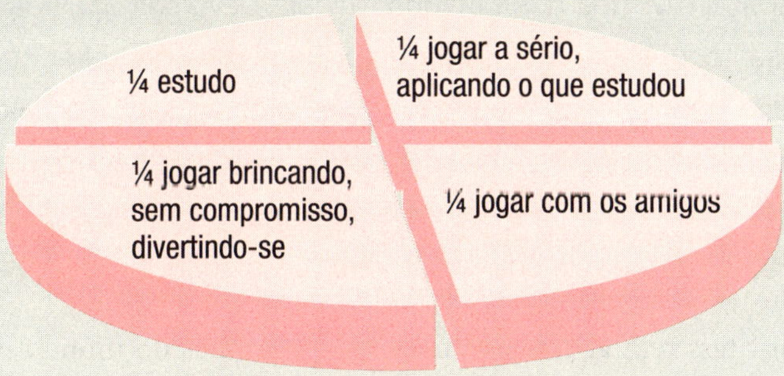

Hoje em dia, é unanimidade que os dois maiores sites são o Party Poker e o Poker Stars. A opinião sobre qual deles é melhor varia de acordo com o gosto pessoal, pois alguns preferem o software do Stars, outros a abundância de jogos do Party Poker, que tem, por exemplo, mais torneios por hora que o Stars e normalmente com mais jogadores em níveis mais baratos.

Curiosidade

Nos últimos meses de 2006 essa situação mudou um pouco, pois o Party Poker proibiu a participação de norte-americanos no site. Esta proibição deve-se à aprovação de uma lei polêmica que restringiu as transações entre instituições financeiras, como bancos e operadoras de crédito, e sites ligados a qualquer tipo de apostas. O problema é que a lei bloqueou todos os tipos de sites, desde os de jogos de habilidade até os tipicamente de cassinos. O motivo dessa lei não tinha nada a ver com proteção contra *gambling* (jogo), e sim evitar que o dinheiro da economia americana saísse do país sem controle. Como todos os sites de poker são localizados em paraísos fiscais, quando os americanos depositam nos sites (e estima-se que eles coloquem mais de US$ 1 bilhão por ano somente com poker), esse dinheiro acaba sem um controle efetivo. Assim, a nova lei é um passo inicial no sentido de tentar controlar e taxar essas empresas. O grande problema é que, como as empresas situam-se fora do país, elas não devem pagar impostos aos EUA. Assim, cria-se uma pendência. O Party Poker, junto com alguns outros sites, como o Poker Room e os da Crypto Network (Interpoker, entre outros) e da 888.com (Pacific Poker, entre outros), decidiu fechar suas portas para os americanos, temendo as conseqüências de quebrar a lei por aceitar depósitos vindos dos Estados Unidos. Devemos aguardar os próximos meses para saber qual será o futuro dos sites de poker on-line nos EUA. É certo que, se nada mudar, todos os *sites*, incluindo o Poker Stars, terão de fechar as portas para os americanos. Como se trata de uma indústria bilionária e que envolve os interesses de quase 40 milhões de jogadores só naquele país, provavelmente ainda veremos mudanças na legislação.

O Poker Stars tem alguns dos melhores jogadores do mundo em ação, e a competição é mais acirrada. De um modo geral, os jogadores parecem ser melhores e, portanto, seus jogos são mais difíceis. O software é, sem dúvida, um dos melhores que existem, o suporte é amigável e oferece jogos para todos os níveis, mas com uma nítida tendência a favorecer os jogadores mais "profissionais".

O Party Poker tem um software mais carregado e com menos funcionalidades (embora tenha melhorado bastante ao longo de 2006). Os *sit and go's* enchem tão rápido que, em níveis mais baixos, às vezes chegam a abrir quatro ao mesmo tempo, e se você não for rápido não consegue se registrar em nenhum. Assim, com certeza, mais *fishes* (patos) jogam os níveis mais baixos por lá, o que torna o site mais lucrativo. O jogo acontece muito rápido e às vezes é difícil acompanhar a ação. Entretanto, este movimento mudou em decorrência da citada legislação. Porém, como ainda existe a incerteza da reversão da lei, mantenho as opiniões sobre o site baseado no que foi desenvolvido nos últimos tempos.

Curiosidade

Mensalmente, ambos os sites já disponibilizam torneios especiais para brasileiros. O Party Poker oferece um torneio que distribui até US$ 10.000 em prêmios mensais para brasileiros que abrirem conta clicando em seu *banner,* presente no site www.circuitoholdem.com.br. Para participar deste torneio mensal, o jogador deve acumular 400 Party Tournaments Points, pontos que são obtidos jogando *sit and go's* e torneios. Para poder participar dos torneios, ao se cadastrar no Party Poker, no campo onde está escrito *bonus code,* utilize o código PPSP10. No Poker Stars, o torneio mais famoso para brasileiros é o Poker Mania Open. Criado a partir da comunidade do Orkut, Poker Mania, reúne semanalmente jogadores de todo Brasil em torneios de diversas modalidades. Não existem pré-requisitos para participar deste torneio, apenas o pagamento da taxa de inscrição, que varia entre US$ 10 e 20.

Curiosidade

No Poker Stars, em 2005, houve o primeiro Circuito Brasileiro On-line, que teve como campeão Fábio "Deu Zebra" Monteiro. Há planos de reeditar o Circuito Brasileiro On-line, porém, hoje, o Poker Mania vem cumprindo o papel de unir a comunidade brasileira no poker pela internet.

Para começar a jogar on-line, você deve fazer o download dos softwares clicando nos *banners* do Party Poker e Poker Stars presentes na página do Circuito Paulista de Texas Hold'em, www.circuitoholdem.com.br. Em seguida, cadastre-se preenchendo dados como seu primeiro e último nomes, e-mail, nome de usuário desejado (por qual nome você quer ser conhecido no site) e registre uma senha. No cadastro do Party Poker, no local que aparecer *bonus code* escreva PPSP10. Com este código você poderá participar das diversas promoções exclusivas para brasileiros no site.

Em caso de dúvidas no cadastro ou sobre como começar a jogar on-line, escreva para o e-mail duvidas@nutzz.com.br.

Se preferir jogar ao vivo, pode começar procurando pelos diversos circuitos que as federações têm organizado nos estados. Ou, ainda, juntar um grupo de amigos e começar a praticar. Como já disse, encontrar os amigos para jogar um poker é uma excelente atividade social. Se você joga poker apenas para se divertir, pode tornar o seu jogo gratuito ou combinar uma prenda para quem perder o jogo semanal — por exemplo, trazer a comida e a bebida no jogo da semana seguinte. O importante é manter na cabeça que, longe de ser um jogo para trazer responsabilidades financeiras a alguém, o poker é um jogo extremamente divertido para se jogar até em família.

Em 2006, comecei a ministrar cursos de poker por conta de uma promoção que fizemos junto com o Conrad Cassino. Eles tinham um pacote turístico que levava brasileiros para uma semana em hotel cinco estrelas em Punta del Este — a Semana do Carteado. Durante aquela semana, em dois dias pela manhã, eu e Leandro ministrávamos aulas básicas e intermediárias de poker para os participantes da viagem. Foi uma experiência incrível. A grande maioria nunca havia jogado Texas Hold'em, porém praticava outras modalidades de jogos de cartas, como a tranca. Era espantoso ver como todos se envolviam e se divertiam com as aulas, logo após já queriam organizar minitorneios entre eles.

A primeira vez que fomos ministrar o curso, realizamos um torneio para os alunos na tarde posterior à segunda aula. Alguns jogadores profissionais que estão sempre jogando no *poker room* de lá resolveram participar. Qual não foi minha surpresa quando duas alunas do curso chegaram à segunda e à quarta posições, desbancando vários profissionais. E o mais legal: toda a turma ficou ao lado assistindo e torcendo intensamente. No dia anterior aconteceu um torneio de tranca, quando todos jogaram em silêncio e mesmo as vitórias foram comemoradas com discrição. No dia do torneio de poker, todos pareciam elétricos e em êxtase. Várias senhoras e senhores torcendo pelos seus amigos, gritando e incentivando. É uma imagem que não dá para esquecer e sempre me surpreende: o quanto o poker envolve as pessoas e as emociona.

Após aquele primeiro curso passamos um questionário de avaliação, e as respostas foram quase unânimes: todos adoraram aprender poker e gostariam que sempre houvesse torneios como aquele nas Semanas do Carteado seguintes.

O diretor de marketing do Conrad Cassino, Fabio Delicatto, foi um dos principais incentivadores da presença do poker nas atividades com brasileiros no Conrad. Fabio — que tem formação em jornalismo e uma vasta experiência com turismo, sendo inclusive colunista de uma publicação especializada — rapidamente identificou o leque de oportunidades que o poker abria para o marketing do hotel.

Ao longo de 2006 e se estendendo por 2007, o Conrad promoveu diversos eventos e apoiou as iniciativas no Brasil. Os frutos foram vistos em dezembro de 2006, quando o hotel organizou o 1º Campeonato Latino-Americano de Poker, em que mais de cem brasileiros estiveram presentes para disputar o título. Alguns dos principais profissionais brasileiros estavam por lá junto com amadores que nunca haviam visitado Punta del Este.

Temos que agradecer a pessoas com a visão de Fabio Delicatto e sua equipe no Brasil e no Uruguai (Patricia Souto, Victor, Claudia Huelmo e Andra), bem como a Arlete Haddad, que já organizava as Semanas do Carteado antes de se pensar em poker e abriu as portas de seu evento para a entrada dos jogadores de Texas Hold'em.

A equipe do Poker Room do Conrad, na figura de José Luís, juntamente com Oscar e Bryan, também sempre procurou ouvir as sugestões e implementá-las na medida do possível, por meio de consultorias com a Nutzz!, que foi orientando o melhor modo de realizar os torneios e agradar aos jogadores brasileiros. Muitas coisas mudaram ao longo de 2006, desde as regras dos torneios, ao uso de softwares para visualização dos dados dos mesmos, até o modo como os *dealers* distribuíam as cartas.

Esse trabalho de consultoria permitiu atrair cada vez mais brasileiros ao Conrad, que começou a se tornar a referência para torneios com boas premiações. Ainda há muitas coisas a serem melhoradas, pois a estrutura de *blinds* ainda deixa a desejar em relação à ideal, porém hoje já existe um conjunto de regras bem definidas e a promessa de melhorias contínuas. Além do mais, todo o ambiente contribui para uma viagem maravilhosa. Bom hotel, boa comida e uma cidade muito bonita.

Curiosidade

Desde março de 2007, uma vez por mês, separa-se um final de semana especial para jogadores participarem de torneios internacionais com a presença de brasileiros, uruguaios, argentinos e chilenos. Caso deseje informações sobre como adquirir pacotes para passar um final de semana de muito poker no Conrad, entre em contato pelo e-mail nutzz@nutzz.com.br.

A experiência do curso se repetiu mais umas quatro vezes ao longo do ano, e, com cada grupo, aprendiam-se novas coisas. Ensinar o jogo de que tanto gostava para quem nunca havia jogado dava uma sensação muito boa. Alguns dos alunos do curso chegaram a pedir aulas particulares quando retornamos ao Brasil. O objetivo deles não era se tornarem profissionais, mas apenas conhecer um pouco mais sobre o jogo para praticar com os amigos. Acredito que em 2006 ministrei aulas para uns quinze grupos diferentes, incluindo aulas particulares. A maior lição para mim foi ver como as pessoas se divertem e realmente se apaixonam pelo jogo.

Participar de torneios também é uma boa forma de aprender. Os regulamentos dos campeonatos mais importantes no Brasil são baseados naqueles aprovados no mundo inteiro de acordo com as federações e associações de carteado, principalmente pela Tournament Directors Association, que é a instituição americana responsável pela padronização das regras internacionais.

Em 2006 foi disputada a primeira temporada do BSOP, que une a nata do poker nacional e acontece como o torneio brasileiro de poker. O BSOP procura difundir o poker no país e costuma reunir jogadores de todas as regiões. A maior etapa foi realizada no Rio de Janeiro, com um carioca, George El Khouri, e um baiano, Helio Junior, dividindo as primeiras colocações. Este torneio veio para mostrar o quanto o poker está crescendo no Brasil inteiro. Somente no primeiro ano tivemos campeões de quatro estados diferentes. Para maiores informações sobre as etapas, acesse: www.bsop.com.br.

Outros sites disponibilizam informações importantes para os jogadores brasileiros, entre os quais o Superpoker (www.superpoker.com.br) destaca-se por possuir o ranking brasileiro de poker. Por meio dele é possível enviar seus resultados tanto em jogos ao vivo quanto naqueles pela internet. O ranking é aberto a todo e qualquer jogador no Brasil. Além disto, o site oferece conteúdo para todos os níveis de jogadores, tais como entrevistas, artigos e classificados.

Se você sabe ler em língua inglesa, recomendo dar uma olhada no fórum Two Plus Two e no site Pocket Fives (www.pocketfives.com). O primeiro foi o site que me deu a base para começar a aprender o poker. O fórum é do famoso autor de livros sobre poker David Sklansky. Por ele já passaram muitos profissionais famosos tanto por jogos on-line como ao vivo, por exemplo Greg Fossilman, Gigabet, Rizen, Johnny Bax, Strassa, Ed Miller e outros. O outro site, além de possuir um ranking de jogadores on-line, também apresenta artigos com freqüência quase diária, além de um fórum de discussões.

Você tem várias opções ao vivo e on-line para começar a praticar. A partir do próximo capítulo entraremos na teoria do poker, onde discutiremos alguns dos conceitos essenciais para a evolução do seu jogo. Aproveite as dicas dadas aqui para praticar estes novos conceitos em jogos mais baratos on-line, de modo a estar afiado para os futuros desafios ao vivo ou em níveis maiores.

Capítulo 11
Agora é pra valer!

Poker é sorte. Azar é você encontrar um jogador que estudou e se preparou antes de sentar-se em uma mesa.

José Heraldo "Radio" Vaughan Jr, vice-campeão do Poker Mania, maior torneio on-line realizado em 2006 somente com brasileiros.

Agora que já falamos sobre as regras básicas do poker, está na hora de começar a entrar na teoria e em estratégias. Ao longo dos próximos capítulos vocês aprenderão os conceitos teóricos mais importantes para o jogo: posição, expectativa, *outs*, *pot odds*, *implied odds*, tipos de apostas e como fazê-las, mãos que você deve jogar, blefes e *tells*.

Entretanto, antes, algumas considerações se fazem importantes.

Quando comecei a estudar poker, um dos primeiros livros que li intitulava-se *Theory of poker*, de David Sklansky. Quase que simultaneamente li *Texas Hold'em for Advanced Players*, do mesmo autor.

Erroneamente, na época tomava notas e tentava decorar o que fazer com certas mãos. Eu lia coisas como:

- Com AA, suba a aposta.
- Com 78, dê *fold*.
- Com AJ no início da mesa, dê apenas *call*, mas, se alguém aumentar a aposta, saia da mão (*fold*).
- No final da mesa, se ninguém tiver entrado no pote, dê *raise* com qualquer mão.

Ou seja, eu queria encontrar as receitas de bolo para ganhar dinheiro com o poker. Queria decorar o que fazer com certas mãos em vez de entender os processos.

> Dica
> Não se preocupe em decorar tabelas ou rankings nos próximos capítulos. Procure entender os princípios teóricos, que a aplicação prática deles virá com facilidade.

Entretanto, vale lembrar que o enfoque dos livros que li era sobre *limit hold'em*, em vez de *no-limit,* que é o jogo mais praticado hoje. Mas, além disso, eu não tinha a percepção do jogo como tenho atualmente. O fator mais importante para um bom aprendizado no poker é ser um bom perguntador.

Por quê?

Você deve ficar se repetindo essa pergunta e tentando respondê-la o tempo todo.

Por que o jogador A aumentou a aposta? Por que o jogador B está pegando em suas fichas antes de ser a sua vez de jogar?

E até mesmo se fazer perguntas após as sessões:

Por que não subi mais a aposta na jogada tal? Por que perdi aquela mão com AA? Qual foi meu erro?

Ao longo do livro opino sobre diversos temas, mas são apenas pontos de vista, um modo de olhar as situações. Algumas vezes, vale a pena olhar cada jogada mais uma vez e repensar se algo de melhor poderia ter sido feito naquela situação, mesmo que você tenha ganho a mão.

O embasamento teórico para responder às suas perguntas virá do material a seguir.

Ao longo dos próximos capítulos, tentarei passar ao jogador iniciante/intermediário algumas orientações sobre como jogar. Entretanto, o jogo de NL Hold'em é muito complexo para apenas seguir uma fórmula.

Um exemplo simples da complexidade do Hold'em e do porquê não basta para tentar dizer o que fazer quando você tiver certas cartas:

Você está em uma mão. Um jogador aposta contra você 500 fichas. O pote tem 800 fichas. O que você faz?

Provavelmente deve ter pensado logo após ler minha pergunta:

— *Eu não sei! O Leo Bello não escreveu quais são as minhas cartas.*

Para você ter uma idéia, antes de pensar nas suas cartas, a primeira pergunta no NL Hold'em seria:

Quantas fichas você tem?

Por quê? Se você tiver apenas 50 fichas sobrando, em um pote que já tem 800 fichas + 50 do seu adversário (ele apostou 500, mas só valem as 50 fichas que você tem), a resposta mais provável é que você chamaria independentemente das cartas que tenha.

Se tiver exatas 500 fichas, a coisa muda de figura; se você tiver 20.000, muda mais ainda...

Não entendeu o por quê?

Digamos que você está no mundo dos negócios. Oferecem a você um produto que promete ser um sucesso e lhe trazer muito lucro. O produto custa 800. Você só tem 50, mas com este dinheiro pode conseguir comprá-lo. A resposta é imediata: investir 50 para ganhar 800? Você compra sem pestanejar, sem nem ao menos verificar todas as opções. Só lhe restam aqueles 50 para investir em um produto, e se esperar por uma outra oportunidade como esta, ela pode não surgir, ou, ainda, seu dinheiro e poder de compra podem acabar com o passar do tempo.

Se, entretanto, para comprar o produto que custa 800 você tiver de pagar 500, já começará a pensar se vale a pena investir quase o preço do bem para tentar ganhá-lo. E se você perder? Será que não era melhor ter esperado um pouco mais? Ou arriscado um valor menor para tentar comprá-lo?

Imagine agora que você tem 20.000. Quanto vale a pena você oferecer por este produto de 800 de modo a minimizar suas possíveis perdas ou maximizar os seus ganhos?

No poker é a mesma coisa. Quanto você tem para apostar em uma determinada jogada às vezes é mais significativo do que as cartas que tem na mão.

O seu mecanismo no jogo são as fichas e suas apostas. Uma aposta bem-feita, com a dose certa de força, pode comprar um pote mesmo sem que você tenha as cartas. Assim como no mercado financeiro, você deve saber vislumbrar as possibilidades.

Uma das principais é ir em cima dos potes que ninguém parece querer, quer dizer, quando os adversários mostrarem fraqueza, você deve sentir e fazer sua oferta pelo pote (aposta). Saber fazer a proposta correta, na hora certa, requer, entre outras coisas, uma boa dose de psicologia, além do *feeling* certo.

Algumas vezes, ainda terá por trás da sua oferta um forte argumento que define a situação. No caso do poker, suas cartas.

Pense nisto

Poker nada mais é do que um jogo executivo sobre gerenciamento de riscos e visualização de oportunidades com o objetivo de ganhar mais que a concorrência.

Vamos complicar um pouco antes de melhorar...

- Quantas fichas seu adversário tem?
- Qual o estilo dele?
- Isto é um torneio ou um *cash game*?
- Quais são as cartas na mesa?
- Quais jogos seu adversário pode ter? (Exercício que você fez no final do Capítulo 5: Regras do Texas Hold'em.)
- Se você acha que está ganhando, como conseguir tirar o máximo de fichas dele?
- Se você está perdendo, como perder o mínimo?

Muitas perguntas para se fazer, não?

Bom, agora que pensou em tudo isto, digamos que sua mão era:

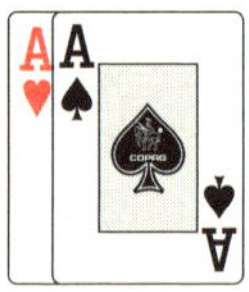

Ainda acha que todos os AA devem ser jogados da mesma maneira? Independentemente dos fatores citados?

Estava em uma etapa recente do Circuito Paulista quando um jogador novo, que acabou campeão naquela mesma etapa, o simpático Thiago "ZL" Teixeira, fez a seguinte jogada. Os *blinds* estavam em 25-50. Eu era o terceiro a falar e tinha na minha mão:

Resolvi subir a aposta em três vezes o valor do *big blind*. Apostei, então, 150 fichas. O pote tinha 25 do *small blind*, 50 do *big blind* e 150 fichas minhas. Total: 225.

Todos deram *fold,* e quando chegou no Thiago, ele anunciou *all-in*. Eram quase 6.000 fichas. Imediatamente os *blinds* e eu corremos da mão. Eu sei, eu tinha A♠K♠. Thiago então mostra:

Vocês acham que a jogada foi correta? Apostar 6.000 para tentar ganhar 225? E com uma mão forte como AA no início de um torneio? Não seria mais lucrativo um aumento normal, que me sentisse tentado a pagar com a minha mão?

O método tem seus méritos, tanto que Thiago foi campeão daquela etapa. Mas no início de torneio e com um pote pequeno como aquele, não se justificava uma aposta gigantesca. Foi até engraçado, pois várias pessoas na mesa comentaram que jogar apenas dando *all-in* não seria correto. Todavia, com tal estratégia, Thiago ganhou um torneio com mais de 100 jogadores, incluindo alguns dos melhores de São Paulo. Ele apenas esperava pelas melhores mãos, nas quais tinha uma vantagem, e ia *all-in*. Este tipo de estratégia já gerou um livro — *Kill Phil*, o qual defende a proposta de se pegar uma pessoa com poucos conhecimentos de teoria de Texas Hold'em e fazê-la decorar situações em que é correto ir *all-in*. Com este método é certo que alguém pode ganhar um torneio, mas o difícil é manter os resultados. Para um bom jogador basta, ao reconhecer este tipo de jogador na mesa, adotar uma estratégia para tentar quebrar as melhores mãos dele.

Na décima etapa do Circuito Paulista fui sorteado para uma mesa bem difícil, em que estavam Igor "Federal" e André Akkari (primeiro e segundo colocados do ranking brasileiro), Marta Putz (primeira colocada do ranking do Circuito Paulista até aquela etapa) e o próprio Thiago "ZL", que vinha de sua vitória duas etapas antes. Ele mantinha seu estilo de ir *all-in* com suas mãos mais fortes. Após seu quarto *all-in*, Thiago já estava com algumas fichas para a frente. Eis que aparece a seguinte situação:

Eu estava no *button* com:

Havia adotado uma estratégia de tentar jogar vários potes em posição sempre que o Thiago estivesse na mão. O objetivo era tentar ver um *flop* barato (com poucas fichas apostadas) e conseguir arrancar fichas no *turn* e no *river*. Nesta mão, dois jogadores entraram com *limp*, um deles, o André Akkari, e o acompanhei no *button*. Thiago "ZL", que era o *big blind*, resolveu aumentar a aposta, porém, em vez de fazer um grande aumento como sempre, subiu apenas 3x BB. Não sei se vocês recordam mas, no capítulo em que descrevi os jogadores, comentei que quando um jogador agressivo, que normalmente aumenta muito, dá *check* ou aumenta pouco, ele deve ter uma mão mais forte do que quer demonstrar. Imaginei que Thiago tivesse um par alto. Pensei que com 7♠8♠ iria tentar ver o *flop* e, se acertasse algo como dois pares ou uma trinca, ganharia todas as fichas dele.

André Akkari, provavelmente pensando o mesmo, pagou a aposta (o outro jogador saiu), e eu também completei o valor.

As três cartas do *flop* foram perfeitas para mim.

Tinha feito a seqüência direto.

Thiago "ZL", sem sequer pensar, vai *all-in*. André Akkari sai da mão, e chamo a aposta com o melhor jogo possível para aquele *flop*.

Thiago mostra KK, mas quando vê minha seqüência pergunta: "Como você pode jogar com 7♠8♠ contra o meu *raise* pré-*flop*?"

As cartas no *turn* e no *river* não ajudam Thiago — e acabo o eliminando do torneio.

Ele tem razão em parte da sua argumentação. Minhas cartas não eram fortes. Entretanto, para conseguir ganhar dele, uma das poucas maneiras era tentar uma jogada como a que fiz, com cartas que ele não poderia pensar que eu tivesse e que pudessem fazer um grande jogo em um *flop* aparentemente inocente. É por isto que digo que não basta olhar apenas um aspecto, mas toda a conjuntura, para decidir o que fazer em determinada mão.

Importante lembrar como é fundamental respeitar todos os estilos. Thiago "ZL", que joga agressivamente com vários *all-ins* ao longo do jogo, em 2006 faturou duas etapas do Circuito Paulista, o único a repetir uma vitória naquele ano. Ganhou a primeira etapa em que participava em setembro e repetiu no Torneio dos Campeões em dezembro, torneio do qual apenas os melhores do ano participaram.

Na mesma mesa final do Torneio dos Campeões, Giovanni Polak ganhou uma etapa em sua estréia no Circuito e foi terceiro colocado. Esses resultados bons em seqüência demonstram que uma estratégia adotada e seguida com disciplina em torneios de poker levam às vitórias. Giovanni sempre busca melhorar seu jogo, lendo a respeito de poker, perguntando aos profissionais sobre situações que passou jogando certas mãos e observando os outros. No dia anterior ao Torneio dos Campeões teve aulas com Leandro "Brasa", e no dia seguinte colocou em prática algumas estratégias que traçaram. Planejamento, disciplina e prática são receitas para um campeão.

Conhecer quantas fichas os adversários têm, quantas você tem e as relações entre estas quantidades (quem está maior ou menor em fichas) a partir de agora ó fundamental sempre que você estiver em uma mão.
Aprenda também a contar quanto tem no pote. Todas as suas apostas devem ser feitas levando em consideração estes pontos.

Aquele tipo de pensamento que citei sobre seguir as regras ao pé da letra é muito influenciado pela televisão, onde você ouve comentários nem sempre de fontes confiáveis que parecem ser verdades absolutas. Comentários como:

— *Você sempre deve dar* raise *aí....*

— *Ele é obrigado a chamar essa mão!*

— AK *é uma boa mão.* T7 *é uma mão ruim.*

Outra coisa, ainda, é a cultura popular que manda pérolas como:

— *Se é do mesmo naipe, tem que ir.*

— *Eu quero ver um* flop.

— *Não dá para largar um* flush draw.

— *Par é par!* (vai jogar com todo e qualquer par)

— *Ás e ás!* (joga com A com qualquer outra carta, A2, A3)

Sempre que ouvir uma regra ou um ditado como estes, antes de assumi-los como verdades absolutas, procure entender o porquê de tais afirmações. Uma boa parte delas é falsa, e acredito que logo você descobrirá o motivo pelo qual jogar uma mão como A2 ou A3 pode ser um mau negócio.

Dica

Texas Hold'em é um jogo situacional. Cada situação deve ser analisada sob vários aspectos. Não trave sua mente com regras. **Entenda o jogo e sua teoria**. Esforce-se para fazer a jogada correta, e, independentemente do resultado da mão, você ganhará no longo prazo.

Quem começa a jogar *no-limit Hold'em* primeiro acha que joga melhor quem blefa melhor. Joga várias mãos e tenta blefar muito. O blefe é uma arma importante no poker, mas muitas vezes hipervalorizada. Você arrisca muitas fichas em alguns blefes, mas muitas vezes é mais lucrativo simplesmente esperar pelas melhores mãos em vez de tentar blefar. Ao mesmo tempo, o jogador iniciante, consciente do que imagina serem os *tells*, tenta parecer estar com mão fraca quando está forte, e forte quando está fraca. Depois de um tempo, percebe que assim está perdendo. Neste estágio inicial, sua maior preocupação é: o que tenho na mão?

Depois passa para um segundo estágio, quando descobre que deve selecionar suas mãos. Passa a ser um jogador *tight* (seguro) e tenta não perder os potes. Joga poucas mãos e começa a observar como os adversários jogam. Neste nível sua preocupação passa a ser: o que penso que eles têm na mão?

Insatisfeito com os resultados, passa para o terceiro estágio, no qual volta a jogar *loose*, fica tentando ler os *tells* dos adversários e procurando descobrir o que eles têm de jogo e contra-atacar de acordo. Começa a pensar em um outro nível: "O que ele pensa que eu penso que ele tem?"

Entretanto, ainda não consegue compreender que o jogo mais difícil e produtivo está em perceber o valor dos diferentes *stacks* (quantidade de fichas) dos jogadores, o tamanho de cada pote e tentar jogar corretamente, induzindo o adversário ao erro. O jogador está atento ao meio e adapta-se a ele. Está atento à sua posição em relação aos adversários, sabe como começar a atacar e conhece algumas defesas, mas ainda sente-se vulnerável. Reconhece quem é o *fish* (pato, jogador mais fraco) da mesa. Nesta fase é que os conhecimentos começam a se misturar e o bom jogador floresce. O nível de pensamento já está em: "O que preciso fazer para que ele pense que tenho o que não tenho?"

Pense nisto

Se você se sentar em uma mesa e dez minutos depois não souber quem é o *fish*, o mais provável é que você o seja.

Leia os próximos capítulos com atenção. Eles são os fundamentos para um bom jogador. Comece a praticar seguindo as orientações dos mesmos. Depois, comece a adaptar e a criar seu repertório de acordo com as situações citadas, isto é, seja o maestro do seu jogo. Desenvolva o seu estilo com as ferramentas que terá em suas mãos.

Capítulo 12
Expectativa

Para os profissionais, o poker é como qualquer outro trabalho. Calculam as chances e entram apenas quando a matemática demonstra que estão em posição favorável. Os perdedores, por outro lado, anseiam pela ação e entram num jogo após o outro, deslocando-se entre sistemas incompletos.

Dr. Alexander Elder, autor de *Como se transformar em um investidor de sucesso* — em mais um exemplo de que o poker e o mercado financeiro necessitam de estudo e dedicação.

Por trás de toda jogada existem conceitos que podem ser aplicados para avaliar se sua mão é melhor que a do adversário ou se poderá se tornar. Estes conceitos são aplicados desde que escolha com quais das cartas que recebeu jogará, até como vai jogá-las, sua posição na mesa durante a rodada, quem são seus adversários e como as apostas se desenrolam.

Há jogadas que simplesmente não são lucrativas, e se você permanecer com elas, irá perder dinheiro no longo prazo, mesmo que uma ou duas vezes a jogada dê certo.

Como assim jogadas não-lucrativas?

A maioria das decisões ruins no poker costuma ser de jogadores que resolvem continuar em situações nas quais precisam de mais cartas para melhorar seus jogos, como em um *flush draw* ou em uma chamada para seqüência.

Intuitivamente, deve já ter percebido que, saindo com A♦A♠ na mão, deve ganhar mais vezes do que saindo com 7♠2♦. Se você já sai com um par ou com cartas altas é mais fácil ganhar o jogo, certo?

Mais difícil, talvez, seja reparar que AA contra apenas um adversário é mais lucrativo do que contra cinco. Veremos que quanto mais adversários houver em um mão, menores são as suas chances de ganhá-la partindo de mãos iniciais mais fortes.

Ou, ainda, um outro detalhe sutil: jogar com AKs ou AQo tem uma diferença significativa em termos do lucro esperado. Mas ambas não são mãos com cartas altas? Qual pode ser a diferença entre elas? Guarde esta pergunta na sua cabeça — você mesmo será capaz de respondê-la em pouco tempo.

Os jogadores iniciantes colocam praticamente no mesmo nível jogar com AK, AQ ou AJ, e ainda não se preocupam em subir as apostas para jogar contra o menor número de jogadores possível. Não percebem que quanto mais jogadores, maiores as chances de alguém ganhar destas mãos iniciais fortes.

Assim sendo, precisamos introduzir um conceito que não se aplica somente ao poker, mas a todas as escolhas que fazemos, seja em jogos, em negócios ou mesmo em nossa vida: expectativa.

Enquanto escrevia este capítulo, pensei em como introduzir esse conceito matemático do poker, de modo a traçar um paralelo com coisas corriqueiras. Na realidade, entender o conceito de expectativa (ou, em inglês, EV, *expected value*) no jogo é bem fácil.

Você tem R$ 10.000 para investir. Primeiro, deve decidir: irá investir em poupança, renda fixa ou ações? Você sabe que com a poupança seu dinheiro está seguro, mas seus rendimentos apenas cobrem a inflação. Com a renda fixa, ganha um pouco mais que com a poupança, mas está sujeito a flutuações que podem comer seu rendimento. Com as ações, pode ganhar bem mais, mas também pode até mesmo perder todo o seu investimento, quer dizer, tem um risco maior com um retorno potencial também maior.

Ou seja, quando vai escolher o que fazer com seu dinheiro, você analisa o que espera de cada opção. Qual delas lhe oferece a melhor relação entre risco e retorno esperado, e, se for uma pessoa normal, escolhe uma opção que lhe dê segurança em relação ao seu capital. Pode até mesmo escolher as ações que têm maior risco, contanto que o seu risco seja calculado de modo a não fazê-lo perder tudo o que tem.

Especialistas analisam diariamente o mercado e dizem quais investimentos têm uma melhor expectativa, mas nenhum deles lhe garante o resultado da sua aplicação. Ou, ainda, alguns até tentam garantir um resultado, mas não necessariamente se trata do melhor resultado possível. Você pode atingir seu objetivo, tomar a decisão com melhor expectativa, e, ainda assim, uma outra opção acabar sendo a melhor.

Para tomar sua decisão, você escolhe a opção com melhores chances de lucro que pode vir a se concretizar ou não. Se o investidor sempre escolher as opções com melhores chances, fatalmente estará no caminho certo para o lucro, mesmo que encontre alguns percalços em sua jornada, com alguns resultados desfavoráveis.

No poker é a mesma coisa. Você mesmo pode conseguir calcular, com métodos simples e um pouco de prática, sua expectativa em determinada mão. Em outras palavras, prever o quanto você espera ao longo do tempo, ganhar com determinada jogada ou situação. Esse retorno não é garantido, mas você pode aprender a porcentagem de vezes ou um valor médio do que espera ganhar se aquela situação se repetir várias vezes.

EV ou **expectativa** foi um termo criado para descrever o valor de um evento considerando todos os resultados possíveis para o mesmo.

Ou seja: você calcula quanto ganharia se X acontecesse, quanto perderia se Y ocorresse, e daí em diante. Você analisa as várias possibilidades de ganho e perda e coloca peso nelas. Assim, consegue chegar até um número que traduz para o que esperar de determinada situação. Se este número for positivo, ótimo. Se for negativo, ou muito próximo de zero, provavelmente não é uma boa opção para seguir.

Mas como calcular o EV?

Para calcular o EV, pegue todas as possibilidades e atribua-lhes uma probabilidade e um resultado — para cada uma. A soma das probabilidades é 100%. A soma de cada resultado individual multiplicado pela sua probabilidade é o EV.

Entendeu? Falando assim parece difícil, mas vamos colocar em números com um exemplo bem fácil.

Você tem um dado com seis lados, em que cada número de 1 a 6 tem chances iguais de sair em um rodada. Se alguém lhe propuser o seguinte: "Se você rodar o número 1 ou 2, ganha R$ 6,00. Porém, se rodar 3, 4, 5 ou 6, perde R$ 4,00." Aceitaria esta proposta? Como saber se é ou não vantajosa para você? A fim de facilitar, vamos colocar em uma tabela todos os resultados possíveis.

Dado	Chance de sair	Ganho ou perda	Multiplicação Chance X Ganho ou Perda
1	1/6	+6	+1
2	1/6	+6	+1
3	1/6	-4	-0,6
4	1/6	-4	-0,6
5	1/6	-4	-0,6
6	1/6	-4	-0,6
Total	6/6 = 100%		-0,4

Isto significa que o EV da proposta é de -0.4, ou seja, em média você perderá R$ 0,40 se ficar jogando os dados continuamente. Você pode até tirar uma seqüência de números 1 ou 2 e ganhar por algum tempo, mas, continuando a rodar os dados, a tendência é que cada número saia aproximadamente a mesma quantidade de vezes, e assim você perca. Por exemplo, em 600 rodadas do dado, é provável que você tenha tirado próximo a 200 vezes o número 1 ou 2, ganhando R$ 1.200,00, mas em 400 vezes saiu o 3, 4, 5 ou 6, perdendo R$ 1.600,00. Sua expectativa é negativa. Entendeu?

Um exemplo ainda mais fácil e lógico com o dado:

Cada vez que você rolar o 1, ganha R$ 10,00.

Cada vez que rolar qualquer número de 2 a 6, perde R$ 1,00.

Você aceita esta proposta? Intuitivamente, aceita. Mas quanto espera ganhar com esta aposta?

Rapidamente:

1/6 das vezes ganha R$ 10,00 = 1/6 x 10 = 1,66

5/6 das vezes perde R$ 1,00 = 5/6 x 1 = -0,83

1,66 - 0,83 = 0,83

EV= +0,83

Ou seja, em média, a cada vez que você rolar o dado, estará ganhando R$ 0,83. Portanto, vale a pena aceitar a aposta. Mesmo que perca algumas vezes, quando acertar o 1 valerá a pena.

Pense nisto

Na maioria dos jogos de cassino e loteria, o jogador tem expectativas negativas. Ele pode até ganhar muito em um determinado número ou condição, mas se somar as probabilidades de todas as condições multiplicadas pelos seus resultados, terá uma expectativa negativa.

No poker, pode-se escolher ficar e jogar somente quando a sua expectativa for positiva. Ou seja, os bons jogadores ou profissionais aprendem, na maior parte do tempo, a jogar com a expectativa a seu favor. E quanto maior for a expectativa da mão em questão, maiores são suas apostas e os riscos que ele está disposto a correr.

Para trazer os exemplos para o poker, deixe-me tentar simplificar a primeira tabela dos dados. Naquela situação, em dois números você ganha, nos demais, perde. Isto é o mesmo que dizer que ganha em 2/6 das vezes. Utilizando o método da simplificação de frações, 2/6 equivalem a 1/3.

Nos outros quatro números, quatro de seis, você perde. É o mesmo que falar que em 4/6, ou, simplificando, 2/3 das vezes, você perde.

Em 1/3 das vezes, 33% ganha 6 unidades

1/3 x 6 = + 2

Em 2/3 das vezes, 66% perde 4 unidades

2/3 x -4 = - 2,66

Fica claro que é uma proposta não-vantajosa.

Vamos primeiro passar pelo poker de modo intuitivo. O pote está grande, digamos R$ 2.000,00. Sua mão, entretanto, não é tão boa, e você tem quase certeza que está perdendo. No *river*, seu adversário faz uma aposta de R$ 200,00. Apesar de você ter quase certeza de que está perdendo, pensa: "Fazer o quê? Estou perdendo, mas chamo."

Chama porque pensa que o adversário blefará e você pode ganhar um pote gigante. Neste caso, bastaria que ganhasse a mão mais de 10% das vezes para ter lucro. Se uma vez em 10 você ganhar, paga R$ 200,00 para levar R$ 2.200,00. Nas outras nove vezes que você pagar R$ 200,00 perde um total de R$ 1.800,00. Então, como só precisa estar certo 10% das vezes, instintivamente fez uma boa chamada.

Agora temos de refinar esse instinto, para torná-lo mais acurado. Vamos imaginar uma situação comum no poker. Você tem uma chamada para um *flush*.

Você

Neste momento, imagina estar perdendo a mão para seu adversário que você sabe que tem um A, dando a ele um par de ases. Para ganhar esta mão, você precisa fazer seu *flush* de espadas.

Você segura duas cartas de espadas, e tem mais duas na mesa. Então, das 13 cartas de espadas restam nove no meio das cartas que você não conhece (ou as cartas de espadas estão na mão de seus adversários, ou nas cartas ainda não-distribuídas, não faz diferença). No total, são 46 cartas do baralho incógnitas para você (as 52 originais menos as seis que já viu, suas duas e as quatro da mesa).

Então, a chance de a próxima carta ser de espadas é de nove em 46 = 9/46. Dividindo os dois lados por 9 (simplificação), temos 1/5,1. Este número é o mesmo que 0,19 (1 dividido por 5,1), ou seja, você tem aproximadamente 19% de chances de que a próxima carta seja de espadas. Ou, ainda, podemos dizer que uma vez em cada cinco cartas que forem dadas em média, você fará o seu *flush*.

1/5 das vezes você ganha.

4/5 das vezes você perde.

Para pagar uma aposta que seu adversário faça no *turn*, você tem de conseguir ganhar, nesta vez, o suficiente para compensar o que perde nas quatro vezes em que paga a aposta e perde.

Na prática, todas as vezes em que você estiver no *turn* enfrentando uma aposta do seu adversário e estiver com um *flush draw*, precisando do *flush* para ganhar, tem de parar e se perguntar: "Compensa pagar esta aposta?"

Qual a minha expectativa ou EV nesta aposta?

Simples.

Nove vezes em 46, você ganha a mão. (Nove cartas das 46 restantes fazem você ganhar, que é aproximadamente 19% das vezes.)

37 vezes em 46, você irá perder. (37 cartas das 46 restantes fazem você perder, que é aproximadamente 80% das vezes.)

Você tem que pensar: quanto você ganharia nas nove vezes? (aprox. 19%) E quanto você perderia nas outras 37 vezes? (aprox. 80%)

Para facilitar, digamos que você tem de pagar uma aposta de 20.

O pote contém 100 após a aposta do seu adversário.

Ou seja, 20% das vezes você paga 20 e ganha 100. Em 80% paga 20 e perde estes 20.

Seu EV, portanto, é:

(9/46 x 100) + (37/46 x - 20) = +3,48

Em média, você ganha 3,48 com esta jogada. O seu EV é positivo, por isto pode pagar.

O curioso é perceber que você vai perder a jogada quatro vezes e só ganhar uma. Mas a que você vai ganhar compensará. Isso é muito importante de perceber. A tendência do jogador é fazer este cálculo mental de que vale a pena pagar. Aí, quando paga a aposta e perde uma, duas e depois três vezes, começa a achar que está tudo errado, e se irrita por ter perdido.

Lembre-se: se você jogou corretamente, com matemática, não perdeu.

Se tal situação se repetir, por exemplo, 100 vezes em média, terá obtido um lucro de 348 (100 x 3,48).

Repare que nas 10 primeiras vezes em que você jogar nesta situação pode acontecer de você perder, e então estar com R$ 200,00 de prejuízo (20 x 10). Mas se continuar a jogar, a tendência é se aproximar da expectativa e começar a ter lucro.

Agora, repare que se a aposta que você precisasse pagar fosse maior, o seu EV deixaria de ser positivo. Exemplo: se você precisasse pagar R$ 30,00 para ganhar R$ 100,00.

(9/46 x 100) + (37/46 x -30) = +19,5 - 29,13 ⊠ -10

Nesse caso, em média você perderia 10 fichas nessa mão. Ou seja, seu EV é negativo e não vale a pena pagar a aposta.

Qual é o EV de você dar *fold*? A expectativa de dar *fold* é zero. Com o *fold* você não perde nem ganha mais nada.

Dica

Lembre-se sempre de que todas as fichas que já colocou no pote não lhe pertencem mais. Portanto, nunca avalie uma situação pelas fichas já investidas. Avalie, sim, pelas fichas que ainda tem e por quantas pode ganhar ou perder.

Aí você deve estar se perguntando: "Se tenho de fazer essas contas todas, não consigo jogar. Não existe uma maneira mais fácil?" Você não precisa conhecer todas as situações, apenas aprender aquelas que são mais comuns e identificar as que são vantajosas ou não.

Dica

Todas as vezes que você for contar *outs*, deve contar as cartas que já conhece e retirá-las do baralho. Ou seja, no *flop* você conhece as duas cartas na sua mão, e as três da mesa, sobrando 47 (52 - 5) cartas que não conhece. No *turn*, 46. Você não conta as cartas nas mãos dos seus adversários, pois não as conhece.

Para continuar e entender melhor, devemos juntar os conceitos de expectativa e *out* e *pot odds*, os quais serão abordados nos próximos capítulos.

Lembre-se

1- No poker devemos tentar escolher a opção com a maior expectativa.

2- O objetivo é minimizar os riscos e obter o maior retorno.

3- Para saber se vale a pena, basta calcular a porcentagem de vezes que você perde x quanto você perde e somar com o número de vezes que você ganha x o que você ganha. Se for **positivo, vá em frente**.

Para refletir

1- Haverá situações no poker em que você, apesar de saber que a expectativa não é favorável, ainda assim fará uma jogada?

2- E o contrário: situações em que sua expectativa é favorável, mas resolve não jogar?

Dica

Lembre-se: o poker é um jogo no qual o lado matemático não pode ser esquecido. Mas tanto o seu lado psicológico quanto o do adversário também são importantes. Leia a situação como um todo, e não somente os números.

Antes de começar a escrever esse livro, iniciei o que pretendia ser uma série de *posts* no meu *blog*, voltados para o jogador mais avançado, onde começaria a trabalhar os conceitos de expectativa e sua aplicação para a fase final dos torneios do tipo *sit and go's*.

Embora parte do que seria abordado naqueles artigos ainda seja um pouco avançado para esta parte do livro, apresento aqui o problema inicial, que girava em torno de expectativa e era fundamental para o restante da discussão. Utilizo um outro exemplo, mas com o mesmo princípio aplicado naquela ocasião.

Para este exemplo, não vamos levar em conta se você está jogando um torneio ou um *cash game*, pois as diferenças estratégicas entre os dois poderiam ditar a favor de uma das respostas, e quero que você pense no problema apenas pelo aspecto da jogada com maior expectativa.

Em uma determinada mão, em uma mesa com cinco jogadores, você está no *small blind* com 5.500 fichas. O *big blind* possui 6.200. A rodada começa e todos os jogadores saem da mão.

Os *blinds* estavam 100/200 e você resolve subir para 500 a aposta pré-*flop*. O BB paga sua aposta. O *flop* vem:

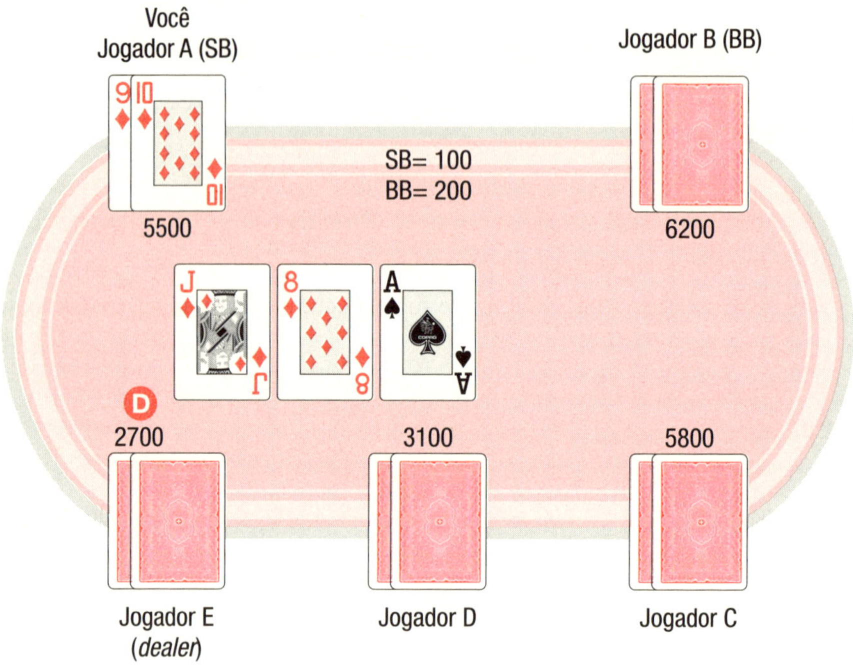

Ótimo! Você tem uma chamada para *flush* e para *straight*, na realidade uma chamada para *straight flush draw*. Nesse momento você acha que é o favorito para ganhar a mão, mesmo não tendo nenhum par ainda, mas resolve dar mesa. O seu adversário dá mesa também.

No *turn* vem um outro J♥. Você fica com medo dessa carta, mas resolve apostar e coloca 700. O seu adversário paga a aposta imediatamente. Você então fica preocupado de ele ter um J ou A e estar ganhando. Quer dizer, ele com certeza deve estar ganhando, pois você ainda não tem nenhum par. Porém, a mão dele não deve ser tão boa, pois ele não subiu a aposta pré-*flop*, não apostou no *flop* e não a subiu agora.

No *river*, vem uma carta mágica para você: 7♦.

O *board* fica:

Você acabou de fazer um *straight flush*, o melhor jogo possível nessa situação, você tem o *nuts*.

E agora? Você é o primeiro a falar e tem uma decisão difícil: qual aposta fazer no *river*? Você ainda tem 4.300 fichas e o pote agora tem 2.400. Seu adversário tem 5.000 fichas sobrando.

Quanto você apostaria nesse caso?

A- 700 fichas — uma aposta bem baixa, do tipo que o seu adversário é obrigado a chamar e que só daria *fold* se ele mesmo não tivesse nada (90%).

B- 2.000 fichas — uma aposta próxima do valor do pote, neste caso seu adversário apenas o chamaria se ele tivesse um A com um *kicker* forte ou um J na mão, fazendo uma trinca, ou algum jogo improvável melhor, tal como ele mesmo ter um *flush*, uma seqüência, um *fullhouse* (40%).

C- Iria *all-in* 4.300 fichas — neste caso ele só chamaria se achasse que você estava tentando roubar o pote e, ainda, tivesse um jogo muito forte, largaria até mesmo uma trinca de J ou o par de A, só chamando você com um *flush* ou *fullhouse* (20%).

D- Daria *check* com o melhor jogo, esperando que o adversário resolvesse apostar, e aí você faria um *check raise all-in*?

Parece uma decisão trivial. Antes de escrever meu artigo, fui até a comunidade Poker Mania no Orkut e coloquei uma pergunta semelhante, estimulando as pessoas a darem suas respostas e explicarem o porquê de terem escolhido a resposta A, B ou C. Naquela ocasião, a opção D não estava disponível. Obtive várias respostas interessantes, mas o mais curioso foi que, apesar das diversas contribuições, ninguém tocou no ponto de qual opção daria o melhor retorno se uma situação igual ocorresse por várias vezes.

Ao longo de sua experiência com o poker essa situação se repetirá. Você, com o melhor jogo possível no *river*, tem de falar antes do adversário e escolher qual valor de aposta fará. É claro, como muitos apontaram em suas respostas, que vários fatores influenciarão. Alguns deles bem específicos do momento, como, por exemplo, contra qual adversário você está jogando, se ele é *tight* ou *loose*, se está jogando bem ou cometendo erros, se vocês já jogaram outras mãos anteriormente, qual a imagem que ele faz de você como jogador. Características do jogo podem influir também — é um torneio? Está perto da faixa de premiação? Qual a média de fichas?

Utilizar a expectativa pode ser uma maneira de analisar friamente a situação e ter uma resposta padrão para casos como esse. Partindo dessa conclusão padrão, você pode adaptar para a sua situação específica.

Vamos analisar cada resposta:

A- Apostar 700 fichas sendo chamado em 90% dos casos. Calculando a expectativa, temos:
Em 90% você será chamado, e ganhará um pote de 3.800
Em 10% o adversário sairá, e ganhará 2.400
90 x 3.800 + 10 x 2.400 / 100 = 3.660
Sua expectativa é de ganhar em média 3.660 fichas.

B- Apostar 2.000 fichas e ser chamado 40% das vezes
Em 40% você será chamado e ganhará um pote de 6.400
Em 60% o adversário sairá e você ganhará 2.400
40 x 6.400 + 60 x 2.400 / 100 = 4.000

C- Apostar 4.300 fichas e ser chamado 20% das vezes
Em 20% você será chamado e ganhará um pote de 11.000
Em 80% o adversário sairá e você ganhará 2.400
20 x 11.000 + 80 x 2.400 / 100 = 4.120

A opção D é controversa, pois dependeria do tipo de adversário apostar ou não. Eu diria que 90% dos adversários não apostariam nessa situação, pois a textura da mesa indica possibilidade de *fullhouse*, *flush* e seqüência. Para apostar nessa situação só com um jogo muito forte. Ainda assim, se ele apostar, não dá para calcular o quanto irá colocar no pote e nem se irá pagar o seu *raise all-in*.

Por que coloquei essa opção, então? Para lembrar algo muito importante no poker:

Dica

Nunca tente *check-raise* no *river* quando você tiver certeza de que tem o melhor jogo.

Check-raise no *river* só deverá ser utilizado quando você tiver certeza quase que absoluta de que seu adversário vai apostar, o que é difícil conseguir.

Pelos cálculos de expectativa apresentados, conseguimos ver que a alternativa que em média lhe dá mais fichas é a C. Ir *all-in* com o melhor jogo. Apesar de 80% das vezes você não ser chamado (a grande maioria), as vezes em que sua aposta for paga compensam as outras. A aposta pequena é chamada quase todas as vezes, mas em média dá menos fichas.

Não parece haver muita diferença entre os três casos, mas ao longo do tempo, cada pequena quantidade de lucro a mais que você conseguir soma para o seu resultado final.

Ok! Entendi pra que serve a expectativa no poker. Quer dizer que terei sempre que fazer esses cálculos na mesa antes de apostar?

Claro que não! Esses cálculos servem para estudo. O bom jogador está sempre simulando essas situações quando não está em jogo e aprendendo o que fazer quando se encontrar nestes casos.

É fundamental que, com o tempo, você repare qual tipo de aposta apresenta os melhores resultados e quando fazê-la. Nos próximos capítulos aprofundaremos esses conceitos de uma forma prática, ensinando os tipos de apostas corretos para cada situação.

Capítulo 13
Outs

Se você não visualizar as saídas de emergência, nem entre.

Matt Lessinger, profissional de poker que escreveu um livro apenas sobre blefes, The Book of Bluffs.

Chamamos de *outs* (em português, uma tradução literal seria "saídas") às cartas que, aparecendo no jogo, poderiam melhorar sua mão em relação à de seu adversário. Ou seja, são cartas que conseguem fazer o seu jogo melhorar ao ponto de vencer a mão. Isto parece bem simples, mas temos de lembrar que, às vezes, algumas cartas podem tornar seu jogo melhor, ao mesmo tempo em que podem fazer o seu adversário ter um jogo ainda superior.

Por exemplo:

Você tem certeza de que seu adversário tem pelo menos um par. Portanto, neste momento você está perdendo.

Como contar quantas cartas fariam sua mão tornar-se melhor?

Primeiro vamos pensar nas mais óbvias:

- Quatro A - fariam uma seqüência de T a A para você.
- Quatro 9 - fariam uma seqüência de 9 a K para você.
- Três K - dariam a você um par provavelmente maior que o do seu adversário (que pela mesa só poderia ter um par de damas como maior par).

Então, pelo menos 11 *outs* (saídas) das 46 cartas que você não conhece lhe dariam a melhor mão. Certo?

Para começar no poker, você deve treinar para contar *outs* desta maneira. Porém, para dar um passo além, deve aprender a contar suas *outs* efetivas.

No exemplo anterior, 11 *outs* seria um número errado.

Será que se viesse um dos três valetes que restam, o seu par de valetes não seria a melhor mão? Talvez. Se seu adversário tiver um par menor que o de valetes, como o de T ou 8 da mesa, ou ainda um par de mão, menor, os valetes seriam *outs*. Isto faria suas *outs* subirem para 14 em vez de 11.

Mas como não podemos ter certeza de que ele não tem uma dama ou um par maior, como, por exemplo, de reis ou ases na mão, não podemos contar os três valetes como *outs* inteiras. Então, os contamos como meias *outs*, também chamadas de *outs* parciais. Assim, em vez de contar 3, contamos 1,5 *out* aqui. Interessante notar que ler a mão do seu oponente pode ajudá-lo a contar *outs*. Se o seu oponente é capaz de apostar com segundo ou terceiro par da mesa, ou seja, é um jogador mais *loose*, maiores chances dos valetes serem *outs*. Se, por outro lado, seu oponente é *tight* e ainda assim está apostando, maiores chances de ele ter ao menos um par de damas ou mais forte, portanto, seus valetes deixam de ser *outs* — e você não deveria contar nem a metade.

Os quatro ases que lhe dariam uma seqüência são *outs*? Bom, o A♦ poderia dar um *flush* para o seu adversário se ele tivesse uma carta de ouros na mão. Não sabemos se ele tem ou não ouros na mão. Preferimos, então, não contar o A♦ como uma *out* inteira, mas, sim, parcial. A mesma coisa acontece com o 9♦. Então, diminuímos uma *out* da nossa conta (0,5 pelo A e 0,5 pelo 9).

Pior ainda: se seu adversário já tem duas cartas de ouros na mão, você pode estar *drawing dead*, que significa que não tem nenhuma *out*, pois nenhuma carta o fará ganhar de um *flush*.

Quando um jogador não possui *outs* que o façam ganhar, costumamos dizer que ele está *drawing dead*.

Viu que o cálculo não é tão simples? Isto porque você não pode pensar apenas no seu jogo. Tem de pensar também nas possibilidades de jogo do adversário e ver as cartas que poderiam ajudá-lo e quais as que possivelmente poderiam auxiliar os possíveis jogos do seu adversário.

No final das contas, o seu trabalho é tentar ponderar quantas cartas poderiam salvá-lo das que ainda virão no baralho. Lembrando que no *flop* restam ainda 47 cartas que você não conhece, que depois se tornam 46 entre o *turn* e o *river* (47 menos 1 que saiu no *turn*).

Uma dúvida freqüente: por que dizer que você deve contar 47 cartas que ainda podem ser distribuídas se, na realidade, em um jogo com dez pessoas, o *dealer* já distribuiu 20, depois queimou uma e em seguida deu as três do *flop*? Na verdade, das 52 do baralho, 24 já saíram do bolo de onde virá o *turn*. Porém, como você, a princípio, não conhece nenhuma das cartas dos outros jogadores nem a queimada, para efeitos de conta não faz diferença se a sua *out* está entre aquelas a serem distribuídas ou não. Você conta as suas *outs* em relação a todas as cartas que não conhece. Se, por outro lado, você acabou vendo duas cartas na mão de um adversário, ou o *dealer* expôs uma carta acidentalmente, aí, sim, você deve ajustar o número de cartas que não sabe de acordo com o número de cartas que você já conhece.

E por que contar as *outs*? Porque sabendo quantas cartas das que restam no baralho o ajudam a ganhar, você consegue relacioná-las com as apostas e ver se vale a pena continuar jogando a mão.

Você sabe que seu adversário está ganhando, e provavelmente com dois pares ou uma trinca (estamos assumindo isso para este exemplo).

Se você acertar a última carta de espadas, faz um *flush*. Já vimos que isso acontece em 9 de 46 vezes (13 cartas de espadas - 4 que você já viu = 9 das 46 cartas restantes).

Porém, duas cartas de espadas dessas 9, o 2♠ e o 3♠, fazem o *board* ter um par, o que pode dar um *full-house* ou um *four* ao seu adversário. Então, suas *outs* não são 9, mas apenas 7.

7 em 46 = 0,15. Ou seja, apenas em 15% das vezes você terá a melhor mão, em vez de 19%, caso seu adversário não tivesse dois pares ou trinca. Essa diferença de 4% na maioria das vezes não modificará sua decisão entre chamar ou não chamar, pois, somada à incerteza quanto ao fato de seu adversário ter ou não os dois pares ou a trinca, você praticamente tem a mesma expectativa. O importante, no caso, é ver quanto você tem a ganhar, correndo mais este risco de ter menos *outs* do que imaginava.

Um *bad beat* acontece quando um jogador com poucas *outs* consegue acertá-las contra um outro jogador que era o grande favorito.

Contar *outs* não é uma ciência exata, pois você não conhece as cartas ou o jogo do adversário. Algumas vezes você pode já estar à frente; em outras, não ter chance alguma. Portanto, é um balanço entre matemática e instinto.

O interessante do número de *outs* é quando ele é alto: às vezes você está perdendo no *flop*, mas é favorito para ganhar a mão dali até o *river*, e, então, deve apostar contra seu adversário, mesmo sabendo que naquele momento está atrás.

Exemplo:

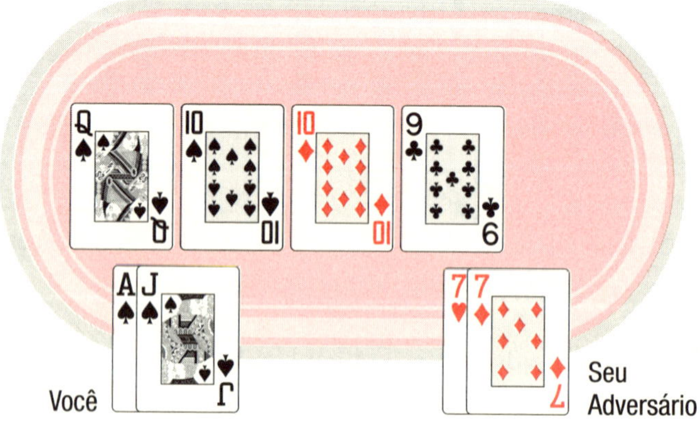

Você está atrás, perdendo para o par de 7. Porém, com qualquer um dos três A você ganha, e com qualquer um dos quatro K, qualquer das três Q, qualquer dos três J, qualquer dos três 9 restantes e com qualquer um dos quatro 8 e todas as cartas de espadas abaixo do 6, também.

Você tem um total de 26 *outs*. Então, das 46 cartas que restam, 25 o ajudam, mas 21, não. Você é favorito, pois há mais chances de vir uma carta que o ajuda do uma que o atrapalhe.

Quando, ao assistir ao poker na TV, aparecem aquelas porcentagens de chances de uma mão ganhar, isto reflete apenas o número de *outs* que a mão tem. No exemplo apresentado, se um tem 25 *outs,* isso significa que, das 46 cartas restantes, 21 não servem, ou seja, não são *outs*, servindo então para o outro jogador.

O que tem 25 tem 54,34% de chances de ganhar (25/46), e o que tem 21, 45,65% (21/46). Simples, não?

Um outro conceito que vamos abordar mais à frente é quanto ao número de oponentes na mão. Só explicando *outs* já dá para perceber que, quanto maior o número de oponentes, maiores são as chances de que algumas de suas *outs* deixem de ser *outs*, ou de que algumas cartas melhorem ainda mais a mão de seus adversários. Guarde isto.

Acha que já entendeu? Como você verá, é muito importante saber calcular quantas *outs* você tem. Portanto, vou colocar alguns exemplos para que você tente enumerar quantas *outs* existem para cada situação e ver se elas batem com o número dado à direita do quadro:

Você	Adversário	*Board*	*OUTS*
J♥ 10♥	A♣ K♦	K♥ 8♠ 6♥ 4♠	9
J♥ 10♥	K♣ K♦	K♥ Q♠ 7♠ 3♦	8

Você	Adversário	*Board*	*OUTS*
A♣ A♦	K♠ Q♠	K♥ Q♣ J♠ 7♠	10
9♠ 8♠	J♠ J♣	A♣ 9♣ 7♦ 6♦	13
A♣ K♦	Q♣ Q♦	J♣ 8♦ 3♠ 2♥	6
10♠ 9♠	A♠ K♠	Q♠ J♠ 10♣ 9♣	5

Agora, a surpresa boa para todos. Assim como no colégio, primeiro nos contam uma história longa para aprendermos e depois dizem que podemos esquecer tudo porque existe uma maneira mais fácil de fazer aquilo.

Saiba como contar *outs*, mas, em vez de ficar apenas contando, decore as principais situações em que você vai se envolver. É fácil!

A seguir, apresenta-se a descrição da mão, o número de *outs* e a porcentagem de chances de acertar do *turn* para o *river*.

Mão	*Outs*	Probabilidade
Flush Draw + Seqüência	15	32,6%
Flush Draw	9	19,6%
Duas pontas para seqüência	8	17,4%
Overpair x Dois pares	8	17,4%
Duas *overcards* x Um par	6	13,0%
Par do meio x *Top pair*	5	10,9%
Com *kickers* diferentes		
Gutshot Straight Draw	4	8,7%
Uma *overcard* x um par	3	6,5%
Par de mão x par maior	2	4,3%

Apenas decore o número básico de *outs* das principais situações. Por exemplo:

- ***Flush draw***: 9 *outs*.
- ***Overcards***: 6 *outs*.
- ***Flush Draw + overcards***: 15 *outs*.
- **Chamada para seqüência em duas pontas**: 8 *outs*.
- ***Flush Draw* + chamada pra seqüência**: 15 *outs* (9 do *flush* + 8 da seqüência - 2 que foram contadas duas vezes).

Ao decorar as principais situações, já fica mais fácil fazer os cálculos que virão nos próximos capítulos.

Capítulo 14
Pot odds e *Implied odds*

Um jogador mediano disciplinado tem melhores resultados que um brilhante tiltado. "Jogar bem" não garante resultados se o jogador não sabe lidar com a compulsividade que envolve o poker.

Vicenzo Camilotti, profissional de poker, joga principalmente *sit and go's* on-line. Foi por diversas vezes o líder do ranking do Party Poker entre os brasileiros. Conhecido pela sua estratégia repleta de *all-ins*.

Finalmente vamos entender por que é tão importante contar as *outs* no poker e — o principal —, para quem é iniciante, aqui começa a compreensão do mecanismo do jogo. Neste capítulo, a matemática pode parecer complicada, mas no final explicaremos uma maneira fácil de apenas decorar a relação entre *outs* e *pot odds*.

Compreender o conceito de *pot odds* é fundamental para ser um jogador vencedor. Lembra-se do capítulo de expectativa? Chegamos à conclusão de que devemos, na medida do possível, fazer as escolhas que resultem em lucro ou em um resultado positivo no jogo e na vida. As *pot odds* nos ajudam a determinar se nossa expectativa é ou não positiva para a mão.

Mas o que são as *pot odds*?

É a relação entre a quantidade de fichas que está em um pote e a que você deve colocar nele para continuar em uma mão.

Em inglês, *odds* significa chances.

Em outras palavras, é quanto tem no pote e quanto você deve pagar para tentar ganhar o que tem lá.

Assim, se um pote contém 800 fichas no *turn* e seu adversário aposta 200, o pote tem 1.000 e você deve chamar 200. As *pot odds* são 1.000/200. Simplificando: ao se dividir ambos os lados por 200, chega-se a 5 para 1.

Você deve sempre tentar simplificar, dividindo os dois lados pelo número da direita e chegando, assim, a uma relação que mostra, à esquerda, o número de apostas em relação a 1 (número de vezes que o pote é maior do que uma unidade de aposta).

Suas *pot odds* são 5:1. O número da esquerda representa o número de apostas no pote, e o da direita, o número de apostas que você tem de colocar no pote. Neste caso, o pote tem cinco vezes mais do que você deve pagar para continuar na mão.

Sabendo as *pot odds,* poderá relacioná-las com a porcentagem de vezes que precisa vencer para não perder dinheiro. É só pegar o número de apostas que precisa pagar para chamar a aposta, e dividi-lo pelo total de apostas que haverá no pote depois que você chamar. Em *pot odds* A:B, você tem, então, B / (A + B).

No exemplo anterior, A = 5 e B = 1 (5:1). Então: 1 / (1+5) = 1/6. Ou seja, se você ganhar 1/6 das vezes, não perderá fichas. Para uma expectativa positiva, tem de ganhar mais que uma vez em cada seis.

Por que você conta *outs*?

Você conta *outs* a fim de ter algo para relacionar com as *pot odds* e decidir como jogar a mão. Se você sabe quantas *outs* e quantas não-*outs* têm, pode comparar a relação entre as não-*outs* e as *outs* com a das *pot odds*.

Assim, em um *flush draw*, você tem 37 não-*outs* e 9 *outs* em 46 cartas do *turn* para o *river*. Uma relação de 37:9. Se suas *pot odds* são de 5:1, basta simplificar 37:9 e comparar as duas. Dividindo ambos os lados de 37:9 por 9, chegamos a 4,1:1.

Você então compara 5:1 com 4:1. Se as suas *pot odds* forem maiores, como neste exemplo, sua expectativa é positiva e você deve continuar jogando essa mão.

Se neste exemplo a aposta fosse de 300 em vez de 200, o pote teria 1.100, e você deveria chamar 300.

1.100: 300, que, simplificando, dá 3,66:1.

No caso de estar com as *outs* de um *flush draw* (37:9 ou 4,1:1) e comparando as duas, vemos que 3,66:1 é menor do que 4,1:1, ou seja, suas *pot odds* são menores do que a relação de *outs*; portanto, sua expectativa é negativa, e você não deve continuar na jogada.

Mas estes números ainda são difíceis de entender. Então vamos simplificar:

Se suas *pot odds* são 5:1, significa que, quando você ganhar, serão cinco apostas e, quando perder, uma.

Se sua relação de não-*outs/outs* é de 4,1:1, então uma vez em cada 4,1 você irá acertar seu *flush* e ganhar a mão.

Uma vez acertou e ganhou cinco vezes o que apostou: 1 x 5 = 5

Resultado: ganhou cinco vezes o valor apostado.

4,1 você errou e perdeu uma vez o que apostou: 4,1 x 1 = 4,1

Resultado: perdeu 4,1 vezes o valor apostado.

Ganhou mais do que perdeu.

No segundo exemplo: 3,66 para 1.

Na primeira vez que acertar seu *flush*, ganhará 3,66 x 1 = 3,66.

Resultado: ganhou 3,66 o valor apostado.

Nas 4,1 vezes que não acerta, perde 4,1 x 1 = 4,1

Resultado: perdeu 4,1 o valor apostado.

Perdeu mais do que ganhou.

Atenção

Em cassinos, em jogos como roleta, às vezes é usada uma notação diferente para *odds*. Quando dizem por exemplo que a roleta é de 36 para 1, nos 36 estão incluídos 35 que ela paga de lucro mais a sua aposta de 1. No poker, quando dizemos que o pote está oferecendo 7 para 1, no 7 não está incluída a aposta que você deve pagar, ou seja, o 1. Em inglês, esta diferença é feita pela preposição: no primeiro caso 36 *for* 1, e no segundo 7 *to* 1. Em português, essa distinção se perde.

Da mesma maneira que olhamos para a relação de *outs*, podemos olhar para a porcentagem e compará-las.

Se suas *pot odds* são de 5:1, equivale a dizer que sua porcentagem para *break even* é de 1/(5+1) x 100, que é o mesmo que 16,7%. Lembre-se da fórmula B/(A+B).

Se sua relação de *outs* é de 37/9, significa dizer 9/(37+9) x 100 = 9/46 x 100 = 19,6%.

Isto quer dizer que você precisa ganhar mais do que 16,7% para empatar seu investimento; de acordo com os *outs*, você vai acertar seu *flush* em 19% das vezes e irá ganhar dinheiro chamando.

Nas *pot odds* de 3,66:1, é o mesmo que 1/(3,66+1) x 100 = 21,5%.

Para ganhar pelo menos 21,5% das vezes, você precisa empatar, mas irá acertar seu *flush* apenas 19,6% das vezes, ou seja, perderá dinheiro.

Ficou fácil entender a importância de contar *outs* e o pote agora? Mas é muito difícil para o jogador comum fazer todas estas contas na mesa, enquanto ainda decide se paga uma aposta, sobe uma aposta, pensa nas cartas, nas jogadas etc. (Bom, ninguém disse que se aprimorar no poker era fácil!)

Como sei que é difícil, recomendo que entenda os conceitos neste capítulo e depois vá até o próximo, onde dou uma dica para calcular, de modo fácil na mesa, duas chances de ganhar e comparar com o pote. Por enquanto, vá treinando: conte quanto tem no pote em todas as etapas de uma mão.

> Dica
>
> É muito importante saber o tempo todo quanto há no pote, e quanto você e seu adversário têm de fichas sobrando (seus *stacks*).

Acredite: todo jogo de poker vai sempre girar em cima destes números: quanto tem no pote, quanto você tem e quanto seu adversário tem. Você deverá sempre dosar suas apostas com tais números.

Implied odds

Nos exemplos que usamos para o cálculo de *pot odds*, a rodada estava do *turn* para o *river*, e contávamos quanto tinha no pote e quanto você tinha de pagar. Mas não levávamos em conta uma coisa importante: quando o *river* fosse dado, se não acertasse sua mão, não perderia mais nada, pois o outro jogador iria apostar e, como você não fez seu *flush*, largaria a mão. Mas quando acertasse seu *flush*, ainda teria a chance de apostar no *river* e talvez ganhar mais um pouco. São as *implied odds*.

No segundo exemplo, você tinha *odds* com o pote de 3,66:1, portanto abaixo do que suas *outs* lhe ofereciam, 4,1:1. Então, não deveria chamar a aposta. Entretanto, sabe-se que seu adversário, mesmo que você fizesse o *flush*, chamaria uma aposta de mais 500 no *river*, suas *odds* efetivas mudariam. Você estaria chamando aqueles 300 não para ganhar 1.100, e sim para ganhar 1.100 mais os 500 que o seu adversário ainda pagaria no *river*. Assim, suas *implied odds* seriam 1600:300 ou 5,33:1. Assim, com *implied odds* de 5,33 e chances de acertar sua mão de 4,1:1, você já estaria no lucro.

Qual é o problema das *implied odds*?

Trata-se de um conceito criado para jogos do tipo *limit*, quando no *river*, ao acertar sua mão e você apostar, o adversário só tem de chamar mais uma aposta padrão; portanto, na maioria das vezes ele chama mesmo perdendo. Quando passamos para *no-limit*, não há como garantir qual o tamanho de aposta que seu adversário chamaria se ele perceber que você deve ter acertado seu *flush*.

Levando em conta o que foi dito, *implied odds* seria um conceito muito subjetivo, dependendo diretamente do tipo de jogador contra o qual você está jogando e das chances de ele chamar apostas grandes suas no *river*.

Assim, muitas vezes você vê jogadores de *no-limit* referindo-se às *implied odds* que tinham, mas seja cuidadoso, pois, enquanto no jogo *limit* calcular as *implied odds* é uma questão apenas de adicionar mais uma aposta (valor unitário) do lado esquerdo da notação de *odds*, no jogo *no-limit* isso pode ser imprevisível.

Muitas vezes você pode até mesmo arriscar um *flush* e, ao acertar, conseguir todo o *stack* do seu adversário. Ou seja, *implied odds* infinitas (limitadas às fichas que seu adversário tem).

Por isto falamos que é importante saber quanto tem no pote e quanto você e seu adversário ainda terão disponível para apostar depois que você chamar a aposta. Se o seu adversário tem poucas fichas para trás, muitas vezes passa a ser não lucrativo entrar em uma *drawing hand* (mão em que você espera alguma carta). Por outro lado, se seu adversário tem um *stack* grande, às vezes vale a pena ir com uma mão especulativa (em que você espera por algumas *outs* meio difíceis de serem vistas), porque, se acertar esta mão, ganhará muitas fichas do adversário. Guarde muito bem este parágrafo, pois ele é muito utilizado para jogadas avançadas nas quais você entra com mãos não tão fortes em um pote gordo, esperando acertar uma mão em que conseguirá tirar todas as fichas de um oponente.

Uma última coisa importante: quando você está *heads up* com um outro jogador, mais importante do que calcular as *pot odds* é olhar para o *stack* do adversário. Somente ele e você em jogo, as suas *pot odds* efetivas, ou suas *implied odds,* seriam quantas fichas dele você pensa que conseguiria trazer ao pote.

Há um ano, durante uma sessão noturna de poker on-line, lembro que conversava com Igor "Federal". Estávamos no final de um grande torneio, faltando pouco mais de 20 jogadores. O torneio pagava uma premiação excelente para os jogadores na mesa final, mas não tão boa para os jogadores que ficassem entre o 11° e o 20° lugar. Naquele momento estávamos na 10ª posição e na média de fichas para o torneio. De repente, recebemos KQs no *button*. O *big blind* era o maior *stack* da mesa. Como tínhamos uma mão boa no *button* e nenhum jogador entrou na mão, resolvemos subir. Igor fez um *raise* de cerca de cinco *blinds,* que representava cerca de 25% do que tínhamos em fichas. O *big blind* chamou. O *flop* veio com duas cartas do nosso naipe, mas não acertamos nenhum par. Neste momento, o *big blind* fez uma aposta direta que virtualmente nos colocava *all-in*. Calculando as *pot odds* para o nosso *flush*, não valia a pena chamar a mão. Falei para o Igor decidir o que fazer, pois ele estava com o controle do torneio (jogando no computador dele, pois minha conexão à internet havia caído momentos antes e pedi a que ele me ajudasse, assumindo meu lugar, e conversávamos sobre o que fazer ao telefone). Igor decidiu chamar a aposta. O *flush* não bateu, e fomos eliminados do torneio sem ganhar o prêmio grande.

Naquele dia, ele me ensinou uma coisa fundamental. Não tínhamos *pot odds*. Entretanto, tínhamos uma chance rara. Podíamos ter ganhado aquela mão, assumir a liderança do torneio e, a partir dali, dominar a mesa e tomar as iniciativas. Era um risco calculado em que ele tinha duas *overcards* e o *flush draw*, mas em momento algum ele pensou em termos de *outs* e *odds* somente, mas sim no *stack* do adversário. Ganhando aquela mão, ele faria duas coisas: nos colocaria para a frente, e o nosso adversário, bem para trás.

Heads up, ele se guiou pelo potencial de fichas que poderíamos ter. Bem mais tarde, quando comecei a estudar ICM (Independent Chip Modeling), uma teoria baseada em probabilidades e estatísticas que atribui valores para a quantidade de fichas que você tem em relação às chances de colocação e prêmios, reparei que, intuitivamente (e, claro, pelo talento), Igor havia chegado a conclusões importantes para se colocar bem para as finais dos torneios. Estas teorias são usadas pelos jogadores de *sit and go's* e para os estágios finais de torneios, mas sua explicação é avançada para o escopo deste livro.

Capítulo 15
Situações práticas

Phil Ivey, em uma entrevista, disse algo que interpretei como "sobreviva no início soltando o jogo lá na frente", e foi a estratégia que segui à risca. Só que sofro de ansiedade e durante o torneio várias vezes falava sozinho, "Calma, Raul. Calma, Raul", e respirava fundo, pois, afinal de contas, era uma partida de futebol por *level*, e joguei só 18 *levels*.

Raul Oliveira, falando sobre sua fantástica 40ª colocação no WPT Championship, torneio mais importante do World Poker Tour, com inscrição de US$ 25.000 e presença dos maiores profissionais do mundo. Raul entrou na faixa de premiação e foi mais um brasileiro a fazer história no poker.

Para não ter de fazer cálculos complicados da porcentagem de vezes em que conseguirá determinado jogo ou decorar tabelas, existem alguns macetes para saber com qual freqüência conseguirá completar suas pedidas para seqüências, *flushes* e *fullhouses* após o *flop*.

Em primeiro lugar, deve-se tentar contar do modo mais aproximado possível quantas *outs* você deve ter para fazer a melhor mão da rodada.

Regra do 4

Após o *flop*, você deve contar quantas *outs* tem e multiplicar esse valor por 4. O resultado será a chance percentual aproximada de que conseguirá completar a sua mão com as duas cartas que ainda virão.

Lembre-se de que esta conta apenas dá o percentual de vezes que conseguirá acertar a mão que quer. Porém, seu adversário pode fazer um jogo ainda melhor e ganhar a mão. Por exemplo, não adianta ficar esperando um *flush* se seu adversário fizer um *fullhouse*.

É importante aprender a calcular a chance de acertar a sua mão no *turn* ou no *river*, mas lembre-se de que, ao usar este macete, você terá ainda que pagar possíveis apostas do seu adversário no *turn*, caso não complete sua mão na quarta carta.

Dica

Como a partir de 13 *outs* sua chance de completar a mão do *flop* até o *river* é maior do que 50%, isto significa que você é o favorito para ganhar a mão. Portanto, com mais de 13 *outs*, tome a dianteira e aposte sempre. E não se preocupe com cálculos acima deste número de *outs* — apenas saiba que em mais de 50% das vezes você completará sua mão.

Se do *flop* para o *turn* você não conseguir acertar sua mão, ainda há uma chance na próxima carta. Mas, neste caso, suas chances diminuem. Como calcular essas novas chances? É só transformar a regra do 4 na regra do 2 + 2.

Regra do 2 + 2

Verifique se o seu número de *outs* diminuiu, aumentou ou, ainda, se foi mantido.

Pegue o número de *outs* e multiplique por 2, depois some mais 2. Essa é a porcentagem de vezes em que a sua *out* irá aparecer com uma carta por vir.

Exemplos:

- 18 *outs* x 2 = 36 + 2 = 38. Você tem aproximadamente 38% de chances de acertar sua mão (a porcentagem correta, se você fizer o cálculo, é de 39,1).
- 15 *outs* x 2 + 2 = 32% (se você fizer o cálculo, verá que é de 32,6%).
- 9 *outs* (*flush draw*) x 2 + 2 = 20 (se fizer o cálculo: 19,6%).

Outs	Regra do 4	Chances Exatas
1	4	4,5%
2	8	8,8%
3	12	13%
4 (pedida para seqüência *gutshot*)	16	17,2%
5	20	21,2%
6 (fazer um par com duas *overcards*)	24	25,2%
7	28	29%

Outs	Regra do 4	Chances Exatas
8 (pedida para seqüência com duas pontas)	32	32,7%
9 (pedida para *flush*)	36	36,4%
10	40	39,9%
11	44	43,3%
12	48	46,7%
13	52	49,9%
14	56	53%
15 (pedida para *flush* mais seqüência duas pontas)	60	56,1%

Outs	Regra do 2+2	Chances de acertar sua mão entre o *turn* e o *river*
1	2	2,3%
2	4	4,5%
3	6	6,8%
4	8	9,1%
5	10	11,4%
6	12	13,6%
7	14	15,9%
8	16	18,2%
9	18	20,5%
10	20	22,7%
11	22	25%
12	24	27,3%
13	26	29,5%
14	28	31,8%
15	30	34,1%

Antes de se preocupar em decorar valores, apenas entenda os macetes.

- Com duas cartas não pareadas na mão, você irá acertar um par no *flop* em torno de 30% das vezes, o que é muito importante, pois significa que seu adversário, com duas cartas não pareadas na mão, não irá acertar um par em torno de 70% das vezes.
- Com duas cartas do mesmo naipe na mão, irá fazer um *flush* 6,5% das vezes, mas irá fazer um *flush* já no *flop* apenas 0,8% das vezes.
- Com um par de mão, irá acertar um *set* (trinca) no *flop* em 11,8% das vezes.

> **Dica**
> Quando tiver mais de 13 *outs* com o *turn* e o *river* por vir, você é **favorito** para ganhar a mão. Tem mais de 50% de chances de acertar suas *outs* ou no *turn* ou no *river*. Portanto, **deve** apostar.

- Dois pares viram um *full house* no *river* apenas 8% das vezes.
- Com menos de 7 *outs* no *turn*, raramente você terá *pot odds* suficientes para chamar uma aposta.

As tabelas a seguir, adaptadas do livro *Little Green Book,* de Phil Gordon, resumem algumas informações importantes.

Chances de receber como cartas de mão:	Chances (%)
A-A	0,45%
A-A ou K-K	0,90%
Qualquer par	5,90%
AKs	0,30%
AKo	0,90%
AA, KK ou AK	2,10%
Duas cartas do mesmo naipe	24%
Se você sair com um par de mão, irá fazer no *flop*:	**Chances (%)**
Um *set* (trinca)	10,8%
Um *full house*	0,7%
Uma quadra	0,2%
Um *set* ou algo melhor	11,8%
Se você sair com duas cartas do mesmo naipe, irá fazer:	**Chances (%)**
Um *flush* no *flop*	0,84%
Um *flush* até o *river*	6,4%
Um *flush draw* no *flop*	10,9%
Se suas cartas não forem pareadas, terá no *flop*:	**Chances (%)**
Nenhum par	67,6%
Um par	32,4%
Dois pares	2%
Trinca	1,35%
Full house	0,1%
Quadra	0,01% (uma vez em mil)

As três cartas do *flop* serão:	Chances (%)
Uma trinca	0,24%
Pareadas	17%
Do mesmo naipe	5,2%
De três naipes diferentes (*rainbow*)	40%
Em seqüência	3,5%
Sem chances de seqüência	56%
Com duas cartas para seqüência	40%

No *turn*, você conseguirá:	Chances (%)
Full house depois de ter uma trinca no *flop*	15%
Full house depois de ter dois pares no *flop*	9%
Flush depois de ter um *flush draw* no *flop*	19%
Seqüência depois de flopar duas pontas	17%
Seqüência depois de flopar um *gutshot* (*inside*) *draw*	9%
Par quando tinha apenas *overcards* no *flop* (seis *outs*)	13%

Você completará o seu *draw* no *river*:	Chances (%)
Um *flush draw* no flop	35%
Runner runner flush	4,2%
Seqüência após duas pontas no *flop*	32%
Seqüência após ter um *gutshot* no *flop*	17%
Um par ou melhor, após ter *overcards*	24%

Runner significa acertar uma carta no *turn* e outra no *river*, ou seja, precisar que as duas cartas seguintes sejam do naipe que você queria.

Se faltar apenas uma carta (*river*), você completará...	Chances (%)
Um *flush*	20%
Um *full house* ou quadra a partir de uma trinca	23%
Full house com dois pares	9,1%
Seqüência com duas pontas	17%
Seqüência com *gutshot draw*	8%
Um par com *overcards*	13%

Capítulo 16
Que mãos jogar

Par de ases? Não largo nem se me derem uma machadada na mão.

Robinson "Robigol" Quiroga, jogador paulista, manager do Omega Texas Club.

Uma preocupação que ronda a cabeça da maioria dos iniciantes que quer aperfeiçoar seu jogo é saber com quais cartas ele deve começar. O grande problema é que grande parte espera encontrar uma fórmula que diga com quais mãos deve-se aumentar a aposta, com quais se deve apenas pagar ou, ainda, nem ao menos jogar.

Tal exatidão nestas respostas é quase impossível no poker. Alguém pode levantar e argumentar que, com um par de ases na mão antes do *flop*, não há aposta que o faça sair da mão. Vamos considerar as seguintes situações hipotéticas:

1- Você conseguiu participar do seu primeiro WSOP, o maior torneio de poker do mundo, e está no evento principal, tendo pago US$10.000 de inscrição. Com 8.000 jogadores participando, você está ansioso e quer fazer um grande torneio, quem sabe chegando até a faixa de premiação. Para tanto, traçou uma estratégia mental para fazer um jogo seguro, arriscando-se pouco e entrando em poucos potes, tentando não errar. Eis que o torneio começa e, na sua primeira mão, um jogador vai *all-in* direto. Você já começa a pensar na sorte que teve de estar com AA, quando um segundo jogador chama o *all-in* do primeiro. Os outros correm e chegou a sua vez. Se você chamar a mão e ganhar, triplica suas fichas. Se perder, está fora e vai para casa. O primeiro jogador avisa que não tem jogo algum, que só deu *all-in* por diversão. Já o segundo jogador está muito sério, e você acha que ele também tem AA, ou então KK. O que você faz?
   Noventa por cento das pessoas não hesitariam e chamariam a aposta imediatamente. Acho que 10% pensariam duas vezes. E talvez até cor-

ressem dessa mão. O motivo? Se você é um bom jogador, pode encontrar outras situações para acumular fichas nas quais o seu torneio não esteja em jogo como nesta primeira mão.

2. No mesmo torneio, você conseguiu chegar à mesa semifinal. Parabéns, já é quase um milionário. Quando cair mais um jogador, começa a mesa final, onde — aí, sim — você recebe mais US$ 500.000 e ultrapassa a barreira do um milhão de dólares em prêmios. Um jogador vem *all-in*, e outro, muito seguro, paga o *all-in* também. Ambos têm mais fichas que você, mas estão rigorosamente empatados entre si, ou seja, um deles será eliminado na mão. Se você pagar com o seu AA e perder, será o jogador em 11º lugar e ganhará US$ 500.000 a menos que os outros. O que fazer? Sair da mão e garantir se tornar um milionário ou arriscar, entrando como favorito contra outros dois jogadores?

   Novamente a maioria pagaria na mesma hora. Mas repararam como a decisão não parece tão simples assim? AA não é invencível.

Saindo destas situações hipotéticas, temos de tentar encontrar uma forma racional de dar valor às mãos e, assim, começar um processo natural de seleção. Mas em vez de simplesmente apresentar direto uma tabela dizendo que mãos jogar, vamos tentar entender o que confere força a determinada mão em relação a outras. Quais são as características que você deve procurar ao receber duas cartas que orientarão a sua decisão de como jogar.

Decidindo com que mãos jogar

Cada rodada de Texas Hold'em começa com o jogador recebendo duas cartas. Existem 1.326 mãos diferentes com que você pode começar. Como chegar a este número de combinações?

Utilizando conceitos de probabilidade, você deve multiplicar as chances de receber uma carta das 52 do baralho pela chance de uma outra carta das 51 que ainda não conhece. Ou seja:

52 x 51 = 2.652

Mas, como para o poker não importa a ordem em que você recebe as cartas (se receber o K♣ e depois a Q♣ ou se for a Q♣ e depois o K♣, você tem exatamente a mesma mão), divida este número por 2 e chegará a 1.326.

2.652 / 2 = 1.326 mãos diferentes

Decorar o valor de cada uma destas 1.326 combinações e colocá-las em ordem é praticamente impossível. Então, vamos tentar agrupá-las de acordo com certas características em comum. Uma maneira seria dividir estas 1.326 em cartas pareadas, cartas não pareadas de naipes diferentes e cartas não pareadas de naipes iguais. Teríamos, então, 169 combinações, sendo:

- **13 pares de mão**: AA, KK, QQ, JJ, TT, 99, 88, 77, 66, 55, 44, 33, 22.

  Neste caso, cada par poderia ser formado de seis maneiras diferentes:

  A♥ A♦
  A♥ A♣
  A♥ A♠
  A♦ A♣
  A♦ A♠
  A♣ A♠

  Mas, para efeito de comparação das mãos, os naipes não têm importância.

  Já que temos 13 pares com seis combinações para cada par, é possível dizer que podemos receber pares de 78 maneiras diferentes.

  Serão 78 pares das 1.326 mãos possíveis de receber, ou seja, 5,91% das vezes você receberá um par, ou aproximadamente uma a cada 20 mãos.

- **78 mãos *suited* (do mesmo naipe)** como: A♠K♠, K♠Q♠, 7♠8♠, Q♠3♠, J♠2♠.

Como chegar ao número 78

Existem 13 cartas de um naipe. Se a primeira vier de um determinado naipe, de quantas maneiras diferentes a segunda carta pode ser do mesmo naipe? A próxima carta será do mesmo naipe se sair uma das 12 cartas que restam do naipe em questão. Assim:

13 x 12 = 156, mas, como já expliquei, A♠ K♠ é o mesmo que K♠ A♠, então 156/2 = 78.

Este cálculo é chamado de permutação.

Uma outra maneira de entender este cálculo é pegar o A, que você pode combinar com 12 outras cartas. Depois, pega o K, e também pode combinar com 12 cartas, mas a combinação com o A já foi contada, então são só 11 combinações novas. Depois, você pega a Q e combina com todas as cartas menos A e K, para um total de 10 combinações, e assim por diante. Você terá no final:

12 + 11 + 10 + 9 + 8 + 7 + 6 + 5 + 4 + 3 + 2 + 1 = 78 combinações diferentes para cada um dos quatro naipes.

Como existem quatro naipes diferentes, temos 78 x 4 = 312 mãos diferentes que são do mesmo naipe. Ou seja, 23,52% das mãos que você irá receber serão do mesmo naipe, aproximadamente ¼ das mãos.

- **78 mãos *offsuit* (de naipes diferentes)** como: A♠K♥, K♥J♦, Q♦4♠, J♣8♥, A♣3♦.

  Só que, neste caso, em vez de quatro naipes, temos 12 diferentes combinações possíveis com os naipes.

  Utilizando permutação de quatro naipes, calculamos:

  4 x 3 = 12.

A♥K♣	A♥K♠	A♥K♦
A♦K♣	A♦K♠	A♦K♥
A♣K♦	A♣K♠	A♣K♥
A♠K♣	A♠K♥	A♠K♦

Temos, então, um total de 936 mãos de naipes diferentes (78 x 12, cerca de 70,6% das mãos iniciais possíveis).

Dica

Com estes simples cálculos, vimos que quase em ¾ das vezes, 70,6%, um jogador terá como mão inicial cartas não pareadas de naipes diferentes; em 23,5% das vezes ele terá cartas não pareadas do mesmo naipe e somente em 5,9% sairá com pares na mão.

Estes números não precisam ser decorados. Servem apenas para começar a lhe dar uma idéia de que, na maioria das vezes, suas cartas não serão tão boas. Mas como avaliar quais destas cartas não pareadas são boas?

As 169 mãos podem ser colocadas em uma ordem de probabilidade de que cada uma delas vá ganhar determinada rodada de Texas Hold'em. Por meio de computadores, cada uma destas mãos foi testada contra todas as outras, observando-se a freqüência média com que cada uma ganhava. Os resultados foram claros: existem mãos que costumam ganhar de quase todas as outras, e há aquelas que costumam perder da maioria.

A mão mais forte no Texas Hold'em é o par de AA. Porém o mais importante é notar que receber duas cartas boas na mão para começar não é garantia de vitória, pois você precisará ainda combiná-las com as outras cartas comunitárias que virão.

Pense nisto

Toda e qualquer mão irá perder certo número de vezes para outras mãos diferentes. Nenhuma mão pré-*flop* é imbatível.

Pegando como exemplo a mão mais forte possível antes do *flop*, que é um par de ases: se realizarmos no computador uma simulação em que um jogador com par de AA na mão vai *all-in* pré-*flop* contra um outro jogador que, aleatoriamente, pode ter qualquer uma das outras combinações possíveis de cartas, o AA tende a ganhar em cerca de 82% das vezes.

AxAx	82,1%	x	17,2%	XxXx
EMPATE: 0,7%				

Ou seja, começar com um par alto na mão é uma grande vantagem, pois força o adversário a, no mínimo, ter de fazer um jogo melhor que o seu par, ao mesmo tempo em que ele deve se preocupar com que seu par não se torne um jogo ainda maior (como quando um par de mão vira uma trinca no *flop*).

Você já pode estar pensando: "Então é fácil. É só aprender quais são estas cartas que ganham em 70 a 80% das vezes e só jogar com elas. É lucro garantido." O raciocínio não está errado, mas com apenas seis maneiras de receber um par de ases e 1.326 combinações diferentes de cartas, você só deverá começar com um par de ases em média uma vez a cada 221. Ou seja, jogar apenas com par de ases é impraticável; você terá de aprender a jogar com outras cartas. Além disto, quando você receber um par de ases, outras variáveis podem influenciar no seu jogo, como, por exemplo, o número de adversários na mão.

Já vimos que um par de ases contra um único jogador deve ganhar em 82% das vezes. Porém, quando ele se confronta em uma mão com cinco outros jogadores, vê suas chances caírem para 49,2%, deixando, portanto, de estar em vantagem na mão e ganhando em menos da metade das vezes.

Apesar de ainda ser favorito contra qualquer uma das outras mãos na jogada, os outros cinco jogadores juntos têm 50,8% de chances de ganhar. Isso acontece porque, quanto mais pessoas na mão, maiores as chances de cartas aleatórias acertarem pelo menos dois pares entre as cartas comunitárias.

Explicando isso, verificamos alguns conceitos importantes para o Texas Hold'em:

- algumas mãos iniciais são melhores do que as outras;
- a vantagem das mãos iniciais boas aumenta quando você está jogando contra menos jogadores;
- uma mão inicial boa contra vários jogadores tem sua vantagem diminuída.

É de extrema importância que esses três conceitos sejam compreendidos.

Para um jogador de poker avançar na teoria, ele precisa entender que, a cada mão que recebe, existe uma força que poderia ser atribuída a ela.

Existem dois pontos de vista para essa força:

1- **Absoluta**: é a força de uma mão sozinha contra qualquer outra.

2- **Relativa**: é a força de uma mão contra mãos específicas ou contra mais de uma mão ao mesmo tempo.

Exemplo:

AQs é uma mão com uma força absoluta grande. Contra as outras 168 combinações de mãos, AQs vai ganhar em mais de 66% das vezes, em média.

Porém, AQs contra AKs está em maus lençóis e perderá em quase 80% das vezes, assim como contra AA ou KK ou QQ. Sua força relativa neste caso diminui. Contudo, contra AJ e AT sua força relativa aumenta, pois, nestes casos, eles se encontram com menos *outs* (acertar apenas o par de A não ajuda o AJ contra o AQ; ele precisa acertar o J ou ganhar com seqüência ou *flush*).

Ironicamente, se você tem AJ e está contra um jogador com um AQ, estaria em melhor situação se tivesse uma mão como 78s. Assim, teria mais chances de ganhar, pois estaria jogando com mais *outs* para ganhar do AQ.

Atenção

Além disso, uma mão forte com AA ou KK perde a força contra muitas mãos, enquanto mãos mais fracas, como 89, ganham força com muitas pessoas no pote.

Vamos analisar uma tabela e fazer considerações sobre o que foi dito, para que em seguida possamos decidir que tipos de mãos devemos escolher para entrar nos jogos.

Lembre-se de que um dos fatores mais importantes para o iniciante começar a jogar bem é fazer uma boa seleção das mãos com a qual vai jogar.

Se você aprender a selecionar as mãos com a qual vai jogar, já estará anos-luz à frente dos outros jogadores iniciantes/amadores, com grandes chances de obter sucesso no Texas Hold'em.

A tabela 1 mostra exemplos de mãos e a porcentagem de vezes em que ela deve ganhar contra mãos aleatórias com diferentes números de adversários:

Tabela 1 – Algumas das melhores mãos

Mão	1	2	3	4	5	6	7	8	9
AA	85,3	73,4	63,9	55,9	49,2	43,6	38,8	34,7	31,1
KK	82,4	68,9	58,2	49,8	43,0	37,5	32,9	29,2	26,1
QQ	79,9	64,9	53,5	44,7	37,9	32,5	28,3	24,9	22,2
AKs	67,0	50,7	41,4	35,4	31,1	27,7	25,0	22,7	20,7
AQs	66,1	49,4	39,9	33,7	29,4	26,0	23,3	21,1	19,3
JJ	77,0	61,2	49,2	40,3	33,6	28,5	24,6	21,6	19,3
KQs	63,4	47,1	38,2	32,5	28,3	25,1	22,5	20,4	18,6
AJs	65,4	48,2	38,5	32,2	27,8	24,5	22,0	19,9	18,1
KJs	62,6	45,9	36,8	31,1	26,9	23,8	21,3	19,3	17,6
ATs	64,7	47,1	37,2	31,0	26,7	23,5	21,0	18,9	17,3
AK	65,4	48,2	38,6	32,4	27,9	24,4	21,6	19,2	17,2
TT	75,1	57,7	45,2	36,4	30,0	25,3	21,8	19,2	17,2
QJs	60,3	44,1	35,6	30,1	26,1	23,0	20,7	18,7	17,1
KTs	61,9	44,9	35,7	29,9	25,8	22,8	20,4	18,5	16,9
QTs	59,5	43,1	34,6	29,1	25,2	22,3	19,9	18,1	16,6
JTs	57,5	41,9	33,8	28,5	24,7	21,9	19,7	17,9	16,5
99	72,1	53,5	41,1	32,6	26,6	22,4	19,4	17,2	15,6
AQ	64,5	46,8	36,9	30,4	25,9	22,5	19,7	17,5	15,5

A primeira coluna mostra a sua mão, e as demais apresentam o número de adversários. Os números representam as chances pré-*flop* de sua mão ser vencedora contra um número X de adversários com mãos aleatórias.

A partir dessa primeira tabela, que mostra algumas das melhores mãos possíveis, podemos tirar algumas conclusões iniciais:

- As mãos que têm maior favoritismo contra apenas um adversário são AA, KK, QQ, com as chances de ganhar de uma outra mão qualquer variando entre 79 e 85%.
- AKs e AKo têm 67 e 65% de chances, respectivamente, e também são mãos muito boas.

Agora uma pergunta importante: os jogadores que já conhecem o poker sabem que, ao classificar as mãos em grupos, a maioria dos livros dá uma força maior para AKs e AKo do que para JJ? Porém, na tabela anterior, vemos que o JJ ganha mais vezes de uma mão aleatória do qualquer do que o AK (77% para JJ, 67% para AKs, 65,4% para Ako).

Por que, então, o JJ é rankeado mais baixo do que o AKs pelos livros que ensinam a força de certas mãos?

O JJ ganha mais de mãos aleatórias, pois já é um par, e cartas menores que ele precisam fazer mais que apenas um par para ganhar. Já contra AK, cartas menores muitas vezes precisam apenas acertar um único par e já conseguem ganhar, supondo que o AK não consiga nenhum par na jogada.

Entretanto, o JJ é rankeado de acordo com sua força abaixo de AKs e AKo porque, quando você joga com JJ contra alguém, normalmente aumenta a aposta, e as chances de o adversário resolver pagar o seu aumento com cartas mais altas que J na mão são grandes. Ou seja, quando você sobe uma aposta com JJ e alguém o chama, você não está jogando contra uma mão aleatória, mas, sim, supostamente contra uma mão com uma certa força. Ao imaginar que existem pelo menos 12 cartas maiores que o J, as chances de uma delas aparecer no *flop* são grandes (quatro ases, quatro reis e quatro damas), podendo dar um par maior que o seu de J para o adversário. Quer dizer, existe uma chance em quatro (12 cartas em 48) de que no *flop* apareça uma carta maior que o seu J e que pode fazer o seu par ficar menor que o da mesa.

Lembre-se de que os resultados da tabela apresentada são feitos imaginando que os adversários têm mãos aleatórias, ou seja, quando você está com JJ, os números apresentados contra um jogador são feitos tendo como base que em 1 a cada 169 mãos ele terá AA; em outra, KK; em outra, 72; em outra, K4 etc. É como se você somasse as chances de o JJ ganhar contra cada uma das outras mãos possíveis e depois chegasse a uma média.

É claro que, se você subir um pote com JJ, é altamente improvável que um outro jogador o chame com 72. Portanto, os números reais diferem um pouco dos da tabela.

Um outro detalhe importante de notar na tabela é que a diferença percentual de ganhos entre todas as mãos apresentadas quando contra apenas um jogador estão em torno de 15%. Ou seja, todas estas mãos são favoritas contra um jogador aleatório. Isto mostra que, se você for o primeiro a subir em um pote, não estará errado em subir com qualquer uma das mãos dessa primeira tabela. Se os próximos jogadores tiverem mãos aleatórias, há 60% de chances de você ganhar deles.

Vamos analisar um outro aspecto. Uma mão forte com AQ, que é favorita contra um jogador, pode perder esse favoritismo rapidamente se dois outros jogadores entrarem no pote. A maioria das pessoas se empolga ao ver AQs, mas com apenas dois outros adversários o ímpeto deveria diminuir, pois eles, somados, têm 51,6% de chances de ganhar, mais da metade das vezes, portanto.

Dica

Daí vem o conceito de proteger sua mão. Quando sair com uma das mãos do primeiro grupo citado, o mais prudente é subir a aposta, objetivando trazer para o jogo apenas um adversário contra você, situação em que você será favorito.

Repare também que todos os pares contra apenas um adversário têm resultados melhores do que mãos não pareadas. Por outro lado, quanto mais pessoas houver, melhor para as cartas que são conectoras (são próximas e formam seqüências) em relação aos pares.

Dica

Pares são favoritos contra mãos não pareadas.

Porém, é melhor jogar com cartas não pareadas contra um adversário que sabidamente tem um par na mão do que jogar com um outro par menor do que o dele.

Tabela 2 – Algumas mãos intermediárias

Mão	1	2	3	4	5	6	7	8	9
A9o	60,9	41,8	31,2	24,7	20,3	17,1	14,7	12,8	11,2
Q3s	50,7	33,0	24,7	20,1	17,0	14,9	13,3	12,1	11,1
J6s	50,8	33,6	25,4	20,6	17,4	15,2	13,5	12,1	11,1
64s	41,4	28,5	22,1	18,4	15,9	14,2	12,9	11,9	11,1
Q2s	49,9	32,2	24,0	19,5	16,6	14,6	13,1	11,9	10,9
85s	44,8	30,2	23,2	19,1	16,3	14,3	12,9	11,8	10,9
K9o	58,0	39,5	29,6	23,6	19,5	16,5	14,1	12,3	10,8
J9o	53,4	36,5	27,9	22,5	18,7	15,9	13,8	12,1	10,8
J5s	50,0	32,8	24,7	20,0	17,0	14,7	13,1	11,8	10,8
53s	39,3	27,1	21,1	17,5	15,2	13,7	12,5	11,6	10,8
Q9o	55,5	37,6	28,5	22,9	19,0	16,1	13,8	12,1	10,7
A8o	60,1	40,8	30,1	23,7	19,4	16,2	13,9	12,0	10,6

Mão	1	2	3	4	5	6	7	8	9
J4s	49,0	31,8	24,0	19,4	16,4	14,3	12,8	11,5	10,6
J3s	47,9	30,9	23,2	18,8	16,0	14,0	12,5	11,3	10,4
74s	41,8	28,2	21,7	17,9	15,3	13,5	12,2	11,2	10,4
95s	45,9	30,4	23,2	18,8	16,0	13,9	12,4	11,3	10,3
43s	38,0	26,2	20,3	16,9	14,7	13,1	12,0	11,1	10,3
J2s	47,1	30,1	22,6	18,3	15,6	13,7	12,2	11,1	10,2
A5s	47,2	30,8	23,3	18,9	16,0	13,9	12,4	11,2	10,2

Na tabela 2 são apresentadas mãos intermediárias que não aparentam ser particularmente fortes ou fracas. O interessante neste grupo é fazer cair por terra alguns mitos.

Um dos principais é o de que Ax, ou seja, A junto com uma outra carta qualquer, é uma mão forte. Por exemplo, um J5 é mais forte contra apenas um oponente do que um A5.

Um dos maiores problemas encontrados por alguém que joga com um A e uma segunda carta baixa é que muitas vezes, ao aparecer um A na mesa, a pessoa não sabe se está ganhando ou perdendo para os adversários, que podem ter em suas mãos um A com uma carta mais alta (*kicker*).

Isto significa que você não deve jogar A com cartas baixas? Bom, se tiver consciência que nesta situação sua mão não é tão forte, não há problemas. Particularmente, recomendo que o iniciante evite gastar muita energia com tal tipo de cartas e jogue fora mãos como A8, A7, A6, A5, A4, A3 e A2 se alguém estiver subido a aposta. Mesmo com mãos como A9, AT, AJ contra alguém que já aumentou a aposta, você deve considerar o risco de estar jogando contra um A mais forte, como AK e AJ.

Esse é um erro que não é cometido apenas por iniciantes. Já como profissional, lembro-me de algumas vezes em que me arrependi de ter ignorado o meu próprio conselho e chamar aumento com A e carta baixa.

Em um torneio on-line no site Ultimate Bet, estavam em jogo prêmios de mais de US$ 1.000, a partir do 10º colocado. Faltavam 14 jogadores, e eu estava em 5º em quantidade de fichas. Havia adotado a estratégia de jogar tentando roubar *blinds* pelo menos uma vez por rodada, para manter o meu *stack*. Entretanto, se alguém mostrasse resistência aos meus aumentos, jogaria fora a mão. Até aquela hora, estávamos em torno da oitava órbita (rodada) daquela mesa semifinal, e, estranhamente, ninguém contestara meus aumentos, ou seja, todas as vezes em que subi, ganhei o pote. Isto me deixou confiante. Foi quando recebi, sendo o segundo a falar:

Resolvi aumentar a aposta, mas, como era o primeiro falar, pensei em colocar um pouco mais de fichas. O *blind* estava em 1.000/2.000, e coloquei 11.100. Tinha 53.000 ainda sobrando, mas achei que AT era uma mão forte e que até daria para encarar se alguém chamasse.

O *button*, que era o maior *stack* da mesa, chamou a minha aposta.

O *flop* veio:

Acertei o meu par de ases. E agora? Deveria apostar? Quanto? Deveria dar mesa e tentar manter o pote baixo? E se ele apostasse contra mim?

Resolvi fazer uma aposta no valor da minha subida antes do *flop* — e apostei 11.500, ficando com cerca de 41.000 em fichas sobrando.

O *button* apenas pagou minha aposta.

No *turn*, uma outra carta baixa:

E agora?

Se ele pagou a minha aposta, será que ele tem um A na mão? O que faço? Se pedir mesa e ele apostar, vou largar o meu par de ases? E se eu apostar e ele voltar *all-in* em mim? O que faço?

Acabei decidindo pedir mesa, e ele veio *all-in*. Tive de utilizar todo o meu tempo para pensar, e acabei chamando a aposta. Ele mostrou A♦Q♦ e ganhou a mão com um *kicker* melhor.

Pior: fui eliminado em 14º lugar, sem chegar à faixa de premiação boa.

O meu erro foi insistir em jogar uma mão dominada. Se tivesse subido menos com meu AT, ou tivesse, ao encontrar um adversário que pagou o meu aumento, desistido de fazer apostas mais altas, poderia ter sobrevivido àquela mão no torneio. Foi apenas um exemplo, mas é uma das situações mais comuns para se perder uma mão.

Você está dominado quando tem uma carta de um determinado valor que empata com a maior carta de seu adversário, mas a sua segunda carta é menor.

Estar dominado é uma das piores situações em que se pode enfrentar alguém. Se você tiver AJ e seu adversário, AQ, suas chances de ganhar ficam muito reduzidas. Isso porque, se ele conseguir acertar o par de Q, você precisará de dois J seguidos para ganhar, ou, ainda, mesmo sem acertar o par de Q, teria que conseguir acertar pelo menos um J, torcendo para seu adversário não acertar uma Q. Assim, jogadores com A8, A7, A6, A5, A4, A3, A2 sofrem muito, pois costumam pegar adversários com outros ases pela frente e perder no chamado *kicker*. Evite jogar com mãos dominadas.

Por esta razão, muitas vezes frente a um *raise* não costumamos jogar mãos como KQ, QJ, KJ. São mãos que, se você acertar seu par, pode estar perdendo por dominância. Existe também a dominância reversa. Por exemplo, quando você tem JJ e seu adversário, JK. Neste caso, o adversário também está jogando apenas com uma carta, pois se vier mais um valete você faz uma trinca. A única vantagem é que, aqui, um simples par de K já serviria. Dominância reversa é também muito ruim e deve ser evitada.

Repare bem que, nas mãos intermediárias contra muitos adversários, as chances de ganhar as jogadas diminuem muito, chegando a menos de 20% contra quatro adversários e se aproximando de 10% contra mais adversários. Isto serve para demonstrar o principal motivo de uma boa seleção de mãos. Aquelas da primeira tabela perdem valor contra muitos adversários, mas, ainda assim, ganham em boa parte das vezes. As da tabela 2 perdem valor muito mais rapidamente. Por isso, são mãos mais arriscadas e que o jogador iniciante deve evitar a todo custo. Observe que o A5 contra quatro jogadores já ganha em menos de 20% das vezes.

Dica

Quanto mais jogadores em uma mão, melhores devem ser as suas cartas para chamar as apostas. E se a sua mão for realmente boa, aumente bem a aposta para protegê-la e diminuir o número de jogadores.

Uma situação comum quando você está jogando contra iniciantes, sobretudo jogadores que conheciam o poker fechado praticado no Brasil há anos, é observar várias pessoas pagando as apostas pré-*flop* com quaisquer duas cartas para ver o que vem no *flop*. Se você estiver em um jogo como este, suba bastante suas apostas pré-*flop*. Lembre-se, pelas tabelas que você já viu, de que, quanto mais jogadores você deixar entrar no jogo, maiores as chances de sua mão perder a força natural que tinha.

Tabela 3 – Piores mãos em simulação

Mão	1	2	3	4	5	6	7	8	9
J3o	45,0	27,1	19,1	14,6	11,7	9,8	8,3	7,2	6,3
J2o	44,0	26,2	18,4	14,1	11,3	9,4	8,0	7,0	6,2
T4o	43,4	26,4	18,7	14,3	11,5	9,5	8,1	7,0	6,2
52o	33,9	21,3	15,3	12,0	10,0	8,6	7,6	6,8	6,2
84o	39,6	24,4	17,5	13,4	10,8	9,0	7,8	6,8	6,1
T3o	42,4	25,5	18,0	13,7	11,0	9,1	7,8	6,8	6,0
42o	32,5	20,5	14,7	11,5	9,5	8,3	7,3	6,6	6,0
T2o	41,5	24,7	17,3	13,2	10,6	8,8	7,5	6,6	5,8
73o	36,6	22,4	16,0	12,3	9,9	8,4	7,2	6,4	5,7
94o	40,7	24,6	17,3	13,2	10,5	8,7	7,3	6,4	5,6
32o	31,2	19,5	13,9	10,8	8,9	7,7	6,8	6,1	5,6
93o	39,9	23,9	16,7	12,7	10,1	8,3	7,1	6,1	5,4
62o	34,0	20,7	14,6	11,2	9,1	7,8	6,8	6,0	5,4
92o	38,9	22,9	16,0	12,1	9,6	8,0	6,8	5,9	5,2
83o	37,5	22,4	15,7	11,9	9,5	7,9	6,7	5,8	5,1
82o	36,8	21,7	15,1	11,4	9,1	7,5	6,4	5,6	4,9
72o	34,6	20,4	14,2	10,7	8,6	7,2	6,1	5,4	4,8

Esta última tabela mostra as piores mãos possíveis. Em um jogo no qual as apostas são *no-limit*, 72o é considerada a pior mão com que você pode jogar. Entretanto, repare que mesmo o 72o contra apenas um adversário tem cerca de 35% de chances de ganhar. Ou seja, contra uma mão aleatória no mano-a-mano, a pior mão tem pelo menos 1/3 de possibilidades de terminar como vencedora. Isto mostra a importância de saber quando entrar no jogo e ter como objetivo estar contra apenas um adversário. Serve também para deixar cair por terra a noção de que basta ter duas boas cartas de saída para ganhar uma rodada. Um AK mal jogado pode ser desastroso.

Dica

Um erro comum é o chamado *overplay*: valorizar a força de sua mão antes do *flop*, mas deixar de se adaptar após o *flop* e de verificar se a sua mão perdeu força devido ao número de jogadores ou porque não melhorou com as cartas que apareceram.

A mão que mais freqüentemente sofre com os *overplays* é AK. O jogador sobe forte antes do *flop* com essa mão, e no *flop,* mesmo quando não acerta nenhum par, continua apostando forte. Esse é um grande erro.

Você tem AK e sobe pré-*flop* sabendo que sua mão ganha em quase 80% das vezes contra um adversário. Porém, três adversários o chamam. O *flop* vem 38J. Aparentemente, um *flop* inocente, mas você não acertou nenhum par. O problema é que existem 90% de chances, em um jogo contra três outros adversários, de que um deles tenha acertado um par. Um erro comum nesta hora é o jogador com AK continuar confiando excessivamente na sua mão e apostar ou, ainda, chamar apostas na esperança de ver um A ou K no *turn* ou *river*. Normalmente isso custa muito dinheiro.

Doyle Brunson — o jogador profissional com mais títulos do WSOP, 10 braceletes, empatado com Johnny Chan (que apareceu no filme *Rounders*) e Phil Hellmuth (famoso por suas reclamações quando perde alguma mão e pela sua arrogância não-disfarçada) — diz que sua mão favorita é AK, e não AA.

Doyle diz que com AA ele ou ganha um pote pequeno, sobe e ninguém paga; ou sobe, alguém paga, não acerta nada no *flop* e corre quando ele aposta de novo; ou perde um pote gigante quando sobe, alguém paga e acerta dois pares ou uma trinca no *flop*. "Nestes casos", diz ele, "o adversário levará todo o meu dinheiro com AA ou KK". Já com o AK, ele afirma que só acerta. Continua atirando apenas quando sabe onde está situado na mesa, ou seja, se não vem A ou K e alguém aposta contra ele, afirmando que é fácil de largar a mão. E, ainda, quando ninguém mostra força e um A ou K aparece, ele costuma ganhar um bom pote.

Dica

Deste capítulo, guarde que pares e cartas altas são melhores contra poucos jogadores. Já as cartas conectadas, principalmente do mesmo naipe (*suited connectors*), jogam bem contra mais pessoas.

E mais: com várias pessoas no *flop*, quase vale a pena jogar com qualquer carta e ver se acerta o *flop*, pois todos os jogadores terão praticamente as mesmas chances de ganhar a mão quando mais de seis estiverem no *flop*. Por este motivo, você deve subir as apostas antes do *flop* quando resolver jogar uma mão, a fim de evitar que muitos outros jogadores entrem depois de você na mesma mão, diminuindo as suas chances de ganhar a rodada.

Um famoso jogador de poker, o matemático David Sklansky, autor de vários livros famosos sobre o assunto, resolveu, então, agrupar as mãos iniciais, de acordo com uma escala de força que atribuiu a cada mão. Para tanto, levou em conta as forças absoluta e relativa da mão em relação às outras, o modo como você costuma jogar com estas mãos e a segurança ao jogá-las.

A partir deste grupamento de forças, ele traçou estratégias para jogar com cada grupo de mãos. Essas idéias são essenciais para quem está começando a jogar, pois ajudam a desenvolver o pensamento no Hold'em e a manter o iniciante com mais chances de vitória em uma determinada mão.

Porém, tais grupos do Sklansky foram feitos tendo em vista o jogo de Texas no estilo *limit*. Só que, hoje em dia, o estilo que todos jogam é o *no-limit*, no qual os valores de algumas cartas se modificam em relação aos dos grupos do Sklansky.

Por exemplo: uma mão como AQ ou AJ, ao se encontrarem em uma situação na qual estão dominadas (o adversário tem a carta mais alta igual A, mas com um *kicker* maior) no jogo *limit*, o máximo que irá perder será um valor fixo. Mas estar dominado no *no-limit* pode levá-lo a perder todo o seu *stack*.

Por outro lado, pares pequenos de mão crescem em valor no jogo *no-limit*, pois no jogo de *limit* os pares pequenos irão flopar um *set* em cerca de 11% das vezes. Isso significa que, quando floparem um *set*, precisarão ganhar ao menos 10 apostas para valer a pena tê-lo jogado.

No jogo *no-limit*, como suas *implied odds* podem ser infinitas (todo o *stack* do seu adversário), vale mais a pena jogar os pares pequenos, pois, quando aproximadamente em 11% das vezes você flopar um *set*, poderá ganhar potencialmente muito mais que 10 apostas, até o *stack* inteiro do seu adversário. Quanto maior os *stacks* e menor a aposta para jogar um par pequeno, mais vantajoso. Isto se chama jogar contra um *stack deep*.

Se o *stack* do adversário for pequeno, ou o *raise*, muito grande, passa a não valer a pena jogar um par pequeno com a intenção de acertar um *set*. Pode valer por outros motivos, como explicaremos mais adiante.

Então, chegamos à conclusão de que não podemos nos guiar apenas pelos grupos do Sklansky, e sim procurar uma modificação destes grupos.

Os jogadores mais experientes vivem discutindo mãos e se referindo aos grupos do Sklansky, sem notar que precisariam adaptá-lo ligeiramente.

Vamos, então, neste capítulo, delinear os grupos, ressaltando modificações nos mesmos, uma livre adaptação que deve ser vista apenas como um guia.

Se me perguntassem qual é o maior erro de um jogador iniciante de poker, a resposta fácil e óbvia seria: **ele joga mãos demais.**

O poker é um jogo de estratégia e paciência. O iniciante gosta de sentir a ação e, portanto, tende a querer jogar com várias mãos inicias. Alguns dos pecados mais comuns dos jogadores iniciantes são:

- Jogar com qualquer A: quando o jogador vê um A, não importa qual seja sua segunda carta, ele quer jogar. Se você olhar nas tabelas mostradas neste capítulo, verá que, enquanto AK tem 67% de chance de ganhar uma mão, A5 só tem 47% contra um adversário.
- Jogar com quaisquer cartas *suited* (do mesmo naipe): na esperança de fazer um *flush*, os iniciantes estão sempre jogando com combinações quaisquer do mesmo naipe. É importante lembrar que um *flush* só ocorrerá cerca de 6 vezes a cada 100 mãos que você jogar com cartas do mesmo naipe. Portanto, correr atrás de um *flush* nem sempre vale a

pena. E pior: se você for com cartas muito baixas, ainda corre o risco de um adversário fazer um *flush* maior do que o seu.

- Jogar com quaisquer figuras: QJ de naipes diferentes é uma mão complicada para jogar em um pote que tenha sido aumentado. O motivo é que se você acertar o seu par de J no *flop*, por exemplo, nunca sabe se está ganhando ou perdendo, pois o jogador que aumentou pode ter várias mãos que ganham de você, como AA, KK, QQ, JJ, AJ, KJ.

Quando você joga nas situações descritas, corre o risco de estar dominado. Chamamos de dominância quando uma das cartas do jogador é igual a uma das cartas do adversário, sendo que a sua segunda carta é menor que a do adversário, conforme já explicamos.

No jogo de Texas No-Limit, estar dominado é uma das piores coisas que podem acontecer, pois você acerta seu par maior, ganha confiança na mão e acaba perdendo muitas fichas.

Se dois jogadores forem *all-in* pré-*flop*, e um tiver AK e o outro, AQ, o AK é favorito a ganhar a mão em cerca de 85%. Por isso, você deve evitar a dominância a todo custo.

Vamos agora falar sobre posição na mesa do Texas Hold'em. Guarde o que falamos a respeito de que mãos jogar, pois, no capítulo seguinte ao do conceito de posição, retornaremos ao assunto, tentando criar um ranking para o jogo de No-Limit, com orientações de como jogar cada tipo de mão de acordo com sua posição na mesa.

Capítulo 17
Posição

Como uma regra geral, quando você está fora de posição, deveria limitar suas perdas na mão mantendo o pote pequeno. Quando você está em posição é que deveria procurar ser agressivo e maximizar seus ganhos.

Daniel Negreanu, profissional de poker, eleito o jogador do ano em 2005 pela Cardplayer Magazine.

A posição é um dos mais importantes conceitos para se aprender no Texas Hold'em. Se você me perguntar se prefiro um par de AA a cada 10 mãos, sendo sempre o primeiro a falar (UTG), ou agir por último em todas as mãos, recebendo cartas aleatórias (eventualmente um par de A também), provavelmente escolheria a segunda opção. Agir por último traz vantagens, como, por exemplo, ver a ação dos adversários antes de se decidir pela sua.

O jogo de Hold'em é um jogo de poker com posições fixas a cada rodada. O sentido do jogo ao longo de uma mão após o *flop* sempre começa pelo jogador que está no *small blind*, e daí para a sua esquerda, até o *button*. (Se o *small blind* não estiver na mão, o primeiro a agir é o jogador à sua esquerda, e daí por diante.)

Assim, em uma mesa com 10 participantes, temos as seguintes posições: o jogador *small blind* é o assento número 1; o *big blind*, o número 2;o *under the gun* (UTG), o 3; e assim por diante, até o *button* ou *dealer*, que é o número 10.

Os *blinds* (SB e BB), o jogador no assento 3 (chamado de UTG), o do assento 4 (UTG+1) e o que está no 5 (UTG+2) são considerados jogadores em posições iniciais na mesa. Aqueles que estiverem nas posições 6, 7 e 8 são jogadores em posições medianas, também conhecidos como MP1, MP2 e MP3 (MP vem de *middle position*, "posição do meio", em inglês).

Os jogadores 9 e 10 são, respectivamente, o *cut-off* (posição de corte) e o *button*, considerados jogadores em *late position* (posição tardia na mesa). Estas são as melhores posições possíveis.

Se o jogo for passivo, com poucas apostas e *raises*, o jogador do assento 8 também passa a ser considerado de *late position*. Esta posição é conhecida como *hijack position* (*hijack* significa seqüestrador), pois é uma das posições em que você pode tentar roubar o *button*, conforme veremos adiante. Neste caso de mesas passivas, o jogador que está na posição 5 pode jogar como se estivesse em *middle position*.

Lembre-se de que estes conceitos de posições e os nomes atribuídos a elas têm finalidade meramente didática, não interferindo nas regras do jogo. A maioria das orientações dadas nos livros de poker se refere a como jogar determinada mão se você estiver em *early*, *middle* ou *late position* (posição inicial, mediana ou tardia).

Os jogadores que estão nas posições finais (*late position*) só irão agir depois que os demais adversários já tiverem jogado. A vantagem destes jogadores é avaliar as atitudes dos que já agiram. Por atitudes, entende-se não somente as apostas, mas também outros *tells*, como postura e empolgação com a mão (que podem indicar a força de seu adversário). Muitas vezes, ao perceber que seu adversário não ficou contente com a mão e apenas pediu mesa, você pode fazer uma aposta mesmo sem ter jogo e ficar com o pote.

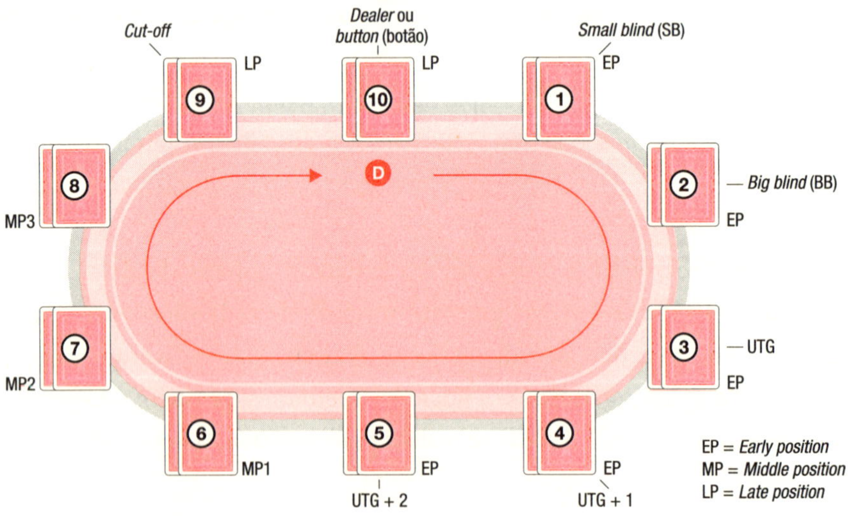

Dica

Quando as três cartas do *flop*, ou do *turn* ou do *river* forem distribuídas, não olhe para a mesa; procure observar o seu adversário naquele momento. Você pode encontrar sinais que indicam se as cartas o ajudaram ou não.

Os bons jogadores usam a vantagem de sua posição a seu favor, jogando de formas diferentes suas mãos, de acordo com a posição na mesa, enquanto maus jogadores jogam as suas mãos da mesma maneira, não importando sua posição.

Um bom jogador pode, por exemplo, jogar fora um AT se estiver em uma posição inicial (*early position*), apenas dar *limp* em uma posição mediana (*middle position*) e aumentar uma aposta em posição final. Entretanto, estando em uma posição final, e se um jogador também de uma posição inicial subir a aposta, ele pode olhar para o mesmo AT que iria subir e jogar fora, pois um outro jogador demonstrou força e ele pode estar dominado. Ou seja, ele usa as informações que tem sobre os demais jogadores e sua posição para determinar como vai jogar o seu AT, em vez de ter uma receita pronta para jogá-lo.

Você deve estar pensando: "Está bem, é lógico. Por que, então, escrever um capítulo inteiro sobre posição, se é um conceito tão fácil de entender?" Vamos primeiro fazer uma afirmativa:

— *O jogador que está no* button *tem a melhor posição possível na mesa.*

Concorda com o que disse?

A maioria das pessoas verá a afirmativa como uma verdade. Porém, você precisa pensar no jogo de poker em um nível mais alto.

A frase é verdadeira se pensarmos apenas na posição absoluta. Analise a seguinte situação:

Você está no *button*, e um jogador no meio da mesa entra na mão dando um *raise* de quatro vezes o valor do BB. Suas cartas são:

Você resolve chamar o *raise,* pensando que já que tem uma posição melhor que a pessoa que subiu, e poderá decidir melhor o que fazer após o *flop*.

Só que, para sua surpresa, o *small blind* e o *big blind* também chamam o *raise*.

O *flop* vem:

O *small blind* e o *big blind* rapidamente dão *check*. O jogador que subiu pré-*flop* resolve apostar metade do que tem no pote.

É a sua vez de agir. Você deve decidir se paga a aposta do jogador que aumentou antes do *flop*. O maior par da mesa é seu, e poderia até mesmo aumentar a aposta. Você tem posição sobre o jogador que puxou as apostas até o momento, porém, depois que você falar, dois outros jogadores ainda terão ação: o *small blind* e o *big blind* que deram *check* de um modo bem rápido deverão agir novamente após a sua decisão. Ou seja, apesar de você estar no *button,* perdeu a vantagem relativa de falar por último, pois claramente os *blinds,* após chamarem a aposta pré-*flop,* têm a tendência de dar *check* automaticamente no *flop* para que o jogador que apostou antes do *flop* atire novamente, o que é muito provável (acontece em cerca de 70% das vezes). Este *check* dos *blinds* não significa que eles estão fracos (afinal, se eles chamaram o *raise* pré-*flop,* não devem estar fracos); pode apenas significar o seguinte: "OK, você (o jogador que apostou) subiu pré-*flop*. Vamos ver o que você faz agora, aposte novamente." Nada mais do que um convite à aposta!

E se você chamar a aposta, e depois o *small blind* ou o *big blind* subirem-na, você ficará com uma decisão difícil, entre os dois jogadores que estão apostando ativamente na mão. Então, apesar de tecnicamente ser o último a falar nesta mão, por ser o *button*, na realidade é provável que sua fala seja a segunda de quatro jogadores. Você é o primeiro a responder ao *raiser*, com mais dois jogadores que irão mostrar a verdadeira força de suas mãos depois de você. Sua posição relativa ao jogador que aumentou não é boa.

Desta maneira, em um pote com várias posições, a melhor posição relativa a um *raiser* é estar com ele à sua esquerda (você à direita dele).

Se o *raiser* é o *small blind*, por exemplo, e você é o *button*, a melhor posição absoluta (o *button*) é a sua, e a melhor posição relativa está à direita do *raiser*, sendo sua também (não tem ninguém falando entre você e ele, não importando se há alguém depois dele e antes de você, no caso).

É claro que se o pote estiver *heads up* (mano-a-mano), você sempre terá a melhor posição se a sua posição absoluta for à esquerda do *raiser*. O conceito de posição relativa só se aplica em potes com mais de dois jogadores, em que você quer que todos os demais jogadores estejam entre você e o jogador que subiu o pote.

No Capítulo 21, que é sobre blefes, será ensinada uma jogada chamada de *squeeze play*, na qual, para funcionar, é fundamental que você tenha a melhor posição relativa, a qual usará para tentar pressionar o jogador que subiu inicialmente, que ficará com medo dos jogadores que estão entre vocês.

Melhor posição absoluta: ser o último a falar em uma rodada.
Melhor posição relativa: não ter ninguém sentado entre a sua vez e a vez de falar do jogador que está puxando as apostas nesta mão.

Agora, a lição mais importante deste capítulo: um dos maiores erros que os jogadores ruins tendem a cometer é jogar muitos potes grandes fora de posição.

Primeiro, o jogador fraco resolve dar *limp* com uma mão de força moderada (ATo, A9s, KTo, Q9s, 97s, por exemplo). Em seguida, um outro jogador entra no jogo com um *raise* de três vezes o BB com posição absoluta melhor (mais próximo do *button*). Os demais saem da mão, e o mais fraco resolve chamar o aumento. Já sabemos que com duas cartas não pareadas na mão, um jogador só acertará um par no *flop* em cerca de 1/3 das vezes.

Neste exemplo, digamos que o jogador fraco não acerte nenhum par no *flop*. Então ele dá *check*. Independentemente das cartas que segura, aquele que aumentou o pote agora tem a chance de apostar e fazer com que o primeiro saia da mão. E é justamente o que acontece: o jogador que aumentou antes do *flop* aposta outra vez, e o que é fraco não tem como pagar a aposta e sai da mão.

Esta é uma jogada simples, mas o problema é que você observa um jogador ruim fazer isto várias vezes em um jogo.

Dica

Se um jogador fraco entra em vários potes após alguém aumentar fora de posição, e larga a mão quando não acerta um par no *flop*, faça uma anotação mental sobre esta pessoa. Você pode se aproveitar deste conhecimento e, quando tiver posição sobre ele, subir com quaisquer duas cartas e apostar novamente no *flop* para que ele largue a mão, se não tiver acertado nada.

Um outro erro grave é chamar um *raise* de um jogador em posição inicial que está imediatamente à sua direita (você falando logo depois dele). Como já vimos, esta pode ser a pior posição, pois se outros jogadores entrarem no pote ou subirem de novo, você estará em um sanduíche, com o jogador que aumentou à sua direita e outros jogadores chamando depois de você.

Quando alguém aumentar antes de você e você quiser entrar no pote, mas tiver medo de que outras pessoas entrem depois de você, considere reaumentar a aposta. Poucos jogadores terão coragem de entrar em um pote que já foi aumentado e reaumentado, a não ser que tenham mãos realmente fortes.

Isolation play: reaumentar uma aposta para tentar jogar sozinho contra o jogador que aumentou primeiro a aposta. Em português: jogada de isolamento.

Você não deve pensar em posição apenas quando está com a pior mão. Quando se tem o melhor jogo, estar em posição ruim também atrapalha.

Imagine que você tem 99. Entrou no pote estando fora de posição. Mais três jogadores entraram depois de você. O *flop* vem 5TA. Você é o primeiro a falar. E agora? Aposta? Será que alguém fez um par maior que o seu? Se der *check* e alguém apostar, você sai da mão?

Ninguém aposta. No *turn* vem o seu 9. Você trincou e no momento deve ter a melhor mão, pois não há chance de seqüência ou de *flush* na mesa. Ótimo. E agora? Você aposta e corre o risco de todos saírem da mão, ou dá corda com *check* e espera que alguém aposte para você subir?

Nesse caso, sua posição ruim pode fazer com que você não consiga extrair o máximo de fichas dos seus adversários.

Um último aspecto é o controle do pote. Controlar a quantidade de fichas no pote é uma das habilidades que você deve tentar desenvolver. Se tiver uma mão muito forte, você quer o máximo de fichas possível no meio da mesa, enquanto, com mãos mais fracas, quer arriscar poucas fichas.

Pense nisto

A boa posição permite-lhe tentar controlar o tamanho do pote, colocando mais fichas com aumentos ou simplesmente chamando as apostas e mantendo os potes pequenos.

Ter posição absoluta é como ter sempre a última palavra, e no Texas Hold'em, isso costuma ser: "Passe estas fichas pra cá!"

Bom, mas já que você está lendo este livro, provavelmente passará a prestar mais atenção na posição, assim como outros bons jogadores também fazem. Então, eles perceberão que quando você entrar em uma mão fora de posição, deve ter uma mão mais forte que o normal. Preste sempre atenção quando um jogador que você considera bom entrar em uma mão sendo o UTG ou UTG+1. Provavelmente ele tem uma mão forte.

Vou falar de uma outra situação que pode surgir em decorrência de uma posição ruim. Algumas vezes o *board* pode pregar peças.

Digamos que você está no *cut off* e chamou um *raise* com 9♠T♠ de um jogador que estava imediatamente à sua direita (já vimos que isto pode ser um erro, pois você vai ter posição absoluta e relativa ruim por meio da mão). Mas, para sua sorte, o *flop* vem 993. Ótimo! Você fez uma trinca e tem provavelmente a melhor mão. Porém, o primeiro jogador já sai apostando.

E agora? Você só chama a aposta ou dá *raise*?

Bom, ambas as opções são ruins para você. Se subir, provavelmente todos sairão da mão, e você não ganhará mais fichas. Se, entretanto, só chamar, está dizendo a todos os jogadores que falam depois de você que tem uma mão forte o suficiente para chamar. E eles provavelmente correrão também. Ou seja, qualquer atitude sua vai mostrar que nem *flop* nem a mão do jogador que subiu o amedrontaram. Eles vão saber que de alguma maneira você está muito forte, ou com um 9 na mão ou com um par maior, como AA e KK. Dificilmente alguém jogará com você.

Se você tivesse posição relativa boa nesta mão, é provável que algum jogador colocasse mais algumas fichas no pote antes de a ação chegar a você. Neste caso, ao chamar a aposta, você não denunciaria a força de sua mão.

Resumindo:

Estar fora de posição tem dois problemas:

- Faz você jogar com suas mãos não tão fortes antes de os outros jogadores mostrarem a força das suas mãos, levando você às vezes a perder apostas, não apostando quando deveria, ou, ao contrário, apostando quando não deveria.
- Não permite que você esconda a força da sua mão em situações nas quais está muito forte e gostaria que outros falassem antes de você.

Lembre-se sempre de, ao se sentar em uma mesa para jogar, classificar os seus adversários. Primeiro, veja quem parece entender o jogo e ser bom jogador, e quem não parece. Depois os classifique em *loose* ou *tight*. E por último, se são agressivos ou passivos.

Sempre que um bom jogador entrar em um pote fora de posição, fique preocupado. Se ele for *tight*, então, fique ultrapreocupado e evite jogar, a não ser que sua mão seja muito forte.

Se um jogador normalmente passivo subir fora de posição, pode colocá-lo em uma mão muito forte.

Se, por outro lado, um jogador *loose* e agressivo entrar no jogo, você deve usar de sua vantagem de posição e jogar contra ele nesta situação.

Procure sempre notar sua posição em relação aos tipos de jogadores.

Dica

Lembre-se sempre: você quer os jogadores *loose* falando antes de você (à sua direita), depois de os jogadores *tight* falando após você.

Dica

É muito mais fácil roubar os *blinds* de um jogador *tight*; por isso tê-los depois de você pode ajudar. Por outro lado, se um jogador *tight* subir um pote antes de você agir, você tem a oportunidade de sair do pote e não se meter em briga com um jogador com uma mão boa.

Já um jogador *loose* depois de você tenderia a dificultar seu trabalho de roubar *blinds*, porque chamaria seus aumentos com muitas mãos. Por outro lado, um jogador *loose* antes de você está sempre aumentando as apostas, e você pode escolher quais mãos jogar contra ele, ou seja, esperar o momento certo para chamar.

Roubando posições

Uma das vantagens de estar em *late position* (posição tardia) é tentar roubar o *button*. Diferente do roubo dos *blinds*, o do *button* ocorre quando você dá um *raise* após um ou mais jogadores já terem entrado no pote, apenas para tentar ser o último jogador a falar e ter a melhor posição absoluta na mesa.

Os seus aumentos, a partir das posições do meio, devem sempre ter como objetivo ser suficientemente altos para desencorajar jogadores que tenham melhor posição que a sua a entrar no pote.

Agora você deve estar se perguntando: "E como ficam as posições em uma mesa *short-handed*, ou seja, com menos jogadores?" Em mesas com seis ou menos jogadores, a única posição que mantém suas características é o UTG. Todas as demais posições entram na briga para roubar o *button* e devem, sempre que entrarem num pote, preferir entrar com aumento. Ainda assim, ter a posição absoluta é muito importante — e, da mesma maneira, você deve preferir ser o agressor em vez do agredido.

Quando falarmos de mãos iniciais e das recomendações sobre quais jogar, detalharemos as posições que indicamos para cada caso, além da ação preferível, como *raise, call* ou *fold*.

Agora, basta lembrar que devemos ser mais seletivos com as mãos que jogamos em posições iniciais, apostando, de preferência, mãos mais fortes, e que, agindo no final da mesa, podemos, dependendo das apostas em jogo, ser mais liberais na escolha das mãos e aumentar o nosso leque de opções de mãos jogáveis.

O que não comentamos é que jogadores fora de posição têm estratégias que podem ser usadas e que demonstram grande força. Uma das mais conhecidas é o *check-raise.*

O *check-raise* é uma jogada simples e que mostra a força do jogador. Apenas jogadores bons costumam usar o *check-raise* como um blefe. Portanto, respeite este tipo de jogada quando vier de um jogador inexperiente. *Check-raise*, em geral, significa uma mão extremamente forte.

Quando fazer um *check-raise*?

Primeiro: para fazer um *check-raise*, você precisa ter certeza de que o seu adversário irá apostar, pois se você não apostar com sua mão forte, dando *check*, e seu adversário também não apostar, você acabou de dar a ele o direito de ver uma *free card* (carta de graça), o que poderá melhorar o jogo dele e atrapalhar o seu.

Portanto, todas as vezes em que houver um *draw* forte na mesa (chamada para seqüência ou para *flush*) que possa prejudicar o seu jogo, evite o *check-raise* e opte por apostar direto.

Segundo: na maioria das vezes, o jogador que faz *o check-raise* quer demonstrar força e muitas vezes não quer ser chamado. Se você tiver uma mão realmente muito forte, como por exemplo um par de A, e o *flop* AJ7, e você fizer um *check-raise,* provavelmente estará fazendo uma jogada ruim.

Por quê? Vamos pensar juntos.

Com que mão você acha que seu adversário chamaria esta aposta? Qual a força que ele precisaria ter para chamar o seu aumento?

Está claro que, se você tem AA e no *flop* vem um A, fazer um *check-raise* não é uma jogada inteligente, pois provavelmente o adversário irá correr da mão.

Se você tem um jogo tão forte e não existir qualquer chamada na mesa para um jogo que ganhe do seu, vale a pena dar corda para o adversário. Principalmente se tem certeza de que seu adversário irá apostar no *flop* e depois novamente no *turn*, se você apenas chamar a aposta agora e der *check* após a próxima carta ser dada.

Dica

Espere a aposta dele no *turn* antes de aumentar. Um *raise* no *turn* costuma funcionar melhor que no *flop*.

Em resumo, quando sua mão é muito forte, chamar a aposta no *flop* pode render mais fichas com a nova aposta do adversário do que se você subir a aposta no *flop* e ele sair da mão.

O que você deve fazer neste caso é deixar para dar o *check-raise* no *turn*, quando ele é mais eficiente. Em geral, o outro jogador já se sente psicologicamente comprometido pela mão e acabará chamando você. Ou seja, a chance de um *check-raise* ser chamado é maior no *turn* que no *flop*.

No *river*, evite ao máximo fazer *check-raise*. Se fizer, possivelmente estará perdendo dinheiro, pois seu adversário poderá, na maioria das vezes, dar *check* atrás, e você acabará não levando mais nenhuma ficha.

Por isto, o *check-raise* no *turn* é mais eficiente do que uma aposta simples no *river*. No *turn*, como o adversário quer ver mais uma carta para tentar melhorar a mão, tem a tendência de querer chamar a aposta. Se você não der o *raise* no *turn*, mas sim esperar o *river*, quando, então, você aposta primeiro, o adversário pode dar *fold* com mais facilidade, pois não tem cartas a mais para ver, ou seja, ou ele já acertou a mão que queria ou não tem mais esperanças de melhorar o jogo. E se você, em vez de apostar, der *check*, perderá a chance do *raise* na maioria das vezes, pois o adversário não aposta.

Uma arma muito boa no *river*, e entretanto, muito difícil de ser executada, é o *check-raise bluff*. Se você acha que sua mão só ganharia com um blefe, espere seu adversário apostar no *river*, se ele estiver fraco e fizer uma aposta baixa, e aproveite a oportunidade para um grande *raise* que o tire do pote. Pratique este movimento utilizando a pressão de fichas. O seu *raise* no *river* tem que ser no mínimo metade do que resta ao seu adversário, e você deve prestar muita atenção para ver se ele tem fichas suficientes sobrando para que o *fold* seja uma jogada correta por parte dele. Ou seja, se ele estiver *short-stacked* (com poucas fichas), não tente o *check-raise bluff*, mas pode tentar o *check-raise* com um jogo sólido.

Outra jogada interessante quando você está fora de posição acontece quando, em um pote com três ou quatro adversários, você é o primeiro a falar, e no *flop* vem somente cartas baixas ou aparentemente inócuas. Se todos os outros jogadores derem *check* mostrando fraqueza depois de você, e, no *turn*, outra carta aparentemente inocente aparecer, atire uma aposta de meio pote. Provavelmente você receberá crédito por ter acertado sua mão no *flop* e não ter apostado por causa da sua posição, e poderá roubar um pote. Todos os adversários pensarão que você acertou o *flop*, mas só não apostou pela posição.

Você reparou que, apesar de as estratégias de jogadas fora de posição serem fortes, elas são também arriscadas e, portanto, devem ser feitas com consciência das possíveis conseqüências.

Capítulo 18
Ranking de mãos

Poker é como qualquer esporte. Precisa de treino (estudo), prática de jogo e dom.

Marta Putz, primeira mulher a liderar um ranking *no Brasil. Por duas vezes foi vice-campeã em uma etapa do Circuito Paulista. Jogadora profissional de bridge, vem fazendo sua transição para o Texas Hold'em com muito sucesso.*

Para tentar servir de orientação a quem está começando no poker, deveríamos tentar escrever um guia para selecionar quais cartas jogar, ao mesmo tempo em que orientaríamos como jogá-las em diferentes situações e posições. Antes de tentar inventar a roda, vamos dar uma olhada no que já foi feito em termos de tentativas de classificação da força das mãos.

Já comentamos que o primeiro jogador a criar uma classificação que ficou famosa mundialmente foi David Sklansky.

Muito antes de o Texas Hold'em virar uma febre, ainda na década de 1970, o matemático Sklansky começou a publicar vários livros sobre teorias de jogos. Em particular, interessava-lhe o jogo de poker. Seus ensaios analisam cassinos, falam de todos os tipos de jogos, de azar e bancados. Mas foi no poker e em toda a sua técnica que a atenção de Sklansky se prendeu. Junto com seu amigo e co-autor em vários livros, Mason Malmuth, ele traduziu em palavras alguns dos conceitos mais importantes do poker, como o *ranking* de mãos, o teorema fundamental e o *gap concept* (todos explicados em outras sessões deste livro). A importância de ser capaz de colocar no papel tais conceitos é permitir que esta informação fique disponível a novos jogadores.

Foi com Sklansky que dei meus primeiros passos em teoria — e se alguém me perguntar sobre um livro em inglês para começar a estudar poker, sugiro *The Theory of Poker*, que ele escreveu. Todos os conceitos fundamentais estão lá. O livro aplica-se ao poker em geral, e não somente ao Texas Hold'em; é uma leitura quase obrigatória para o jogador que quer se aprofundar.

Mas vamos voltar ao ranking de mãos, que é o que interessa neste capítulo. O tema ranking foi publicado no livro *Hold'em poker* e discutido na sua continuação *Hold'em poker for advanced players*. Quando vemos aqui no Brasil alguém discutindo mãos, normalmente a pessoa refere-se aos grupos deste ranking:

— *Não peguei nenhuma mão do grupo I hoje.*

O que poucos observam é que tais grupos não foram criados para o jogo de *no-limit*.

Doyle Brunson, em seu clássico livro *Super system*, não cria grupos de um modo matemático como Sklansky, mas, por outro lado, também divide as mãos de um modo a facilitar a compreensão de como jogar.

Os grupos de Sklansky são:

Grupo I:	AA, KK, QQ, JJ, AKs
Grupo II:	TT, AQs, AJs, KQs, AK
Grupo III:	99, JTs, QJs, KJs, ATs, AQ
Grupo IV:	T9s, KQ, 88, QTs, 98s, J9s, AJ, KTs
Grupo V:	77, 87s, Q9s, T8s, KJ, QJ, JT, 76s, 97s, Axs, 65s
Grupo VI:	66, AT, 55, 86s, KT, QT, 54s, K9s, J8s, 75s
Grupo VII:	44, J9, 64s, T9, 53s, 33, 98, 43s, 22, Kxs, T7s, Q8s
Grupo VIII:	87, A9, Q9, 76, 42s, 32s, 96s, 85s, J8, J7s, 65, 54, 74s, K9, T8

Dá para reparar que é bem difícil decorar essa tabela. E o pior: tentei isso logo que comecei a estudar poker. Esforcei-me durante dias, meses até, para saber em que grupo cada mão caía.

Aliás, como todo iniciante, em vez de tentar entender por que uma mão pertencia a determinado grupo, tentava apenas decorar e usar a fórmula, como uma receita de bolo.

Dentro dos próprios grupos, as mãos mais à esquerda são melhores que aquelas à direita.

Na época, não me era fácil entender por que KQ tinha menos força que o T9s. Ou, ainda, o que AT estava fazendo lá no grupo VI, quando mãos "ridículas" como 76s e 65s estavam no grupo V.

Atenção

Como AT pode ser pior que 76 ou 65?

Com o que já foi explicado neste livro, você já pode tentar olhar para os grupos mostrados na tabela anterior e tentar entender a lógica subjacente.

Tente se perguntar por que uma determinada mão está na frente de outra na ordem proposta por Sklansky:

Por que 43s vale mais que K9?

Por que Q9s vale mais que A9?

Ou, mais difícil:

Por que Q9 vale mais que K9?

Por que 86s vale mais que Kxs?

Se você já consegue responder a estas perguntas, sua compreensão do jogo já aumentou bastante.

Atenção

Lembre-se que o poder de uma mão vem de:

- cartas altas
- possibilidade de seqüência
- possibilidade de *flush*
- pares

É muito difícil aprender apenas decorando os grupos. Vamos fazer assim: esqueça os grupos por enquanto e vamos divagar pelo que Doyle falava.

Doyle Brunson dividia as mãos iniciais em seis classes:

1- AA e KK
2- AK
3- QQ
4- Pares pequenos (JJ a 22)
5- *Suited Connectors* (cartas conectadas do mesmo naipe)
6- Axs

O resto: lixo!

Mais fácil? Bem mais fácil! Bem simples para quem está começando. Traz um problema, entretanto. Este ranking dá a falsa impressão de que jogar um 56s tem o mesmo valor que jogar um KQs. Ou, ainda, que jogar um par de 22 é o mesmo que jogar um par de TT.

Para um jogador mais avançado, a diferença é clara. Aí está a pegadinha: para um profissional ou para um jogador experiente, estas seis classificações são suficientes. Mas para o iniciante, nem tanto. Vamos analisar o que há de melhor na classificação de Sklansky e na de Doyle para chegarmos às nossas conclusões.

Antes de jogar cada mão, lembre-se de que o Hold'em é um jogo situacional e de que não existe jogada correta 100% das vezes. As orientações a seguir podem ser utilizadas na maioria das vezes, mas atenção às exceções.

Vamos repassar cada classe proposta por Brunson.

Classe 1: AA e KK

Ele acredita que estas mãos você deve jogar forte sempre, de qualquer posição e sempre com *raises* (aumentos). Não faça *slowplay* com estas mãos. Se alguém aumentar, reaumente. Se ninguém subir, suba você o pote. Não deixe ninguém entrar barato, e idealmente tente fazer com que todas as fichas do adversário entrem logo no pote antes do *flop* (ou seja, coloque o adversário *all-in* sempre que possível).

Não se preocupe se você tiver um par de reis e jogar contra alguém com um par de ases. Isto vai acontecer tão raramente que você não estará errado em jamais dar *fold* em um par de KK.

Lembre-se de que um par de AA ou KK pré-*flop* é muito forte, mas, após o *flop*, pode ser apenas um par contra várias outras mãos melhores. Então, se conseguir ir *all-in* antes do *flop*, estará com a vantagem e diminuindo as chances de jogar estas mãos de maneira incorreta.

Classe 2: AK

A mão preferida do Doyle, que tem uma categoria só para ela. O motivo é que ele ganha muito com ela quando vence uma mão, e perde pouco quando não vence.

Dica

É uma mão boa para dar *raise*, mas preste atenção: Doyle não recomenda que se chame *raises* com ela. 90% dos jogadores chama *raises* com AK o tempo todo. "Cuidado com estas chamadas", recomenda o jogador que foi 10 vezes campeão do mundo.

A vantagem do AK é que, quando você acerta um par ou mais, joga forte; quando não acerta nada no *flop*, pode sair fora.

Classe 3: QQ

Ele separa em um grupo especial, pois acha que há situações nas quais QQ deve ser dado *fold* pré-*flop*, ao passo que, em outras, se deve ir *all-in* com elas.

QQ é um jogo muito forte quando se está em qualquer posição. Você só deve tomar cuidado quando algum outro jogador demonstrar força fazendo um reaumento em cima de você, pois isto pode indicar AA, KK ou AK, o que você não deseja que seu adversário tenha.

> **Dica**
> Quando alguém reaumentar uma aposta sua, repare bem quem o fez e tome nota. Existem dois tipos de jogadores: o que reaumenta somente com AA, KK, AK, QQ, e aquele que reaumenta para isolar e criar dúvida sobre a mão que tem. O segundo tipo é muito mais raro que o primeiro, em uma relação tipo 10% para 90%. Ou seja, na maioria das vezes, quando for reaumentando, jogue com cuidado: você pode estar indo contra uma mão muito mais forte.

O campeão recomenda que os iniciantes joguem QQ como se fosse um *small pair*, e que jogadores mais avançados sejam mais agressivos.

Este conselho chega a parecer bobo, pois todo jogador iniciante joga QQ como uma mão muito forte. O problema é que existem oito cartas acima das Q (quatro reis e quatro ases). Assim, um A ou K restante irá aparecer em uma das cinco cartas comunitárias em mais de 30% das vezes. Ou seja, em cerca de 1/3 das vezes você terá de se preocupar com uma carta acima da sua entre as cartas comunitárias. Seguindo neste raciocínio, vamos ver como Doyle encara os pares abaixo dos de Q.

Classe 4: Pares pequenos (JJ a 22)

JJ é um jogo perigoso, pois no *flop* podem aparecer 12 cartas de 50 maiores que ele. Ou seja, 1/4 de chances de uma carta maior que o seu J aparecer já no *flop*. Isto é suficiente para recomendar cuidado.

Existe uma superstição em que os jogadores de poker costumam acreditar: JJ é um jogo perdedor. Mas não é bem assim. JJ é um jogo muito acima da média e que ganha mais de 60% das vezes contra mãos aleatórias. O grande problema é que alguns jogadores se esquecem da alta probabilidade de cartas maiores que o J aparecerem.

Por isto, em vez de jogar JJ como ele faz com QQ, KK e AA, Doyle trata esta mão da mesma maneira que trata os pares menores. Com todos estes pares, a situação mais perfeita é flopar um *set* (o *flop* trazer uma terceira carta igual às suas da mão, fazendo uma trinca). Esta talvez seja a situação em que mais se ganha no Texas Hold'em. É muito difícil de ser lida e normalmente arrecada muitas fichas.

Algumas orientações para uma situação na qual nenhum outro jogador tiver subido antes de você:

- *Early Position*: *limp* 90%, *raise* 10%. *Fold* pares muito pequenos, como 22, 33, 44, 55, em mesas nas quais a ação está intensa, com muitos *raises* antes do *flop*.
- *Middle Position*: *limp* 50%, *raise* 50%.
- *Late Position*: *limp* 10% (com muitos jogadores tendo entrado à sua frente), *raise* 90% (com muitos ou poucos jogadores no pote).

Mas o que mais traz dúvidas é quando jogar com estes pares se alguém já tiver subido antes do *flop*. Com tais pares, sua melhor chance de ganhar é acertar um *set*. Você já sabe que isto acontecerá aproximadamente uma a cada dez vezes (11%). Então, eu chamaria com um par baixo *raises* que fossem até de três vezes o *big blind*, dando preferência a situações nas quais o jogador que subiu tenha muitas fichas sobrando, ou que existam mais jogadores no pote. O motivo é que, quando você acertar o seu *set*, tem de ganhar muitas fichas para compensar as outras vezes em que você pagou os aumentos, e não o acertou.

Exemplo: o jogador A sobe 300 fichas. O *blind* é entre 50 e 100. Eu pago a aposta se o jogador A tiver pelo menos oito vezes o tamanho do aumento em fichas ou se outros jogadores que também estejam no pote tenham igual quantidade. Assim sendo, se o jogador que subiu tiver 2.400 fichas ou próximo a isso, chamo a aposta. Se tiver menos do que isso, não vale a pena.

Obviamente seu próprio *stack* também é importante. Quando você tem menos de oito vezes o aumento, sua decisão deve ser ir *all-in* ou dar *fold* pré-*flop*.

Dica

Set no *flop*: é a situação na qual mais se ganham fichas no Texas Hold'em. É muito difícil para os adversários lerem a sua mão.

Classe 5: *Suited Connector*

Mãos como TJs, 78s, 56s. Doyle jogaria estas mãos em potes que ninguém subiu ainda e que já tenha um ou mais *limpers*. O motivo é que quanto mais pessoas houver na mão, maiores são as chances de alguém pagar você, caso acerte um bom jogo no *flop*.

O mais importante é lembrar que seu objetivo ao jogar com estas mãos não é acertar um par. Com apenas um par, qualquer aposta após o *flop* poderia me fazer largar estas mãos.

O seu alvo é acertar dois pares, uma seqüência ou um *flush*. Com estas mãos, você conseguirá fazer com que outros jogadores que acertaram *top pair* paguem suas apostas.

Esse tipo de mãos é o melhor para se jogar em *ring games*. Quando você resolve subir com elas, o principal motivo é confundir a cabeça dos seus adversários. Dificilmente eles imaginarão que você tem *suited connectors* nas mãos.

Porém, não exagere: só devem jogar *suited connectors* aqueles jogadores que, após o *flop*, souberem largar estas mãos quando não conseguirem acertá-lo.

Os profissionais treinam este tipo de mãos. Qualquer jogador consegue jogar bem AA ou KK; o difícil é aprender a situação de jogar os *suited connectors*.

Não pague *raises* grandes com *suited connectors*. Jogue estes potes tomando a dianteira e apostando, sempre com boa posição, ou entre no pote quando mais de um jogador tiver dado *limp*. Acima de tudo, jogue *suited connectors* em posição. É um erro grande jogá-los quando você não tiver esta vantagem após o *flop*.

Dica

Em posição, Doyle até subiria com estas mãos. Espera ganhar um pote grande flopando uma seqüência, dois pares ou um *flush*. Quando acerta com os *suited connectors* uma seqüência ou dois pares, dificilmente um adversário lê.

Em um torneio, quando um jogador dá *all-in* e eu tenho um número maior de fichas, chamar esta aposta com uma mão como TJs é uma boa pedida. Os *suited connectors* oferecem-lhe a chance de ganhar fazendo *flush*, seqüência, e ainda tendo cartas que dificilmente estarão nas mãos dos adversários.

Classe 6: Axs

Doyle prefere os *suited connectors* às cartas *suited* no A, porque no primeiro caso ele pode fazer seqüências, enquanto no segundo isto é raro.

Outro motivo é que os *suited connectors* muitas vezes são chamados de *live cards* (cartas vivas). Quando você tem um A e uma outra carta e vai chamar um aumento de um adversário, é muito comum que o mesmo esteja aumentando com um A com um *kicker* melhor (AA, AK, AQ, AJ). Portanto, você só conseguiria ganhar com o *flush* ou acertando a sua segunda carta. Já com *suited connectors* como 9T, 78, 56, você tem as chances de seqüência, de *flush*, e ainda deve ter duas cartas que não estão nas mãos do seu adversário (já que ele costuma aumentar com AK, AQ, AJ, KJ, ou seja, cartas altas) — e qualquer uma de suas cartas que faça par pode ser suficiente para ganhar de duas cartas altas não pareadas.

Dica

Quando falamos de cartas conectadas, os jogadores mais experientes podem tentar jogar com cartas que têm um buraco entre eles (um *gap*), por exemplo: 97, T8, J9.

Todas as demais mãos que não foram explicadas nestes grupos, Doyle acha que têm de ser jogadas fora. Ele não acredita que valha a pena jogar nem mesmo mãos como KT ou Q9. Mas se você está começando no poker, sugiro que tente isto; treine jogar fora todas as mãos que não foram explicadas anteriormente. Concentre-se em jogar primeiro apenas mãos boas. Aprenda como variar seu jogo com estas mãos e jogue todas as demais fora, mesmo que esteja nos *blinds* e pareça barato jogar outras.

Você só conseguirá melhorar como jogador se aprender a jogar determinados grupos primeiro. Em vez de tentar aprender a como jogar as 169 combinações diferentes, concentre-se em aprender a jogar as melhores mãos, que são aproximadamente 25%.

Existe uma estatística chamada de VP$IP, que é a abreviação de Voluntarily Put Money in the Pot (ou seja, vezes em que o jogador voluntariamente colocou dinheiro no pote). Esta estatística mede a porcentagem de vezes em que um jogador entra no pote sem ser obrigatoriamente por meio dos *blinds*. Um jogador iniciante normalmente participa de cerca de 30% dos potes que recebem cartas. Para saber jogar poker bem, primeiro deve-se aprender a reduzir este número para algo em torno de 15%. Ou seja, você participa de apenas 15% das mãos em que recebe cartas. Naturalmente, sem necessidade de calcular nada, você terá este número se aprender a jogar apenas os grupos citados.

Em uma segunda fase, aprenderá a voltar a jogar mais mãos, até atingir um equilíbrio. Os jogadores *tight* agressivos normalmente jogam de 15 a 25% de suas mãos.

Sklansky Grupo I	
EP	*limp* 20%
	raise 80%
MP	*limp* 10%
	raise 90%
LP	*limp* 0%
	raise 100%
	reraise 50%
Fold	raramente

Antes de encerrar o capítulo, podemos tentar olhar para os grupos de Doyle, e combinando-os com os de Sklansky. Vamos então seguir com uma lista modificada das mãos e seus valores — e como jogá-las.

AA, KK

Seguir o que foi explicado por Doyle. De qualquer posição, subir. Não se arriscar a dar *limp* e deixar que outros jogadores vejam o *flop* barato.

Limp reraise: é uma jogada que, hoje em dia, está bastante manjada, mas que ainda funciona muito bem. Consiste no seguinte: quando você está no UTG, mas em uma mesa bastante ativa, com muitos *raises*, opte por apenas dar *limp* com AA ou KK na posição inicial. Você espera que alguém aumente em uma posição melhor, para, quando a ação voltar, você apostar *all-in* ou ainda fazer um grande reaumento. Às vezes, o adversário chama e você vai para *heads up all-in*, que é a melhor situação para estas mãos.

Jogue sempre forte com estas mãos antes do *flop*, mas reavalie sua situação após o *flop*. Tente trazer todas as fichas para o meio pré-*flop* sempre que possível. Depois do *flop*, mantenha sua cabeça aberta. Veja a textura do *flop*. Tem chance de seqüência, de *flush*? Vale a pena apostar forte para tirar os adversários? Há chance de alguém ter acertado dois pares ou trinca? Respeite os *raises* dos adversários. Lembre-se de não se quebrar porque é um par de AA. Depois do *flop*, um AA pode ser um jogo fraco.

Um dos melhores conselhos que posso dar é que pense na sua mão a partir do zero, a cada nova carta que aparecer no *flop*, *turn* e *river*. Verifique sempre as possibilidades de alguém ter feito um jogo melhor que o seu.

Exemplo de uma mão em que esta reavaliação impediu minha eliminação de um torneio: estava jogando no Ultimate Bet, em uma mesa sem muita ação pré-*flop*. Estava UTG e recebo AA. Os *blinds* eram muito baixos, em 30 e 60, e tinha 3.200 fichas; portanto, bem no início do torneio. Resolvi subir minha aposta para 170. O jogador que estava imediatamente à minha esquerda ressubiu a aposta quase que imediatamente para 340, fazendo um mini-*raise* (*raise* mínimo permitido). Imaginei que ele tinha um par alto também. O jogador no *small blind* pagou a aposta e resolvi ressubir. Fui para 1.000 fichas. E fui pago imediatamente pelo adversário à minha esquerda — e o *small blind* correu.

O *flop* veio: KQT.

Era o pior *flop* possível para mim. Minha leitura colocou meu adversário em um par alto (TT, JJ, QQ ou KK). Minhas chances de estar na frente eram mínimas. Como então eu poderia estar na frente? Resolvi dar *check*.

Meu adversário, em vez de apostar, também deu *check*. Pronto. Minha cabeça estava feita: meu adversário deve ter acertado uma mão grande no *flop*, ou teria apostado.

O *turn* trouxe um 3. Dei *check* novamente, e ele apostou 1.000. Pensei e larguei o AA. No *ultimate bet*, você tem a opção de sair da mão e mostrar suas cartas; então mostrei meu par de ases.

Na mesma hora, ele mostrou KK e disse: "*Nice fold.*"

Não foi uma leitura tão difícil, mas importante para mostrar como você não pode se apaixonar pelo seu AA. Tinha certeza de que estava perdendo. E não deu outra.

AK

O AKs e o AKo devem ser jogados praticamente da mesma maneira, e seguindo as orientações de Doyle e Sklansky: subir com estas mãos de qualquer posição. Se alguém subir, mas você tiver em uma posição boa, considere reaumentar para proteger a sua mão, ou, dependendo do adversário e da situação, até mesmo largar seu AK. Esta é uma das mãos mais mal jogadas pelo iniciante. AK é uma mão que deveria ser fácil de jogar, pois, se você não acertar seu par, pode sair fora da mão. Mas muitos jogadores, mesmo após não acertarem o *flop*, chegam a pagar apostas *all-in* com AK. Cuidado para não cair nesta armadilha! Evite chamar *all-ins* com AK.

Outra situação comum é a denominada *race* (corrida). Quando um par qualquer de QQ ou menor está *all-in* contra um AK, o par é favorito por uma pequena margem: 52% a 48%. Esta proximidade faz com que quase todos os jogadores chamem com AK buscando o *coin flip* (como jogar uma moeda pelo cara ou coroa, com 50% de chances para cada um). O problema é que, em teoria, o jogador deve sempre buscar entrar nas mãos em que tem uma vantagem ou margem maior do que simplesmente 50% / 50%.

Em torneios, pode parecer inevitável ter que jogar em situações de *race*. Mas isto não é verdade. Na mesa semifinal da sétima etapa do BSOP, onde terminei na terceira colocação, por duas vezes dei *fold* em AKs. Em ambas as ocasiões, um jogador que estava UTG (Sérgio Braga, o Tom Hanks brasileiro, jogador extremamente agressivo e com um bom jogo pós-*flop*) subiu o suficiente para me colocar em uma posição na qual deveria ir *all-in*. Optei nas duas situações por dar *fold* após muito pensar. Não sei qual seria meu resultado nestas mãos. Poderia ter dobrado e ficado com mais fichas, o que me facilitaria ganhar o torneio, ou poderia ter sido eliminado. Optei por esperar situações em que fosse o jogador a subir as apostas. Aparentemente, a opção foi boa, pois obtive um resultado excelente no torneio. Procuro sempre colocar a pressão nos adversários, indo *all-in* mesmo antes deles, ou, ainda, subindo bem as apostas. Evito chamar os *all-ins* em situações que podem me eliminar e não sou o favorito.

Pense nisto

Procure ser o agressor (o que aposta), e não o agredido (o que chama a aposta).

O objetivo do profissional é se colocar sempre em uma situação na qual tenha maior vantagem. Assim, longe de advogar um *fold* obrigatório nestas situações, apenas aconselho que tenha consciência de que quando você chama um *all-in* com AK contra um par menor, está se arriscando tanto quanto jogar cara ou coroa, ou, ainda, par ou ímpar. Em um torneio, dependendo da sua situação, número de fichas, colocação e adversário, irá ou não valer a pena correr o risco. Sempre que você achar que pode evitar, não fique com vergonha de dar *fold*.

Em uma outra situação recente, estava no BSOP, na sua quinta etapa, também na mesa semifinal. Faltavam cair dois jogadores para eu chegar à mesa final e aos prêmios. Eu tinha cerca de 45.000 fichas, e a média era 30.000. Olho para minha mão e vejo AQs. Não era AK, mas a situação foi semelhante. Um jogador em posição final que estava *short stacked* com cerca de 20.000 fichas foi *all-in*. A ação chega a mim. Era um *call* fácil, não? AQs, uma boa mão. O problema é que o jogador *all-in* era bem *tight* e vinha jogando fora várias mãos boas. Comecei a conversar e a tentar descobrir o que ele tinha. Nem tive muito trabalho; ele logo avisou que tinha um par. E, pelo jeito, não era par alto. Coloquei-o em algo como par de 88. Nesta situação, era um par baixo contra as minhas cartas mais altas. Era o chamado *coin flip*. A situação era a seguinte: se eu chamasse e ganhasse, pulava de 45.000 fichas para quase 70.000. Tinha 50% de chances de isto acontecer. Entretanto, se chamasse e perdesse, colocava-o com muitas fichas novamente no jogo, e eu ficava em uma situação muito abaixo da média. Resolvi não arriscar e saí da mão. Meu *fold* foi criticado por outros jogadores da mesa. Cerca de dez mãos depois, eliminei o 11º jogador e fui para a mesa final, novamente com AQ, mas, desta vez, dei o *all-in*. A diferença é que coloquei a pressão e acabei chamado por uma mão bem pior, na qual eu tinha mais chances do que na anterior. A cada torneio, você pode tomar decisões acertadas e outras nem tanto. Muitos advogariam que, para ser vencedor, você deve conseguir ganhar algumas *races* como aquela. Estão certos. Naquele mesmo torneio, em uma outra race 88 contra AT, acabei perdendo todas as minhas fichas na mesa final. Esta é a natureza do Texas Hold'em. Apenas volto a ressaltar que, em certas horas, é estrategicamente correto entrar nas corridas, mas há outras em que você deve jogar o seu AK com mais cautela.

Pares altos – QQ, JJ, TT, 99

São boas cartas para o iniciante e podem ser agrupadas. Conseguem ganhar com *overpair* (par maior que o *board*) ou fazendo *sets* (acertando as trincas). Todos eles podem ser jogados de qualquer posição. Em posição inicial, avalie a mesa: se for uma mesa passiva, tente dar um *limp*; se for uma mais agressiva, considere até mesmo um *raise*, que disfarçaria sua mão em posição inicial e no meio. No final da mesa, sempre dê *raise* com estas mãos, principalmente se ninguém tiver entrado. Se alguém já tiver entrado, avalie o *raise*. Com estas mãos, vale a pena pagar um *raise* que não comprometa mais de 10% do seu *stack*.

Lembre-se de que estes pares altos são favoritos em situações de *all-in*, exceto contra pares mais altos. Então, nunca podemos considerar como uma jogada errada um *reraise* ou até mesmo um *all-in*, se você conseguir imaginar que seu adversário não tem um par maior na mão.

Estratégia para pares altos:

- No início de mesa, suba a aposta em 80% das vezes; dê *limp* em 20%.
- Após alguém ter subido, aumente a aposta em 75% das vezes se a anterior foi fraca, para tentar isolar e ir para o *flop* no mano-a-mano; em 25% das vezes, apenas dê *call*.
- Se alguém tiver ido *all-in* na sua frente e você estiver com pares acima de QQ, considere *call* em 90% das vezes, se possível, colocando o seu *all-in*, para evitar que outros jogadores entrem atrás. Se tiver com menos que QQ, analise o adversário, o tamanho do *stack* dele. Se for menos que 25% das suas fichas, chame a maioria, indo *all-in*. Se for mais que 25% do seu *stack*, pense em jogar sua mão fora.
- No final de mesa, abrindo o pote, aumente.
- No final de mesa, com outros jogadores no pote, 40% *call*, 50% *raise*, 10% *fold*, dependendo dos jogadores no pote.

Com os pares altos você espera não ver cartas maiores que as suas no *flop*. Se acertar uma trinca, jogue devagar. Se tiver um par acima das cartas na mesa, jogue forte, principalmente se a mesa apresentar algum tipo de *draw*. Aumente qualquer aposta em pelo menos 80% das vezes.

Se cartas maiores do que as suas aparecerem, cuidado! Só continue no jogo se o pote estiver gordo em relação à aposta que você tiver de pagar e você achar que o adversário não acertou um par maior.

Pares baixos — 88, 77, 66, 55, 44, 33, 22

Sklansky — Grupo III	
EP	*fold* 75%
	limp 20%
	raise 5%
MP	*fold* 45%
	limp 30%
	raise 25%
	cold-call 20%
LP	*fold* 10%
	limp 25%
	raise 65%
	cold-call 35%

Sklansky — Grupo III (continuação)	
Cold-call	depende do tamanho do *raise* do adversário
Reraise	raramente

Quanto mais baixo for o seu par, maiores as chances de que cartas mais altas que as suas apareçam no *flop*. Leve isto em consideração e evite valorizar excessivamente os pares. Seguindo este raciocínio, se você tem QQ, apenas oito cartas maiores que as suas existem; se você tem TT, já são 16 cartas maiores que as suas que podem aparecer no *flop* (4A, 4K, 4Q, 4J). Quanto mais cartas maiores que as suas existem, mais frágil sua mão fica. Uma situação difícil com um par pequeno é quando sua mão é anulada por pares maiores, como no exemplo:

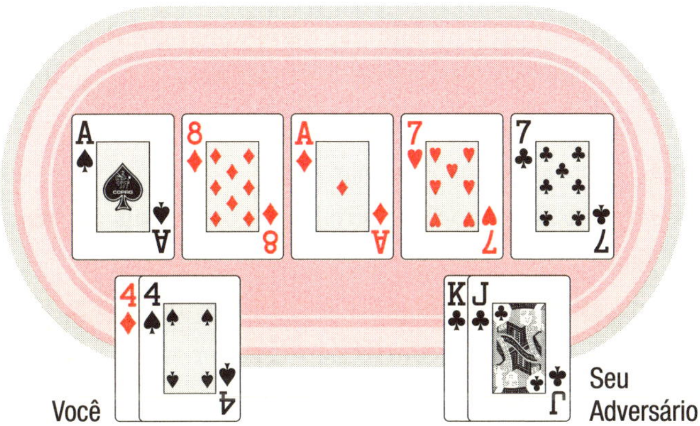

Os dois pares no *board* (A e 7) anulam seu par de 4, e o adversário ganha com o K de *kicker*.

Assim, recomendo jogar os pares baixos com o objetivo de acertar um *set*. Você vai jogar pares baixos se a aposta estiver baixa, ou seja, com *limp* em um pote com outros *limpers*. Se estiver em posição final e ninguém tiver subido, pode subir com eles para ajudar a disfarçar sua mão. Mas lembre-se de que você quer ver um *flop* barato.

Se no *flop* você acertar sua trinca, aí está a mina de dinheiro do poker. Dificilmente um adversário o colocará em uma trinca, e mãos como um par e dois pares poderão pagar até mesmo seu *all-in*.

Se você não acertar sua trinca e no *flop* vierem cartas maiores que as suas, é fácil sair da mão sem ter perdido muito.

Se você não acertar a trinca, mas não vierem cartas maiores que as suas no *flop*, proceda com cuidado; tente uma aposta forte no *flop*, buscando levar a mão aí. Não deixe abrir mais uma carta, pois, se você não apostar neste momento, provavelmente uma carta maior virá no *turn* ou no *river*. Se você for chamado nesta aposta, largue a mão no *turn*, fazendo *check* e dando *fold* para qualquer aposta mais forte.

Cartas conectadas

Quando você joga cartas conectadas, o que você está esperando é jogar com um jogo diferenciado, que surpreenda seu adversário, acertando uma seqüência, um *flush* ou ainda dois pares de uma maneira que seu adversário não consiga ler.

Como suas cartas normalmente não vão ganhar como carta mais alta, e, muitas vezes, mesmo fazendo um par apenas, continuam sendo fracas, você quer jogar as cartas conectadas bem barato antes do *flop*. São mãos típicas para dar *limp* em posição e não chamar *raises*.

Com esse tipo de jogo, você prefere jogar contra dois ou três adversários em vez de jogar no mano-a-mano.

As cartas de valor intermediário são melhores do que as altas. Ou seja, prefira jogar com 98, 87, 76 a com JQ ou QK por vários motivos:

- Com cartas baixas, se o *flop* vier com cartas altas (figuras) e sem o seu *draw*, fica fácil jogá-las fora e não perder mais nada na mão. Com cartas mais altas, se o *flop* vier com figuras, você se sentirá tentado a pagar as apostas, e pode estar perdendo, dominado. Por exemplo:

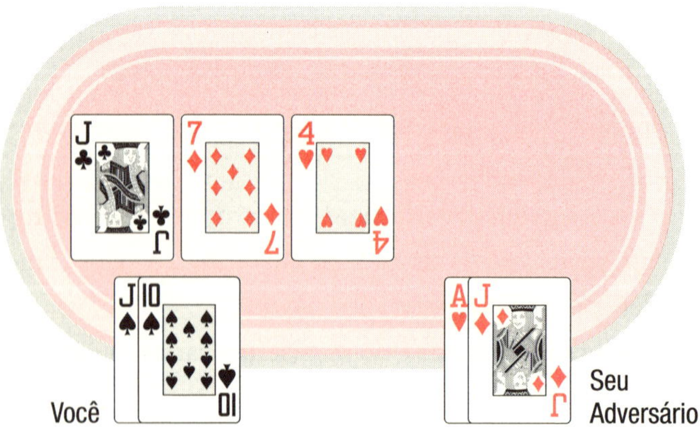

Quando o adversário apostar, você com seu par de valetes tenderá a pagar e estará perdendo no *kicker*.

- Com cartas baixas, se o *flop* vier baixo também, há uma grande chance de você acertar um par ou sua seqüência e seu adversário apostar contra você, pois não imagina que você está com cartas baixas também. Esta é uma boa oportunidade para dar *raise* e ganhar um pote grande.

  Exemplo:

Seu adversário aposta achando que você não tem nada, mas você tem o maior par da mesa, com chamada para seqüência. Um jogo bem forte. Vulnerável ainda, porém forte o suficiente para dar um grande *raise* no adversário e ganhar o pote neste momento.

Cartas conectadas são cartas próximas, mas e se você tiver cartas próximas não consecutivas, como J9, 97, QT etc.?

Tais cartas são chamadas de *one gappers*. Ou seja, tem um buraco entre elas. De uma maneira geral, são jogadas da mesma forma, mas com um valor um pouco menor. Existem também os *two gappers*. Quanto maior o espaço entre as cartas, mais difícil de fazer seqüência, portanto mais difícil de jogar. Recomendo que, com duas cartas de intervalo para cima, deve evitar jogar.

Ax e Kx

Sklansky — Grupo V	
Se houver raise antes de você: *fold* 85%	
Sem *raise*:	
EP	*limp* 10%
	raise 10%
	fold 80%
MP	*limp* 20%
	raise 35%
	fold 45%
LP	*limp* 15%
	raise 50%
	fold 35%

Seguir as mesmas recomendações de Doyle. Só jogar se o *flop* trouxer o seu *draw* de *flush*. Se você acertar um dos pares da sua mão, pague apenas apostas baratas. Você tem uma grande chance de perder no *kicker*. Não recomendo que jogue Kx, a não ser que já seja experiente. E este é um dos erros que vemos jogadores novos cometendo com freqüência: pagar apostas altas com *flush* no K, ou então, pior, com projeto de *flush* para o K. Você pode acertar seu *flush* e perder para um maior com A. De uma maneira geral, só jogue de KxJx para cima (KT, KJ, KQ e KA). Jogue fora as outras combinações com K.

Outras cartas

Outras combinações não abordadas aqui devem ser jogadas com critério. Você sempre deve pensar no seu objetivo na mão e nos seus adversários. Assim, as outras cartas servem mais para blefes do que para qualquer outra coisa. Jogue-as fora na maioria das situações. Se estiver no SB, jogue-as fora.

Dica

Lembre-se sempre de algo que repetiremos em todo o livro:

- jogos pequenos, apostas pequenas, potes pequenos.
- jogos grandes, apostas grandes, potes grandes.

Capítulo 19
Tipos de aposta

Para ser jogador de poker, você precisa de três coisas: disciplina, disciplina e... disciplina.

Salim Dahrug, que, com pouco mais de um ano como jogador, já acumula resultados impressionantes jogando on-line. Figura emblemática em todos os torneios ao vivo, destaca-se pelo bom humor e alegria que contagiam o ambiente.

Uma das maiores dificuldades encontradas por quem começa a jogar poker é saber quanto deve apostar, ou quando.

Em um dos cursos que ministrei, um aluno fez o seguinte comentário:

— *Sempre tenho a sensação de que aposto mal. Algumas vezes, aposto pouco; outras, aposto demais. Nunca sei se devo assustar o adversário ou trazê-lo para o jogo. Tento fazer* check raise, *e dá errado.*

Ao contrário do que muitos podem pensar, isto é muito comum. E, ao mesmo tempo, é um desastre, pois a essência do jogo de poker é saber como e quando apostar.

Este capítulo é o mais delicado do livro, pois, após publicar estas reflexões, tenho certeza de que as mesas nos campeonatos por aí ficarão muito mais difíceis para que se possa jogar. Os adversários que gostam de estudar sobre os oponentes terão um prato cheio contra mim. Saberão como eu penso ao apostar.

Primeiro, vamos lembrar um princípio que deve nortear a cabeça dos leitores:

> Dica
>
> Jogue potes grandes com mãos grandes, e potes pequenos com mãos pequenas.

Vejo jogadores que gostam de apostar e apostam muito em todas as mãos. Contra eles, só espero a hora certa, e, quando tenho uma mão boa, deixo-os apostar e chamo as apostas até dar o golpe final e levar todas as fichas.

Outros têm tanto medo de apostar e de pagar que contra eles é só tomar a dianteira e apostar pesado.

A segunda coisa que deve vir à cabeça é que No-Limit Hold'em é o chamado *big bet poker* e que seu objetivo não é ganhar muitos potes, mas, sim, quando entrar em uma mão e estiver ganhando, conseguir que todas as fichas do adversário venham para o meio da mesa, de modo que você consiga ganhá-las. Então, fique sempre de olho no *stack* dos seus adversários que estão na mão. Aquelas fichas na frente deles são o seu lucro potencial.

Se você acompanhou bem o livro até aqui, saberá que deve jogar mãos boas e em posição favorável. Agora, temos que aprender como conseguir o *stack* inteiro de seu adversário.

A primeira aposta importante começa no pré-*flop*.

Vou tentar enumerar situações e dividi-las em maneiras como agir.

Você tem um jogo bom, e ninguém ainda entrou no pote. Neste momento, quer que alguém jogue o pote contra você, porém não muitos jogadores. Primeiro, você olha para quanto tem em relação às *blinds*. Se o seu *stack* for menor do que oito a dez vezes o valor dos *blinds*, comece a considerar que o seu aumento seja *all-in*, principalmente se o restante da mesa estiver acima da média.

O motivo do *all-in* ser a melhor jogada é simples. Digamos que você tem 8.000 fichas e os *blinds* estão em 500 e 1.000 antes de 100 com nove pessoas na mesa. Uma subida mínima antes do *flop* é de três vezes o *big blind*. Se subir esta quantidade, põe 3.000 em jogo. Imaginando que todos dessem *fold* e chegassem ao *big blind*, ele teria *odds* de 2,7 para 1. Ou seja, você precisaria colocar 2.000 a mais para tentar ganhar os 5.400 que já estão no pote. *Heads up*, qualquer mão que tivesse previsão de ganhar em cerca de 35% das vezes estaria correto em chamar. O problema é que quase todas as mãos têm pelo menos 30% de chances de ganhar contra uma outra mão aleatória, ou seja, seu adversário está certo em chamar, principalmente se ele tiver muito mais fichas.

Após chamar sua aposta, fica um pote de 7.400, e só restam a você 4.900 fichas. Ou seja, no *flop*, seu adversário teria que chamar caso você fosse *all-in* 4.900 para tentar ganhar 12.300, *odds* de 2,5 para 1. Provavelmente ele acabaria chamando você novamente.

Quanto maior o seu *raise* pré-*flop* se você for chamado, menor a chance de o seu adversário largar quando você apostar no *flop*. Assim, a sua aposta que mais assusta é o *all-in*.

Com o *all-in* de 8.000 em um pote em que ninguém entrou, você está dando *odds* de 1,8 para 1. Ou seja, para seu adversário chamar corretamente você tem de ter uma mão que ganhe em mais de 50% das vezes contra suas possíveis mãos, para ser uma chamada correta.

Então, você pressiona seu adversário, que pode dar *fold* e deixar-lhe as *blinds*, além de, no caso de você ser chamado, conseguir ver as cinco cartas comunitárias sem ter de pagar mais nenhuma aposta.

Digamos que você tivesse AK e subisse para 5.000. O *button* o chama. O pote fica com 12.400. No *flop* vem 79J. Ou seja, você não acertou nenhum par. E agora? Só lhe sobraram 3.000. Você acha que a aposta de 3.000 faz seu adversário correr de um pote de 12.400? Ele teria de chamar 3.000 para tentar ganhar 15.400, *odds* de 5 para 1. E se você não apostar e der *check*, quando ele apostar os 3.000, vai correr deste pote gigante? E se ele estiver blefando? Está vendo como, neste caso, o *all-in* era o melhor movimento? Com o *all-in* há a chance de ele correr pré-*flop*, e, se chamar, pelo menos você verá a mão até a última carta e pode torcer pelo seu A ou K no *turn* ou no *river*.

Dica

O nome disso é *fold equity*. Ou seja, toda vez que sua aposta for grande, além de você poder ganhar com a melhor mão, pode sair vencedor se seu adversário desistir. Deve usar o *fold equity* sempre que você ou seu adversário não estiver com muitas fichas.

Ainda estamos no pré-*flop*. Então, guarde o primeiro conceito: com menos de dez vezes o *big blind*, suba *all-in*.

Com mais de dez vezes o *big blind*, você começa a ter espaço para manobra. Nestes casos, a aposta-padrão costuma girar em torno de três vezes o *big blind*. Por exemplo, *blind* 50 a 100, você sobe para 300. Há pessoas que defendem que aqui você deve variar o seu *raise*, para não ficar marcado; assim, às vezes subir duas vezes e meia, outras, quatro ou cinco vezes. O problema está em variar suas apostas baseando-se na força de suas mãos, o que é errado. Se você resolver subir cinco vezes sempre que tiver AA ou KK, e subir só três vezes com AJ, estará entregando o seu jogo para jogadores observadores. Se subir sempre três vezes, não importando qual mão esteja subindo, fica mais difícil seu adversário colocá-lo em uma mão. Alguns jogadores profissionais variam seus *raises* de forma aleatória. Por exemplo, sobem três, depois quatro vezes, depois duas vezes e meia em seqüência, apenas para confundir. As duas estratégias são satisfatórias (3x BB ou de forma aleatória).

Aquilo em que você deve prestar atenção, neste caso, são os *stacks* das pessoas que estão depois de você. Se houver um jogador *short stacked* (com poucas fichas) no *big blind,* digamos 400, você está no *cut-off,* e o *blind* está 100. Subir 300 ou 400 dá muito mais chances de ser chamado pelo *big blind*, que deve ir *all-in*. Se o *big blind*, por outro lado, tivesse 40.000 fichas e você subisse 400, também teria grandes chances de ser chamado, pois as 400 nem arranhariam o *stack* do jogador.

O ideal é que suba contra jogadores com *stacks* medianos quando sua mão for mediana. Quando você quiser terminar *all-in* com a pessoa, aí o *stack* do adversário importa menos.

E o famoso mini-*raise* que tanto vemos on-line? O *blind* está 100, alguém aumenta para 200. Via de regra, é uma péssima idéia, uma das piores apostas possíveis para o iniciante (os profissionais utilizam-nas em situações especiais). O mini-*raise* não costuma afastar ninguém da mesa, e, ao mesmo tempo, não costuma fazer o pote crescer de modo a compensar o perigo da jogada. Ao dar mini-*raise*, o *big blind* tem facilidades de chamar. Se outros jogadores já tiverem entrado no pote, provavelmente pagarão também, pois quanto mais pessoas, maiores as *pot odds*.

Mas você pensa: "Tenho uma mão boa, quero que as pessoas paguem; portanto, vou só dar um *raise* pequeno para aumentar o pote." Errado!

Você lembra que quanto mais pessoas no pote, mais as mãos ruins têm chances de ganhar? Poderá ver seu maravilhoso AQ perder para uma mão como 54. O mini-*raise* é uma jogada sem justificativa, pois você não tira as mãos ruins do pote e não consegue ver quem está fraco. Não aumenta o pote suficientemente.

Você aumenta a aposta para:

1- tirar pessoas do pote;
2- fazer o pote crescer substancialmente, mas ser chamado;
3- isolar o adversário;
4- disfarçar a sua mão;
5- conseguir informação;

O mini-*raise* não consegue nenhum dos cinco objetivos acima.

Há poucas exceções, uma delas com *blinds* muito altos, quando você quer convidar alguém a dar um *reraise* (reaumento). Por exemplo, você com AA no *cut-off* com *blinds* 2.000 a 4.000. Você tem 24.000 fichas. Uma subida para 8.000 poderá fazer com que o *big blind* pense que você está roubando e resolva ressubi-lo. Entretanto, vale lembrar que você está correndo um risco. Você deu *odds* para ele chamar com uma mão do tipo JT, acertar um *flop* como JT4, e eliminar você do torneio com facilidade. Pois no *flop* ele daria *check*, e você colocaria o restante das suas fichas. Para quem está começando: por favor, esqueça que a regra permite o mini-*raise*.

Bom, já falamos que, se ninguém tiver entrado no pote, um bom aumento é de três vezes o BB. E se outros jogadores já estiverem no jogo?

Uma boa regra: 3x BB + 1 a 2x por jogador já no pote (três vezes o *big blind* + 1 a 2 vezes por jogador que tiver dado *limp*). Assim, *blinds* 50-100. Dois *limpers* na mão, sua vez de entrar: você, com AK, resolve subir. Um bom *raise* seria entre 500 e 700 (3x 100 + 2x 100 = 500 ou 3x 100 + 4x 100 = 700). Lembre-se de que neste momento o pote já tem 350. E mais: todos que já entraram teriam de chamar pelo menos 400 fichas.

Uma jogada muito comum é quando você está no *button* ou nos *blinds* e vários jogadores entram de *limp*. Nesta situação, se tiver uma mão boa para tentar jogar *heads up* com alguém, pode tentar uma aposta alta para roubar o pote. No caso, o aumento deve ser de 150 a 200% o valor do pote. Por exemplo, com *blinds* em 100 a 200 e três *limpers*, o pote já tem 900. Um aumento de 1.450 a 1.800 pode fazer com que todos os que entraram com 200 se desencorajem de continuar no jogo. Esta é uma jogada muito comum on-line, mas pouco vista em jogos ao vivo.

Por último, vamos falar da situação em que alguém já entrou no pote, mas entrou aumentando. No caso, em primeiro lugar temos que lembrar do *gap*.

O conceito de *gap*, que será melhor abordado em outro momento, diz que você precisa de uma mão melhor para chamar um *raise* do que você precisa para fazer um *raise*. Guarde bem este conceito, que nunca é demais repetir. Em torneios, saber utilizar o *gap* poderá ser a chave para a vitória, pois, assim como você precisa de uma boa mão para chamar um *raise*, quando você der um *raise*, seus adversários também deverão pensar no *gap* e, do mesmo modo, só chamá-lo com mãos muito boas.

Caso a sua mão seja suficientemente boa para jogar contra alguém que deu um *raise* (ou a sua leitura do jogador que deu o *raise* o coloca em mãos não tão boas), a melhor jogada é fazer o *isolation play*.

Como você lembra, jogar *heads up* é quando o seu jogo terá mais vantagens contra o adversário. Quanto mais pessoas no pote, pior, de uma maneira geral. Assim, se um jogador entrar com *raise*, é inteligente ressubir a aposta. Desta forma, você realiza dois feitos:

- Pressiona os jogadores depois de você, que terão a tendência a respeitar o *raise* e depois o *reraise*. Para jogarem, eles precisarão de mãos melhores ainda.
- Passa a descobrir onde você está na mão.

Um jogador que subiu com um jogo fraco poderá sair da mão ou apenas chamar e depois dar *check* no *flop* contra você, permitindo que decida se aposta de novo ou se pega uma *free card*.

Um jogador que subiu com jogo forte poderá dar um *reraise*, até mesmo *all-in*, permitindo que você avalie ainda antes do *flop* se vale a pena continuar na mão ou não.

A *isolation play*, ou jogada para isolar, é uma das mais importantes no No-Limit Hold'em. Sempre que possível, procure jogar um pote contra apenas um jogador, e o seu reaumento costuma deixar o outro oponente na defensiva. Só tenha cuidado quando o outro jogador continuar demonstrando força mesmo após o seu reaumento.

Ainda sobre aumento pré-*flop*, preste muita atenção nos jogadores passivos da sua mesa. Puna-os cada vez que entrarem com *limp* e você tiver uma boa posição. Faça com que um jogador *tight* e passivo que entre de *limp* suba a aposta pelo menos em quatro vezes o BB. Nem importam tanto as suas cartas. Você quer isolá-lo e jogar o pote contra ele, ou, ainda, fazer com que todos saiam, pois já tem um jogador no pote, e depois você quer que ele mesmo corra porque tem medo de você, que sempre levanta as apostas dele. Mais uma vez, se ele chamar, lembre-se de analisar o *board* antes de atirar outra aposta.

Nunca se esqueça de avaliar os *stacks* do seu adversário; sempre que houver oportunidade, assuste-o com a possibilidade de ele perder todas as suas fichas e ser eliminado. Se você estiver querendo roubar, o melhor é já colocar o valor total das fichas do seu adversário. Assim, caso ele chame, você não estará em uma situação difícil de pensar se deve pagar ou não um reaumento do adversário. Use esta estratégia todas as vezes em que as fichas de seu adversário forem menos que 10% do seu *stack*, e em pelo menos metade das vezes em que elas forem até 20% do seu *stack*. E se elas forem mais do que isto, só faça este movimento se tiver uma mão boa para o jogo.

Se, em vez de querer roubar seu adversário, deseja que ele entre com todas as fichas contra você, a estratégia que surte o melhor efeito psicológico, ou seja, que induz o adversário a voltar *all-in*, é colocar algo entre 50 e 70% das fichas que ele tem. Neste caso, apenas chamar não faz sentido; ele deve voltar *all-in*. Se não voltar no *flop*, sua aposta acaba por colocá-lo *all-in* ou o deixa muito machucado no torneio.

Um erro muito comum, que vejo muitos jogadores cometerem, é pagar um *raise* que comprometa mais da metade do seu *stack*. O que você fará com o menos da metade que sobrou? Irá dar *fold* no *flop*? Se resolveu comprometer mais de 50% do que tem em um *raise* pré-*flop*, é mais fácil ir logo *all-in*.

Existe, inclusive, uma regra muito utilizada que é a de 10%. Você pode pagar *raises* de outros jogadores todas as vezes que este *raise* não comprometer mais de 10% do seu *stack* atual. Se comprometer mais do que isto, pense em voltar *all-in* ou sair da mão.

Lembro-me de uma jogada bizarra ocorrida no Cassino Conrad. Mesa de *cash game*, NL 2/4. Tinha uns 550, e meu adversário, cerca de 160. Com o *blind* em 4, dois jogadores entraram aumentando para 10. Eu, que estava no *cut-off*, resolvi subir para tentar ficar contra somente um jogador. Subi de 10 para 45 com KK. O jogador que tinha 160 estava no BB e resolveu só pagar. O primeiro *limper* acompanhou, e o segundo correu. O *flop* veio maravilhoso, na primeira carta; preocupante nas outras: KTJ — as três de ouros. Obviamente, não tinha ouros, mas trinquei meu K. Fiquei preocupado com AQ ou ainda o *flush*. O primeiro e o segundo jogadores deram mesa. O pote já estava em 147. Pensei em atirar 2/3 do pote. Então, apostei mais 100. O BB, que tinha 115, apenas pagou a minha aposta. O outro jogador saiu do pote. No *turn*, veio uma carta baixa, tipo um 2, só que de ouros também. Pensei: "Perdi. Ele fez o *flush*. Ele deu mesa. Perdi a mão, mas como ele só tem mais 15 vou apostar o resto, pois posso dobrar no *river* e fazer um *full*." Apostei os 15, e meu adversário pensa e depois larga a mão. Ele me mostra TT e diz ser uma pena abrir a quarta carta de ouros, pois fiz meu *flush*, e ele não podia pagar. E joga fora sua cartas. Bizarro? Ok, ele estava perdendo a mão de qualquer jeito! Agora, olhe só quantos erros ele cometeu na mão. Chamou um *reraise* que representava 25% do seu *stack*, fora de posição, com dois outros jogadores para falar ainda. No *flop*, acertou a sua trinca e deu *check*. Depois, quando apostei 100, ele só pagou, deixando 15 para trás. Por último, correu da minha aposta no *river*, quando o pote já tinha 347, e ele só tinha de pagar 15. Nesta mão, os *odds* dele eram 1 para 24. Ou seja, só tinha que ganhar aquela mão 1 vez em 24 para ser lucrativo. Mais que 1 vez em 24 e ele iria acertar o T que faltava para fazê-lo ter a quadra, ou, ainda, mais uma de ouros, que daria o *flush* na mesa e empataria o jogo. Tudo bem que ele não podia adivinhar que eu não tinha o *flush*. Mas bastava acertar 1 vez em 24. Este é um *fold* que, mesmo com toda a certeza de que você está perdendo, não pode ser feito. O pior: com pena do adversário, mostrei-lhe meu KK. Ele falou: "Está vendo, fiz certo de largar o meu TT." Não tive coragem nem jeito de explicar-lhe que o *fold* fora incorreto. Um último erro: em vez de se levantar e ir embora com os 15 ou recarregar com mais fichas, ele jogou a próxima mão no SB com 15 fichas. Pagou duas. Ninguém subiu, ele completou as quatro fichas. E depois, no *flop*, deu *fold*, sobrando com 11 na mesa. Somente aí foi *all-in* na mão seguinte.

Dica

Lembre-se: toda vez em que for comprometer mais que 50% do seu *stack*, é melhor ir *all-in*. E todas as vezes em que tiver menos de 10 *blinds*, se ninguém subir, você deve apostar tudo. Raríssimas exceções se aplicam.

Vou contar uma outra exceção que aconteceu comigo. Dezembro de 2005. Desafio Brasileiro de Poker em Santa Catarina. Os melhores jogadores do país presentes em um torneio com aproximadamente 50 pessoas que se estendeu por dois dias. No segundo dia, vejo-me muito bem e consigo chegar à mesa final. Infelizmente, as cartas pararam de vir, e comecei a me ver cada vez com menos fichas. Tive, então, de começar a arriscar todas as minhas fichas e ir *all-in*. Quando estava com umas 9 vezes o BB apenas, fui *all-in*, restando cinco jogadores. Todos deram *fold*, menos o *big blind*, que tinha menos fichas do que eu. Mostrei 9J (tinha que ir *all-in*), e ele abriu JQ. Ninguém fez par, e ele ganhou na carta mais alta. Sobrou-me apenas um pouco mais do que os *blinds*. Eles estavam em torno de 2.000 a 4.000 com ante de 100, e eu tinha apenas 4.400 fichas. Na primeira mão, já fui o *big blind*. Coloquei 4.200 fichas e me sobraram apenas 200. O primeiro jogador a falar saiu da mão, e o segundo foi *all-in*. Vicenzo Camilotti, que estava no *button*, volta o seu *all-in* por cima do primeiro jogador. O *small blind* corre e volta para mim, que só preciso colocar 200 fichas. O correto nesta hora era colocar as 200 fichas e torcer para triplicar meu *stack*, porque se ganhasse a mão iria para mais de 15.000 fichas. Porém, saindo em quinto lugar, se perdesse a mão ganharia um prêmio razoável. Mas se saísse em quarto, ganharia um pacote para o Conrad, por uma semana, com acompanhante. Poderia levar a minha esposa e conhecer o hotel. Nem olhei as minhas cartas. Dei *fold* com 200 fichas sobrando. O primeiro jogador mostrou 88. O Vicenzo tinha AJ. O *flop* já trouxe um J, enquanto o outro jogador não acertou seu 8 e foi eliminado em quinto lugar. Coloquei minhas últimas 200 fichas no ante da mão seguinte e já levantei para comemorar com meus amigos a quarta colocação. Vicenzo terminou em terceiro, Alberto Bruel, em segundo, e Eduardo Simião, em primeiro. Os quatro ganharam os pacotes do Conrad. Uma situação em um milhão, correto?

Não, por incrível que pareça, a situação voltou a se repetir na quinta etapa do BSOP de 2006, em São Paulo. Mesa final e lá estava eu novamente. Só que desta vez com muitas fichas. Comecei a mesa em terceiro. Mas acabei não tendo tanta sorte e, quando ficaram seis pessoas, eu no *big blind* (*blinds* 6.000 a 12.000), o UTG, Robert Chiró, resolve ir *all-in* com cerca de 32.000 fichas. Eu tinha cerca de 40.000 e paguei com AT. Chiró mostra 88, e o *flop* vem 8TT, dando de cara um *full house* para ele, que saiu de último da mesa para depois ganhar o torneio. Fiquei com 8.000 fichas e tive de colocar o SB, que era 6.000, mais o ante de 500, sobrando com 1.500 fichas. Mão distribuída, e André Pagnillo vem *all-in*. Antônio Carlos, que estava no *button*, pensa e resolve pagar. Os dois têm praticamente a mesma quantidade de fichas. Resolvo tentar a mesma jogada do Desafio Brasileiro e dou *fold* no SB. Chiró, que agora tem cerca de 75.000, paga também o *all-in*. Com três jogadores no *all-in*, tenho que torcer para que um caia. Infelizmente, meu amigo André Pagnillo (um grande jogador que tem chegado a várias mesas finais, com um estilo vibrante de jogo, onde se coloca em situações que o têm levado à ponta em vários torneios) acabou sendo eliminado em sexto lugar, doando-me a quinta posição e um salto de 50% no meu prêmio.

Se pensar pelo lado do poker, meus dois *folds* foram incorretos, pois o pensamento do jogador deve ser sempre de vencer o torneio. Nas duas oportunidades tinha chances de triplicar as minhas fichas e voltar para o jogo. Entretanto, em ambas ocasiões a situação me disse para tentar uma outra jogada — e acabei tendo a felicidade de, por duas vezes, conseguir uma premiação melhor.

Acho que cobrimos uma boa parte das apostas antes do *flop*. Mas e depois que o *flop* abre? Aí está o verdadeiro Texas Hold'em. Aprender a dominar o jogo pré-*flop* não é tão difícil: basta jogar posição e mãos. E o que fazer no *flop* quando o seu AK não acerta nenhum par? E quando você, fora de posição, acerta seu *set* (trinca) ou, ainda, quando acerta dois pares? Como apostar no *flop*? Qual o arsenal de movimentos?

O jogo após o *flop* é muito mais técnico, quando os jogadores com mais experiência costumam dominar os outros. Para dar uma idéia, existe uma técnica chamada *Kill Phil*, que é assunto para um outro livro, que dá diretrizes para o iniciante tentar apenas pelos *all-ins* pré-*flop* chegar à final de um torneio. A tentativa é eliminar o fator habilidade do adversário, colocando-se em uma situação na qual você tenta ir *all-in* pré-*flop* quando é favorito e evita ter que jogar no *flop*.

Em *cash games*, por exemplo, freqüentemente os jogadores mais experientes, quando em posição, em um pote que ninguém subiu ou a subida foi pequena, irão jogar com quaisquer duas cartas. O objetivo é conseguir no *flop*, acertar um jogo muito bom ou blefar os adversários para fora do pote, quando achar que eles não acertaram nada.

A primeira coisa a saber é que um determinado jogador com duas cartas aleatórias na mão, não pareadas, irá acertar um par no *flop* apenas em 1/3 das vezes. Ou seja, na maioria das vezes você estará jogando contra um jogador que não tem nenhum par no *flop*.

Por isso é tão importante estar em posição. Quando seu adversário lhe der *check*, se você apostar todas as vezes, em 2/3 ele não terá um par, e você tenderá a levar o pote. Em 1/3 ele terá um par, e aí poderá ou não pagar você, dependendo de outros fatores. É claro que, apesar de ele não ter par, pode ter um *draw*; por isto você deve ver a textura do *flop*. O *flop* parece ter algum *draw* para seu adversário? Parece ao seu adversário que você pode ter acertado sua mão?

Continuation bet

Tal aposta, quando em posição, logo após o *flop*, sobretudo se você subiu pré-*flop*, é chamada de *continuation bet*. Ela é exatamente isto: uma continuação da sua aposta no pré-*flop*. Como seu adversário só irá acertar um par ou melhor em um terço das vezes, fazer a *continuation bet* em posição é quase obrigatório. Você só deve prestar atenção na textura do *flop* e se o seu adversário é do tipo que costuma fazer *check-raises*. E qual é o tamanho-padrão de uma *continuation bet*? Varia de uma situação para outra, mas a maioria dos especialistas advoga algo em torno de metade a 2/3 do valor do pote. Contra jogadores passivos, até mesmo uma aposta pequena pode ganhar o pote. Apenas tome cuidado para não apostar menos do que foi o seu *raise* pré-*flop*.

Quando não fazer *continuation bet*?

- Você está contra três adversários. Neste caso, algum jogador terá um par em 90% das vezes. Se você não tiver uma mão boa, com um par ou um jogo ainda melhor, não se arrisque. Em posição, pegue uma *free card*.
- A textura do *board* é perigosa. Você subiu com AdQh. O *flop* vem 7s8s Th com duas de espadas. Se um jogador o chamou com TJ, TT, 88, 77, AT, A9, A8, AK, JJ, QQ, KK, T9, 89, 87, 86, 76, 56, ou duas cartas de espadas quaisquer, você está em situação ruim. Um enorme número de mãos ganha de você ou tem potencial para ganhar. Nesta situação, não faça *continuation bet*, sobretudo contra mais de um adversário.
- Se você não está disposto a chamar um *check-raise*. Tome cuidado, e não faça.
- Quando o *stack* do adversário estiver comprometido com o pote. Ou seja, só sobrar ao adversário menos de 20% do que já tem no centro da mesa.

A *continuation bet* pressupõe que você não tem uma mão boa, mas acredita que seu adversário também não e que ele sairá do pote. Se você tiver uma mão boa, sua aposta não é uma *continuation bet*, mas você pode fazer parecer que o seja. Muitas vezes o outro jogador já espera a *continuation bet* e fica irritado com ela. Imagine um *flop* 99K. E você tem A9 e é o último a falar. A tendência é dar *check*, pois acha que ninguém chamaria uma aposta em tal situação. Errado! Você deve simular uma *continuation bet*, fazendo uma aposta baixa. Se o seu adversário não tem nada, dar uma *free card* não fará você ganhar mais fichas na mão. Se ele tem um K, por exemplo, uma *free card* poderá dar a seu adversário um *full house*, caso outro K apareça. Apostar agora faz com que o adversário tenha de pagar para tentar melhorar seu jogo, e, além do mais, existe uma pequena chance de ele dar *raise* sem nada, irritado ao achar que você está blefando. Ou seja, se ele der *fold*, você não perdeu nada, pois provavelmente não conseguiria mais nenhuma ficha na mão. Se ele pagar, você está no lucro. Portanto, aposte.

Check-raise

Acho que está na hora de discutirmos sobre ele. Acredito que seja ele o primeiro movimento mais elaborado que o iniciante aprende. E o pior: apaixona-se!

O *check-raise* é um movimento muito forte, que normalmente indica que o jogador tem uma mão excelente. O problema é que, se usado da maneira errada, pode fazer o jogador perder dinheiro.

Primeiro, para um *check-raise* ser bem-sucedido, você tem que entender o motivo pelo qual o está fazendo. Por ora, vamos analisar apenas a situação na qual você tem uma mão muito forte. Por exemplo, foi com 77. E o *flop* veio A73 *rainbow*. Você deveria tentar o *check-raise*?

Para tentar um *check-raise*, tem que ter a certeza de que o jogador depois de você vai apostar. Se você der *check* e os outros jogadores não apostarem, você acabou de dar uma *free card* para que o jogo deles melhore. Assim, tenha certeza de que o jogador seguinte irá apostar. Uma das situações mais comuns é quando você está contra um jogador que fala depois de você e deu *raise* pré-*flop*. No caso, o normal é ele tentar uma *continuation bet*.

Vamos então imaginar que ele fez uma *continuation bet*. Se você fizer um *check-raise*, acha que ele continua na mão? Provavelmente, não. E é isso que você quer? Se sua mão é tão forte, você não quer assustá-lo.

Você acabou de reparar uma coisa importante: com uma mão forte, você não quer fazer um *check-raise* no *flop*. O resultado dos *check-raises* é que o outro jogador dá *fold* em cerca de 60% das vezes; chama e depois corre no *turn* se a carta não ajudar em uns 25%; chama e continua chamando apostas até o *river* em uns 10% e dá *reraise* em apenas 5%.

Nossa! Se o outro jogador dá tanto *fold* assim, será que uma das melhores coisas a fazer com um *check-raise* é blefar? Se você, por exemplo, tem um *flush draw* A♠7♠, e o flop vem 9♠ 5♠ 3♦. Este é um momento perfeito para *check-raise*. Você não tem nada, exceto o *draw*, está fora de posição no *big blind* e chamou um pequeno *raise*. Você dá *check*. O jogador que deu *raise* pré-*flop* aposta novamente. O *flop* baixo pode ter ajudado você a fazer um par; pelo menos seu adversário pensará assim. Como você chamou um *raise*, ele terá medo de um *set*. Pode até pensar que você está com pedida para *flush*, mas ficaria em dúvida pela sua coragem de dar um *check-raise*. Chamando você, muitas cartas que poderiam aparecer no *turn* fariam seu adversário largar a mão, como um 8, um 7, uma carta de espadas, um outro 9, outro 5, ou até outro 3. Às vezes, até um A o faz temer que você tenha feito dois pares. Este é um semiblefe *check-raise*, um movimento muito importante para se aprender. O *check-raise* tem que ser de um valor maior do que o pote atual. Se o *check-raise* for apenas um aumento simples da aposta do adversário, ele chamará com facilidade. Aposte algo entre 100 e 150% do pote.

Check-raise bluff

Na mesma linha, você tem o *check-raise bluff* (blefe com *check-raise*). Deve tentar este movimento apenas contra adversários *tight*, e de preferência passivos. Uma jogada muito bonita é o *check-raise bluff* no *river*. Aliás, você deve evitar ao máximo o *check-raise* no *river*, exceto, talvez, pelo *check-raise bluff*.

Um bom exemplo aconteceu em um grande torneio on-line. Um jogador subiu do meio da mesa, mais ou menos na metade do torneio, quando as *blinds* estavam 100 a 200. Um outro chamou a mão, e eu, no *big blind*, resolvi chamar. Como tinha 4♠3♠, resolvi dar uma olhada no *flop* para ver se vinham cartas baixas. O *flop* veio 6♠ 8♦ 5♦. Fiz o menor par da mesa, e tinha uma chamada para seqüência com um *backdoor flush* (*backdoor* é quando você precisa de duas cartas seguidas para fazer seu *flush*). O primeiro a falar depois de mim fez uma *continuation bet* fraca; o segundo pensou bastante e só pagou. Naquela hora, senti fraqueza nos dois e deveria ter apostado para pegar o pote, mas acabei só pagando, na esperança de que meus *draws* entrassem e eu ganhasse um pote maior. No *turn*, dobrou o 8 na mesa, só que com copas (8♥). Dei mesa, e os dois jogadores atrás deram mesa imediatamente. No *river*, veio um 9♦. O *board* ficou 6♠8♦5♦8♥9♦. Dei *check*, o jogador que puxou as apostas deu *check* atrás e, aí, o último a falar pensou e apostou. Meio que no instinto, coloquei *all-in*. O jogador seguinte saiu rapidamente da mão, e o último também. Depois, ele disse que correu com 44 porque o *check-raise bluff* no final foi bom. Chamei um *raise* pré-*flop*. Os outros dois tinham de me colocar em algum tipo de jogo bom o suficiente para chamar. Um bem provável é um par pequeno; outro seria duas cartas conectadas e/ou do mesmo naipe. No *flop*, dei *check* e, depois de duas apostas, chamei rápido. Isto normalmente significa um *draw* ou acertar um par. Na mesa, havia chamada para seqüência e para *flush*. No *turn*, dobrou o 8. Quem tivesse chamado no *flop* com um par de 8, por exemplo, com A8 ou 89, já estaria bem na frente agora. Dei *check*. Eles deram atrás; podem ter lido como se eu tivesse tentando dar corda para eles apostarem ou como se eu estivesse esperando ainda o *flush*. No *river*, apareceu a ultima carta de ouros e ainda um 9. Poderia ter seguido, feito o *flush* e completado o *full house* caso tivesse 89. Todas as mãos compatíveis com o modo com que joguei fora de posição. Além disto, se os adversários vinham demonstrando fraqueza, dificilmente eles teriam condições de chamar a minha aposta. O risco desta jogada estava no fato de eles terem feito algo como uma seqüência, o que me tiraria do torneio. No pote já havia cerca de 25% das fichas que tinha, representando um excelente aumento para o meu *stack* caso desse certo. Foi uma boa oportunidade para o *check-raise bluff*. Como disse, é um risco grande, mas uma jogada muito bonita quando funciona.

Quando no *river* você é o primeiro a falar, é comprovado que uma *value bet* (aposta por valor) é mais eficiente do que o *check-raise*, pois existem grandes chances de, com o *check*, o adversário dar *check* atrás.

Value bet

E o que é uma *value bet*? É quando, no *river*, você está certo de que tem a melhor mão, às vezes até uma mão não tão boa, e sabe que seu adversário daria *fold* em uma aposta grande. Você tenta uma aposta menor, que dá *odds* para seu adversário chamar. É como se fosse uma aposta apenas para que seu adversário pague mais um pouco pelo pote. Todas as vezes em que você chegar ao *river* e achar que tem a melhor mão, mesmo que apertado, aposte. Dificilmente os adversários fazem *check-raise* no *river*. Além disto, se ele der *fold*, você evita mostrar a sua mão para a mesa; se ele chamar, você ganha algumas fichas a mais. Só faça uma aposta grande se pensar que existe uma chance maior do que 30% de ele chamar e de você ganhar a mão realmente. É melhor uma pequena quantidade de fichas fluindo sempre do que deixá-las escapar tentando ganhar muito no *river*.

Entretanto, se suas apostas foram agressivas desde o *flop*, as maiores chances são fazendo uma aposta ultra-agresssiva no *river*. A psicologia do jogador diz que todas as vezes que ele chamou apostas grandes no *flop* e no *turn* é porque não gosta de dar *fold* para uma aposta grande no *river*. Este conceito é importante para você aprender que três blefes grandes em uma mão raramente funcionam: apostou forte no *flop*, foi pago; no *turn*, foi pago; no *river*, esqueça o blefe, aposte forte se tiver mão forte, dê *check* se estiver em dúvida e se estava blefando. Ele mostra as cartas, você diz "boa mão" e coloca suas cartas no *muck*, escondendo seu blefe.

Por outro lado, é ainda mais importante você lembrar que, com suas grandes mãos, para ganhar um pote grande, a melhor maneira é apostar agressivamente desde o *flop*, principalmente se o adversário for do tipo que paga para ver ou fica em *tilt* com apostas grandes.

Dica

On-line, isto se torna mais importante ainda: lembrem-se sempre da expressão "agressividade seletiva" (Capítulo 20).

Já falei quanto apostar em uma *continuation bet* e quanto apostar em um blefe. E quanto àquelas mãos em que você realmente acerta seu par. Como apostar? Alto para ganhar mais, com risco de perder o adversário? Baixo para que ele chame com certeza, com risco de a mão dele melhorar com a carta que vem no *turn*?

Prefiro que a atitude seja sempre a aposta que traz maior expectativa, ou seja, a aposta em que o adversário paga mais. Tente sempre ler o *flop* e tirar as *odds* do seu adversário com sua aposta. Se no *flop* houver uma queda para seqüência ou para *flush*, mas você não tiver esses *draws*, aposte pelo menos 2/3 a um pote inteiro. Seu objetivo é fazer quem está em um *draw* pagar de maneira incorreta, matematicamente falando, para ver sua carta. Uma aposta no valor do pote dá *odds* de 2 – 1 para o adversário. Estas *odds* não são encontradas em quase nenhum tipo de *draw*; ou seja, se ele pagar, estará pagando errado.

Se não houver *draws* na mesa, tenda a apostar entre meio pote e 2/3. É uma aposta que pode ser considerada com menos riscos, mas, ainda assim, grande o suficiente para você se manter agressivo e deixar o adversário na defensiva. Apostas muito menores que isto costumam dar *odds* para os adversários e passam a ser incorretas.

Você deve fazer apostas baixas quando as suas forem para testar o *field* ou ainda para evitar uma aposta mais alta do adversário. São as chamadas *probe bets* e *blocking bets.*

Probe bets e *blocking bets* são duas técnicas que você deve desenvolver para ajudar o seu jogo a se tornar mais lucrativo e evitar gastar mais fichas do que o necessário para continuar na mão.

Probe bets

As *probe bets* são utilizadas quando você não sabe se está na frente. São como um teste. Digamos que você tenha KJ. O *flop* vem AK7. Seu adversário dá *check*. Se você der *check* atrás, ele pode, *no turn,* apostar antes de você, por exemplo, com K9. Você estava ganhando, mas como deu *check* atrás, seu adversário passou a achar que o K dele era bom e apostou. Agora, você é quem não sabe se ele tem o A ou não. Neste caso, no *flop* você poderia fazer uma aposta pequena, 1/3 do pote, para ver se o seu adversário tem o A ou o K. A *probe bet* também deve ser utilizada em um *flop* com K99 e você com um KJ. Aposte cerca de 1/3 do pote. Se seu adversário chamar, você já levanta a bandeira para a possibilidade de ele ter um 9 na mão. Pode ser utilizado também em um *flop* baixo, quando você estiver jogando contra os *blinds*. Digamos que você subiu com AJ. O *flop* vem 743. Neste caso, em vez de fazer uma aposta do tamanho de uma *continuation bet* contra os *blinds*, as melhores opções são dar *check*, esperando uma *free card* ou então fazer uma aposta menor, como uma *probe bet.*

Blocking bets

As *blocking bets* têm o mesmo tamanho das *probe bets*: cerca de 1/3 do pote. Mas agora a intenção é diferente. Digamos que você tem, após o *flop*, um *flush draw*. Mas seu adversário havia subido forte pré-*flop*, e você acha que se der *check* ele irá fazer uma *continuation bet* do tamanho de meio pote. No caso, o mais inteligente é tentar bloquear esta aposta dele. Você aposta 1/3 do pote na esperança que ele apenas o chame e, assim, fique mais barato para ver a próxima carta. Toda vez que estiver contra um jogador agressivo fora de posição, uma *blocking bet* pode ajudá-lo a ver a próxima carta mais barata.

Aposta para induzir blefe

Você pode usar suas apostas para induzir um blefe. Digamos que você tenha AJ e suba antes do *flop*. Um jogador que tenha dado *limp* o chama fora de posição. O *flop* vem AJ3. Ele dá *check*, e você aposta meio pote, representando uma *continuation bet*. Seu adversário, que tem algo como A8, pensa e resolve chamá-lo. No *turn*, vem outro J. Ele dá *check*, e você então dá *check* atrás. Você sabe que, se apostar, provavelmente ele correrá, e, com o *full house*, dificilmente você perderá para qualquer mão que possa aparecer. Neste momento, o máximo que pode acontecer é aparecer outro A no *river* e vocês empatarem. Caso contrário, a mão deve ser sua. O seu *check* mostra a ele que você pode ter ficado com medo do J, ou, caso contrário, teria apostado ao falar depois dele. Além disto, ele não tem certeza se você tem o A que ele tem. No *river*, vem uma carta baixa. Se o seu adversário é agressivo, agora ele tentará uma aposta alta, tentando representar o J e ainda esperando que, caso você chame o A dele seja suficiente. Você pára um tempo, e, em vez de chamar, faz um *raise* pequeno. Noventa por cento de chances de que ele vá lhe pagar e você conseguiu bem mais fichas na mão do que se tivesse apostado. Você acabou de induzir um blefe. Confundiu seu adversário. Esta jogada pode ser chamada de "um *check no turn*, que compensa no *river*".

Capítulo 20
Agressividade seletiva

Paciência é fundamental. Porém, não confunda com passividade.

Fábio Cunha, talentoso em diversas formas de poker, um jogador sempre respeitado pelos seus conhecimentos. É o moderador da comunidade Poker Mania, do Orkut, um dos maiores centros de discussão sobre este jogo no Brasil.

Os capítulos anteriores apresentaram a teoria do jogo. Agora falta acrescentar um último toque. Como colocar a cereja no *sundae* ou, em uma analogia melhor, dar uma apimentada. Acredito que tenha ficado bem clara a necessidade de escolher as mãos com as quais vamos jogar. Já sabemos que os maiores erros dos iniciantes vêm de jogarem mãos demais. O problema é que, para esperar receber as melhores mãos, você terá de jogar muitas fora, e provavelmente perderá alguns *blinds* enquanto faz esta seleção. Desta maneira, precisa lucrar o máximo quando estiver jogando suas mãos boas para compensar o que perdeu enquanto saía do jogo. Ao jogar estas mãos selecionadas, você deve pressionar o adversário, jogar para cima, como se diz no jargão, de forma agressiva, ou seu esforço em esperar a hora certa terá sido em vão.

Atacar, subir, aumentar as apostas. Apostar de metade até um pote inteiro, ir *all-in*, proteger suas mãos, fazer o adversário pagar caro se quiser tentar o seu *draw* para um *flush* ou seqüência. Você tem de perceber os momentos em que as cartas pedem por esta agressividade. Lembrei-me de um *post* que fiz no meu blog há mais ou menos um ano, e que se encaixa muito bem nesta idéia. Chamava-se agressividade seletiva, e vou reproduzir alguns trechos aqui.

Em um site com mais de 10.000 jogadores on-line, uma pequena parcela é de jogadores de alto nível, cerca de 300 a 500, uma parcela intermediária sabe jogar razoavelmente bem, digamos uns 2.000, porém os outros 7.500 não se dedicam o suficiente para conhecer as estratégias do poker. Ou seja, cerca de 75% dos jogadores que você encontrará são perdedores no longo prazo e não possuem o embasamento necessário para modificar esta situação.

É claro que nos principais sites, como Poker Stars, Full Tilt e Party Poker, você encontrará uma parcela maior de jogadores talentosos (e ainda assim cerca de 50 a 60% são fracos). Porém, em sites de poker on-line menos famosos, esta parcela pode ser ainda menor (Bodog, Poker Room, Ultimate Bet, Absolute Poker).

Pense nisto

Apenas uma pequena parcela dos jogadores dos sites on-line é de *top players*. A grande maioria é de jogadores considerados fracos tecnicamente.

Justamente por causa desta informação, o conceito do presente capítulo é tão importante. A agressividade seletiva é o que rende o maior retorno em relação ao que você investiu. O melhor macete para ganhar on-line é evitar ao máximo pagar quando alguém vier dando *raises* muito grandes, se você não tiver o *nuts* ou uma leitura muito boa do seu adversário, mesmo nas mãos mais inocentes, e, ainda, apostar bem alto quando tiver suas melhores mãos, como *hidden sets*, *nut flushes*, *full houses*.

Se o jogador é fraco, quando ele aposta forte, provavelmente está mesmo com uma mão muito forte. Por outro lado, este tipo de jogador paga apostas altas para tentar acertar um *flush* ou uma seqüência. Portanto, quando você tiver com um jogo forte, aposte alto. Force seus adversários a pagarem apostas altas se quiserem tentar ver mais cartas. Na grande maioria das vezes, você ganhará muito usando esta estratégia.

Isto é realmente importante: são poucos os jogadores que blefam on-line ou ficam pressionando agressivamente para roubar os potes, e quem o faz logo será conhecido. A grande maioria ao apostar forte realmente tem uma mão muito boa.

Para exemplificar, vou citar uma mão que aconteceu recentemente e que me deixou boquiaberto.

Estava jogando em uma mesa de NL200, com *blinds* de US$ 1 e US$ 2. Esta mesa estava com *raises* pré-*flop* bem grandes, mostrando que os jogadores eram bem *loose*. Como você deve lembrar, em uma mesa com estilo *loose* deve-se jogar de uma maneira *tight*, esperando a hora certa de atacar e evitando pagar os *raises* se não tiver um bom jogo. Estava sentado há apenas duas *orbits* (giros completos na mesa, ou o equivalente a 18 mãos em uma mesa com nove jogadores, como é o caso no PS) em UTG +2 (segunda posição depois do *big blind*) quando recebi:

Pensei: "Ótimo, pego alguém agora."

Surpreendi-me quando o primeiro jogador a falar (UTG), que tinha acabado de ganhar um grande pote, aumentou a aposta em cinco vezes o valor do BB.

Tinha pensado em tentar um *limp-reraise*, jogada na qual, quando você está com AA nas primeiras posições, tenta apenas pagar o valor do *blind*, esperando que alguém que fala depois de você aumente o pote, para então você poder dar *reraise all-in*, uma jogada bem potente. Mas o aumento do jogador na primeira posição me fez repensar o jogo naquele momento (adaptação à jogada, para o que você precisa estar preparado).

Revendo o jogo na minha cabeça, aquele jogador tinha acabado de ganhar um pote grande, e tinha levantado pré-*flop* pelo menos umas três vezes nas últimas cinco mãos que jogou. Eu tinha duas opções:

1- Chamar o *raise* dele, esperando que outras pessoas atrás chamassem também, deixando o pote maior ainda. Porém, já aprendemos que AA funciona melhor em uma situação um contra um do que com mais de três jogadores no pote.

2- Dar um *reraise*, tentando isolar o jogador que aumentou e esperando dobrar as minhas fichas por meio dele.

Só que aí vinha a questão: *reraise* de quanto? Queria tirar outros jogadores, mas sem tirar da mão o cara que me levantou primeiro. Nesta situação, normalmente eu aumentaria pelo menos 2,5 o valor total da aposta dele (ou seja, como a aposta dele foi 10, eu colocaria mais 25). Havia entrado na mesa com US$ 100, e só tinha 97 agora. Acho que em 90% das mesas este aumento seria suficiente para tirar os demais jogadores e ficar sozinho contra este adversário. Porém, nesta mesa havia vários jogadores chamando aumentos com mãos mais fracas, como KQ, KJ e pares menores. Lembrei também que o jogador UTG tinha ganho a última mão com KT após pagar um *all-in* no *big blind*. Achei que havia uma chance grande de ele chamar a minha aposta se eu fizesse um *raise* bem maior, acreditando que estava roubando o pote.

Acabei resolvendo dar *all-in* (tudo isto se passou em apenas dez segundos). Fui *all-in* com AA, levantando para US$ 97, e, como esperado, todos deram *fold*. O cara que deu *raise* falou no chat: "Ooops..." Vi aquilo como um sinal de fraqueza e pensei: "Joguei mal, pois ele vai dar *fold*, e vou levar só os US$ 10 mais *blinds*..." Falei no chat também: "Ooops..." Um outro jogador da mesa então disse: "Acho que ele deu *reraise* por engano." Passaram-se uns quarenta segundos com o cara pensando, e então ele pagou. Abrem as cartas AA contra J6 *offsuit*. Isto mesmo, o cara acabara de pagar um *raise* US$ 87 com J6 *offsuit*. A lógica prevaleceu, e o AA ganhou o pote de US$ 197 (97 + 97 + 1 + 2).

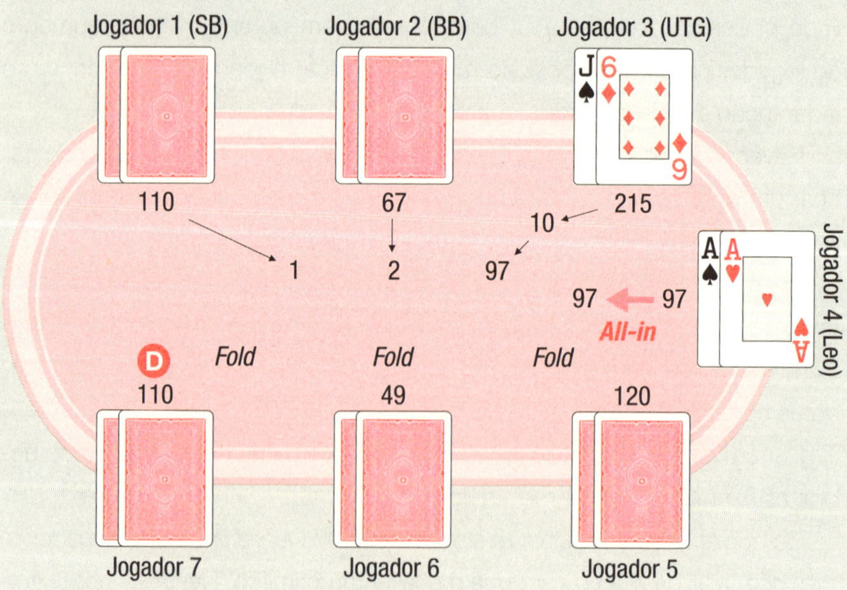

Para ter uma idéia das chances de cada mão pré-*flop*:

Leo Bello 87,1% x 12,6% UTG

Ou seja, de uma maneira absurda, com uma jogada muito ruim do adversário, dobrei minhas fichas. Se eu der umas dez vezes *all-in* com AA e só for pago em uma, e ganhar desta maneira, ainda é mais lucrativo do que jogar de outro modo contra adversários mais fracos.

Poderia seguir dando exemplos de situações em que a agressividade faz os seus lucros aumentarem, mas acho que a mensagem principal é esta: nas suas melhores mãos, não seja tímido nas apostas. Não tenha medo de apostar e não ser pago, mais freqüentemente do que você imagina será chamado e dobrará suas fichas.

Quando uso o termo "seletiva", o que quero dizer é para aprender a só apostar desta maneira quando estiver com um jogo muito forte.

Curiosidade

Alguns dos melhores jogadores do mundo são conhecidos pelo seu estilo agressivo, de apostas altas. Temos no Brasil jogadores altamente agressivos e com resultados muito bons, como o próprio Christian Kruel. Mas como já falamos dele em outros capítulos, vou comentar sobre outro jogador de São Paulo, que já teve resultados expressivos até no exterior e que é conhecido pelo seu estilo agressivo: Omar Abede terminou na 40ª posição no WPT realizado no Caribe, em janeiro de 2006, o Poker Stars Caribean Adventure, entrando na faixa de premiação e atraindo a torcida de vários brasileiros que acompanharam o evento pela internet. Omar é um adversário que impõe respeito nas mesas em que joga, aumentando sempre as apostas e tentando pressionar os adversários. Com seu estilo de jogo, ou rapidamente cresce em fichas e passa a ser um dos líderes do torneio ou acaba saindo rapidamente dele. Seu estilo, que ele mesmo defendeu em um *post* realizado no Poker Mania, como maníaco-agressivo, é na realidade um estilo adotado de forma consciente. Lidar com as oscilações pode ser difícil, mas a agressividade que Omar aplica nos potes de que participa paga seus dividendos.

Em resumo: quando você tiver um bom jogo, não tenha medo de apostar pesado. Existem grandes chances de que um *fish* (jogador ruim) vá pagá-lo imediatamente!!

Lembre-se: agressividade seletiva... Escolha seus momentos e seja agressivo...

Capítulo 21
Blefe

Em Tower Torneos, o poker Texas transformou-se em algo acessível ao mais comum dos brasileiros. Basta ter a internet que qualquer um pode aprender a jogar e até mesmo ir a Punta Cana jogar finais num cassino em pleno Caribe. Este é o segredo do nosso sucesso...

Hércules Lutkus, manager *da Tower Torneos, site de poker on-line, que leva jogadores a competições internacionais em Punta Cana, com mais de 60 mil brasileiros já cadastrados.*

Primeiro tenho de fazer uma pergunta, e você terá de respondê-la antes de ler o capítulo. Quão importante pensa que o blefe é para o poker?

O blefe é um tema tão complexo no poker que existe um livro só sobre o assunto: *The book of bluffs*, de Matt Lessinger. Porém, uma das primeiras coisas importantes é ter noção de que ele será uma arma no seu arsenal, mas, na verdade, não será o blefe que, na maioria das vezes, ganhará os grandes potes.

Na realidade, isto faz sentido, pois você não iria desejar pôr uma grande parte do seu *stack* — ou até mesmo todo ele — em apenas um blefe. Muitas vezes, você pode fazer isto até com um semiblefe, no qual tem chances de, caso seja chamado, melhorar sua mão e ganhar.

Como já vimos, o semiblefe acontece quando você aposta forte uma mão, esperando que seu adversário saia dela, mas, se for chamado, ainda tem chances de melhorar.

Aliás, é necessário fazer uma distinção neste ponto. Em uma situação como a que segue:

Seu adversário aposta. Você resolve então reaumentar a aposta.

Pergunta: Sua intenção com o reaumento é ser chamado ou não pelo adversário?

Um semiblefe é quando você está subindo sem querer ser chamado. Nesta situação, acontece o contrário. Você é o favorito a chegar ao *river* com a melhor mão se o máximo que seu adversário tiver for um par. Você tem oito *outs* para uma seqüência, sete *outs* para um *flush* (não contando novamente as duas cartas do seu naipe que completam a seqüência) e ainda tem duas *overcards* (mais seis *outs*), que, se fizerem um par, podem ser suficientes para ganhar a mão. Ou seja, mais de 21 *outs*. Com quase metade das cartas restantes do baralho a seu favor e duas cartas por vir, você é praticamente favorito nesta mão. Neste caso, você não quer um semiblefe, mas sim que seu adversário chame suas apostas. Aprenda a diferenciar uma situação da outra.

Os blefes devem ser utilizados com precisão.

Os passos são:

- escolher o adversário correto: os melhores para serem blefados são os *tight* e passivos;
- escolher o momento e a posição corretos, pois blefar fora de posição é mais difícil;
- e o mais importante: seu blefe deve contar uma história ao seu adversário.

Esse último passo é essencial. Vamos entender isto.

Em uma determinada mão em um torneio, um adversário que vem jogando *tight* resolve dar *limp* no meio da mesa. Você imagina que ele possa ter um par médio, ou cartas altas, figuras. Você está no *button* e tem na mão:

Como você tem uma imagem *tight* na mesa e resolve construir o seu blefe, aumenta então a aposta em quatro vezes o *blind*. Todos dão *fold*, e o jogador *tight* pensa e depois paga. O *flop* vem:

Você não acertou nada, mas tem a impressão de que seu adversário também não fez nenhum par. Ele hesita, pensa um pouco e dá *check*. Uma dica boa é que se o seu adversário tivesse um jogo bom, provavelmente faria uma de duas coisas: ou daria um *check* de uma maneira muito rápida, ou pensaria por um tempo maior e apostaria. A hesitação seguida do *check* normalmente indica fraqueza.

O primeiro impulso é tentar uma *continuation bet* neste ponto. O problema é que se seu adversário tem um par médio, pode achar que você também não acertou o *flop*. Você resolve dar *check*. O *turn* traz um A, e seu adversário dá *check* de novo. Não mudou nada, não é? Você continua sem par. Mas seu adversário tornou a mostrar fraqueza, e, pense bem, ele não deve estar pensando que você tem uma mão forte? Você subiu a aposta antes do *flop*, o que é um indicativo de força.

Quando ele dá *check*, rapidamente você resolve apostar. Então, aposta cerca de 2/3 do pote. Uma aposta de quem quer ser chamado. Seu adversário agora pensa que você acertou o A e larga sua mão, que era um par de 8 (8♦8♥) — a melhor mão até aquele momento. Sua história encaixou, e seu adversário deve estar pensando agora como você foi sortudo, porque seu A apareceu no *turn*.

Há variantes para este tipo de blefe. Por exemplo, um *flop* vem com duas cartas de um naipe, e você fala por último. Seu adversário aposta, e você, pensando em blefar caso apareça uma terceira carta do naipe, sobe um pouco a aposta. Seu adversário apenas paga. No *turn*, aparece a terceira carta do naipe do *flush*. Seu adversário dá *check*. Esta é a hora de colocar uma aposta do tamanho do pote. Seu adversário pensará que você tem um *flush*.

Repare bem que, nas duas situações, você contou uma história, e repare também que em ambas o adversário tem como pré-requisitos:

- ser um adversário consciente do jogo, que sabe ler uma situação;
- ser um jogador passivo, seguro;
- ser capaz de largar uma mão.

E como saber se você está tentando blefes suficientes? Se os seus blefes nunca são pegos, e você consegue fazê-los passar, isto significa que não está blefando o suficiente. Um jogador que blefa com uma freqüência mínima será pego em cerca de 20% das vezes. Por isto, é importante, quando fizer um blefe, ter ao menos um plano B, que significa ter alguma maneira de ganhar a mão, caso suas *outs* entrem.

Sempre que for considerar uma oportunidade para blefar, pense em termos de risco/retorno. Por exemplo, com *blinds* baixos, não vale a pena subir do *button* ou do *cut off* para roubar os *blinds*. Muitas vezes você tem de subir três ou quatro vezes o valor dos *blinds* para tentar ganhar poucas fichas. Já mais para a frente em um torneio, com *blinds* mais altos, cada roubo pode significar um aumento substancial no seu *stack*. Pense sempre na porcentagem do seu *stack* que está investindo em um blefe. De uma maneira geral, para roubar um *blind* sem ter um jogo sólido, nunca invista mais do que 5% do seu *stack*.

Dica

Lembre-se de que todas as vezes em que você for investir mais que 25% do seu *stack* em um *raise*, muitas vezes é preferível ir *all-in* ou não tentar o roubo.

Alguns blefes comuns:

- **Todos os jogadores checam duas vezes**: de uma maneira geral, em uma mesa passiva, se todos os jogadores checarem duas vezes, independentemente de sua mão, você deve tentar uma aposta para pegar o pote. É um blefe fácil de passar.

Algum jogador vai desconfiar de que você não tem nada. Sim, é muito provável, mas por que ele o chamaria? Se ele tivesse um par já teria apostado. Você tem medo de que alguém faça um *reraise*? Alguém *slowplaying*? É muito difícil que alguém com uma mão grande dê *check* duas vezes seguidas. E se alguém tentar blefá-lo com um *check-raise*? Bom, não existem tantos jogadores capazes deste tipo de jogada, exceto talvez você, depois de ler este livro.

- **Blefes dos *blinds***: quando poucos jogadores entram no pote com um *limp*, e o *flop* vem totalmente baixo e descoordenado, ou ainda com um par baixo nele (exemplos: 8 3 2 ou 5 5 9). Você como *big blind* ou *small blind* pode tentar uma aposta direta ou até um *check-raise*. Por quê? Você está nos *blinds*, portanto pode estar com qualquer tipo de mão. Em segundo lugar, provavelmente estes *flops* não ajudaram os *limpers*, e eles, se tivessem mãos fortes, deveriam ter subido pré-*flop*. Vale a pena tentar no *flop* e, no *turn*, pegar o pote.
- ***Missed draws***: o segredo principal do bom blefe não está propriamente na sua mão, mas, sim, na fraqueza da mão do adversário. Quantas vezes você já esteve em uma situação na qual tinha certeza de que o adversário estava blefando, olhou para ele e disse: "Sei que você não tem nada, mas não posso chamá-lo", e acabou dando *fold*.

O segredo destes blefes não é a força da mão, mas saber que o adversário está fraco. Uma das posições em que isto irá funcionar melhor é quando o *board* está mostrando um *draw*, e seu adversário chama rapidamente suas apostas no *flop* e no *turn*. Se até o *river* não se completar o *draw* (*flush* ou seqüência), aposte novamente que, com certeza, levará o pote, mesmo se você não tiver uma mão.

Dica

Lembre-se de uma regra importante para blefes: quem blefa primeiro blefa melhor.

No Texas Hold'em, normalmente o primeiro a apostar leva os potes. Principalmente aqueles em que todos parecem relutantes em apostar.

- **Fraqueza dos *cold-calls***: em torneios, quando um jogador apenas chama o seu *raise*, falando depois de você, normalmente isto significa fraqueza, uma mão marginal. Um jogador com uma mão forte como KK ou AA, após um *raise* em torneios, em geral irá fazer um *reraise*, pois irá preferir jogar *all-in* pré-*flop*. Se ele apenas chamar o seu *raise*, é quase certo que ele tenha uma mão que ficou em dúvida se poderia dar-lhe *reraise*, algo como AT, AJ, KJ, A8 ou um par médio, dependendo do tipo de adversário. Se o *flop* vier com uma textura inocente, digamos K83, *rainbow* (arco-íris, em inglês, termo que significa que todas as cartas são de naipes diferentes), independentemente de você ter acertado a mão ou não, faça uma aposta. Existe uma grande chance de você levar o pote logo aí, porque o seu adversário não deve ter acertado nada. Lembre-se de que a maioria dos potes é ganho pela pessoa que aposta primeiro, e não por quem tem a melhor mão.

Seguindo neste raciocínio, uma das manobras mais interessantes do poker vem exatamente desta situação.

Meio para o final de um torneio, um jogador em posição inicial subiu a aposta, mas não muito. Outro apenas chamou o *raise*. Nesta situação, com você em posição, considere um *raise* grande com quaisquer cartas. É o chamado *squeeze play*. Você deixa o *raiser* original em uma situação ruim, pois ele não sabe o que o segundo jogador fará caso chame o *raise*. Se o primeiro *raiser* não tiver uma mão muito forte, provavelmente largará. E aí vem o macete da jogada: você já sabe que o segundo jogador não tem uma mão muito forte. Só quem não repara isto é o primeiro *raiser*, que está em uma posição desconfortável. E pior: se você for chamado por um dos dois, ainda tem outra chance no *flop*, na posição de tentar um novo blefe.

Algumas vezes, ao tentar um *squeeze play*, você pode encontrar um monstro na mão do primeiro *raiser*, como AA ou KK. Neste caso, ele voltará *all-in*, e você terá chances de sair da mão. Lembre-se sempre de que um bom blefe sempre deixa espaço para fuga em termos de quantidades de fichas. Se você estiver com poucas fichas, é melhor e mais fácil simplesmente evitar os blefes e esperar as cartas melhores.

Um blefe clássico com *squeeze play* aconteceu na reta final do WSOP de 2004.

Na mesa final, Josh Arieh (4 milhões em fichas, em segundo lugar) e Greg Raymer (8 milhões, em primeiro lugar) vinham subindo várias mãos e tocando a mesa. Dan Harrington, um jogador reconhecidamente *tight*, estava com 2,3 milhões de fichas, *short stacked*.

Josh Arieh, o primeiro a falar, olha para sua mão e resolver subir. Com os *blinds* em 40.000 a 80.000, ele sobe para 225.000 fichas com Kh9s. Greg Raymer, que estava logo à sua esquerda, chama com Ac2c. Harrington, no *button*, olha para sua mão e vê 6h2d. Um lixo! Aliás, este foi o comentário que fez o locutor da ESPN naquele momento. Dan Harrington então reaumenta a aposta de 225 mil para 1,2 milhão.

Primeira surpresa: David Willians no BB tinha AsQc. De todos, a melhor mão pré-*flop*. Mas com a ação que aconteceu, um *raiser*, um *caller* e um outro com *reraiser*, A e Q *offsuit* não pareciam mais uma mão tão boa, e ele, corretamente, deu *fold*. A ação volta para Josh Arieh, que havia tentado um roubo com K9. Não ia pagar mais de um quarto do seu *stack* com uma mão destas (ou metade do seu *stack*, se Dan Harrington fosse *all-in* no *flop*), principalmente com Greg Raymer, com mais fichas, falando depois dele. Larga o K9. Greg Raymer, então, pára, olha para as fichas de Dan Harrington, cerca de 2,3 milhões, também um quarto de seu *stack*, e desiste do seu A2.

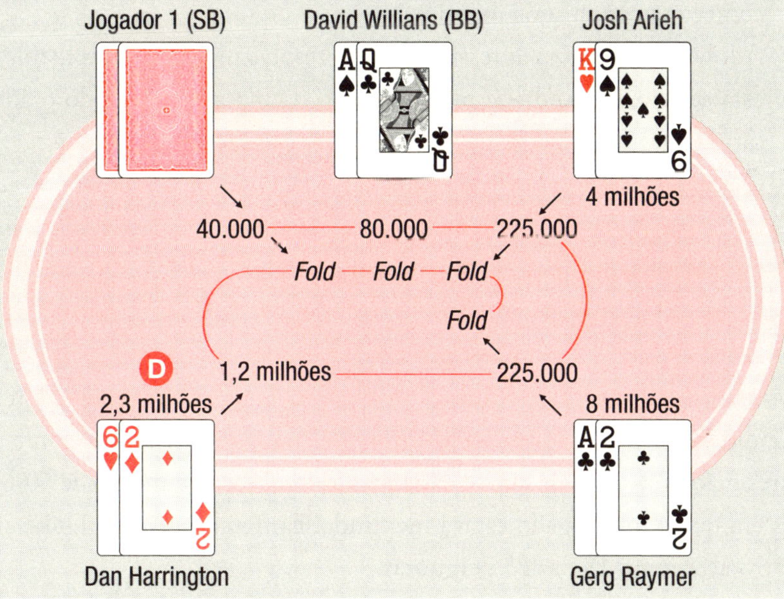

E como tentar reconhecer os blefes dos adversários? A habilidade para reconhecer quando um adversário está mentindo, tentando vender uma mão que ele não tem, é fundamental para se tornar um bom jogador de poker. A prática fará com que você comece a notar certas atitudes de outros jogadores que indicam a possibilidade de um blefe.

Annie Duke, em seu website, escreveu um artigo interessante sobre um encontro que teve com um investigador do FBI chamado Joe Navarro. Ela conta que foi chamada para participar de um programa de televisão em que três especialistas (ela como jogadora de poker, o investigador e uma pessoa que se dizia com poderes paranormais) iriam tentar descobrir em quais das 25 perguntas um determinado entrevistado estaria mentindo. Ao mesmo tempo, três máquinas diferentes especializadas em detectar mentiras (um polígrafo, uma máquina que media diferenças no tom de voz e uma máquina que avaliava alterações nas pupilas) também tentariam identificar as mentiras. Annie relata que, ao longo dos dois dias de gravações, teve a oportunidade de conversar com o agente do FBI, que acabou lhe passando um extenso material de artigos escritos sobre a arte do interrogatório. Certas tendências que os jogadores apresentavam ao blefar e que ela já havia percebido eram descritas em detalhes nos artigos do FBI, como, por exemplo:

- *Hooding*: um piscar de olhos um pouco mais demorado logo antes de começar a contar uma mentira.
- Adotar uma postura agressiva quando resolve mentir e demonstrar que está seguro, sentando-se mais próximo da mesa e encarando o adversário.
- Olhar furtivamente para a direita antes de começar a mentir.
- Os homens costumam levar a mão ao queixo quando se sentem incomodados ou prestes a serem pegos mentindo.

Ela finaliza o artigo sugerindo que todo jogador de poker deveria tentar ler material do FBI sobre interrogatórios. Diz que tais artigos fizeram o jogo de poker que ela praticava alcançar um outro nível na leitura de jogadores.

Como curiosidade, o resultado do programa: os especialistas ganharam das três máquinas. Aquele que se dizia paranormal acertou menos de 50% das vezes em que o interrogado estava mentindo. Entretanto, Annie Duke e Joe Navarro acertaram 18 das 25 perguntas.

Capítulo 22
O nascimento do Circuito Paulista

O torneio do poker! A competição mais justa que existe. Em que outro esporte todos os participantes começam exatamente com as mesmas chances de vencer?
Não há uma ficha mais rápida do que as outras, não há cartas eletronicamente modificadas para melhorar o desempenho, não há suplentes se você não jogar bem. O torneio de poker imita a vida: uma luta contra o tempo pela sua sobrevivência.

D.C., diretor de torneios da Nutzz, que organiza o Circuito Paulista e o BSOP, e jogador nas horas vagas, está entre os trinta melhores no ranking brasileiro do Superpoker.

O Circuito Paulista é hoje o torneio de poker mais conhecido do Brasil. Depois de sua instituição, surgiram outros que, atualmente, são tão bons em qualidade quanto ele, tais como o Circuito Carioca, o Sul-Brasileiro, o do ABC de São Paulo, o Mineiro, entre outros. E o melhor: estão tentando padronizar as regras e definir o poker como esporte apoiados pelas federações de seus estados.

O Circuito Paulista de Hold'em (CPH) teve um diferencial: seu pionceirismo. Pode até não ter sido o primeiro campeonato de poker a ser organizado, mas quase todas as novidades que hoje vemos em prática nos demais torneios foram testadas em primeira mão no Circuito Paulista. Uso de software para gerenciamento e visualização das informações sobre o torneio em tempo real, introdução de *rebuy* e *add-on*, comida e bebida liberadas, produtos da grife, como camisetas, bonés, canecas e adesivos, prêmio-eliminação, ranking, bracelete de campeão do ano, mesa dos campeões, satélites on-line (em que até o final de 2006 era o único a promover), apoios e patrocínios etc.

Pense nisto

A principal característica do Circuito Paulista é algo que se resgata a cada etapa: as pessoas que começaram nele e que até hoje estão lá participando.

O ambiente do poker no Brasil é diferente daquele encontrado em outros esportes. As pessoas procuram incentivar o aprendizado uma das outras, trocando informações, torcendo pelos colegas, interagindo no dia-a-dia.

Lembro como tudo começou há dois anos. Só há uma maneira de contar esta história: buscando-a no lado pessoal.

Setembro de 2004. Tinha regressado da Alemanha, onde morei em 2003, e conhecera o Texas Hold'em havia uns seis meses. Sou carioca e nunca tinha pensado em residir em outra cidade — ficar longe dos pais, dos amigos, da academia e da praia, do Maracanã e do Flamengo não seria fácil. Morar em Campinas, no interior de São Paulo, tinha suas vantagens: menos trânsito, vida mais calma, custo mais baixo. Além disto, o campo da medicina é melhor remunerado que no Rio, onde os médicos têm um salário muito defasado se comparado ao de São Paulo.

Morava com minha esposa, que trabalha em uma empresa de Campinas, e realizava meu mestrado na Unicamp. O trabalho era maravilhoso, mas muito difícil de conseguir entrosamento e fazer amizades. As pessoas na universidade eram muito fechadas, além de não ajudar muito o fato de eu ser pediatra e estar trabalhando em uma área onde a maioria é mulher. Ou seja, *happy hour* ou futebol depois do trabalho nem pensar. Assim, fui levando os seis primeiros meses... Nos finais de semana, passeava com minha esposa e levávamos uma vida pacata. Continuava jogando poker pela internet, mas nunca ao vivo.

Um dia, passeando pelo Orkut, encontrei uma comunidade de poker, e, para minha surpresa, alguém propôs um torneio em Campinas. No tópico, as pessoas estavam animadas, falavam de um churrasco e convidavam quem quisesse comparecer. Troquei algumas mensagens com o organizador e fiquei com vontade de ir, mas bastante inseguro. O preconceito bateu. Quem e como seriam aquelas pessoas?

Passei a semana remoendo se iria ou não, até que no sábado perguntei à minha esposa. Ela deu força e disse: "Vai, sim. Vou com você até lá. Sentimos o ambiente. Se for bom, você fica."

Fomos até o local. Ao chegar... grata surpresa! Fomos super bem recebidos. Era uma casa com um grande quintal e churrasqueira. Todos estavam batendo papo e se conhecendo. Havia gente de São Caetano, São Paulo, Sorocaba, Campinas e nem lembro mais de onde. De um total de 25 pessoas, o grupo que mais se destacava era o de São Caetano, com cerca de oito pessoas.

O torneio foi muito simples: cartas, fichário improvisado com as fichas que os próprios jogadores trouxeram e no formato *shoot out*.

Shoot out: torneio em que o vencedor de uma mesa (ou, às vezes, mais jogadores) passa a uma segunda fase composta por outros vencedores de outras mesas. Nesta segunda fase, normalmente todos os que avançaram começam com o mesmo número de fichas, independentemente da sua performance na primeira fase.
Freezout: torneio em que se joga até restar somente um campeão, e as mesas vão se rearranjando conforme os jogadores vão saindo. Quem perde as fichas é eliminado, e os demais continuam jogando até sobrar um campeão.

Era meu primeiro torneio ao vivo, e fiquei muito feliz, pois ganhei a mesa em que participei. No *heads up*, joguei contra o Rogério Russo, e foi bem difícil ganhar dele. A família Russo estava representada pelo patriarca, Roberto Russão, e os três filhos, Rodrigo (Brow), Robertinho e o próprio Rogério. Era um total de seis mesas, e o melhor de cada mesa ia para a final. Na mesa final, estava também o Leandro, que acabou levando o torneio. Terminei em quarto lugar. Lembro até hoje que quem me eliminou foi Tarcísio Bim, pai dos grandes jogadores Lucas, Vinícius e Fabrício Bim, todos já campeões de outras etapas do Circuito.

Curiosidade

São Caetano: Roberto, Rogério e Rodrigo Russo, Lucas, Vinícius e Fabrício Bim. Estes seis jogadores fazem parte da história do Circuito Paulista. Participaram de praticamente todas as etapas do primeiro ano, e, nos dois anos de circuito, sempre pelo menos um deles representou São Caetano na disputa. Todos são muito bons jogadores, e São Caetano acostumou-se com títulos. Um por vez, todos ganharam uma etapa do circuito ou chegaram nas primeiras colocações. Ficaram famosos os gritos de: "Uh! São Caetano! Uh! São Caetano!"

Após o término do torneio, todos já estavam ficando amigos e queriam marcar novo encontro. Foi então que alguém propôs que no mês seguinte fosse realizado na casa de outra pessoa. Fábio Cunha, moderador da comunidade Poker Mania no Orkut, ofereceu-se para sediar o que viria a ser a segunda etapa do Circuito Paulista. Mas a idéia de batizar o torneio com o nome Circuito Paulista e fazê-lo em várias cidades só veio depois.

Antes disto, outro acaso foi fundamental para a concretização do circuito tal como ele é hoje.

No final daquele dia, fiquei conversando um pouco com Leandro "Brasa" Pimentel. Em comum tínhamos o fato de torcer para o mesmo time: o Flamengo. Ele, apesar de brasiliense, era quase carioca na alma. Só este fato, somado ao gosto pelo poker, já serviu de centelha para o início de um longo papo. Em meio à conversa, apresentou-me sua namorada, e eu lhe apresentei minha esposa. Ele disse que na semana seguinte iria visitar minha terra, a Cidade Maravilhosa. Ofereci-me para dar carona, pois também iríamos ao Rio no final de semana seguinte.

Essa viagem mudou o rumo da minha vida. Pude conhecer melhor o grande cara que é o Leandro. Fomos falando de poker, de vida, de poker, de amigos, de poker, de Flamengo, de poker, enfim... o assunto voltava sempre para o poker. Começamos a pensar: "E se a cada mês fizéssemos um torneio em um lugar diferente? Naquele mesmo clima de amizade, com churrasco, muita gente comemorando e se divertindo?"

Bom, no mês seguinte, ao realizar a segunda etapa, propusemos o nome de Circuito Paulista, sugerimos a criação de um ranking e definimos que o terceiro encontro seria em São Caetano, de onde vinha toda aquela galera maravilhosa. No torneio de São Caetano, reunimos cerca de 50 competidores.

Algumas coisas começavam a mudar. Organizar um torneio para 20 amigos é uma coisa, para 50 pessoas é outra, bem diferente. O trabalho foi aumentando: tínhamos de convidar um por um, ligar para todos, confirmar os pagamentos, organizar as fichas, comprar comida e bebida, contratar churrasqueiro etc. E quanto mais gente, maior a necessidade de um regulamento detalhado, alguém para controlar o torneio e fazer cumprir as regras. De início, formamos um grupo com representantes das cidades-sede do circuito. Como a quarta etapa foi em São Vicente e a quinta, em Sorocaba, os representantes destas cidades, além dos de São Paulo e São Caetano, junto comigo e o Leandro, deveriam decidir e organizar o circuito. Mas não deu certo. No fim, quem organizava mesmo éramos nós dois ao longo do mês. Os demais tinham muita boa vontade, mas, na prática, residindo cada um em uma cidade, era difícil que todos organizassem. Assim, a partir da sexta etapa, realizada em Americana, Leandro e eu começamos a organizar sozinhos. É bom lembrar que o objetivo não era lucrar com o circuito. Até aquele momento, só havia gastos com o próprio circuito. Então, começamos a pensar em maneiras de conseguir fazer algum dinheiro, por meio de patrocínios e apoios, para reinvestir em mais fichas, aluguel de espaços, contratação de *buffet*, segurança etc.

Foi quando o Maurício "Paiza" Perrela, que trabalha no ramo de confecções e com lojas de vestuário, criou as camisas do Circuito Paulista. Uma iniciativa dele, de início apenas para termos uma lembrança do evento, que em pouco tempo foi virando uma grife com diversos produtos. Sem ter capital de giro, fazíamos camisetas, vendíamos e, com o dinheiro das vendas, pagávamos as que tinham sido feitas e encomendávamos outros produtos, como bonés, canecas, chaveiros e adesivos.

O mais interessante é que o circuito apenas se alimentava para melhorar a infra-estrutura. Sem nenhum tipo de dinheiro em caixa, cada etapa ajudava na realização da seguinte.

Naquele momento, o circuito já contava com cerca de 80 participantes e uma lista de e-mail com mais de 1.000 nomes. Então decidimos fazer o website. Como não tínhamos dinheiro para contratar uma empresa, mais uma vez fomos na base da permuta. Oferecemos entradas nos torneios em troca da criação da página. O jogador Hélio "Cabelo" Filho foi quem nos ajudou.

E assim foi. Uma permuta aqui, uma troca ali, mas sem capital, o bolo foi crescendo... Desenvolver um esporte cercado de tanto preconceito e mostrar que o que todos querem é apenas um espaço para jogar e praticar é difícil. Se alguém um dia fosse assistir a uma etapa do circuito entenderia o que estou falando: pessoas de várias idades, classes sociais e origens confraternizando.

O circuito atraía jogadores que vinham de Curitiba, Salvador, Rio de Janeiro, Maceió, Corumbá, Belo Horizonte, Florianópolis e do interior de São Paulo. Todos só queriam conhecer outros jogadores, praticar, fazer amigos. Em dois anos de Circuito Paulista, nunca foi registrada uma briga entre os participantes. O clima é sempre amistoso.

O Circuito tem que se reinventar e descobrir a cada etapa como crescer e manter o interesse vivo. Após a sexta etapa, foi introduzido o *rebuy* e o *add-on*, além de uma segunda modalidade, o Omaha Hold'em, com os torneios de Pot Limit Omaha acontecendo sempre após os torneios principais de Texas Hold'em. O autor do prefácio do livro, hoje o melhor jogador de Omaha no Brasil, Igor "Federal" Trafane, foi o primeiro campeão da modalidade.

Saímos em busca das parcerias, e, com os resultados do primeiro ano na mão, passamos a ter o patrocínio do Cassino Conrad, de Punta del Este, Uruguai, e da COPAG, do Brasil. Ambas as empresas acreditam no potencial de desenvolvermos grandes campeões para competições internacionais e sempre foram organizações que sempre nos apoiaram. Várias outras propostas e idéias foram surgindo, e se adicionaram ao circuito.

A COPAG desenvolveu, em 2006, um baralho exclusivo para o Circuito Paulista, feito com o melhor material disponível para este tipo de esporte, com naipes em formato grande, conhecido como Poker Size, e com uma durabilidade muito superior à média de baralhos comuns (um mesmo baralho pode ser utilizado por vários jogos sem perda de qualidade). O mesmo material foi utilizado no World Series of Poker de 2005 e 2006 e continuará nos próximos anos, já que esta empresa brasileira é a fornecedora oficial para todos os eventos do WSOP. A COPAG, que vem mostrando o que o Brasil tem de melhor para os americanos, merece os melhores cumprimentos. Os participantes do circuito se sentem orgulhosos por saberem que jogam com os mesmos baralhos utilizados no maior evento de poker mundial, com a vantagem de ter o nosso logotipo impresso.

Na página do Circuito Paulista de Hold'em, www.circuitoholdem.com.br, ou na loja virtual da COPAG, www.copag.com.br, é possível adquirir não somente baralhos personalizados do circuito, mas também diversos produtos ligados a poker.

O Conrad também apoiou o circuito e ajudou a elevar o nível do poker no Brasil. Além de contribuir para a premiação dos vencedores cedendo um pacote de viagem para duas pessoas sem custo algum, foi o primeiro local em que os cursos de Texas Hold'em foram ministrados. Poder dar aulas para pessoas que não conheciam ainda o Texas Hold'em ou já tinham visto na televisão e queriam aprender mais foi muito gratificante.

Curiosidade

Neste ano, tivemos uma mulher no topo do ranking a partir da sexta etapa até a mesa dos campeões: Marta Putz. Com seus resultados consistentes (entre eles, dois vice-campeonatos em etapas), Marta provou que o esporte pode ser praticado por homens e mulheres em igualdade de condições. Marta, que era jogadora profissional de *bridge*, há dois anos vem se dedicando ao poker e realizando a transição. Apesar de não se considerar uma profissional do Texas Hold'em, ela preenche todos os pré-requisitos para o ser. Principalmente, sabe da importância da disciplina para vencer neste esporte. Terminou 2006 como vice-campeã do Circuito Paulista.

Em dezembro de 2006, o Circuito Paulista encerrou sua segunda temporada. Foram quatro líderes diferentes ao longo do ano. Cada uma das dez etapas teve um campeão diferente, mostrando quão disputado é o torneio. No último torneio do ano, Thiago "ZL", que havia ganho a sexta etapa, repetiu sua vitória.

Uma das minhas maiores alegrias foi conseguir me sagrar campeão da temporada do circuito e levar para casa o bracelete de prata que simboliza a conquista. Consegui o feito graças à regularidade ao longo do ano, pois, por incrível que pareça, não ganhei nenhuma etapa. Meu melhor resultado foi um segundo lugar justamente no torneio dos campeões. Porém, além deste resultado, cheguei a outras cinco mesas finais, ou seja, em onze etapas, cheguei seis vezes entre os nove primeiros colocados, com uma média de cem participantes por etapa.

Esta regularidade vem mostrar o que repito ao longo do livro: o Texas Hold'em é um jogo de habilidade, em que é possível traçar uma estratégia para levá-lo a bons resultados.

Uma das maiores provas foi o último torneio, sem dúvida mais o difícil de toda a minha vida. Quando começou, a situação era a seguinte: Marta Putz era líder do ranking, enquanto eu estava como segundo colocado, e Felipe “Billy”, como terceiro. Somente nós três poderíamos fazer pontos suficientes para terminar o ano na primeira colocação.

O Torneio dos Campeões tinha 30 jogadores, dos quais 23 classificaram-se por terem sido campeões de etapas ou por terem feito mais pontos no ranking ao longo do ano (curiosamente, nenhum dos quatro primeiros colocados do ranking havia ganho uma etapa). Os outros sete jogadores vieram de um torneio-satélite realizado no dia.

Somente os seis primeiros colocados deste Torneio dos Campeões ganhariam pontos. Para ser campeão, eu precisava chegar entre os seis primeiros, e, ao mesmo tempo, torcer para que a Marta e o Billy não chegassem na minha frente. Se a Marta chegasse entre os seis primeiros, eu teria de chegar no mínimo duas posições na frente dela para poder ser campeão.

Por que o torneio mais difícil?

Olhem esta mão:

Eu, UTG+2, subo três vezes o BB, aumentando para 300 com:

Eduardo Marra estava no *button*. O Marra é um jogador que ao longo do ano mostrou um grande crescimento no poker, apresentando todo o talento que o faz ser um grande enxadrista aplicado no Texas Hold’em, que o levou a grandes resultados. Além disso, tem um estilo agressivo, com apostas altas e sem medo de entrar em *coin flips*.

O Edu, sem pensar muito, ressobe minha aposta para 1.200.

Tenho cerca de 8.000 fichas naquele momento, e Edu tantas quanto eu. Todos os adversários correm. Nesta hora, poderia aumentar *all-in* ou só pagar e ver se o *flop* me agradava. Tinha medo de que ele tivesse com AA ou KK e não queria arriscar meu torneio neste início.

O *flop* vem:

Pensei: “Tenho que saber onde estou — se agora eu der mesa, ele vai apostar com qualquer mão, e não terei a informação de que preciso.” Resolvi apostar 2/3 do pote para mostrar a ele que também tinha jogo e quem sabe fazê-lo correr da mão. Apostei 2.000, e imediatamente ele voltou *all-in.*

Parei para pensar. Com que mãos ele voltaria *all-in?* Pensei no seu estilo agressivo e em como ele poderia estar apenas tentando roubar o pote. Acabei dando *fold* em QQ, em um *flop* relativamente inocente. Sobraram-me 4.800 fichas. Em qualquer outro torneio, teria talvez até pago a aposta ou retornado antes do *flop all-in.* Podia ter sido até sido eliminado. Mas no torneio dos campeões, usei de precaução e acabei tendo que dar vários *folds* como este.

Na mesa semifinal, por duas vezes dei *fold* em AK; em uma delas, pré-*flop*, subi quatro vezes o BB de 400 para 1.600, e o Fábio “Deu Zebra” Monteiro deu um *reraise* de 5.200 fichas. Corri antes do *flop*. Fábio disse que tinha 99. Os jogadores abriram o *flop* para ver que cartas viriam, e logo a primeira era um A que me colocaria na liderança. No *turn* e no *river*, viriam dois 9 seguidos. Levando em consideração que o Fábio falou a verdade em relação à sua mão, seria mais uma chance de ser eliminado.

Jogando com segurança, escolhendo os momentos certos para atacar, consegui chegar até a mesa final. Só que a Marta Putz também estava lá. E em um daqueles dias para “*highlander*” nenhum botar defeito. Para dar uma idéia, ela foi *all-in* na mesa final em duas ocasiões, com apenas um pouco a mais que o *big blind*, e nas duas conseguiu triplicar suas fichas e voltar para o jogo. Marta deu uma aula de poker, pois também sobreviveu o torneio inteiro com poucas fichas, escapando e conseguindo se manter até a mesa final.

Quando restavam sete jogadores, minhas fichas, que eram quase 60 mil (de um total de 300) começaram a diminuir após perder algumas mãos, até que me vi na seguinte situação: com apenas 15 mil fichas, sendo que a Marta apenas tinha cerca de 7 mil.

Os *blinds* estavam em 2.000 e 4.000 e antes de 200.

Eu estava no SB. Recebi:

O jogador no *button* apenas pagou o *big blind*, e, como já havia colocado 2.000 no pote, resolvi apenas completar e ver o *flop* para não arriscar ser eliminado na bolha antes de a Marta cair. O Leandro "Brasa", que estava no BB e sabendo que eu não poderia arriscar, resolveu aumentar a aposta para 15.000. Exatamente o que me restava em fichas. E agora? Pagar a aposta do Leandro com meu AQ e tentar dobrar as minhas fichas e melhorar no torneio, ou dar *fold* sobrando com 12 mil e torcer para que a Marta caísse na próxima mão. Preste atenção: restando sete jogadores, se a Marta fosse eliminada em sétimo, eu seria automaticamente, no mínimo, o sexto colocado e garantiria o título do ano.

Após um minuto de angústia, acabei dando *fold*. Leandro disse ter um par de 3 na mão.

Essa é uma das situações mais discutíveis no poker. Há os jogadores que defendem que você deve jogar a sua mão e tentar dobrar suas fichas para ter condições de ganhar o torneio. Mas, para mim, havia duas formas de ganhar, e uma delas era com a eliminação da Marta, que podia acontecer na próxima mão.

Na mão seguinte, Marta foi *all-in* pagando os *blinds* e acabou saindo do torneio em sétimo lugar. Esse fato tornou minha decisão na mão anterior correta. Mas e se ela tivesse ganhado essa mão e dobrado suas fichas? Provavelmente eu me veria em uma situação complicada, com grandes chances de ser eliminado em sétimo lugar. Não é fácil tomar essas decisões.

Dali em diante o torneio mudou. Comecei a jogar para cima, sem medo de ser eliminado, pois já tinha garantido o título do ano, ganhei dois *all-in* e acabei eliminando o quinto e o quarto lugares, assumindo a liderança em fichas quando restavam apenas três jogadores. Acabei perdendo no *heads up* para Thiago "ZL", que passou um lindo blefe de boca em mim, fazendo-me chamar com a pior mão um *all-in* seu. Mas já eram quase sete horas da manhã, e o dever estava cumprido. O título foi a coroação não só como jogador, mas de um sonho. Algo como jogar futebol no Maracanã no seu time do coração ao lado de seus ídolos. Indescritível.

Que os próximos anos do Circuito Paulista revelem novos campeões. A cada dia surgem jogadores talentosos por todo o Brasil.

Curiosidade

Helio Junior, João "Vovô Leo" Monte, Marcelo "MGP" Ferreira, João Marcelo, Ricky Taki, Gonza, Gonça, Marco Aurélio "Salsicha", Luís Filipe "Fenômeno", Beto Caju, Tiago Carriço, André Achutti são alguns dos nomes que têm ganhado vários torneios importantes on-line e ao vivo.

Minha homenagem fica registrada a esses e outros novos talentos. O poker está apenas engatinhando no Brasil, e tenho certeza de que ainda surgirão vários campeões por aqui nos próximos anos.

Que esse esporte traga muitas alegrias a eles como que me trouxe. Espero que consiga ajudar o leitor a se tornar um futuro campeão. Que o Brasil forme cada vez mais vencedores que levem o nome do país com orgulho pelos torneios internacionais de poker!

Números do Circuito Paulista

- mais de 2.000 litros de chope;
- 1 tonelada de carnes;
- 4.000 nomes em nosso *mailing list*;
- quase 500 participantes no ano;
- mais de 250 mil em prêmios distribuídos;
- jogadores de mais de 10 estados brasileiros;
- 11 pacotes para o Cassino Conrad, em Punta del Este;
- 1.440 baralhos logomarcados "Circuito Paulista" pela COPAG;
- 33 troféus distribuídos;
- nenhum infarto;
- nenhuma briga;
- muita felicidade;
- dúzias de amigos;
- e, pelas minha contas, 12.381 *all-ins*!

Para aqueles que não conseguem perceber o tamanho da realização de um torneio como o Circuito Paulista, que completou dois anos no final de 2006, é bom lembrar um pouco da história do WSOP e do WPT.

Em junho de 2002, pela primeira vez na história, o evento principal do World Series of Poker ultrapassou a marca dos 500 competidores e deu US$ 2 milhões para o campeão, Robert Varkonyi, um jogador amador que trabalhava como programador de computadores antes de se transformar em milionário. Para conseguir começar com o WPT, que é hoje um sucesso, seus criadores Steve Lipscomb e Lyle Berman aproveitaram-se do final do World Series e, em 27 de maio daquele ano, realizaram o primeiro evento do World Poker Tour no Bellagio. O interessante é que naquele momento eles não tinham nenhum acordo fechado com um canal de televisão para colocar o programa no ar e nem ao menos algum contato em vista. Tudo o que tinham era um sonho e uma visão. Steve achava que as *hole card-cameras* iriam mudar a maneira como as pessoas viam o poker pela TV e que, com isso, mais pessoas seriam atraídas. Usando da influência de Lyle no mundo do poker (ele era um jogador profissional que conhecia todos os grandes jogadores), conseguiram fazer com que Doyle Brunson e Chip Reese participassem do certame, o que lhe deu ainda mais credibilidade.

Você sabe quantos jogadores participaram? Cento e quarenta e seis. Não havia satélites ou eventos preliminares. A mesa final do evento só foi televisionada dez meses depois, e lá estavam John Juanda, Freddy Deeb, Scotty Nguyen, John Henningan. O vencedor foi Gus Hansen, na época desconhecido no poker, que impressionou (e também enfureceu) seus adversários ao jogar com uma bizarra seleção de mãos iniciais. Ele mostrou seu estilo *loose* e agressivo que tanto encantou os espectadores.

Curiosamente, Gus Hansen, que até então só era conhecido nos torneios de gamão, tornou-se rapidamente referência para quem começa a jogar poker. Uma prova da força da televisão na difusão do poker pelo mundo.

Ao longo da primeira temporada do WPT, o número de jogadores em cada etapa oscilava muito. No sexto evento, em novembro de 2002, apenas 88 jogadores participaram. Para termos uma idéia de como ainda assim a televisão servia para dar popularidade, Howard Lederer ganhou o evento, e, com ele, o apelido de "*The Professor*", passando a ser um dos rostos mais conhecidos pelo público. Até aquela data, Howard vivera na corda bamba, tendo várias vezes pensado em desistir da carreira de jogador, pois ganhava muito em *ring games*, mas, de alguma maneira, acabava perdendo tudo em outros negócios.

Hoje, em seu quinto ano, o WPT atrai a cada etapa mais de quatrocentos jogadores. Satélites acontecem em vários sites on-line, bem como em torneios ao vivo pelo mundo inteiro. Obviamente grande parte deste crescimento deve-se à televisão.

Em apenas cinco anos, o WSOP passou de 620 jogadores para 8.700. O número de eventos quase dobrou, e hoje ele se estende por um período que vai de junho até agosto, lotando Las Vegas e seus hotéis. Somente o WSOP rende mais de 35 programas de televisão anuais, que no Brasil tem os comentários de Christian Kruel e Raul Oliveira, e vão ao ar pela ESPN.

Curiosidade

Aulas de poker na ESPN: em 2006, Christian Kruel e Raul Oliveira gravaram uma série de pequenas vinhetas que iam ao ar junto com as transmissões para o Brasil do evento principal do WSOP de 2006. Nelas, ensinavam parte da teoria sobre o poker e davam dicas para os jogadores iniciantes.

Por isto considero tão importantes iniciativas como o Circuito Paulista. A real dimensão que um torneio como este pode tomar no Brasil é imprevisível. Mas tenho certeza de que é um sonho de todos os jogadores brasileiros ver os nossos torneios reconhecidos internacionalmente. O esporte está crescendo no Brasil — e criar torneios de qualidade de acordo com as normas internacionais e feitos para privilegiar o poker bem-jogado é mais do que uma necessidade. Espero que em breve o Brasil faça parte do circuito mundial e tenha o mesmo apoio e investimento que o Texas Hold'em obteve lá fora. Assim poderemos mostrar ao mundo os talentos que o Brasil está desenvolvendo neste esporte.

Capítulo 23 Estratégias de *sit and go's*

Três dicas importantes para quem vai jogar on-line: 1 — procure um lugar calmo e sossegado; 2 — respeite sua *bankroll*; 3 — tenha sempre um Isordil ao seu alcance.

José Heraldo "Radio" Vaughan Júnior, médico carioca e jogador amador de poker. Foi vice-campeão do Poker Mania Open, maior torneio on-line realizado entre brasileiros em 2006.

O *sit and go* é um torneio com características especiais. O nome vem do fato de que, para criar um *sit and go,* basta juntar um número predeterminado de pessoas e começar o jogo, que normalmente dura em torno de trinta a noventa minutos. Ou seja, você senta na mesa, e, assim que o número de jogadores for atingido, o torneio começa. Um torneio rápido e fácil de ser formado.

Hoje em dia, nos jogos on-line, você encontra uma larga variedade de *sit and go's*, de diversas modalidades de poker, limites e valores a escolher.

No Poker Stars, por exemplo, existem *sit and go's* com 180 pessoas que mais lembram as características de um torneio grande, mas estão o tempo todo disponíveis, bastando que o número de inscritos atinja a marca previamente estabelecida.

Mas, em geral, o tipo de *sit and go* mais jogado é aquele que possui apenas uma mesa, e a modalidade mais jogada é o No-limit Hold'em. Neste tipo de *sit and go*, normalmente participam nove ou dez jogadores, sendo premiados os três primeiros. O restante dos jogadores não ganha nada.

Antes de pensar em uma estratégia básica para este tipo de torneio de uma mesa, deve-se considerar o tempo dos *blinds*. Sua estratégia modifica-se de acordo com a duração prevista para os torneios. De um site para o outro, encontram-se diferenças no formato de subida dos *blinds*, mas a diferença mais marcante fica entre os torneios turbo, com *blinds* aumentando em cada três a cinco minutos, e os normais, com *blinds* aumentando em 10 a 15 minutos.

Obviamente, em um torneio turbo você se verá obrigado a jogar mais mãos e a tomar suas decisões mais rapidamente. Para quem está começando, recomendo jogar os torneios com a subida de *blind* mais lenta possível. Este tipo de torneio permite-lhe aproveitar ao máximo a estratégia a seguir.

Exemplos:

***Blinds* turbo Poker Stars**:

- Fichas iniciais: 1.500.
- Intervalo de subida: cinco minutos.
- *Blinds*: 10/20, 15/30, 25/50, 50/100, 75/150, 100/200, 100/200 *ante* 25, 200/400 *ante* 25, 300/600 *ante* 50, 400/800 *ante* 50, 600/1200 *ante* 75, 1000/2000 *ante* 100.

***Blinds* não-turbo**: mesma estrutura, subindo a cada dez minutos, ou seja, o dobro do tempo.

Existe uma ciência por trás de como jogar um torneio curto como um *sit and go* e seus objetivos ao longo deste tipo de jogo. Muitos acreditam que os *sit and go's* são uma das melhores maneiras de aumentar a *bankroll*. E até o são, porém não da maneira fácil que os iniciantes pensam. Um jogador bem-sucedido em *sit and go's* encontrará uma taxa de retorno do seu investimento (ROI) em torno de 1 a 4% após um número suficientemente grande de torneios. Ou seja, após jogar 100 torneios de US$ 55 e ter gasto U$ 5.500 somente em entradas de torneios, é esperado que seu lucro fique em torno de US$ 50 a 200. Parece pouco, não? Arriscar tanto para ganhar tão pouco! É claro que há jogadores que conseguem retornos de cerca de 10 a 15%, mas são bem mais raros.

No site www.sharkscope.com pode-se pesquisar qualquer jogador de *sit and go's* on-line pelo nome e consegue-se ver a lucratividade deles. Pegue, como exemplo, o brasileiro Raul Oliveira, cujo nome no Poker Stars é Carteio. Raul é líder em estatísticas no site para os níveis em que joga. Em aproximadamente 850 jogos, ele era o líder em ganhos com uma taxa de retorno de 7%. Ou seja, um dos melhores jogadores tem taxa de retorno de menos de

10%, o que condiz com a realidade esperada. O pior de tudo é lembrar que a taxa dos sites gira em torno de 10% (*rake*).

ROI

É o retorno do investimento. Como os *sit and go's* são torneios rápidos e, nos sites da internet, abundantes, você medirá seu sucesso neles pelo retorno do dinheiro que investiu.

Exemplo: se você jogou 20 *sit and go's* de US$ 10, gastou com eles US$ 220, incluindo as taxas de inscrição. Obviamente, não conseguiu dinheiro em todos, o que é natural. Digamos que você tenha ganhado três, chegado em segundo duas vezes e tirado três terceiros lugares. Nos outros doze, não ganhou nada. Você esteve na premiação em 40%, uma boa taxa.

Ganhou com isso 50 x 3 + 30 x 2 + 20 x 3, respectivamente, pelo primeiro, segundo e terceiro lugares, arrecadando então US$ 270. Investiu US$ 220 para ganhar US$ 270, um retorno de US$ 50, que é o equivalente a cerca de 22%. Este é o seu ROI: 22%.

Gostaria de fazer uma extensa discussão sobre *sit and go's*, mas alguns tópicos sobre o assunto são bastante complexos e demandariam quase um livro inteiro. Deveríamos discutir sobre Teoria dos Jogos, Probabilidades, Independent Chip Modelling (ICM) e Teoria dos Equilíbrios, que levaria ao sistema SAGE, para ser aplicado em *heads up*. Pretendo em algum momento, no futuro, lançar um material que abranja o assunto.

Vamos, então, para uma estratégia básica.

Em primeiro lugar, dividimos o *sit and go* em três fases distintas:

1- **Início do torneio**: *blinds* baixas, dura até aproximadamente o quarto nível de *blinds*.
2- **Meio do torneio**: *blinds* mais altas, com jogadores ainda fora do *money*.
3- **Final do torneio**: entre os três últimos jogadores.

É muito importante que você modifique sua estratégia no início conforme o momento do torneio.

Conceitos importantes para lembrar ao longo de todo o torneio:

- Jogue para ser o primeiro: 50% do prêmio vão para o primeiro lugar. É melhor obter três primeiros lugares em dez *sit and go's* e não entrar no dinheiro nos outros sete do que tirar cinco terceiros lugares e um segundo lugar e só não ganhar nada em quatro.

- Procure sempre dobrar suas fichas: o jogo no *sit and go* é a respeito de dobrar suas fichas. Não se envolva em potes pequenos no início do jogo.
- Deixar outros jogadores serem eliminados é quase tão bom quanto eliminá-los você mesmo. Preste muita atenção aos *stacks* dos adversários.
- Na fase final, a maior parte do jogo será decidir quando ir *all-in* e quando chamar o *all-in* de outros jogadores.

Dica

Estratégia é a palavra-chave

Se você seguir o plano traçado, estará em boas condições para ganhar o *sit and go*. Portanto, adote uma estratégia e não se desvie dela. *Sit and go's* são jogos quase mecânicos em estratégia. Costumo jogar de quatro a seis ao mesmo tempo. Para os iniciantes, abra um de cada vez.

Fase inicial

Não jogue.

Isso mesmo. Parece um conselho estranho, não? Mas evite ao máximo jogar nos primeiros níveis. Jogue apenas mãos *premium* (AA, KK, QQ, AKs e outros pares de mão) que permitam que você dobre suas fichas. Não se preocupe em defender seus *blinds* ou em roubar os *blinds* do adversário. Jogue pares de mão em potes que não tiverem sido aumentados. Evite jogar mãos como AT, AJ, KQ, KJ, principalmente em potes aumentados.

O principal motivo é que, já que seu objetivo é dobrar, a cada pote que você entra no início com *blinds* 15 a 30 ou 25 a 50, e perde 100 ou 150 fichas, isso significa que nos próximos níveis, quando dobrar, terá de 200 a 300 fichas a menos, e, aí sim, estas fichas farão diferença.

Por que não se deve tentar roubar *blinds* no início do torneio?

Porque o aumento que você pode conseguir no seu *stack* em relação ao risco de perder fichas não compensa.

Sempre que for fazer um movimento de roubar os *blinds*, pense em quanto isso modificará seu *stack*. Com *blinds* em 15 a 30, se você aumentar a aposta a estando no *button*, para tentar roubar os *blinds*, estará colocando em média de 90 a 100 fichas para tentar ganhar 45. Se for bem sucedido, terá aumentado seu *stack*, digamos, de 1.500 (fichas iniciais em um *sit and go*) para 1.545, ou seja, terá aumentado seu *stack* em 3%. Nos estágios de *blinds* mais elevados, por exemplo, 100 a 200, você com 2.100 fichas, ao aumentar para roubar os *blinds*, estará tentando ganhar 300 fichas. Se for bem-sucedido, seu *stack* passa de 2.100 para 2.400, um aumento de quase 15%.

Deixe os demais jogadores na fase inicial se baterem, faça suas anotações sobre o jogo dos outros e passe a maioria das mãos. Só jogue se achar que tem a oportunidade de dobrar ou ganhar um bom número de fichas.

Meio do torneio

Aqui é onde o jogo realmente começa, com *blinds* em 75 a 150. Se você começou com 1.500 ou 2.000 fichas, os *blinds* já representam 10% desse valor inicial. Se jogou os primeiros níveis como recomendado, seu *stack* não deve estar muito longe do inicial — provavelmente em torno de 1.200 a 1.300 fichas (ou então, ainda seguindo as orientações, você jogou com o objetivo de dobrar na fase inicial e agora tem em média o dobro de fichas). O lado interessante da estratégia da fase inicial é que, se corretamente seguida, pelo menos você definitivamente não deve estar com menos que isto.

A partir de agora, você trabalhará com um número mágico, que é um pouco diferente do utilizado em torneios grandes. Quando está em um *multitable* (torneio com múltiplas mesas), todas as vezes em que seu *stack* for menor que 10 vezes as somas dos *blinds* e o valor inicial, você está em uma zona crítica e sua única jogada passa a ser o *all-in*, pois não adianta subir três ou quatro vezes o *blind* e depois não ter fichas suficientes para fazer o adversário dar *fold* com sua aposta no *flop*. Assim, você simplesmente vai *all-in* para roubar o pote ou dobrar suas fichas. Em um *sit and go*, pode baixar um pouco este nível. Enquanto tiver mais de cinco a sete vezes a soma dos *blinds*, ainda existe algum espaço para manobra, principalmente porque em um *sit and go*, em geral na fase do meio, um ou dois jogadores terão *stack* grandes, mas todos os demais terão algo entre quatro e dez vezes a soma dos *blinds* — ou seja, todos estão na mesma situação e também têm medo de comprometer uma parte significativa dos seus *stacks*. Assim sendo, na fase do meio, um aumento de quatro vezes os *blinds* ou um *all-in* podem ter quase o mesmo efeito para fazer um adversário dar *fold*.

Entretanto, enquanto você está com cerca de 1.200 fichas, seu objetivo imediato é dobrar. Então, se tiver oportunidade, coloque todas as suas fichas no meio do pré-*flop* com uma boa mão. Mas não sem antes aprender o conceito mais importante para *sit and go's*: o *gap*.

> O conceito de *gap* diz que você precisa ter uma mão muito melhor para chamar um aumento de um adversário do que para você mesmo aumentar (*gap concept*).

Em outras palavras, é o mesmo que dizer que, em vez das mãos terem um valor fixo, elas mudam de força, dependendo do que ocorre antes de você agir. Por exemplo, faltando seis jogadores em um *sit and go* que começou com dez e premia os três primeiros, você tem no *cut-off*:

Duas situações diferentes:

1- Na primeira, o jogador que fala logo antes de você entra dando um *raise* de 3x BB. Você com A9o e não tem dúvidas em jogar a mão fora. (Lembre-se de que para chamar um *raise* você tem que ter uma mão melhor que o normal.)
2- Na segunda, os jogadores que o antecedem dão *fold*. Você, com A9o na mão, vai *all-in*.

Reparou como a ação dos jogadores anteriores mudou a força do seu A9o? E o melhor: os adversários que falam depois de você também vão se sentir pressionados pelo mesmo conceito. Um jogador que fala depois de você e que tenha KJ também terá uma decisão difícil, pois não sabe com que mão você foi *all-in*, e ele provavelmente jogará a mão fora. Se, por outro lado, você não tivesse subido, ele iria subir com KJ.

Este conceito é importantíssimo para *sit and go's*: todas as vezes em que ninguém tiver subido um pote ainda, você têm o *gap* necessário para subir com vários tipos de mãos, incluindo mãos bem mais fracas que o normal.

Por outro lado, se já subiram, você deve ter AA, KK, QQ, JJ, AKs ou outra mão que pense ser melhor que a do adversário para chamar. É claro que a sua leitura do adversário é importante. Se é um adversário que sobe com muitas mãos, você pode afrouxar um pouco a sua seleção de mãos para chamar o *raise* dele. Se ele sobe com poucas, você fica ainda mais seletivo em quais mãos deve jogar.

É importante notar que em um *sit and go* no qual você tem poucos adversários e em que tirar um ou dois adversários já pode colocá-lo na grana, o mais importante é sempre jogar pensando em dobrar.

Aproveite o *gap*: quando ninguém tiver subido ainda e as *blinds* já estiverem altas, seja você o jogador a subir a aposta. Se alguém já tiver subido, olhe bem para a sua mão e pense se vale a pena chamar a aposta.

Se você dobrar uma ou duas vezes, deve ter se colocado em posição para entrar na fase final com condições propícias para ganhar o torneio.

Fase final

Esta é a fase mais importante, e onde se cometem mais erros. Considero fase final aquela em que restam quatro ou cinco jogadores e os *blinds* já estão aproximadamente em 200 a 400 ou 300 a 600.

Vamos usar como exemplo a seguinte estrutura: são dez jogadores, cada um começando com 1.500 fichas. Total em jogo: 15.000. Com cinco jogadores sobrando, a média é de 3.000. Obviamente, alguém estará acima de média e outro(s), abaixo. Mas o importante é notar que com *blinds* em 300 a 600, subir três ou quatro vezes o *blind* coloca mais da metade da média na mesa apostado (1.800 a 2.400 de 3.000). Ou seja, subir os *blinds* perde o sentido, pois você estará comprometido com o pote. Isso quer dizer que se você sobe três vezes o *blind*, 1.800, e alguém volta *all-in*, sobrariam em média 1.200

fichas para você, e como já há no pote seus 1.800 + *blinds* + 3.000 do adversário, o correto é chamar essa aposta em vez de dar *fold* independentemente das suas cartas (só precisa colocar 1.200 pra tentar ganhar quase 6.000 fichas, *pot odds* que justificam sua chamada mesmo com as piores mãos).

Seguindo o raciocínio anterior, na fase final a maioria dos seus movimentos será indo *all-in* ou colocando seus adversários em uma posição em que a única escolha para eles é ir *all-in* contra você.

Você estará usando o *gap* o tempo todo e atacando os *blinds* dos adversários. Suas mãos não vão significar tanto; o que mais importa é atacar e colocar os adversários em posição difícil.

Sempre ouço pessoas reclamando que na fase final não receberam mãos boas e, portanto, não puderam jogar. Vou mostrar aqui por que não é necessário mãos tão boas para jogar na fase final.

Prestem atenção nas três situações a seguir:

Você tem 4.500 fichas, e faltam quatro jogadores. Os três primeiros estão no prêmio. Você está no *small blind.*

Todos antes de você lhe dão *fold.* Restam você e o *big blind.* Este tem 3.000 fichas.

Situação 1

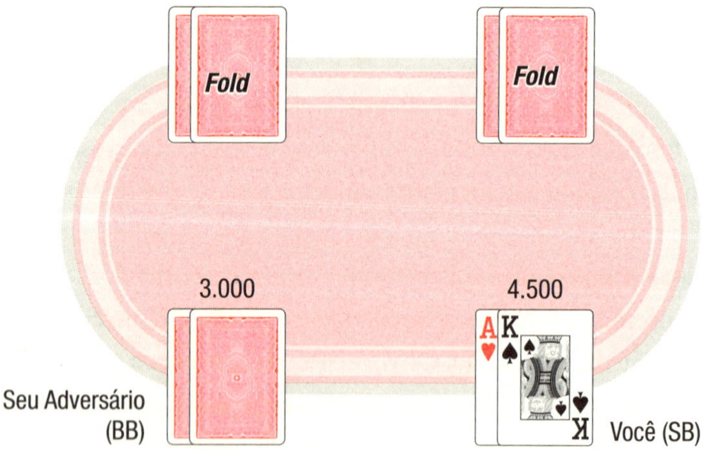

Você tem AK. Excelente, não? Você vai *all-in.*

Seu adversário, com medo de ser eliminado por você fora da zona de premiação do *sit and go* (3 primeiros), decide só chamá-lo com mãos boas, digamos, AA, 88, AKs, AQs, AKo, AQo, AJs, Ajo. Assim, ele o chamaria com cerca de 20% das 169 mãos que ele poderia receber ali.

Então, em 80% das vezes ele dá *fold*. Nas 20% em que ele o chama, você, com AK, vai ganhar cerca de 50% (fará *races* contra os pares menores, ganhará em cerca de 80% das vezes de AQ e AJ, empatará com AK e somente perderá feio para AA e KK).

Isto significa que, indo *all-in* com AK nesta situação, você ganha 90% das vezes e perde 10% (ganha 80% com o *fold* dele e 10% quando ele chama).

Situação 2

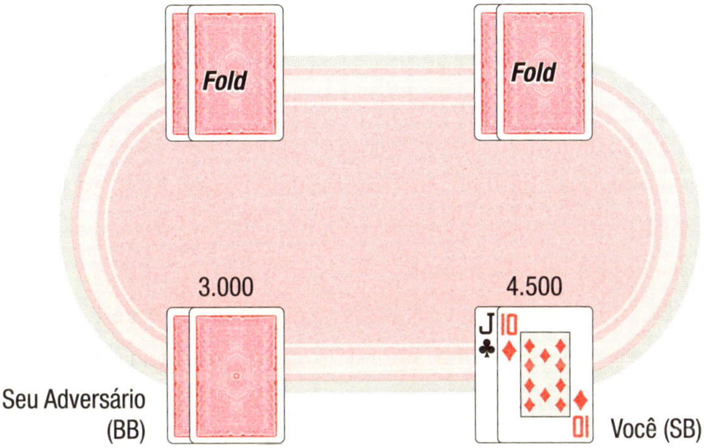

Você tem JT. Não é uma mão tão boa. Você vai *all-in*.

Seu adversário chama com as mãos já citadas. Isso significa que em 80% das vezes ele continua dando *fold* (vezes em que ele não irá receber nenhuma das mãos descritas). Nos outros 20%, ele o chama. O problema é que quando ele o chama, vai ganhar de você mais vezes, pois será favorito na maioria delas. Digamos que você vai ganhar em apenas 35% das vezes em que ele chamá-lo, perdendo 65%.

Isso é o mesmo que dizer que você vai ganhar em cerca de 87% das vezes com JT (80% em que ele vai dar *fold*, mais 35% dos 20% das mãos restantes). E perderá 13%.

Situação 3

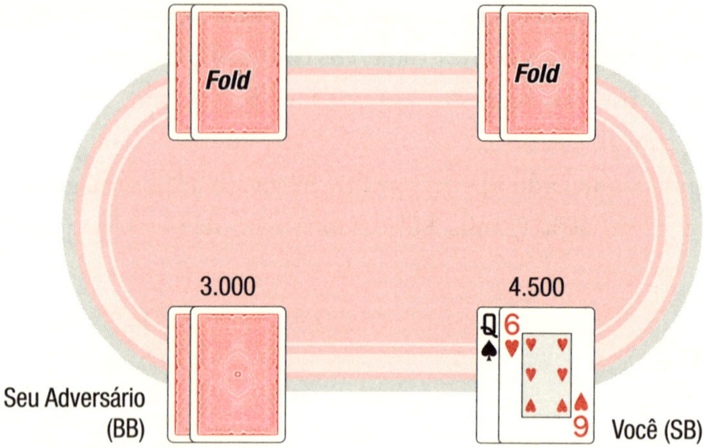

Você recebeu Q6o. Mão horrível, não? Você vai *all-in*.

Seu adversário dá *fold* em 80% das vezes, mantendo a mesma seleção de mãos citada na situação 1. Nos 20% em que ele o chama, você está em péssima situação. Em média, você vai ganhar apenas em 25% das vezes, perdendo em 75% das vezes que ele o chamar.

Isso significa que com Q6o você ganhará em 85% das vezes.

Repararam que independentemente da força inicial da sua mão, você tem entre 85 e 90% de chances de ganhar a mão? O que determina que tenha tantas chances de ganhar não é a força da sua mão, mas sim as chances de seu adversário não querer jogar contra seu *all-in*, em média 80%, pois seu adversário é *tight*.

É claro que esta situação muda se seu adversário estiver disposto a jogar com mais mãos contra seu *all-in*. Você tem que tentar imaginar quais mãos seu adversário chamaria. Mas aí já entramos nos conhecimentos avançados, que fogem ao escopo deste livro.

O mais importante é entender por que roubar *blinds* é tão importante, assim como colocar pressão no seu adversário com o *all-in*. Repare ainda que, se você perder este *all-in*, ainda lhe sobram 1.500 fichas, e você não está fora do jogo. E se ganhar, você pula para 5.100, enquanto seu adversário cai para 2.400, dando-lhe ainda mais força para repetir a jogada na próxima rodada.

Você deve manter a pressão até restarem três jogadores. Seu objetivo é ganhar, não chegar em terceiro. Se você jogar três *sit and go's* e chegar em terceiro nos três, ganha menos do que se jogar três *sit and go's*, ganhar um, e chegar duas vezes em quarto sem ganhar nada. Lembre-se de que você deve jogar sempre para cima, querendo ser o primeiro lugar.

Sua decisão deve apenas ser *all-in* ou *fold*. Procure dar *all-in* atacando os jogadores com *stacks* médios; eles são os que têm menos probabilidade de chamar. Tanto os líderes quanto os jogadores com menores *stacks* são mais propensos a chamar apostas, ou para tentar eliminar você sem perder muitas fichas ou pelo desespero de não ter mais chances no torneio, respectivamente.

Se você chegar entre os três primeiros, a estratégia ainda não deve mudar. Quando chegar em dois jogadores, ou seja, no *heads up*, você deverá observar alguns detalhes.

Primeiro, a relação entre as suas fichas e as do adversário. Se um dos dois tiver mais de 70% das fichas em jogo, provavelmente os *all-ins* continuarão a acontecer. Se estiver equilibrado em fichas, você pode considerar outra estratégia. Mas, para que inicie outra estratégia, é necessário que os *blinds* ainda estejam baixos em relação ao seu total de fichas. Divida o número total de suas fichas pelo valor do *big blind*. Se for mais que oito, pode tentar jogar sem dar *all-in*, com mais calma, completando os *blinds* e atacando.

Lembre-se de que em situações de *heads up* você deve jogar mais mãos. Deve considerar mãos fortes: qualquer par e qualquer combinação que tenha um A ou um K. É muito importante em *heads up* ter uma carta alta na mão. Acontecerá em cerca de 1/3 das vezes que nenhum dos dois jogadores fará um par no *flop*.

Em *heads up*, sempre que tiver duas cartas diferentes na mão, você só acertará o *flop*, uma a cada três vezes, e, tão importante quanto, seu adversário também. Ou seja, às vezes ter apenas um A na mão é motivo suficiente para apostar (veja mais no Capítulo 25).

Capítulo 24
Doze erros a evitar em um *sit and go*

O poker é, para mim, uma paixão, em que sempre fui disciplinado e "rico" para o valor que jogo. Para mim, este é o segredo.

João "Vovô Leo" Monte, jogador de Recife que vem dominando o poker on-line, começando pelos sit and go's *no Party Poker e se estendendo para os torneios* multitables *no Poker Stars. Entre os seus feitos, está o de ter ganhado no início de 2007 um dos maiores prêmios que um jogador brasileiro já conquistou on-line, sendo campeão de um torneio repleto de profissionais americanos.*

Muitos jogadores iniciantes já leram a respeito de estratégias semelhantes à que expliquei no capítulo anterior. Já tentaram aplicá-las, inclusive, mas, ainda assim, não obtiveram muitos bons resultados. Acredito que um dos motivos para isso é que, apesar de aplicarem a estratégia certa, ainda cometem alguns erros de avaliação que podem diminuir o retorno com os *sit and go's*. Resolvi, então, fazer o contrário e listar o que você deve procurar evitar. Assim, pode ter uma noção bilateral: como agir e como não agir em um torneio como este.

Podemos dividir os principais erros em:

1- **Jogar muitas mesas ao mesmo tempo**

Os jogadores mais avançados jogam quatro ou cinco mesas ao mesmo tempo. Isto tende a aumentar o retorno por hora que conseguem, mas diminui a leitura dos adversários. Para quem está começando, além de jogar a sua estratégia, é muito bom anotar a dos adversários.

Você deve:

- tomar nota de quem na mesa parece entender os conceitos do jogo;
- procurar no Sharkscope (www.sharkscope.com) as estatísticas de seus adversários, anotar quais têm bons rendimentos neste tipo de jogo e quais costumam perder;
- perceber os jogadores que não fazem uma seleção boa de mãos no *flop*;
- identificar quais jogadores fazem *continuation bets*.

Muitas dessas observações são feitas quando você não está envolvido em uma mão. Se estiver em mais de uma mesa, perde as chances de observar.

Você consegue se concentrar melhor jogando uma ou, no máximo, duas mesas.

2- **Jogar em um nível acima do seu, ou seja, ganhar *sit and go's* de 10 e resolver ir jogar nos de 100**

Este é um erro muito comum. Como parâmetro, lembre-se de que você deve jogar em um nível de *sit and go* para o qual tenha pelo menos de 10 a 20 vezes o valor do *buy-in* disponível. Ou seja, para jogar *sit and go's* de US$ 11 (10+1), recomendo que tenha na *bankroll* cerca de US$ 220. O erro está em ter esses mesmos US$ 220 e resolver jogar torneios com entradas de US$ 33, por exemplo. Aí, você perde três torneios seguidos, e sua *bankroll* já caiu para a metade. Psicologicamente, você começa a ficar abalado e a não jogar tão bem nos torneios seguintes. Lembre-se de que da mesma maneira que é possível ganhar três ou quatro torneios seguidos, também é possível para o melhor jogador ser eliminado em uma seqüência de até dez torneios sem entrar no dinheiro.

3- **Chamar *raises* com mãos não tão boas, desrespeitando o *gap***

Nunca se esqueça do *gap*. É um dos conceitos mais importantes. Se pretendia subir com seu par de 4, e alguém antes de você mostrou força com um *raise*, saia da mão. Se ninguém mostrou força, vá *all-in*. Pressione os adversários. Para chamar os *raises*, só com mãos muito fortes. Lembre-se do *fold equity*, ou seja, você pode ganhar uma mão tendo o melhor jogo ou fazendo seu adversário dar *fold*. Quando você está chamando um *all-in*, perde uma maneira de ganhar, ou seja, só pode ganhar com o seu jogo. Quando está dando um *all-in*, tem as duas maneiras de ganhar.

4- **Não apostar o suficiente para fazer os jogadores que estão com *draws* (pedida para *flush* ou seqüência) saírem da mão**

Lembre-se de apostar cerca de 2/3 até o valor inteiro do pote para não dar *odds* para os projetos de *flush* e de seqüência que estiverem na mão. Agressividade com suas melhores mãos, dê a chance ao adversário de fugir; nunca deixe barato para ele continuar na mão. Se ele pagar sua aposta cara e continuar, lembre-se de que, na maioria das vezes, você ganhará essa mão.

5- **Jogar mãos fracas fora de posição**

Posição é ultra-importante em um torneio rápido como um *sit*. Acho que este conceito já ficou bem claro, mas nunca é demais repetir.

6- **Tentar blefar oponentes *loose***

Aliás, blefes em *sit and go's* funcionam bem menos. Os jogadores têm a tendência a chamar mais mãos. Se perderem um *sit and go*, simplesmente iniciam outro. É diferente de um torneio grande, em que o medo de ser eliminado faz com que os jogadores dêem *fold* mais freqüentemente para blefes.

7- **Não acreditar que os oponentes podem ter uma mão**

Se um jogador estiver apostando contra você, dê um *raise* para informação, caso ache necessário. Se ele mantiver a aposta, dê-lhe crédito. Apostas vindas de jogadores fora de posição, como o *small blind* e o *big blind,* normalmente são apostas com jogos bons.

8.- **Não respeitar *check-raises***

Em níveis baixos de *sit and go's* (até US$ 100), normalmente o *check-raise* significa que você está atrás. Aprenda a largar suas mãos quando tomar um *check-raise* e sua mão não for forte o bastante.

9- **Dar *limp* em muitas mãos**

Suas fichas são seu principal patrimônio em um *sit and go*, e você deve dobrá-las; se as for deixando aos poucos no pote, na hora que dobrar, ganhará menos fichas. O que adianta receber AA e dobrar suas fichas quando, nas últimas dez mãos, deu vários *limps* e perdeu mais de oito *big blinds*, largando as mãos quando alguém aumentava, ou o *flop* não ajudava? Não fique esperando por pares, mas também não fique dando vários *limps*. Quando resolver jogar, jogue forte, para cima.

10- **Não subir um pote que ninguém subiu pré-*flop***

É semelhante ao erro anterior, só que se refere mais ao *gap concept*. Dar *limp* quando outras pessoas já entraram é até aceitável. Mas evite ao máximo *limp* sendo o primeiro no pote.

Se tiver uma mão que o deixe em dúvida, algo como um par baixo fora de posição, pense assim: "Se eu der *limp* e alguém subir depois, vou pagar?"

Se sua resposta for sim, suba você mesmo.

Se sua resposta for não, largue a mão e não dê nem ao menos *limp*.

11- **Deixar de chamar *stacks* pequenos com *pot odds* favoráveis**

No final do torneio, quando você tem um *stack* grande, deve chamar *all-ins* de jogadores na fase do desespero, com mais mãos que o normal, contanto que o seu *stack* não saia prejudicado.

Porém, na parte de estratégia, se você tem um *stack* muito grande e estiver na bolha, faça o que o jogador Scott Fischman, profissional americano, apelidou de a "mão de Deus". Você com o maior *stack* da mesa, dois outros jogadores com *stacks* médios e um jogador quase eliminado na bolha (fora do prêmio): ataque os jogadores médios, mas deixe o *stack* pequeno sobrevivendo. Evite chamar o *all-in* dele, a fim de que ele não dobre. Enquanto existir um *stack* pequeno na mesa, os *stacks* médios não chamarão os seus *raises*.

12- **Não jogar agressivamente**

Lembre-se: coragem para ir *all-in* com mãos não tão boas é fundamental na fase final de um *sit and go*. Se você for aguardar os pares altos, perderá o *sit and go* esperando na maioria das vezes.

Sit and go é um jogo onde dobrar suas fichas é importante e os outros jogadores também estão com medo de ser eliminados. Com isso em mente, lembre-se de apostar forte em suas mãos, e, quando encontrar resistência, aprenda a largar as mesmas.

Capítulo 25
Heads up – Sistema SAGE

No jogo — como na vida — procure saber a profundidade da piscina antes de mergulhar.

Victor Marques, argentino de nascimento, brasileiro de coração, é uma das pessoas mais respeitadas no mundo do Texas Hold'em. Tem um invejável conhecimento técnico do jogo e paciência fundamental para todos os grandes campeões. Em 2006, foi campeão de uma das etapas do BSOP.

Heads up é como se chama o jogo entre apenas duas pessoas, altamente complexo e, chego a dizer, que requer um leque de habilidades diferentes daquelas apresentadas até agora.

Ao se jogar *heads up*, conceitos como posição, *pot odds* e *implied odds* deixam de ter importância. A posição, quando apenas dois jogadores se enfrentam, não é relevante, pois você consegue anular a vantagem do adversário sendo agressivo e apostando primeiro. *Pot odds* e *implied odds* são importantes se você estiver jogando na estrutura de apostas *limit*, mas, se o jogo for *no-limit*, o mais importante é conhecer o tamanho e a relação entre os *stacks* dos dois oponentes.

A seleção de mãos também se modifica inteiramente. Com apenas duas pessoas, qualquer mão que tenha um A ou um K passa a ser forte. E as mãos mais improváveis podem quebrar um adversário.

Doyle Brunson foi campeão mundial por dois anos seguidos no *heads up* jogando T2. Com mais jogadores na mesa, essa mão seria jogada fora imediatamente. No mano-a-mano, se o adversário não for agressivo, quase todas as mãos passam a ser jogáveis, com raras exceções.

Entretanto, em um livro, para passar estratégias que sirvam ao jogador intermediário, não dá simplesmente para dizer que qualquer mão pode ser jogada com sucesso no *heads up*. Temos que aprender a jogar de uma maneira em que se erre o mínimo possível nas escolhas.

O matemático John Forbes Nash, ganhador do Prêmio Nobel de Economia em 1994, que recentemente ficou mais conhecido do grande público ao ser retratado no filme *Uma mente brilhante* (*A Beautiful Mind*), interpretado por Russel Crowe, que mostra sua habilidade para a matemática e sua esquizofrenia, desenvolveu o que se chama de Nash Equilibrium.

Sem entrar em detalhes matemáticos (que são bem interessantes para quem gosta da área, mas seriam enfadonhos para os demais leitores), sua tese diz que em um jogo você pode adotar uma estratégia tal que o seu adversário não consiga fazer você cometer erros.

Em uma tradução literal, é um conceito que serve como solução (estratégia) para um jogo envolvendo dois ou mais jogadores, no qual nenhum jogador tem nada a ganhar mudando apenas a sua estratégia unilateralmente. Se cada jogador tiver escolhido uma estratégia, e nenhum deles conseguir se beneficiar modificando-a enquanto os demais permanecem sem modificar as suas, então essas estratégias atuais constituem um Equilíbrio Nash.

Por que isso é importante? Você pode desenvolver uma estratégia para *heads up* na qual, independente do estilo do seu adversário (se ele é passivo ou agressivo, *tight* ou *loose*, se vai *all-in* em todas as mãos ou se apenas completa os *blinds*), você estará jogando corretamente.

Nash demonstrou na sua dissertação, *Non-Cooperative Games* (1950), que o Equilíbrio de Nash existe para todos os jogos finitos (que tem um vencedor) com qualquer número de jogadores. Ou seja, ele se aplica ao poker.

É extremamente difícil estabelecer um equilíbrio para o poker quando existem vários jogadores, devido ao enorme número de estratégias que podem ser adotadas individualmente. Entretanto, no *heads up* você consegue forçar o adversário a adotar a sua estratégia de uma maneira simples: tornando o jogo binário, e suas decisões passam a ser sim ou não. *All-in* ou *fold*?

Se em todas as mãos que você jogar sua decisão se resumir a *all-in* ou *fold*, seu adversário se vê obrigado a jogar da mesma forma. Isso coloca vocês dois em equilíbrio.

É importante notar que essa é uma estratégia perfeita se:

- seu adversário for muito melhor que você em termos de habilidade. Você poderia jogar contra o campeão mundial, e se utilizar a estratégia que explicarei a seguir, ele não conseguirá usar sua habilidade para vencê-lo; passa a ter que adotar a mesma estratégia que a sua;
- você tem menos fichas que o adversário;
- você é inexperiente em *heads up*.

Porém, conforme for evoluindo no poker, poderá adotar novas estratégias, que, apesar de serem sujeitas a mais erros, podem lhe ajudar a ganhar o adversário por meio da sua habilidade.

Se quiser saber mais sobre o equilíbrio Nash, procure na Wikipedia: http://en.wikipedia.org/wiki/Nash_equilibrium

O sistema que vou explicar é chamado de SAGE System e é simples o suficiente para ser decorado com alguns minutos de estudo e depois aplicado em qualquer *heads up* que jogar. O sistema SAGE foi primeiro estudado nos fóruns do 2+2 (www.twoplustwo.com) e depois chegou a ter um artigo na revista *Cardplayer* escrito por Lee Jones.

Para que o sistema funcione, duas condições têm que existir:

1- O menor *stack* ser menos que dez vezes o *big blind* (atenção, só importa o menor *stack*, não o maior ou a relação entre eles). Se o menor *stack* tiver mais que dez vezes o valor do *big blind*, o sistema não funciona. Em *sit and go's*, quando se chega ao *heads up*, na maioria das vezes essa condição é cumprida. Por isso o sistema é perfeito para se usar em *sit and go's* e menos aplicável em torneios grandes.

2- O *small blind* (que no *heads up* é o *button*, mas, neste caso, age primeiro pré-*flop*) sempre vai *all-in* ou *fold*. O sistema lhe diz quando chamar esse *all-in* se você for o *big blind* ou quando dar o *all-in* quando você for o SB. Se o *small blind* der *limp* ou fizer um pequeno *raise* apenas, o seu julgamento não deve utilizar o SAGE System, e sim suas outras habilidades. Seguindo a teoria de Nash, você não deveria jogar essas mãos nem se manter fiel ao seu *all-in* ou *fold*.

O mais importante de notar é que, usando esse sistema, você está negando tanto a sua habilidade quanto a do adversário, ou seja, você terá cerca de 50% de chances de ganhar. Daí eu ter dito que é perfeito para um iniciante usar contra um profissional. A vantagem de usar é que se seu adversário não conhece o sistema, ele pode se sentir pressionado pelos *all-ins* e não conseguir se adaptar, perdendo fichas para você ao dar *folds* sem aplicar a mesma técnica.

Para criar essa estratégia, foram pegas as 169 combinações iniciais e atribuída uma força relativa para cada mão (AA sendo a melhor e 32o, a pior). Depois foi colocada em um modelo matemático a expectativa de cada jogador até chegar a um resultado que fosse positivo ou próximo do zero para cada mão. Vamos interpretar a tabela a seguir:

R	SB Top (%)	SB Cutoff Hand	BB Top (%)	BB Cutoff Hand	SB Edge
1	89%	6-2 *suited*	100%	3-2 *offsuit*	0.010
2	79%	6-4 *suited*	89%	6-2 *suited*	0.051
3	74%	9-5 *offsuit*	70%	7-5 *suited*	0.061
4	71%	10-4 *offsuit*	60%	J-5 *offsuit*	0.047
5	68%	9-6 *offsuit*	53%	9-7 *suited*	0.026
6	64%	7-6 *suited*	48%	Q-2 *suited*	0.002
7	61%	10-4 *suited*	42%	Q-7 *offsuit*	-0.018
8	58%	J-2 *suited*	39%	K-2 *suited*	-0.042
9	55%	9-8 *offsuit*	36%	3-3	-0.063

- A coluna R é a relação entre o *short stack* e o *big blind* após terem sido pagos os *blinds*.
- A coluna SB Top (%) é o percentual de mãos que você deve ir *all-in* dado determinado valor de R.
- 'SB Cutoff Hand" é a pior mão que está dentro desse critério. Mas como saber essa lista? Você precisa decorar a ordem das 169 mãos? Não, o sistema irá fazer com que você saiba a força de uma mão de uma maneira simples.
- "BB Top (%)" é a porcentagem de mãos que você deveria chamar se o SB vier *all-in* e se o seu R for o da mesma linha.
- "BB Cutoff Hand" é a pior mão que você poderia chamar.
- "SB Edge" é o valor que o SB espera ganhar em unidades de *big blind* para aquele valor de R se ambos os jogadores seguirem esse sitema.

Repare que quando o SB tem um valor de R maior que 7, a expectativa começa a ficar negativa. Se o seu R for alto, em vez de só pensar em *all-in* ou *fold*, você pode adotar outras estratégias.

Para que não seja preciso saber o valor de cada uma das 169 mãos e ver se ela está acima da mão considerada o ponto de corte, você usará o sistema:

Calcular o Power Index — PI (índice de força)

1. O poder de cada carta é o seu *rank* ou seja, os números contam como eles mesmos (5=5, 6=6, 9=9), e as figuras contam como: J=11, Q=12, K=13 e A=15 (atenção: o A não é 14, e sim 15).
2. Pegue esse número para sua maior carta na mão e multiplique por 2.
3. Some o PI da sua menor carta ao resultado do passo 2.
4. Se as suas duas cartas forem um par de mão, some mais 22.
5. Se as cartas forem do mesmo naipe, some mais 2.
6. A soma total é o PI da sua mão.

Usando o PI

1. Faça o cálculo do R do menor *stack* (dividir o menor *stack* pelo *big blind*).
2. Olhe na tabela a seguir o valor necessário de PI para este R.
3. Se o PI da sua mão for maior ou igual a este valor, vá *all-in* (se você for o SB) ou chame o *all-in* se você for o *big blind*.

Tabela SAGE

R	*All-in* (SB)	*Call* (BB)
1	17	qualquer
2	21	17
3	22	24
4	23	26
5	24	28
6	25	29
7	26	30

Repare que para Rs muito baixos do seu adversário, você consegue chamar com praticamente quaisquer cartas que somem mais que 17, ou seja, praticamente com qualquer A na mão, e praticamente com qualquer figura mais uma carta acima de 6.

Se reparar bem, neste sistema, as cartas serem conectadas (9T, 78, 45) tem muito pouco valor.

> Dica
>
> *Heads up* vale mais se as cartas forem altas do que próximas. Ser *suited* também conta muito pouco.

Os melhores jogadores já conseguem tirar por si mesmos estas conclusões, mas, aplicando esse sistema, você começará aos poucos a aprender os conceitos, e naturalmente melhorará o seu jogo.

Vamos ver alguns exemplos:

Exemplo:

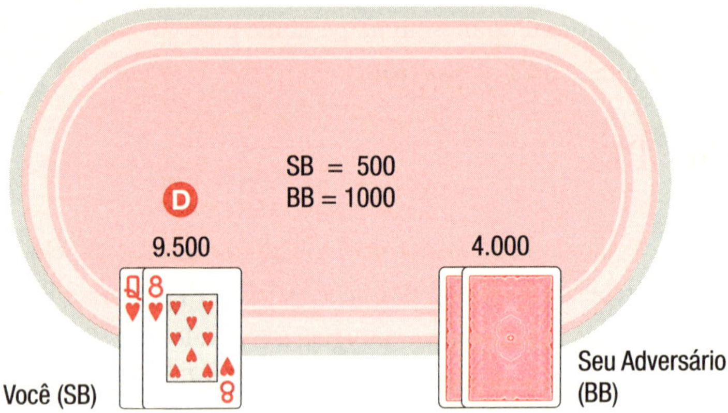

O R nesta mão é 4.

O seu PI é:

Q♥ = 12 x 2

9♥ = 9

suited = 2

Então: (12 x 2) + 9 + 2 = 35.

Com R de 7, se você for o *small blind*, deve dar *all-in* (precisaria de um PI de 23). Se fosse o *big blind*, também deveria chamar o *all-in* do SB (você precisaria de um PI de 26).

Exemplo 2:

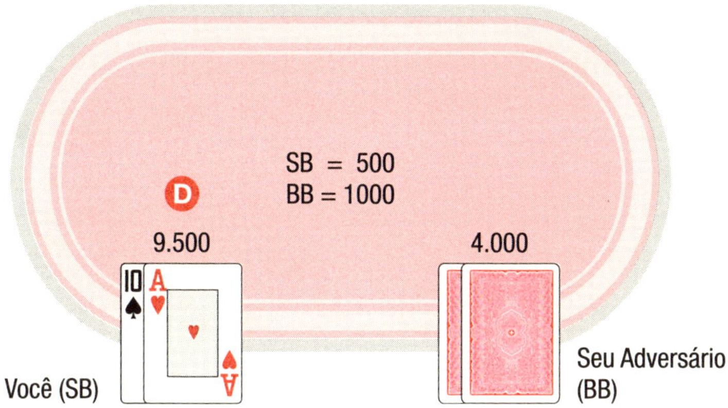

Seu PI é: (15 x 2) + 10 = 40.

Para qual R vale a pena ir *all-in*? Qualquer R até 6. E para chamar um *all-in*? Se o R for menor que 3.

Com PI de 40, ir ou chamar *all-in* é sempre a melhor opção se você não tem experiência em *heads up*.

Se você praticar, começará a entender com quais mãos vale a pena chamar *all-in* e com quais vale a pena dar *all-in*. Repare que qualquer par, mesmo que de 2 (PI de 26), pode ser usado para *all-in* e consegue chamar *all-in* do adversário. Com pares acima de 44, você pode chamar qualquer *all-in* se o R for menor que 7.

Ah, mas como vou decorar essas tabelas? Minha recomendação é que você comece a praticar on-line tendo nas suas mãos a tabela. Depois de um tempo, perceberá quais são as situações corretas para chamar ou ir *all-in*.

Capítulo 26
Regra dos dez

Jogue por diversão, e fature como profissão.

Fábio "Deu Zebra" Monteiro, jogador profissional conhecido pelos vários jargões que criou e pelo estilo agressivo de jogo. Foi campeão do primeiro campeonato brasileiro on-line de poker em 2005, no Poker Stars, torneio semanal com premiação garantida de US$ 1 milhão, e já esteve na mesa final do Sunday Million desse mesmo torneio.

Esta regra merece um espaço pequeno só para ela, pois é muito importante para sua sobrevivência em torneios.

O seu *stack* em um torneio representa sua vida nele. O objetivo maior do jogador é ir aumentando seu *stack* progressivamente, ao mesmo tempo em que o protege para que alguém não acabe com ele.

Lembro-me de que, quando comecei no poker, logo percebi que jogar de forma *tight* era uma das maneiras de proteger o *stack*. Aí, quando tivesse mãos boas, atacava os adversários e aumentava o *stack*.

Pronto, era uma estratégia básica boa. Só tinha um problema: dependia de que recebesse boas cartas, sempre conseguisse ser pago nas apostas e os *blinds* não subissem antes de conseguir isso.

Recordo de conversas com Igor "Federal", Leandro "Brasa" e André Akkari sobre não dar para só esperar as mãos boas. Às vezes tinha-se que entrar em mãos não tão boas para aumentar as fichas, mas sem arriscar o torneio com isto.

Mas como fazer? Logo que comecei a jogar poker, comprei o livro *Pot and No-limit Poker*, de Reuben e Ciaffone. Nele, os autores dão uma dica para *ring game*, dizendo que você só deveria chamar *raises* que estivessem entre 5 e 10% do seu *stack*. Apesar do escopo do livro ser os *ring games*, os motivos para adotar este tipo de atitude em relação ao seu *stack* ficam ainda mais evidenciados em torneios.

Todas as vezes em que o *raise* em um torneio for menos que 10% do seu *stack*, você pode pensar em jogar esta mão como você jogaria caso não houvesse o *raise*. O que isso quer dizer?

Se tiver um par alto, aumente a aposta. Se tiver um *suited connector*, pague a aposta. Se tiver com um par pequeno, entre no jogo. O seu objetivo é se dar a chance de aumentar seu *stack* sem inicialmente comprometê-lo muito.

Os grandes *stacks* nos torneios vivem usando esta tática. Você já deve ter visto em um torneio o *chip leader* chamar uma aposta *all-in* de um adversário com *stack* pequeno, com algo como TJ ou K9. O que pode parecer uma surpresa é, na realidade, uma jogada fundamental: ele tenta aumentar seu *stack* e eliminar um jogador com um risco mínimo para as suas fichas.

A vantagem de jogar quando tiver estes *raises* pequenos é que, depois do *flop*, você pode conseguir ainda mais fichas do seu adversário.

Por outro lado, quando o *raise* for entre 10 e 25% do seu *stack*, você estará em uma situação em que só vale a pena se achar que o seu reaumento tem alguma chance de fazer o adversário sair da mão.

Acima de 25% do seu *stack*, quando você reaumentar, provavelmente seu adversário irá chamá-lo, então só vale a pena fazer isto com as melhores mãos que tiver, ou quando estiver certo de que sua mão é a melhor ou que para você continuar no torneio precisa dobrar suas próprias fichas.

Não confundir com o conceito de M, criado por Dan Harrington, do qual falaremos no Capítulo 28 (Estratégia para torneios). O M seria o resultado da divisão do seu *stack* total pela soma do valor dos *blinds* e dos anteriores. Calcular o M se torna mais importante quando ele começa a ficar baixo (menor que 10).

Exemplo: você tem 8.000 fichas. Os *blinds* estão 200 a 400 com *antes* de 50. Nove jogadores na mesa. Total da soma *blinds* mais *antes*: 200 + 400 + 450 = 1050. Total das suas fichas/1050 = 7,6 ou aproximadamente 8. Seu M seria 8.

Aqui não estou falando de M, e sim de como agir diante de *raises* antes de você. Avaliar o tamanho do *raise* em relação ao seu *stack* em um estágio que o seu M ainda pode ser alto. Ou seja, avaliar até onde você pode chamar um aumento de um adversário de forma que ainda seja lucrativo se você acertar a sua mão, sem colocar uma parte grande do seu *stack* em risco.

Capítulo 27
Ética, comportamento e competitividade

Saber ganhar é preciso; saber perder é essencial.

"Presidente Cabral", terceiro colocado no ranking do Circuito Paulista 2006.

Todo esporte é regido por regras de conduta, e, acima destas, nossa vida deve ser pautada pelo bom senso e ética. Mas, nas mesas de poker, é muito comum a adrenalina subir à cabeça e palavras mais exaltadas serem ditas. Vale ressaltar que em dois anos de Circuito Paulista nunca houve uma situação mais delicada na qual dois jogadores chegassem a uma discussão incontornável ou passassem à agressão física. Entretanto, o bom comportamento e a atitude dos jogadores de hoje em dia têm que continuar a serem espelhados nos muitos jogadores novos que começam a praticar o Texas Hold'em.

Sou uma pessoa altamente competitiva e carreguei isto comigo para o poker. Já passei por várias situações nas quais o sangue subiu à cabeça ao ser eliminado em alguma jogada que, naquele momento, considerei injusta (em 90% das vezes, por exemplo, ao rever o seu *bad beat*, você verá que não foi tão *bad beat* assim, e que seu adversário tinha uma boa chance de ganhar a mão pelo modo como você jogou). O processo de aprendizado sobre como reagir nas situações de derrota faz parte para você se tornar um jogador melhor. Perder faz parte do poker. É um esporte em que você irá ganhar na média, mas não existe jogador que ganhe todos os torneios de que participa. Aceitar a derrota é importante.

Posso citar pelo menos umas cinco situações em que não me comportei adequadamente, mas, hoje, se pudesse, retornaria à mesa e pediria desculpas ao adversário. Nada de grave foi feito, mas coisas como levantar-se e não cumprimentar os adversários, esbravejar, culpar qualquer um menos você pela sua derrota.

Uma vez escrevi um texto no meu blog (www.circuitoholdem.com.br/blog) sobre como lidar com *bad beats*. Algumas pessoas comentaram que, para poder escrever um artigo daqueles, primeiro eu deveria ser um exemplo do jogador que sabe lidar com tais situações. Penso que o primeiro passo para você aprender como agir é refletir sobre o assunto. Fazer uma autocrítica e tentar observar como age quando toma um *bad beat*. Não é um processo fácil, mas você deve se forçar a, quando estiver em uma situação em que um jogador ganha de você com uma mão muito mais fraca, respirar fundo e contar até dez. Costumo dizer que, às vezes, é melhor até mesmo levantar-se da mesa e dar uma volta, retornar tempos depois.

Quando estive em Las Vegas, em julho de 2006, assisti ao melhor exemplo desta estratégia que já vi. Senti-me na obrigação de puxar papo e elogiar a atitude do meu adversário. Estava em uma mesa no cassino Venetian jogando NL 5/10, quando vi a seguinte mão (valores aproximados de fichas):

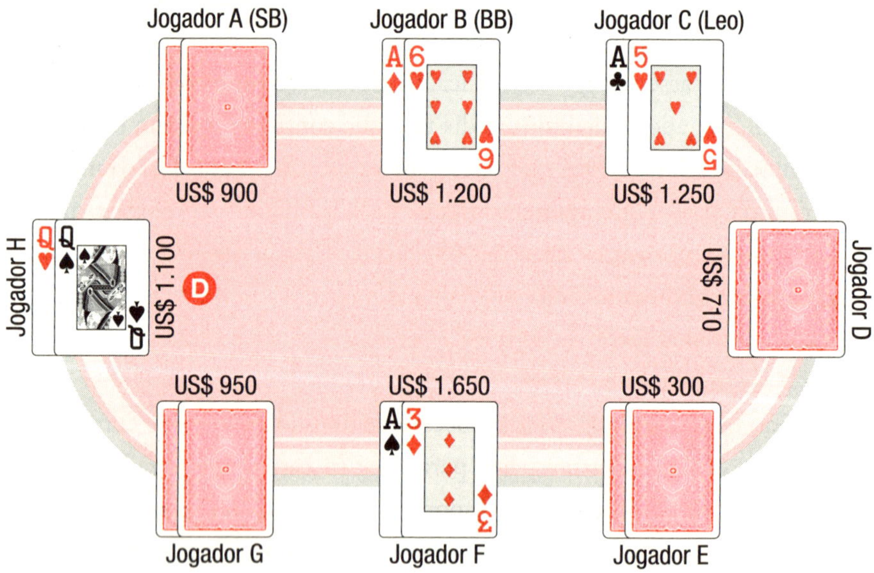

Os jogadores nas posições C, D e E, nas quais me incluía, saíram da mão. Os do F e G entraram com um *limp*, e o H subiu a aposta para US$ 45 (4,5 vezes o valor do *big blind*).

O *small blind* saiu da mão, mas o *big blind* chamou. O jogador F resolveu, então, chamar a aposta, e o G saiu da mão.

O *flop* veio:

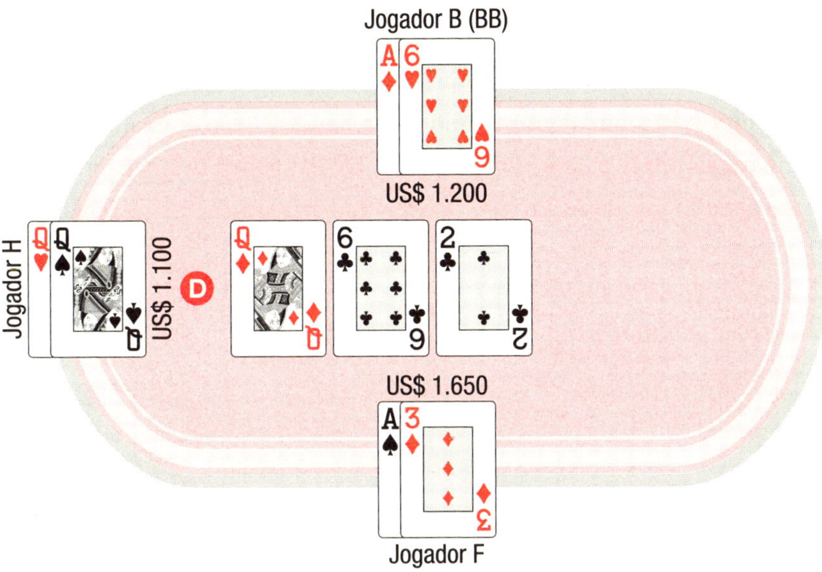

O *big blind* que acertou um par de 6 no *flop* apostou US$ 100 em um pote que já tinha US$ 150. O jogador na posição F chamou sem ter nada. O jogador no *button*, que tinha um trinca de damas, querendo proteger sua mão contra um possível *flush,* subiu a aposta em mais US$ 150. O jogador no SB chamou e o F também.

No *turn* veio um 5♠, fazendo o *board* ficar:

Desta vez, o *small blind* deu apenas *check,* assim como o jogador F. O que estava no *button* resolveu, então, movimentar-se em direção ao pote e foi *all-in* em mais US$ 805 onde já tinha US$ 900. O *small blind* rapidamente deu *fold*, e o jogador F chamou a aposta. Quando todos achavam que o jogador F ia mostrar um jogo como uma seqüência pronta ou dois pares, ele abre A♠ 3♦, não apresentando nenhum par e apenas uma chamada para seqüência *gutshot*. Ou seja, ele precisava acertar um 4 para poder ganhar a mão.

No *river*, um 4 milagroso, e o jogador F não só conseguiu ganhar da trinca de damas do H, como ainda conseguiu quebrá-lo, levando todas as fichas, e aumentou seu *stack* para US$ 3.000, tornando-se o líder absoluto da mesa. Todos os jogadores levaram algum tempo comentando a mão enquanto a *dealer* encaminhava as fichas para o vencedor da mão. A justificativa dele era que o pote estava muito grande, e ele teve o *feeling* que iria acertar a seqüência.

O jogador H, em vez de ficar transtornado e xingar o adversário, cumprimentou-o pela bela mão, comprou mais US$ 1.000 em fichas, levantou-se e deixou as fichas na mesa, em vez de continuar a jogar. O jogo continuou sem ele, e apenas cerca de 45 minutos depois ele retornou (pelas regras do Venetian, um jogador pode ficar ausente por até duas trocas de *dealers*, o que dá aproximadamente uma hora). Retornou de banho tomado, roupa trocada e sorriso no rosto. Com muita calma, ficou jogando um jogo bem *tight*, e aos poucos foi recuperando suas fichas. Até que, quase duas horas mais tarde, recebeu As Ah e, contra o mesmo adversário anterior, acabou *all-in*, levando um pote um pouco maior do que havia perdido cerca de três horas antes. Inconsolável, o jogador que antes tinha US$ 3.000 havia acabado de quebrar, levantou-se xingando as outras pessoas na mesa e foi embora.

Continuei no jogo ainda por algum tempo, e o jogador H começou a dominar a mesa e a aumentar cada vez mais seu *stack*. Fui embora com um lucro pequeno, mas impressionado com a calma demonstrada por aquele desconhecido. Guardei esta história como exemplo — e quando me irrito com alguma situação, tento me lembrar do processo daquele que nem ao menos sei o nome, mas que marcou meus conceitos de controle de emoções na mesa. É bem provável que se, em vez de se levantar e retornar 45 minutos depois, ele tivesse continuado na mesa, iria acabar perdendo bem mais do que naquele *bad beat.*

Um segundo ponto importante para lembrar à mesa é evitar críticas às jogadas dos adversários. Por dois motivos: o primeiro é simplesmente por uma questão de educação; o segundo, que aos olhos de um jogador de poker deveria ser de incrível importância, é que, ao criticar, você permite que o jogador perceba o erro que cometeu e pode mesmo vir a corrigi-lo. No poker você quer que seu adversário cometa erros para que possa explorá-los em situações futuras. Se ensinar ao seu adversário a maneira correta de jogar, estará custando a você parte de seu próprio lucro futuro, e quem sabe até a chance de recuperar o que perdeu na mão que o criticou.

Schooling é um termo em inglês que designa a situação na qual um jogador fala para outro na mesa a maneira correta que ele deveria ter jogado certa mão. Evite fazer isto. Acredite: você estará perdendo dinheiro.

O poker é um jogo psicológico em que buscar o equilíbrio é muito importante. A cada dia, venho melhorando neste aspecto, principalmente porque me lembro sempre de que preciso crescer e aprender.

Alguns dos segredos para me fazer progredir psicologicamente são escrever a respeito dos meus erros e buscar rever na minha cabeça onde poderia ter acertado e não o fiz.

Mas a ética e o comportamento não se resumem a como agir ao perder. Muito pior é não saber agir ao ganhar.

A comemoração ao ganhar um pote importante é natural, mas você deve se lembrar de respeitar o seu adversário, evitando comentários jocosos ou ainda criticar a jogada feita por ele. Ao eliminar alguém de um torneio, estique sua mão, ou, ao menos, despeça-se com educação.

Pense nisto

Lembre-se de que a alegria de sua vitória tem força igual à dor da derrota do oponente.

Suas atitudes quando não está disputando uma mão também são importantes. Procure não falar alto ou fazer comentários sobre a rodada em andamento, pois pode atrapalhar ou influenciar os jogadores que estão ativos. Isso não é uma regra de torneios — ser proibido falar durante mãos —, mas é de bom senso e boa educação não interferir nas mãos. Quando um jogador está com uma decisão difícil por tomar, como pagar um *all-in*, mantenha silêncio, respeitando o momento.

Da mesma maneira, não é educado atender ao telefone na mesa de poker. Em alguns torneios, existe uma regra proibindo tal ato. Naqueles em que não há, procure se levantar para atender às chamadas, saindo da mão em jogo, ou, ainda melhor, desligue o telefone durante o torneio.

Uma coisa importante para tomar cuidado é em relação às bebidas e à comida da mesa. Procure não apoiar copos e garrafas sobre a mesa, pois podem derramar, molhando as cartas. Procure um apoio ao lado da mesa, caso a mesma não tenha um local apropriado. Pode parecer uma besteira falar sobre isto, mas me lembro de uma vez em que um jogador derramou cerveja sobre uma mesas em uma etapa do Circuito Paulista. Os *blinds* já estavam altos, e o jogo foi ali interrompido na mesa por uns dez minutos até tudo ser limpo, porém continuou acontecendo em outras mesas. Os *blinds* subiram mais uma vez, e os jogadores que estavam com poucas fichas na mesa paralisada reclamaram. Não havia o que fazer; a interrupção ocorrida não poderia atrapalhar o andamento do restante do torneio.

Outras dicas em relação à comida é tomar cuidado para não engordurar as cartas, pois diminui o tempo de vida útil do baralho, além de poder marcá-lo, deixando certas cartas fáceis de serem reconhecidas em decorrência das impressões de dedos engordurados.

Quanto ao cigarro, a maioria dos torneios no Brasil ainda permite fumar à mesa. Nos Estados Unidos e no Uruguai, o cigarro foi proibido em 90% dos locais que organizam competições de poker. Aqui, use o bom senso e procure não incomodar o vizinho. Os torneios se organizam para colocar pausas para os jogadores fumantes, quando podem, então, aliviar a vontade.

Os torneios de poker são jogados por um público bem heterogêneo, em que a diferença de idade entre os participantes pode chegar a 30 ou 40 anos. Lembre-se de todas as regras básicas de etiqueta ao se dirigir aos jogadores mais velhos na mesa. Os jovens têm começado a dominar a cena do poker, mas alguns dos melhores jogadores têm anos-luz de experiência à frente. Espelhe-se no bom comportamento que a maioria dos jogadores mais antigos demonstram à mesa.

Não se esqueça jamais da presença dos *dealers*. Eles não têm culpa se você ganha ou perde um pote. Estão lá para manter as regras e a ordem, e podem, se necessário, avisá-lo se você quebrar alguma delas. Lembre-se de que este é o trabalho deles.

Ao final do jogo, mesmo que em um torneio, lembre-se da gorjeta dos *dealers*. Nos principais cassinos do mundo, é comum que algo em torno de 5% do prêmio de um torneio seja dado como gorjeta aos *dealers*. Em mesas de *cash game*, você pode dar a gorjeta a cada pote ganho. Normalmente uma ficha de valor unitário é suficiente, mas pode variar de acordo com o limite e o tamanho do pote ganho. Não dar a gorjeta dos *dealers* pode ser visto como um ato de mesquinharia, e não é de bom tom.

Pense nisto

Lembre-se de que a educação e o bom senso devem sempre acompanhá-lo. Se você tem personalidade forte, procure sempre se controlar.

Aos pouco, fui melhorando meu comportamento, procurando adotar uma postura tranqüila na mesa. Em julho de 2006, estive em Las Vegas e, como estava jogando em mesas com uma língua e uma cultura diferentes, sentava-me e permanecia quieto, sem falar nas mesas. No terceiro dia de jogo, um profissional que sentava sempre à mesma mesa (5-10 NL no Venetian) puxou assunto e elogiou minha postura calma ao longo das mãos. Aquilo me encheu de alegria. Uma pessoa de fora, que não me conhecia antes, veio elogiar a calma com que perdia ou ganhava mãos. Dei uma tremenda importância ao fato. Voltando ao Brasil, fui jogar a etapa seguinte do Circuito Paulista, e uma jogadora na época jogando há poucas etapas, Lúcia "Aces" Dória, estava observando a minha mesa e comentou como eu era calmo e paciente esperando minha vez. Observei a atitude de jogadores como André Akkari, Christian Kruel, Loducca, Roberto Mota e como eles também não se alteravam diante das derrotas e vitórias.

Este controle emocional ajuda os melhores jogadores. Por que não ajudaria os novatos? Não se esqueça de levar sua educação quando for jogar um torneio, respeitando os adversários e pensando nas suas atitudes. A imagem que você deixa nos demais jogadores pode lhe ser muito útil, ou, como no meu caso, difícil de mudar. Alguns dos jogadores que me conheceram no início vão sempre tentar explorar qualquer fraqueza emocional que possa demonstrar.

A competividade é uma característica importante do jogador de poker. Todos querem ganhar e algumas vezes parecem se esquecer e passam por cima até de laços de amizade. Uma história que pode servir como exemplo, no caso um mau exemplo, ocorreu entre Jennifer Harman, considerada uma das melhores jogadoras de poker no mundo inteiro, e Doyle Brunson, que neste ponto do livro dispensa uma nova apresentação. Jennifer Harman foi casada com Todd Brunson, filho de Doyle, por cerca de um ano e, dizem, respeitava Doyle como se fosse um pai; entretanto, tais sentimentos e relações não impediram que Doyle tivesse uma reação de pura raiva contra ela. Eles estavam jogando um *mixed game* no Bellagio (jogo em que várias modalidades de poker alternam-se após um certo número de rodadas). Em uma determinada mão de *Deuce-to-seven lowball*, eles estavam jogando em uma mão que terminou com os dois *heads up* no final, após a última aposta, ela mostrou sua mão, e o *dealer* disse: "Seven Low." Doyle, pensando ter perdido a mão, jogou suas cartas fora no *muck*. Então ele reparou que havia dois 2 na mão de Jennifer, o que daria a ela um par de 2, invalidando a mão *low*, o que o faria ganhar a mão. Ele ficou furioso, chamou o *floorman*, mas como ele tinha jogado as cartas fora, nada podia ser feito, e as fichas foram para Jennifer. De tão nervoso que ele ficou, ela teve que sair do jogo e deixar o *poker room*. Por vários dias, a situação ficou desconfortável quando eles estavam próximos. Uma semana depois, Doyle superou o ocorrido e tudo voltou a ficar normal nas relações dos dois. Esta é uma história sobre alguns dos *top players* do mundo, que têm uma relação forte fora das mesas de poker e que, ainda assim, pela extrema competitividade, se estranharam nas mesas.

É difícil saber separar o ser competitivo e o querer ganhar de ser obcecado e não saber perder. Entretanto, lembre-se de que cultivar amigos pode ser tão importante para sair-se vencedor na vida quanto qualquer outro tipo de vitória no poker.

A maioria das pessoas pensa que o fato de ser um jogador de poker profissional aumenta a competitividade de alguém. Afinal de contas, poker é competição em sua mais pura forma. Não existe jogo em equipe ou cooperação entre os jogadores. É cada um por si, e arrasar com seus adversários não é apenas parte do jogo, mas, sim, seu próprio objetivo. Mas o poker ensina-nos que ganhar não é tudo, pelo menos não com certeza no *short run*. Ele o ensina que o que realmente importa é tomar boas decisões, fazer as jogadas corretas, e, se você fizer isso — seja ganhando ou perdendo no caminho —, tudo ficará certo no final.

Certa vez, Annie Duke escreveu que ela nasceu uma mulher competitiva, que em tudo na vida sempre quis ganhar. Tirar as melhores notas, ter a última palavra nas discussões com os namorados e estar sempre certa em tudo... o que a fez crescer sem ser uma pessoa muito simpática e querida pelos demais. Segundo suas palavras, o poker a ensinou a ser diferente. Ela aprendeu que tomar boas decisões é mais importante que ganhar. E, após perceber isto, conseguiu transcender essas atitudes da mesa de poker para sua vida pessoal. Ela comenta que, por exemplo, algumas vezes perder uma discussão para o namorado poderia, a longo prazo, trazer um benefício bem maior para o relacionamento.

Perder e saber lidar com a derrota faz parte do dia-a-dia do jogador de poker. Na modalidade de apostas *limit*, por exemplo, um jogador vencedor irá perder em cerca de 45% das mãos que jogar. Esta pequena vantagem de 5% é suficiente para fazê-lo um vencedor. Entretanto, se ele ficar amargurado com cada mão que perder, provavelmente perderá mais que o normal e, então, de nada adiantará todo o conhecimento teórico que tiver, pois, ainda assim, ele será um perdedor. Pior ainda: se ele se indispor com algum outro jogador na mesa.

Lembre-se, na maioria dos casos, de que as atitudes dos outros jogadores na mesa não são pessoais contra você. Cada um está apenas jogando seu próprio jogo, procurando, assim como você, ganhar. Tente não deixar situações desequilibrarem seu lado emocional. Mesmo que determinado jogador perceba que você está com um humor alterado na mesa e resolver subir as apostas contra você e roubar seus *blinds*, isto não é um ataque contra a sua honra e integridade; é apenas um jogador contra um adversário na mesa, mas, fora dela, podem ser bons amigos. Não guarde mágoas dos seus adversários. Tente se colocar no lado oposto e imaginar como seria sua atitude se reparasse que um jogador na mesa está instável emocionalmente. Você não tentaria se aproveitar da situação para ganhar mais fichas?

Pense nisto

Use sua inteligência emocional e dê mais um passo para se tornar um grande jogador, mas, acima de tudo, ser visto na comunidade com o respeito que grandes pessoas merecem.

Capítulo 28
Estratégias para torneios

Em um torneio de poker, disciplina e resistência mental são tão importantes quanto cartas e estratégia. Principalmente porque um único erro pode colocá-lo para fora, mesmo depois de ter jogado sem cometer erros ou de forma brilhante até aquele ponto.

Lee Jones, profissional de poker e mais conhecido por ser o manager *do site Poker Stars.*

Existem diferentes tipos de torneios, e cada um deve ser abordado com uma estratégia. Por exemplo, em um torneio no formato satélite, que distribua várias vagas para um outro torneio maior, você não precisa ser o primeiro colocado em fichas para ganhar o mesmo prêmio. Se em um torneio-satélite que dá 15 vagas, você terminar em 15º, 10º, 5º ou 1º, seu objetivo foi cumprido.

Torneio-Satélite: o prêmio deste torneio são vagas em um torneio de maior importância ou valor de inscrição.

Já em um torneio *freezout*, o prêmio maior está na primeira colocação, e muitas vezes os melhores prêmios vão apenas para os três primeiros lugares. O seu objetivo, neste caso, é terminar na melhor classificação possível.

Torneio Freezout: formato no qual os jogadores começam jogando, distribuídos por várias mesas, com quantidades de fichas semelhantes. Conforme os jogadores vão sendo eliminados, as mesas vão sendo rearranjadas, eliminando-se uma a uma até só restar uma única final. Os jogadores mantêm-se com as fichas que vão ganhando e o objetivo é, no final, ter todas as fichas em jogo e ser o campeão. Se perder todas as suas fichas e não houver possibilidade de recompra de um cacife, você está eliminado. A classificação ocorre na ordem de eliminação.

Em certos torneios, o número de fichas com que você começa será tudo o que terá para jogar; em outros, terá a chance de comprar um ou mais *stacks* para adicionar ao seu. Esta recompra de fichas acontece de duas formas:

1- ***Rebuy***: se você tiver o valor de um cacife original ou menos, dentro de um determinado período de tempo (normalmente uma hora ou os primeiros níveis de *blinds*, mas varia de torneio para torneio), pode realizar a compra de mais um cacife. Existem torneios com *rebuys* ilimitados, ou seja, a cada vez que você atingir os critérios citados, pode recomprar e entrar novamente no torneio, enquanto em outros o número de *rebuys* permitido por jogador é limitado.

2- ***Add-on***: diferente do *rebuy*, esta compra pode ser feita independente da quantidade de fichas que você possui. O *add-on* acontece em um determinado momento especificado no regulamento do torneio (normalmente após uma hora) e só pode ser feito naquele instante. Você não pode requisitar um *add-on* antes ou depois do momento especificado para ele.

Em alguns torneios, a quantidade inicial de fichas é alta, e os *blinds*, lentos, sendo este tipo de torneio chamado de *deep stack*. Os *blinds* podem subir em intervalos longos como 30 (caso do *deep stack* do Poker Stars), 45 (caso do BSOP) ou 120 minutos (caso do WSOP). O aumento dos mesmos, entre um nível e outro, é suave na ordem de 25 a 50%. Exemplo: de 100 a 200 para 150 a 300, depois 200 a 400, 300 a 600 e 400 a 800.

Em outros, ainda, a estrutura de *blinds* é rápida, com níveis que duram pouco tempo, e aumentos dos *blinds* que chegam a 100% entre um nível e outro. Exemplo: de 100 a 200 para 200 a 400 e depois para 400 a 800 e 800 a 1.600.

Quanto mais lenta a estrutura de *blinds* e maior a relação entre a quantidade de suas fichas e os *blinds* (total de fichas dividido pela soma dos *blinds*), mais o torneio favorece a habilidade dos jogadores, os quais têm mais tempo para selecionar suas mãos e esperar boas jogadas.

Para cada um dos modelos citados, sua estratégia deve diferir. Então, primeiro, vamos falar de uma tática geral a ser utilizada.

Em um torneio com muitas mesas, a primeira palavra de ordem é cautela. No início do torneio, só entre em uma mão que você veja potencial para dobrar suas fichas. Evite participar de muitos potes pequenos que podem sangrar suas fichas pouco a pouco.

Pense nisto

Lembre-se de suas fichas como sua vida no torneio, e, ao mesmo tempo, sua munição. Para atacar os seus adversários, você precisa de fichas.

Sua postura deve sempre se relacionar com o que você tem de fichas em relação aos seus adversários. Se está na média deles ou abaixo, deve jogar no início, um jogo *tight*, esperando as melhores mãos para ir, e, quando for, que seja tentando ganhar um pote grande.

Trata-se de uma estratégia contestável, no início de um torneio, ficar dando *limp* com mãos marginais como AT, T9, 98, KJ, só para ver se acerta o *flop*. É preferível dar *fold* nestas mãos a jogá-las de forma passiva dando *limp*.

Alguns jogadores, sobretudo os profissionais, defendem que a parte inicial do torneio, quando a maioria dos jogadores está praticando o jogo *tight*, é um bom momento para entrar em potes pagando pouco e tentando dobrar as suas fichas. Entretanto, vale lembrar que estes jogadores agem assim com base em diversas outras técnicas, como utilizar de boa posição e ser agressivo contra jogadores que já identificaram como passivos.

Portanto, antes de tentar se comportar como os profissionais que hoje estão no topo, primeiro conscientize-se da importância de poupar as suas fichas, ao mesmo tempo em que, ao entrar para disputar um pote, tenha em mente ser agressivo e apostar forte para ganhar muitas fichas.

Se você entrar em uma mão cedo e conseguir dobrar suas fichas ou subir bem acima da média na sua mesa, então pode utilizar sua vantagem para começar a ver mais *flops*.

Costumo chamar isto de "acumular gordura". Sempre que você tem mais fichas que seus adversários é como se tivesse uma gordurinha extra para queimar. Você pode se dar ao luxo de ver mais *flops* ou de subir mais mãos, pois, se perder um ou dois potes, ainda continua em posição privilegiada.

Entretanto, não se empolgue demais! Lembre-se de que até mesmo os jogadores mais agressivos sabem da importância de se jogar *tight* no início do torneio. A fase de tentar fazer jogadas mais arriscadas virá com o aumento progressivo dos *blinds*, quando passa a ser mais importante roubá-los.

Por que roubar *blinds*? Quando os *blinds* estão altos, se você ficar algumas rodadas inteiras sem jogar, começa a perder uma porcentagem grande do seu *stack*. Ao aumentar uma aposta pré-*flop* com a intenção de roubar os *blinds*, estará realizando dois objetivos: aumentando seu *stack* e diminuindo o dos adversários. Em média, você deverá roubar ao menos uma vez e meia os *blinds* por rodada. Ou seja, a cada duas rodadas na sua mesa você deverá tentar ganhar três potes. Assim, conseguirá ir aos poucos aumentando seu *stack*.

Entretanto, só inicie os movimentos de roubar os *blinds* quando passar a fase inicial, ou seja, a partir do quarto nível de *blinds*. Raramente o risco de perder muitas fichas compensa a quantidade que você irá ganhar se for bem-sucedido.

Uma coisa muito importante de lembrar é que em torneios grandes que pagam um bom número de jogadores, fatalmente irá conseguir entrar no dinheiro na maioria das vezes se você jogar apenas suas melhores mãos, jogando de modo bem *tight*. Apenas esperando pelas mãos *premium*, evitando todas as outras e tentando dobrar com estas, qualquer jogador pode chegar perto ou na faixa de premiação.

Ou seja, o estilo de jogo *tight*, que chamamos de ABC poker (só jogar as melhores mãos, respeitando posição e o conceito de *gap*), funciona para levar você na maioria das vezes até os 10 a 20% mais bem colocados em um torneio (descontando a variância normal, que o leva a perder com mãos favoritas em algumas situações). Porém, este estilo, apenas, dificilmente o levará a ser campeão do torneio. Para chegar nas primeiras colocações, alguns ajustes devem ser feitos do meio do torneio em diante, o que inclui correr mais riscos, aumentar mais mãos e tentar roubar mais *blinds*. Não dá para ser campeão apenas jogando mãos *premium*, exceto se estiver em um dia iluminado, saindo com vários pares de AA e KK, o que é muito raro.

Pense nisto

Para ganhar um torneio, é necessário mais do que ser *tight*. E diria que grande parte de ganhar um torneio se constrói na fase do meio de um torneio.

Por exemplo, dobrar suas fichas no início, quando conta com 1.500 não tem, obviamente, o mesmo valor que dobrar suas fichas quando no meio do torneio você tem 30 mil. Aquela dobrada inicial é quase insignificante perto de dobrar suas fichas no final de um torneio.

Quantas vezes você não deve ter visto alguém disparar com 10.000 fichas no início e não chegar nem perto do *money*? O problema é que o jogador que se arrisca muito no início, jogando mãos marginais para tentar dobrar, acumula rapidamente fichas, mas se não mantiver um padrão de jogo sólido no final, perderá fichas muito mais rápido com suas mãos marginais.

Lembro-me de um torneio que joguei on-line que ficou martelando na minha cabeça por alguns dias. Foi no Poker Stars, em que todos começavam com 1.500 fichas. Uma série incrível de mãos boas me fez chegar ao segundo *break* (com duas horas de torneio) a incríveis 77.000 fichas. Para vocês terem uma idéia, o segundo colocado tinha 42.000, e a média não passava de 8.000 naquele momento. Tudo estava dando certo. Entretanto, apesar de ser um número expressivo, ainda estava longe da média necessária para uma mesa final. Como o torneio tinha cerca de 1.200 jogadores, o total de fichas em jogo era de 1.800.000 e, portanto, os nove primeiros colocados que fariam a mesa final deveriam chegar neste ponto com cerca de 200.000 fichas.

De repente, uma série de mãos começou a mudar o destino do torneio. Entrando em *races* (corridas) contra adversários com poucas fichas, aos poucos fui perdendo minha vantagem. No terceiro *break* tinha cerca de 40K, mas agora a média havia subido para 30K. Acabei o torneio na 28ª posição, um resultado muito bom dentro de 1.200 jogadores, entretanto frustrante por não ter conseguido manter a liderança. Este torneio foi um exemplo de por que dobrar em um torneio nas fases finais é mais importante que nas fases iniciais. O jogador que acabou me eliminando e chegou a ter apenas 4.000 fichas quando eu já estava com 70.000. Na fase final, ele recebeu umas três mãos muito boas em seqüência e conseguiu dobrar seu *stack* até mais de 250.000, o que o fez chegar à mesa final. Acabou como vice-campeão do torneio.

Moral da história: um torneio não se ganha no início. No início você se posiciona para, nas fases intermediária e final, conseguir jogar com tranqüilidade. A fase inicial é de acumulação, quando o mais importante é estar acima da média de fichas. E, além disso, nunca pense que, por ter liderado um torneio na fase inicial, a fase final será mais fácil. Nesta fase é que são definidos os campeões em algumas mãos-chave.

Dito isso, não acho muito errado se você praticamente não jogar mãos em um torneio *freezout* ao longo dos primeiros níveis de *blinds*. Entretanto, quando os *blinds* começarem a ficar mais altos, é hora de se manter na média ou acima de fichas do torneio.

Cálculo da média de fichas

Pegue o número total de fichas representado pelo número inicial de fichas multiplicado pelo número total de jogadores que entrou no torneio e divida pelo número de jogadores que restam no torneio. Ex.: torneio com 1.590 participantes. Fichas iniciais 2.000. Restam 100 jogadores, qual a média? 1590 x 2000 = 318.000 / 100 = 31.800 fichas

Nas fases intermediárias do torneio, a regra do *gap* explicada no capítulo sobre *sit and go's* passa a valer.

O seu objetivo ao longo da fase do meio do torneio é se manter na média ou acima dela. Se conseguir se manter nesse patamar até restarem apenas cerca de 20% dos jogadores que começaram, está muito bom.

Relembrando:

Quando alguém subir antes de você, é necessário que você tenha uma mão melhor para chamar do que necessitaria para aumentar se ninguém o tivesse feito até a sua vez.

A ação em uma rodada chegou até você, que está em posição final na mesa, ninguém aumentou até agora ou entrou no pote: lance um *raise* com sua mão.

Alguém aumentou antes de você e seu jogo não é forte: saia fora da rodada.

O melhor conselho que tenho e que costumo aplicar em meus torneios ao vivo, trazendo bons resultados é: não precisa correr riscos ainda. Isto significa que você deve evitar os *coin-flips*. Exemplo:

Um jogador vai *all-in*. Você então começa a analisar com que tipo de mãos esse jogador poderia ter feito essa jogada.

Como esse jogador hipotético é bastante *tight*, você imagina que para ir *all-in* ele tenha um par alto que pode variar de 99 até AA.

Entretanto sua mão também é forte, digamos um AK. Na fase final do torneio, este é um *call* que você faz com facilidade. Na fase intermediária, se este *call* colocar o seu torneio em risco, pode pensar em dar *fold*.

Dica

A sua meta durante um torneio é que, nas mãos que resolver jogar, na medida do possível você seja o agressor, isto é, seja o jogador fazendo as apostas e não as pagando e evite situações em que tem apenas 50% de chances de ganhar (por exemplo: par contra cartas mais altas).

O motivo que alego para tanto é que você terá muitas oportunidades de ganhar potes sendo o agressor e estará dependendo menos da sorte com as cartas em situações nas quais não é o favorito.

Quando você é o agressor, coloca nessa conta as chances de os seus adversários darem *fold*, o que aumenta suas chances reais na mão. Exemplo:

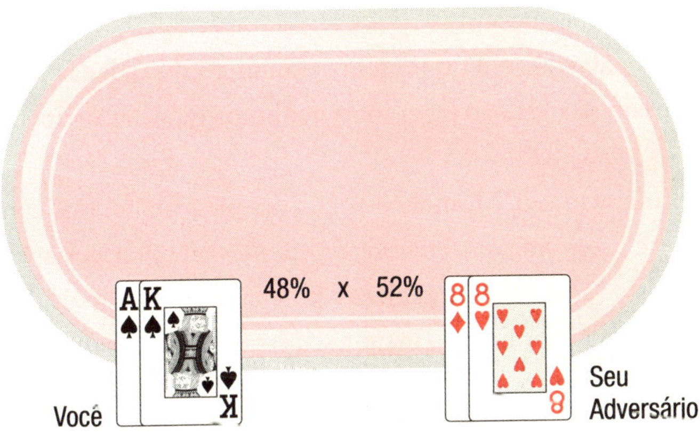

Nesta situação, seu adversário ganhará 52% das vezes e você, 48%.

Se você vai *all-in*, seu adversário primeiro tem que pensar se vai chamar. Digamos que ele só chame 50% das vezes.

Suas chances de ganhar agora são de 75%. Metade das vezes ele dá *fold*, e você ganha direto (50%). Na outra metade que ele chama, você ainda ganha quase metade das vezes (25% dos 50% que ele chamou).

Mas você não deve ir *all-in* sempre no meio do torneio. Ao contrário, só irá *all-in* quando uma subida normal sua — três ou quatro vezes os *blinds*

— representar mais de 1/4 do seu *stack*. Normalmente suba os *blinds*, e, se alguém voltar, você terá a chance de decidir se chama ou não.

A cada duas vezes que você roubar os *blind* e for bem-sucedido, pode tentar uma terceira vez, e, se perder, continua no lucro. Ou seja, só precisa acertar 2/3 das vezes. Não é bom?

O número M — como calcular

O torneio vai avançando, e você deve sempre avaliar seu desempenho da seguinte forma:

Some os *blinds* e os *antes*. Pegue então seu *stack* e divida-o pelo total da soma.

O número que você encontrou chama-se M. Ele vai servir para orientá-lo sobre como você está no torneio em relação aos *blinds*. O conceito de M foi descrito por Dan Harrington, jogador profissional de poker americano.

Dependendo do valor do seu M, sua estratégia de jogo deverá se modificar de acordo com o mesmo.

Em outras palavras, o M representa o número de rodadas nas quais suas fichas acabariam se você não jogar mais nenhuma mão e ficar apenas pagando os *blinds* e os *antes*.

Quanto maior o seu M, mais espaço terá para manobras, como dar um *raise* pré-*flop* e fazer uma *continuation bet* no *flop*, ou optar por apenas chamar um *raise* antes do *flop* e tentar ganhar o pote apostando depois do *flop*.

Conforme seu M for ficando menor, seu espaço para tais manobras diminui, e você começa a ter de optar entre ir *all-in* para dobrar suas fichas ou dar *fold*.

Harrington definiu algumas zonas de valores do M e como você deveria agir em cada uma delas:

M entre 1 e 4 — zona vermelha

Na minha opinião, poderia ser chamada de zona negra, pois seu *stack* é muito pequeno e só lhe resta ir *all-in* com qualquer mão. Na realidade, você já está em uma fase em que está morto no torneio. Tem que rezar para dobrar na primeira mão possível. Com M nesta faixa, quando a ação chegar a você e ninguém tiver entrado no pote, sua melhor chance é ir *all-in* com quase quaisquer duas cartas (digamos que com 80% das mãos). O motivo é que, quanto mais você esperar, menos chances terá no torneio. Digamos que vai *all-in* com T♠8♥ quando seu M é 4. Uma pessoa o paga, e você dobra suas fichas, pulando para um M de 8. Outro jogador que não tem consciência desse número resolve esperar por um par na mão para ir *all-in*. Espera por duas rodadas (seu M caiu para 2) e finalmente vem com um par de 8. Vai *all-in* e também consegue dobrar, mas apenas retorna para o M de 4, continuando na mesma situação desesperadora. Ou seja, esperar pelo par não o ajudou a sair desta situação. Além disso, em ambos os casos, tanto com T♠8♥ como par de 8, ele tinha chance de ser eliminado.

Por último, quanto maior a sua quantidade de fichas quando for *all-in*, menor a chance de ser chamado pelos adversários. O nome disso é *fold equity* e já foi explicado anteriormente.

M entre 5 e 10 — zona laranja

Seu *stack* já é considerado pequeno. Você tem pouco tempo sobrando no torneio caso não consiga dobrar suas fichas, e a zona vermelha está se aproximando. Deve ir *all-in* na primeira mão em que tiver *gap* e um jogo relativamente bom. Pelo menos 50% das suas mãos passam a ser candidatas a um *all-in*. Ou seja, você ainda pode se dar ao luxo de selecionar um pouco melhor.

Está é a zona em que mais se cometem erros. O jogador sabe que não está bem em fichas, mas, como ainda não se encontra em uma situação muito ruim, acredita que pode esperar pelas melhores mãos. Talvez esta seja a faixa em que as pessoas mais deveriam trabalhar para melhorar em um torneio. Ter a coragem de ir *all-in* com a intenção de não ser chamado ou de dobrar suas fichas no torneio quando seu M está nessa região é fundamental.

Entretanto, vale fazer uma ressalva utilizando-se de outro número definido por Dan Harrington em seu livro: o Q.

Para calcular o Q, deve-se dividir o total de fichas pela média de fichas em jogo. Ou seja, com este número você conseguirá comparar como está em relação aos adversários que restam no torneio.

Se estiver exatamente na média, seu Q será de 1.

Qualquer valor abaixo da média, seu Q será acima de zero e menor que 1.

E qualquer valor acima da média, seu Q será maior que 1.

Se o seu M estiver na zona laranja, mas for Q alto, você não precisa se mover com tanta pressa, pois significa que está acima da média. Portanto, poderá escolher melhor suas mãos e deixar os jogadores mais desesperados caírem. Entretanto, não relaxe demais, ou logo você estará abaixo da média.

M entre 11 e 15 — zona amarela

Você goza de relativo conforto. Não precisa ir *all-in*. Pode arriscar subir alguns *blinds* e escolher as mãos. Use bem o *gap*. Não chame *raises* com mãos marginais.

Estar nesta faixa é estar bem-posicionado para chegar à de premiação. Entretanto, precisa continuar ganhando fichas. Utilize seu *stack* maior para pressionar os adversários com *stacks* menores que o seu, mas médios. O melhor tipo de adversário para atacar é o que está na zona laranja.

Os adversários na zona vermelha terão a tendência a chamar suas apostas, então, contra eles, ao subir, tenha uma mão boa.

M acima de 16 — zona verde

Jogue solto. Chame *raises* de menos de 10% seu *stack*. Pode optar entre jogar *tight* ou *loose*, entrando em potes baratos com mãos marginais e subindo com suas melhores mãos.

Com M acima de 16, estará concorrendo com os líderes do torneio, podendo assustar qualquer um com seu *stack*.

Dica

Ataque os *blinds*, jogue no seu estilo. Se tem um M alto como este é porque jogou bem até aqui. Mantenha o que está fazendo.

O número M aparece nos livros do autor e jogador profissional Dan Harrington (*Harrington on Hold'em*). Vale a pena ler os livros para uma explicação mais detalhada. Pretendemos em uma próxima obra detalhar mais os princípios do M e usar diversos exemplos. Para este livro introdutório, apenas conhecer o conceito e calcular já é um grande início.

Com o avanço do torneio para menos de 20% dos jogadores restantes, começa a ficar importante acumular fichas acima da média. É a hora em que o bom jogador se sobressai. Ele ataca mais os *blinds*, principalmente os *stack* que estão na média e não querem se arriscar. Da mesma forma, você passa a atacar os *stacks* pequenos, mas com uma ressalva: lembre-se de que um *stack* pequeno tem mais chances de chamar sua aposta por se considerar fora do torneio do que um *stack* médio que ainda pode escolher uma outra ocasião. Os seus *raises* para roubar os *blinds* e atacar não devem mais ser guiados apenas por um múltiplo do *big blind* (três vezes o BB), mas, sim, por uma porcentagem do *stack* que quer atacar. Você deve dar um *raise* que deixe claro para o adversário que o *stack* dele todo está em risco. Isto pode ser bem-sucedido com uma aposta entre 30 e 100% do *stack* alvo.

O que vai determinar a porcentagem que você vai utilizar é quanto quer se envolver na mão. Se sua mão for muito fraca, pode optar por uma aposta que o comprometa menos. Se sua mão for boa o suficiente para uma disputa mano a mano, tenda a colocar o adversário *all-in*. Se sua mão for muito forte (como AA ou KK), faça uma aposta mais convidativa, algo em torno de 30%.

O jogo nesta fase recai para ser agressivo e, ao mesmo tempo, respeitar os *stacks* grandes e os jogadores que também são agressivos, capazes de chamar grandes apostas ou de reaumentar você. Para identificá-los, é fundamental prestar atenção na mesa quando não estiver participando de uma mão. Quando estiver jogando on-line e chegar à fase final de um torneio, lembre-se de focar no mesmo. Não fique navegando pela internet, conversando ou vendo televisão enquanto joga. Uma boa parte da estratégia para ganhar um torneio vem de conhecer seus adversários.

Hoje em dia, existem alguns recursos que podem ajudá-lo a conhecer melhor os adversários. O site www.thepokerdb.com traz um banco de dados com resultados dos jogadores nos principais sites on-line. Coloque os nomes dos seus adversários nas mesas na procura do site e veja quantas vezes eles já chegaram em mesas finais ou nas faixas de premiação. Identifique aqueles que estão acostumados a chegar às faixas de premiação dentre aqueles que nunca chegaram e que, portanto, devem estar com mais medo de se envolver em mãos que possam eliminá-los.

Se tiver um jogador eliminando outros na mesa, evite entrar em confronto com ele, a não ser que esteja com mãos muito boas. Você deve atacar os pequenos e médios, evitando os grandes. Preste atenção — e isso é importante — naqueles que estão recebendo cartas boas e ganhando várias mãos, e procure não se debater com eles.

Entretanto, lembre-se de um conselho de Igor "Federal":

— *Os jogadores com stack maiores que o meu são os que podem me dobrar em um torneio e me fazer ganhá-lo depois.*

Dica

Sabendo escolher a hora certa, não tenha medo de enfrentar os líderes. Quando estiver com uma mão muito forte, almeje os grandes.

Atenção, não caia na tentação de dar *limp* com mãos como AA ou KK. Nesta fase mais que em qualquer outra, você deve proteger suas mãos boas. Lembre-se sempre de que a eliminação pode estar na esquina à sua espera.

Acima de tudo, tenha consciência de que um torneio com muitos jogadores é muito mais difícil de ganhar do que um com poucos. Assim, mesmo jogando com perfeição, poderá ter uma série de torneios em que não consiga bons resultados. Perseverança é fundamental para esse tipo de torneio.

É bom lembrar que os torneios com muitos inscritos costumam pagar premiações muito boas para os primeiros colocados, valendo a pena jogar para ganhar, e não apenas para entrar na faixa de premiação. Portanto, seja agressivo nos momentos finais e não se incomode se cair antes da mesa final por ter sido agressivo. Você está jogando corretamente.

Capítulo 29
Desenvolvendo sua *bankroll*

A frase da minha vida é uma do Napoleão Bonaparte: "Quando você vê o inimigo cometendo um erro, não o interrompa."

Maria Eduarda "Me" Mayrink, jogadora profissional e cineasta do primeiro longa-metragem sobre poker no Brasil. Também autora do blog http://needanace.blogspot.com

Logo no início do livro, comentei que você pode jogar poker de forma recreativa sem qualquer tipo de transação monetária envolvida. Por outro lado, alguns jogadores podem estar curiosos em participar de torneios on-line ou internacionais, ou dos eventos desportivos pelo Brasil. Entretanto, para trilhar este caminho é necessário um conhecimento de como desenvolver e proteger sua *bankroll*.

Para o profissional de poker, sua *bankroll* é como uma ferramenta de trabalho. Para conseguir jogar os torneios e fazer sua *bankroll* crescer, ele faz um planejamento e espera obter um retorno mínimo para manter o capital, almejando o aumento progressivo dos seus lucros e minimizando o risco de perdas.

Isso não é nada diferente do que um investidor faz ao operar em uma bolsa de valores. Traça sua estratégia de investimento usando de análise técnica (gráfica) ou fundamentalista. Estuda os movimentos de mercado. Separa uma porção do que tem disponível e vai alocando seus recursos e diversificando os investimentos. Coloca uma parte em investimentos mais seguros, com um retorno menor mas garantido, uma outra parte aloca para os investimentos mais agressivos, onde arrisca mais para tentar um retorno maior.

O bom investidor tem para todos os seus investimentos proteções programadas. A proteção diminui suas perdas caso uma série de resultados desfavoráveis aconteçam. São as operações de *hedge* e os *stop losses*, por exemplo.

No poker você deve ter a mesma cabeça de um investidor: deve proteger o seu capital ao máximo, diversificando seus jogos e limites, sabendo quando pode arriscar ou não.

Antes mesmo de pensar em como fazer sua *bankroll* crescer, deve aprender regras para manter o que você já tem.

Dez Axiomas Bello

1- Não jogue com mais do que você pode — o poker não é uma maneira mágica de fazer dinheiro nem deve ser encarado como um jogo de apostas. O poker é um esporte que necessita de planejamento e estratégia para fazer o bolo crescer.

2- Procure arriscar com o seu lucro, mas mantenha seu principal (sua *bankroll* original) seguro.

3- Quando obtiver lucro após um número predeterminado de sessões, separe uma parte desse lucro para o aumento de sua *bankroll* inicial (algo como 50%). Com o restante, planeje entrar em jogos com um maior retorno (por exemplo, um *ring game* ou s*it and go's* de nível maior ou um torneio no qual queira jogar). Lembre-se: fazer o bolo crescer.

4- Conheça suas habilidades — participe apenas dos jogos que você domina. Se não é um bom jogador em torneios, invista sua *bankroll* em *ring games*. Se prefere s*it and go's*, mantenha-se com eles.

5- Separe uma parte pequena de sua *bankroll*, algo em torno de 10%, para jogar sem compromissos. Ou seja, entrar em jogos nos quais não domina ou ainda para jogar de forma relaxada, sem pressão por resultados.

6- Lembre-se de que os *ring games* e os s*it and go's* são melhores para o desenvolvimento contínuo de uma *bankroll*, enquanto os torneios grandes podem ser responsáveis por grandes saltos nela. Use os seus lucros dos primeiros jogos para arriscar nos torneios.

7- Nunca saque mais que 20% de sua *bankroll*.

8- Nunca tente recuperar em uma tacada só as perdas de determinadas sessões. Se estiver perdendo em um dia, é melhor parar de jogar e esperar outra oportunidade. Não suba para um nível mais alto tentando recuperar o que perdeu em outro mais baixo, pois normalmente isso significará um prejuízo ainda maior.

9. Para aumentar a *bankroll,* concentre-se em jogar contra jogadores piores que você. Para ganhar no poker não se preocupe em bater seus adversários mais difíceis; grande parte do lucro vem de jogar contra jogadores menos experientes. Por isso, às vezes, manter-se em níveis mais baixos de jogos é mais lucrativo que simplesmente subir para maiores níveis.
10. Aproveite toda e qualquer vantagem que possa ter: bônus oferecidos pelos sites para depósitos, *rakeback* (quando o site oferece devolução de parte do *rake* que você pagou), indicar amigos para ganhar bônus, jogar torneios com *overlays* (premiações garantidas maiores que o arrecadado com inscrições). A única forma de encontrar estas oportunidades é aprender a procurar por elas através de pesquisas.

Se quiser dicas ou trocar idéias sobre alguns desses axiomas, pode escrever para: leobello@nutzz.com.br.

Como desenvolver uma *bankroll*

Uma das principais dúvidas que os jogadores têm é como conseguir, partindo de um depósito inicial pequeno, multiplicar os seus ganhos e conseguir se manter praticando sem fazer novos depósitos.

Em primeiro lugar, é preciso conhecer os seus objetivos com o poker. Você quer ser um profissional e fazer do poker uma fonte de renda?

Muitos poucos jogadores têm as habilidades necessárias para conseguir sobreviver apenas com seus resultados. O poker é um jogo que, acima de tudo, demanda uma extrema disciplina, concentração e paciência, além de todo um conhecimento técnico. Não adianta ser um excelente jogador tecnicamente falando se, em um dia de derrotas, você se descontrolar e acabar perdendo mais do que deveria, entrando em torneios muito caros e saindo do plano que traçou para o seu crescimento. Diria que apenas 1% dos jogadores que sonham em se tornar profissionais realmente terá lucro a longo prazo.

Tilt: começar a jogar de forma incorreta, arriscando-se mais após perder algumas mãos durante um jogo.

Entretanto, mesmo sem se tornar profissional, pode conseguir ganhar muito dinheiro em um torneio, como já aconteceu com vários brasileiros que nem pensam em fazer do poker sua profissão.

Por outro lado, seu objetivo pode ser exclusivamente o lazer. Divertir-se sem ter de investir muito para tanto.

A diferença básica entre os dois casos é que provavelmente o profissional terá de investir um pouco mais que o jogador recreacional para fazer sua *bankroll* crescer mais rápido. O maior problema que vejo, porém, é que na maioria dos casos acontece o contrário: o jogador recreacional joga níveis muito caros e acaba gastando muito, enquanto o profissional adota linha mais segura e gasta menos, mas acaba não evoluindo tão rápido em relação ao crescimento da *bankroll*.

As dicas deste capítulo referem-se mais a como dar os passos iniciais para construir uma *bankroll* mínima para poder se divertir on-line ou ao vivo.

Hoje em dia existe toda uma empolgação natural com o site Poker Stars. Este site é o atual líder entre os todos os demais em termos de quantidade de jogadores e qualidade do software. Indiscutivelmente, supera os adversários em vários aspectos, incluindo um excelente suporte ao usuário, uma interface amigável e a abundância de jogos e torneios. Além disso, como a comunidade brasileira no site já é muito grande, fica mais fácil obter ajuda, dicas e até mesmo companhia para uma mesa. Muitos brasileiros ficam torcendo pelos compatriotas, abrindo as mesas de outros torneios apenas para assistir e incentivar pelo chat o desempenho dos atletas brasileiros. Todos esses motivos fazem o Poker Stars ser a primeira escolha de 80% dos iniciantes.

Atenção

Collusion: com a facilidade de se comunicar utilizando os recursos da internet, tais como programas de mensagens instantâneas e de voz sobre IP (Messenger, Skype etc.), alguns jogadores acabam utilizando esses meios para cooperar durante uma partida, por exemplo, dizendo suas cartas para um companheiro. Isto é ilegal no poker! Poker é um jogo individual, e não de equipe. Qualquer informação privilegiada sobre as cartas de outro jogador na mesma mão que você é considerado uma forma de roubo. Aprenda a jogar lealmente e evite esse tipo de situação. No Brasil já houve punições a jogadores que praticaram *collusion* ajudando uns aos outros. Além do mais, os sites on-line podem bloquear as contas e, em alguns casos, até confiscar o dinheiro de jogadores envolvidos em qualquer forma de jogo cooperativo.

Não indicaria começar pelo Poker Stars. Um dos principais motivos é a falta de incentivos por parte do site para os novos jogadores. A grande maioria dos sites oferece bônus para os primeiros depósitos dos jogadores. O Poker Stars apenas os oferece em alguns momentos do ano.

Os bônus são a chave para o início da construção de uma *bankroll*. Foi a partir dos bônus oferecidos por diversos sites que consegui transformar minha *bankroll* de US$ 400 em quase cinco vezes tal valor, correndo riscos mínimos.

Logo que comecei, não tinha conhecimento dos bônus, então passei seis meses em apenas um site, jogando apenas um tipo de jogo. Depois dessa fase inicial, descobri o que os americanos chamam de *bonus whoring*. Para aqueles leitores que têm domínio da língua inglesa, aconselho uma visita ao site www.bonuswhores.com.

A tradução semântica perfeita para a expressão seria caçando bônus. Nada mais é do que fazer registro em um site, fazer um depósito que esteja oferecendo um bônus normalmente na forma de um percentual do que você está colocando no site. Depois, jogar um número predeterminado de mãos para conseguir liberar o dinheiro do bônus para sua conta, sacar este dinheiro do site (seu depósito + bônus + possível lucro que teve) e depositar em outro site que esteja dando bônus. Ou seja, você faz um circuito entre os sites.

Para movimentar o dinheiro entre um site e outro, abra uma conta no Neteller (www.neteller.com)

Existem bônus de depósito de até 1.000% do valor depositado. Ou seja, você deposita US$ 100, e o site lhe oferece US$ 1.000 de bônus. Entretanto, não é tão simples assim. Os bônus que os sites dão nada mais são do que o retorno de parte do que você deixa de *rake* para o site. Ou seja, primeiro você tem de jogar, e, como todos os demais jogadores, contribuir para o *rake* do site. Depois o site devolve parte dos lucros na forma de bônus. Ou seja, para liberar US$ 1.000 de bônus você provavelmente terá que jogar o suficiente para movimentar cerca de US$ 10.000 em *rake* para o site: "Ué, mas dá para fazer isso com apenas US$ 100?" Claro que sim; apenas levará uma infinidade de mãos para conseguir.

Todas as vezes em que você joga uma mão em um *ring game* ou paga a inscrição de um torneio, os sites de poker on-line tiram um pequeno percentual chamado de *rake*. Desse dinheiro, os sites devolvem uma parte para promoções como os bônus.

Você deve estar pensando: "Então isso é ruim. Eles estão me pagando com meu próprio dinheiro." Não é bem assim. Nos sites de poker on-line, você sempre pagará o *rake* em todos os jogos. Então por que não tentar receber parte deste *rake* de volta enquanto joga? Se você jogar sempre em sites que ofereçam bônus, estará recebendo de volta parte do que teria gasto em um outro site.

Além do mais, para você parecerá dinheiro extra, pois não costumamos perceber o peso do *rake* quando jogamos.

O *rake* também é retirado de cada pote ganho, e conta sempre como uma média entre todos os jogadores na mão no caso dos *ring games*. Ou seja, se jogar por uma hora em uma mesa com dez pessoas, e no final tiver jogado cerca de 100 mãos com *rake* médio de US$ 1, terá contribuído com cerca de US$ 10 no total para o *rake*. Sites que oferecem bônus retornam uma parte disto na forma de dinheiro para você. No caso, após uma hora, fora qualquer tipo de lucro ou prejuízo, você teria ganho mais US$ 1 a se somar aos seus US$ 100 iniciais.

Mas qual a melhor maneira de conseguir transformar este dinheiro de bônus em dinheiro de verdade para jogarmos?

A melhor maneira de liberar os bônus é jogar em mesas de *ring game,* prefencialmente do tipo *limit.*

Atenção

Para liberar bônus, o que mais importa é o número de mãos jogadas. Quanto mais mãos forem jogadas, mais rápido o bônus é liberado. E o mais importante: não precisam ser mãos em que você participa ativamente, basta estar sentado à mesa.

Assim, a melhor maneira de liberar bônus é abrir de um a quatro mesas de *ring game* do tipo *limit* de valores bem baixos (como 0,10/0,25 ou 0,5/1) e jogar o ABC poker. Ou seja: *fold* em 80 a 85% das mãos, evitar pagar *raises* e jogar forte com suas melhores mãos. Jogando dessa maneira ultra-*tight*, diminuirá sua flutuação e, portanto, possíveis perdas (ao mesmo tempo diminuindo seus possíveis lucros, mas lembre-se de que seu objetivo é jogar com segurança para liberar seus bônus e fazer sua *bankroll* crescer).

Durante uma hora em uma mesa de *ring game,* é possível jogar cerca de 40 a 60 mãos. Jogando quatro mesas você terá cerca de 240 mãos por hora. Imaginando que 70% dessas mãos gerem *rake,* você estará jogando cerca de 150 mãos por hora válidas para liberar o bônus.

Os detalhes de quantas mãos são necessárias para liberar cada tipo de bônus você encontra nos diversos sites, já que as regras diferem. Cuidado com os bônus oferecidos por sites com movimento de *ring games* pequenos, já que neste caso torna-se mais difícil a liberação dos bônus.

O site Interpoker é o único que oferece um bônus mensal, enquanto a maioria oferece bônus para primeiro depósito. O Interpoker oferece todo mês um bônus de até US$ 100. Todo início de mês você pode depositar lá, jogar as mãos necessárias para liberar os US$ 100 e depois retirar seu dinheiro, repetindo tudo no mês seguinte.

ABC Poker

- *Fold* em todas as mãos que não forem: pares, AK, AQ.
- *Raise*: AA, KK, QQ. Se for jogo *no-limit*, tente até mesmo ir *all-in* com estas mãos.
- Outras mãos, jogue dando *limp* e só continue se o *flop* ajudá-lo.
- Não pague *raises*.
- Jogue bem atento à sua posição. Se for um dos últimos a falar, pode até arriscar jogar AJ, AT, mas com cuidado.

Outras dicas para *bankroll* referem-se à escolha dos seus níveis de jogos. Para escolher o seu nível em um *ring game* lembre-se de que você deve ter cerca de 300 vezes o valor da *big bet* do nível. Por exemplo: para jogar 1-2 *limit*, recomendam-se US$ 600. Para jogar 0,10 – 0,25 recomendam-se US$ 75. Já em jogos do tipo *no-limit*, recomenda-se ter cerca de 20 a 30 vezes o valor do *buy-in* para o nível. Ou seja, para jogar *no-limit* 10 recomendam-se US$ 200.

Aqui você já encontra o problema da maioria dos brasileiros iniciantes. Eles depositam em torno de US$ 100 e já querem jogar NL25 ou NL50. Como você pode entrar em um jogo no qual está arriscando de 1/4 a metade de sua *bankroll*? Não faz o menor sentido.

Se fosse no mercado financeiro, seria como apostar metade do que você tem em um investimento de risco. Pode levá-lo à ruína em pouco tempo.

Para *sit and go's*, recomenda-se em torno de 20 *buy-ins* para o nível desejado.

Lembre-se de que comecei a jogar em mesas com micro-*limits*. Passei seis meses jogando em limites de centavos.

Se você quer jogar seriamente, tem duas opções: fazer um investimento inicial maior para conseguir apostar níveis maiores ou começar por baixo e não ter pressa em subir de nível.

Uma recomendação é que faça sua *bankroll* crescer aos poucos. Digamos que você separe um dinheiro todos os meses para o seu lazer. Cinema, bala das, revistas etc. Passe a separar uma parte desse dinheiro e reserve para a sua *bankroll*. Não se esqueça de que é um investimento. Assim, a cada mês você consegue reservar um pouco mais para o seu jogo sem se comprometer.

É muito importante ter responsabilidade na hora de administrar sua *bankroll*. Jamais se esqueça de que o Texas Hold'em não é um jogo de apostas e que você deve estar sempre se divertindo, e não se comprometendo. Poucos chegarão ao nível de profissionais, mas você pode se divertir muito sem se comprometer.

Para quem está construindo uma *bankroll*, lembre-se de que jogar a modalidade *limit* em vez de *no-limit* pode ajudar a ter uma variância menor e também que os *sit and go's* são uma forma de ter diversão por cerca de uma hora de uma forma controlada.

Com aproximadamente US$ 100, dá para um jogador mediano jogar cerca de 20 *sit and go's* de US$ 5. Como em uma parte deles o jogador ganhará os prêmios ao chegar em primeiro, segundo ou terceiro, esta *bankroll* pode se estender por 30 a 40 torneios sem se acabar. Ou seja, dá para se divertir por um mês jogando uma hora todos os dias, sem ter o compromisso de aumentar a *bankroll*. Basta comprometer-se em não aumentar de nível antes de ter ao menos 20 a 30 *buy-in* para o próximo (que, no caso, seriam os *sit and go's* de US$ 10, para os quais você precisaria de US$ 200 a US$ 300).

Capítulo 30
Tells e psicologia no jogo

A agressividade é sempre beneficiada no poker.

Michel "pkrplayerbr" Helal, jogador carioca conhecido pela sua agressividade e consistência nos torneios. Ganhou a primeira etapa do Circuito Paulista de 2006, escreve seu próprio blog, no qual tenta ajudar os iniciantes: http://pkrplayerbr.blogspot.com

A importância dos *tells* no poker é algo difícil de ser explicado. Ao mesmo tempo em que é uma habilidade essencial saber identificar os *tells* dos adversários, algumas vezes é hipervalorizada em textos, já que muitas das situações cruciais de um jogo não são resolvidas por meio deles.

Acredito que a aquisição do repertório que ajuda na leitura de situações na mesa é um processo fundamental para o crescimento de um jogador. Para aprender a captar os *tells* de outros jogadores, você deve entrar num processo de concentração na mesa, que irá ajudar todo o seu jogo.

Quando você começa a procurar por *tells* tem um ganho paralelo que é passar a prestar atenção na ação que está ocorrendo na mesa, quando você não está participando ativamente de uma mão.

Tenho de lembrar que o jogo de poker é acima de tudo um jogo mental, e portanto, seu foco, concentração e percepção têm que estar aguçados.

Mas o que define um *tell*?

É o conjunto de informações físicas ou psicológicas que um indíviduo transmite para um observador atento.

Importante notar que os *tells* não se resumem a maneirismos ou ações. Muitas vezes um *tell* pode ser simplesmente o estado de humor de uma pessoa, sua atitude na mesa ou até mesmo o modo de se vestir.

Podemos assumir que um jogador sentado em um jogo com limites não tão altos, que ostenta várias jóias e aparelhos eletrônicos, como iPod e celular, e se veste com roupas caras, não estará tão preocupado em perder o dinheiro investido. Portanto, somente de olhar para o jogador você percebe que ele não se intimidará com apostas.

Por exemplo, quando estive em Las Vegas para o último WSOP, jogando *ring game* no cassino Venetian, acabei me sentando em situações diferentes na mesma mesa que os profissionais Steve "Z" Zolotov e Amir Vahedi. Estava jogando em um nível que para mim poderia ser considerado caro, com *buy-in* de US$1.000. Porém, para estes profissionais tal limite era muito baixo, quase irrisório perto dos níveis que eles estão acostumados a jogar. Perder US$1.000 para mim não é uma situação agradável. Para eles não faz a menor diferença. Assim, o primeiro *tell* sobre esses jogadores foi o reconhecimento de que eles não se intimidariam com minhas apostas, e eu deveria entrar contra eles apenas com jogos sólidos.

A melhor maneira de começar a perceber os *tells* é, ao sentar num jogo, ou se possível, antes mesmo de entrar na mesa, observar cada um dos seus oponentes. Verifique quem parece estar à vontade na mesa, quem manuseia bem as fichas e as cartas, demonstrando intimidade com o jogo. Muitas vezes você consegue perceber um jogador iniciante na mesa pela dificuldade em separar fichas, ou pelo modo como ele as empilha à sua frente. Os jogadores mais experientes costumam fazer pilhas organizadas até mesmo com o intuito de parecer ter muitas fichas para intimidar os adversários. Repare também nas apostas, quais jogadores hesitam em apostar as fichas de maior valor e quais as apostam sem medo, em várias rodadas.

Observe o estado de humor dos adversários e veja quem parece estar ganhando ou perdendo na mesa. Lembre-se de que um jogador que está perdendo tende a se coçar e a jogar com menos cuidado, pagando mais apostas para tentar recuperar o que perdeu. De maneira contrária, um jogador que está vencendo costuma jogar as mãos de um modo ainda melhor, com confiança elevada e atento a armadilhas.

Após ter feito sua análise primária dos jogadores na mesa e também da atitude da mesa como *tight* ou *loose*, agressiva e passiva, você deve começar a se concentrar nos outros tipos de *tells*: os físicos e os de aposta.

Antes de continuar a falar sobre características gerais, quero fazer uma pausa para falar os dois principais *tells* a que você deve estar atento:

FORTE SIGNIFICA FRACO, E FRACO SIGNIFICA FORTE.
e
PADRÃO DE APOSTAS

Se você não conseguir se concentrar em mais nada, mas se lembrar desses dois pontos, já estará cobrindo 90% das informações que pode conseguir de um adversário.

Alguns profissionais advogam que sua principal arma é conseguir definir a força dos adversários por meio da análise dos seus padrões de apostas, e chegam a dizer que este é o *tell* mais fidedigno dado por um amador.

Você deve anotar mentalmente quais recursos um determinado jogador usa com freqüência, como por exemplo:

- Jogadores que fazem aumentos substanciais antes do *flop* e depois mostram mãos muito fortes como: QQ, KK e AA, ao passo que, quando têm outras mãos, fazem aumentos modestos, mais fracos.
- Os jogadores que, ao subir pré-*flop*, sempre apostam depois do *flop* fazendo *continuation bet*.
- Aqueles que costumam fazer *check-raises* e dar apenas *check* quando acertam o maior par da mesa.
- Jogadores que pagam apostas pequenas, mas correm com apostas grandes.

O seu objetivo ao identificar esses padrões é se proteger contra as apostas desses adversários que indicam força, enquanto você vai explorar as apostas que indicam fraqueza por parte do adversário.

Por mais incrível que possa parecer, uma das coisas mais difíceis de se disfarçar são os padrões de apostas de certos jogadores. Em primeiro lugar, porque muitas pessoas se preocupam em esconder ou dissimular os *tells* físicos, mas poucas percebem a importância de variar suas apostas independentemente da força das mãos.

Alguns textos de poker recomendam que, para evitar essa leitura pelos profissionais, o jogador deve tentar manter um aumento fixo em suas apostas no pré-*flop*, não importando a força da mão. Em geral é recomendado três vezes o valor do *big blind* + uma ou duas vezes por cada jogador a mais que já entrou no pote antes de você.

Agora que você já está chegando ao final desse livro — e se chegou até aqui na leitura é porque já está com um repertório estratégico acima da média — recomendo, então, que faça diferente.

Varie o valor dos seus aumentos não de acordo com a mão que você tem, e sim aleatoriamente. Algumas vezes, suba mais com uma mão mais fraca ou menos com uma mão mais forte. Procure sempre fazer apostas que não permitam que seu adversário reconheça a força de sua mão.

Varie o seu repertório de apostas. Por exemplo, não faça sempre *check-raise*. Eventualmente, ao fazer uma mão muito grande, comece apostando, fazendo o que chamamos de *leading bet*.

> Dica
>
> Procure variar suas apostas não pela força de mão, mas sim de uma maneira a confundir seus adversários.

Com isto em mente, vamos passar ao mantra dos *tells*, definido por Mike Caro em seu clássico livro *Mike Caro's book of tells*: *"Strong means weak and weak means strong."* Praticamente todos os *tells* derivam deste. Se um jogador tentar parecer agressivo e forte, desafiador e audaz, normalmente sua mão é mais fraca do que aparenta. E o oposto também é verdadeiro.

O maior problema em lembrar dessa frase é que, no poker de hoje, a maioria dos jogadores já conhece esse mantra. Ainda assim, acredite, poucos conseguem se lembrar dele ao enfrentar uma situação durante um jogo.

Os jogadores mais experientes, por conhecerem essa máxima do poker, tentam dissimular e agir de acordo com a força da sua mão, ou seja, realmente parecer forte quando se tem uma mão muito forte.

Aí você deve se perguntar: "Mas como reparar se o jogador está dissimulando sua força ou se está agindo de acordo com ela?"

A resposta é: prestar atenção quando o jogador estiver jogando contra outros jogadores.

Observe quando houver um *showdown* importante na mesa, algo como um *flush* ou um *full house*, como foi a aposta entre os dois adversários. Quem ficou demonstrando força?

E o que são as atitudes que demonstram força?

1- **Modo de jogar as fichas no pote**

Ao apostar, os jogadores devem levar suas fichas à frente. Aqueles jogadores que pegam uma pilha de fichas e as largam na mesa, normalmente jogando-as ou colocando-as com uma certa, em geral estão querendo mostrar força.

Na realidade, esses jogadores costumam ter mãos fracas, e tentam intimidar o adversário com atitudes abruptas.

Por outro lado, o jogador que, ao apostar, pega suas fichas e calmamente as coloca no centro da mesa, algumas vezes fazendo pequenas pilhas com elas, sem muita pressa, costuma estar com uma mão forte. No mínimo, repare que ele não tem pressa e está pensando sobre a jogada. Não se encontra afobado e faz um movimento calculado, normalmente discreto o suficiente para não chamar a atenção. Repare que este não é um movimento lento, feito para alertar o adversário, mas, sim, feito para tentar passar despercebido.

2- **Como o jogador segura as fichas**

Antes da sua vez de apostar, quando outro jogador ainda está agindo, ele pega as fichas dele e segura algumas com a mão, como se fosse apostar. Este é um *tell* que varia de acordo com a experiência do jogador.

Se for um jogador altamente inexperiente, isso pode representar que ele pretende apostar. Lembro-me de um episódio idêntico que aconteceu uma vez comigo quando jogava no cassino Conrad. Sentou à minha mesa um jogador que aparentava estar pela primeira vez em uma mesa de poker. Como ele estava sentado à minha esquerda (falava depois de mim), eu olhava para ele antes de agir. E nas mãos que ele ia subir, separava as fichas antes mesmo de a ação chegar até ele. Assim eu planejava minhas ações.

Porém, normalmente quando um jogador pega nas suas fichas como se fosse apostar antes de sua hora, isso representa apenas uma tentativa de intimidar o adversário, como se estivesse mandando um recado: "Não aposte porque minha mão é forte."

Na maioria das vezes, o jogador que está segurando as fichas não deseja apostar e principalmente não quer que ninguém aposte, pois desejaria ver mais uma carta. Se você apostar forte contra ele nesse momento é capaz de ele largar a mão.

3- **Como o jogador arruma suas fichas**

O jogador que deixa suas fichas arrumadas em pilhas ordenadas costuma ser um jogador *tight*.

Aquele que não se preocupa em arrumar as suas pilhas e as deixa de forma desordenada costuma ser um jogador *loose*.

Repare também quem separa as fichas de maior valor para não serem utilizadas. Normalmente esses jogadores não pagam apostas altas.

4- **Postura na mesa**

Quando um jogador, ao receber suas cartas, se aproxima da mesa e senta de modo mais ereto é porque sua mão o interessa e ele vai jogar a mão.

Por outro lado, sinais de que a mão não interessa ao jogador são: sentar recostado na cadeira, cruzar os braços, olhar para fora da mesa, deixar o corpo relaxado, conversar com o jogador ao lado, mostrar impaciência, segurar as cartas em posição de jogá-las fora.

Quando já estiver no meio de uma mão, lembre-se de que forte significa fraco, portanto, o jogador que, ao apostar, se aproxima da mesa, olha o adversário diretamente nos olhos, fala mais alto, normalmente não está com um jogo forte. Enquanto aquele que tenta mostrar pouco interesse normalmente está forte.

5- **Parar para pensar por um longo tempo e depois chamar uma aposta ou subi-la**

Normalmente indica muita força. Todas as vezes em que um jogador está em um *draw* ou com um jogo que ele espera que melhore, em geral chama apostas com rapidez. Diria que um dos *tells* mais importantes é a velocidade com que se chama uma aposta. Mãos ainda não prontas (*straight draw*, *flush draw*) via de regra chamam apostas de modo quase automático, imediato. É normal que jogadores com mãos muito fortes, como *sets*, dois pares, seqüências e *flushes* prontos, parem para pensar qual a melhor atitude, ou seja, se apenas chamam ou se aumentam a aposta. Eles estão pensando em qual a melhor maneira de ganhar mais fichas na mão.

É raro um jogador pensar por um tempo maior e decidir blefar. Normalmente um bom blefe precisa de um *timing* (um tempo) perfeito.

Ou seja, o blefe não pode demorar muito para ser feito até mesmo por que o tempo é inimigo do blefe, pois permite que o adversário analise o blefador e a jogada por um tempo maior.

Dica

Para onde olhar quando se procura um *tell*?

Procure, antes do *flop*, olhar para os jogadores sentados à sua esquerda. Como eles agem na mão depois de você, se perceber fraqueza poderá se aproveitar disso para subir as apostas e ganhar vantagem em termos de posição. Como, por exemplo: digamos que você está em MP3 e repara que os jogadores sentados no *cut off* e no *button* dão sinais de fraqueza (desinteresse pela mão, cruzam os braços, seguram as cartas para jogar fora, olham para fora da mesa etc.). Neste caso, você pode subir com cartas apenas regulares, pois sabe que provavelmente terá a vantagem da posição ao longo da mão, mesmo que os *blinds* chamem sua aposta.

Você deve ter reparado que a grande maioria dos *tells* se refere a jogos ao vivo. No poker on-line os *tells* são mais relacionados ao tempo que um jogador demora para pagar uma aposta. Mas muitos fatores podem alterar isso, como o tipo de conexão do adversário, quantas mesas ele está jogando, entre outras coisas, diminuindo a fidedignidade dessa leitura.

Continua válido, entretanto, aquele conceito de que, quanto mais rápido um jogador chama uma aposta, maior a chance de a mão dele ser um *draw* ou uma mão fraca como um *top pair* apenas.

Em jogos on-line, os melhores *tells* são os padrões de apostas. Treine bastante anotar quem faz *check-raises*, quem aposta forte com jogos fortes, quem sobe muito pré-*flop* com mãos *premium*.

Mas onde praticar o seu jogo ao vivo? Entre em contato com a federação do seu estado. Se quiser saber de notícias sobre campeonatos, escreva para o nosso e-mail: duvidas@nutzz.com.br.

Curiosidade

Em São Paulo algumas das casas mais famosas e que possuem os melhores torneios são o Texas Tatuapé e o Ômega Clube. O primeiro, mais adequado aos jogadores que moram na capital ou na zona leste de São Paulo, é o local que em 2006 sediou mais etapas do Circuito Paulista e do BSOP. A casa é conhecida pela fartura de mesas do tipo *sit and go* e tem torneios quase diariamente. A estrutura transmite segurança e conforto para os jogadores, com todos os benefícios de um clube de lazer, tais como bar e restaurante, acesso à internet, venda de produtos relacionados ao poker, entre outros. É também famosa por realizar satélites para grandes torneios no exterior, como para o Conrad, o Tower Torneos, em Punta Cana, WPT e WSOP. Você pode encontrar mais informações em www.texastauape.com.br.

O Ômega clube fica localizado em São Bernardo, região do ABC paulista, e é um dos maiores clubes do país. É famoso por realizar torneios com grande número de jogadores e boas premiações. Tem uma infra-estrutura de primeira. Todos os dias você encontra várias mesas ativas. Dispõe de uma das melhores equipes de *dealers* com bons conhecimentos das regras e atenciosidade. Mais informações em www.omegatexasclube.com.br.

Quando falo sobre aplicar psicologia no poker, comece por trabalhar suas próprias atitudes na mesa. O seu comportamento passa informações aos seus adversários. Lembre-se sempre de quais impressões você quer que seus adversários tenham.

Costumo falar com os adversários quando quero que eles baixem a guarda. Faço perguntas sobre a mão atual ou falo sobre um assunto diferente. O mais importante é criar a sensação de *deception*, no sentido de distração.

Uma das principais técnicas de um mágico ou ilusionista é atrair a atenção de sua platéia para um lado, enquanto realiza o seu truque longe dos olhos dos espectadores. Assim, quando quiser informações sobre a mão atual, tente distrair o foco sobre ela. Se quiser distrair o adversário, mantenha uma conversa leve sobre um assunto diverso. Não intimide o seu adversário; raramente a intimidação no poker é a melhor arma. Agir do modo mais inocente possível é o melhor. Por exemplo, enquanto está buscando os *tells* nos adversários, não fique olhando longamente para eles, não os deixe perceber que os está analisando. Isso os colocará na defensiva e provavelmente suas leituras diminuirão.

Um bom jogador de poker deve ser uma figura ao mesmo tempo agradável na mesa e invisível quando não estiver ativo em uma mão. Quanto mais chamar a atenção sobre sua pessoa, mais será alvo dos seus adversários.

Lembre-se também de um campo importante chamado de *kinesics*. Esse campo de estudo se refere às posturas e à leitura corporal. Recomendo aos jogadores iniciantes procurar um livro sobre o assunto e estudar as principais atitudes que revelam ansiedade, irritação, raiva e pressa.

Por último, uma dica de ouro do livro: procure pensar em todos os momentos durante uma mão. Ou seja, refletir sobre cada ação sua em cada rodada de apostas.

Cada vez que for sua vez de agir, pense no porquê da ação do seu adversário e no porquê da sua resposta.

Antes de pagar uma aposta, pense no motivo para fazê-lo e se está disposto a pagar apostas maiores nas próximas rodadas (*turn* e *river*).

Pense qual o seu objetivo nesta mão. Quais as suas chances de fazer seu jogo? Ele é forte o bastante?

Pense também nos jogos do seu adversário.

Existem cinco motivos para um jogador subir uma aposta, e você deve ter um deles em mente quando realizar ou chamar um aumento:

1- Para fazer o pote crescer, colocando mais fichas em jogo (subir com a intenção de ser chamado, aumentando consideravelmente o pote);

2- Para tirar outros jogadores do pote (subir com a intenção de não ser chamado por ninguém);

3- Para disfarçar sua mão (fingir que tem uma melhor do que realmente tem);

4- Para proteger a sua mão (quando você tem uma mão *premium* e quer jogar contra poucos adversários).

5- Para buscar informações (estimar a força dos seus adversários).

O *mini-raise*, por exemplo, costuma ser considerado uma jogada errada porque não cumpre nenhuma das funções anteriores. Não aumenta o pote o suficiente para torná-lo mais lucrativo e tirar *odds* dos adversários, não elimina jogadores do pote (quem deu *limp* acaba pagando o *mini-raise*), não disfarça sua mão, não protege suas melhores mãos e não lhe traz informações.

O Leandro "Brasa" gosta de utilizar o *mini-raise* em uma situação interessante que os profissionais também usam. Quando está fora de posição, digamos UTG, o *mini-raise* pode inibir outros jogadores de fazerem aumentos maiores em cima de você, pois deverão respeitar o aumento vindo dessa posição. Com uma mão intermediária, tipo 99, se você desse apenas *limp*, alguém subiria depois de você ter agido, e, quando a ação retornasse, talvez você desse *fold*, perdendo o que investiu. Se você fizer um aumento normal (três a cinco vezes o *big blind*), algum jogador que chamá-lo depois terá posição sobre você e está demonstrando uma mão forte, além de você correr o risco de receber um reaumento e perder ainda mais fichas. O *mini-raise* acaba sendo uma maneira de gerar uma dúvida nos adversários e tentar entrar em um pote sem ter que gastar mais fichas que o necessário.

Glossário

A

Ace-high Quando sua mão final não chega a formar nem ao menos um par. Ou seja, você não tem cartas pareadas, nem seqüência ou *flush*.

Aces Up Dois pares, sendo que, neste caso, o par mais alto é o de ases. Você também poderá ouvir *kings up* e *queens up*. No Brasil, este termo não é utilizado.

Action (Ação) Normalmente dizemos que temos *action* em uma mão quando ocorrem várias apostas na mesma. Em português, o termo é empregado quando queremos dizer que gostaríamos que houvesse muitas apostas na mão.

Add-on É a possibilidade de comprar mais fichas para acrescentar ao seu *stack* em certos torneios. Ele pode ser realizado independentemente do número de fichas que você possua, mas somente no exato momento preconizado nas regras do campeonato.

Agressividade e jogador agressivo Agressividade refere-se ao jogador ter um estilo em que faça várias apostas, normalmente fortes, utilizando-se de armas com os *raises* (aumentos) *e reraises* (reaumentos).

All-in Ato de apostar todas as suas fichas de uma mão de uma só vez em um determinado momento. Em um jogo ao vivo, ao anunciar o *all-in*, o jogador deve, antes, falar em voz alta e depois mover todas as suas fichas em direção ao centro da mesa à sua frente, com cuidado para não misturá-las com fichas que já estejam no pote.

Angle ou Angle-shooting Termo que significa aproveitar-se de uma regra válida para ganhar uma vantagem antiética em relação a outro jogador. Exemplo: olhar as cartas do adversário sentado ao seu lado de forma furtiva. Não existe nenhuma regra que o proíba de ver as cartas do seu adversário se ele se descuidar ao olhá-las; entretanto, é antiético tentar vê-las propositadamente. Ou na clássica situação em que um jogador com poucas fichas vai *all-in* e dois outros jogadores chamam o *all-in*. A partir daí, é comum que ambos não apostem para tentar, em conjunto, ter mais cartas que possam eliminar o jogador *short stack*. Atenção: você pode em uma mão dar *check* até o final com o seu adversário, neste caso o *angle;* antiético é propor isto abertamente, ou seja, combinar sua ação, com o intuito de se preservar, prejudicando outro jogador na competição.

Ante (Pingo) Aposta colocada antes de serem distribuídas as cartas por todos os jogadores que estão no jogo. No Brasil é conhecido como pingo. É utilizado no Texas Hold'em em estágios avançados de torneios. A colocação do *ante* ocorre independentemente da dos *blinds*, ou seja, todos os jogadores, inclusive aqueles que irão colocar o *small blind* e o *big blind*, devem colocar os *antes* se a regra pedir. Em jogos diferentes do Texas Hold'em, o *ante* pode ser obrigatório em todas as mãos, como no Seven Card Stud.

Aumentar no escuro (apostar no escuro) Quando um jogador aumenta a aposta sem olhar para a mão que tem. Em inglês é conhecido como *blind raise*.

B

Bad beat Ocorre quando uma mão, extremamente favorita a vencer um jogo, acaba perdendo para uma outra cujas chances de ganhar eram poucas.

Backdoor Algo como ter uma saída pelos fundos. Digamos que você tenha um par após ser dado o *flop*, além de ter uma carta de espadas na sua mão. O *flop* veio com duas cartas de espadas. É improvável que você faça o *flush*, pois, para isto, precisaria de mais duas cartas de espadas. Entretanto, você pode considerar esta possibilidade ao analisar seu jogo, pensando: "Eu tenho chances reais de ganhar com o meu par, porém tenho um *backdoor flush*, ou seja, uma alternativa menos provável de fazer o *flush*."

Bankroll Montante de dinheiro ou fichas (no caso de *play money* em sites on-line) que você possui para custear todos os seus jogos. Atenção: o termo *bankroll* difere do conceito de cacife ou *stack*. A *bankroll* é o total de que dispõe para a prática do poker. O *stack* ou cacife é o total que possui em determinado jogo de que está participando naquele momento, que pode ou não ser relacionado com dinheiro.

BB - big blind Aposta obrigatória realizada por um jogador antes de serem distribuídas as cartas. Todas as rodadas no Texas Hold'em começam com um jogador fazendo uma aposta menor (*small blind*) e um segundo jogador sentado à sua esquerda colocando uma maior (*big blind*), antes mesmo de receberem as cartas. A cada mão jogada, o *small blind* e o *big blind* passam aos jogadores sentados à esquerda dos anteriores, e assim sucessivamente, sempre em sentido horário.

Belly buster Quando um jogador tem a chance de fazer uma seqüência caso apareça no *board* (na mesa) uma carta que preencha o meio da seqüência. O termo mais utilizado para este tipo de situação é *gutshot*.

Bet (Apostar) Colocar fichas na mesa.

Bet the pot (Apostar o pote) Apostar a mesa. Quando um jogador aposta o total de fichas do pote.

Bicycle ou Bike (Bicicleta) Também chamada de roda, é uma seqüência mínima: A-2-3-4-5.

Big bet Em Limit Hold'em, a quantidade apostada nas duas últimas rodadas de apostas. É a aposta grande do jogo de *limit*, sendo o número da direita no nome do limite.

Big slick Quando o jogador recebe um A e um K como sua mão inicial, podendo ou não serem do mesmo naipe.

Blank Chamamos de *blank* quando uma carta comunitária não parece ajudar no jogo de nenhum dos jogadores, não fazendo diferença para o possível resultado da mão.

Blefar Blefe é uma aposta em que você tenta representar uma mão ou um jogo mais forte do que aquele que realmente tem. O objetivo do blefe é tentar fazer o outro jogador sair da jogada e não pagar a sua aposta. Você pode também blefar de uma maneira oposta, ou seja, tentar convencer seu adversário de que você tem um jogo mais fraco do que realmente tem, a fim de que ele pague uma aposta sua.

Blind Apostas obrigatórias feitas antes de serem distribuídas as cartas. Poderiam ser chamadas em português de apostas às cegas ou no escuro.

Board (Mesa) As cinco cartas comunitárias no Hold'em. São as cinco cartas que ficarão expostas na mesa e que podem ser utilizadas por todos os jogadores para formar seu jogo em conjunto ou não com as cartas que têm nas mãos.

Boat (ou full boat) Termo em inglês também utilizado para nomear um *full house*, ou seja, uma trinca e um par como seu jogo.

Bottom pair (Par inferior) Quando um jogador usa a carta mais baixa no *flop* para fazer um par com uma das suas cartas.

Break (Intervalo) Em torneios, após um determinado tempo jogado, há pausas predeterminadas em que o jogo é interrompido em todas as mesas, para que os jogadores possam descansar, ir ao banheiro, fazer refeições etc.

Broadway Seqüência (*straight*) que vai do T ao A (A-K-Q-J-10).

Bring-in (Abertura) A aposta forçada efetuada na primeira rodada de apostas, pelo jogador que recebeu a carta aberta mais baixa no 7 Card Stud e Stud 8 or Better. No Razz (Lowball), é a carta aberta mais alta.

Bolha (Bubble) Jogador que é eliminado da faixa de premiação do torneio. Dizemos que, ao ser eliminado o último jogador que não levou prêmio algum, a bolha estourou.

BSOP – Brazilian Series of Poker Torneio de poker realizado mensalmente em um estado diferente. É o primeiro torneio nacional realizado. Possui um ranking e uma coroa no final da temporada, e o melhor jogador ganha um bracelete de prata, representando sua conquista. Ver www.bsop.com.br.

Bullets Quando um jogador recebe AA como suas duas cartas iniciais, dizemos que recebeu *bullets*. Existem outros apelidos para AA, como *pocket rockets* (foguetes) e American Airlines.

Button (Botão) Também é conhecido como botão de *dealer*, é um marcador (normalmente um pequeno disco branco) que se move ao final de cada mão, no sentido horário, de jogador para jogador, para indicar quem estaria fazendo o papel de *dealer* em cada mão. *Button* ou *dealer* também pode ser utilizado para se referir ao jogador que age por último nas rodadas de apostas.

Buy-In Pode ser a taxa de entrada em um torneio ou a quantidade de fichas que você pode trazer à mesa em um *ring game*.

C

Cacife Quantia que um jogador traz para utilizar em um determinado jogo. Em um torneio, todos os jogadores recebem uma mesma quantidade de fichas (excluindo as fichas adquiridas por meio de *rebuys*), que é conhecida como cacife ou *stack* inicial. Em um *ring game*, os cacifes dos jogadores podem variar entre um valor mínimo e máximo inicial estipulado para aquele limite.

Call Pagar a aposta. Apostar um montante igual ao que foi apostado pelo jogador anterior. Faz o *call* colocando uma aposta do mesmo tamanho da última feita antes de você. Se alguém apostar um valor em uma mão e você anunciar o *call*, deverá colocar na mesa o mesmo número de fichas que o adversário apostou (ou menos, se você só tiver uma quantidade de fichas menor como o seu *stack*, caso em que estará *all-in* pelo restante da rodada). Muito cuidado! Se desejar aumentar uma aposta, não deve apenas jogar fichas a mais que a aposta atual. De uma maneira geral, anuncie o seu aumento (*raise*) em voz alta para não correr o risco de sua jogada ser confundida com um *call*, ou seja, apenas pagar a aposta atual.

Calling station Jogador passivo (*loose*) que não aumenta muitas vezes, mas paga mais apostas do que deveria. Jogador que quase sempre paga as apostas, poucas vezes foge da rodada, e, quando aumenta, é porque tem um grande jogo.

Cap Efetuar o último entre os aumentos de aposta permitidos em uma rodada.

Cardroom (Sala de jogos) A sala ou o espaço onde se joga poker.

Cartas comunitárias Cartas que podem servir a todos os jogadores à mesa. Ficam viradas para cima no centro da mesa, visíveis a todos. Cada jogador forma a melhor mão possível de cinco cartas a partir destas cartas comunitárias e de suas duas cartas de abertura.

Cards speak Conceito importante no poker. Refere-se ao fato de que, ao mostrar suas cartas no final de uma mão, o maior jogo possível de ser feito com elas será o considerado. Ou seja, independentemente da mão que você anunciar, o jogo que vale é sempre o mais alto possível com as cartas apresentadas.

Case chips ou case ace O termo *case* significa último. *Case chips* seriam as últimas fichas de um jogador. Situação mais comum é se referir a uma carta no baralho. Ao falar de *Case ace*, queremos dizer que só resta um único A no baralho que pode ser dado como carta comunitária.

Cash game Jogo em que se aposta dinheiro em cada mão. Emprega-se a expressão para diferenciar este jogo daqueles de torneios. Também é conhecido como *Money game* ou *Ring game*.

Cash out (Saque) Deixar um jogo e converter as fichas em dinheiro.

Catch Significa "pegar". Normalmente, é utilizado quando um jogador estava atrás em uma mão, mas uma carta distribuída no *turn* ou *river* faz com que ele vire o jogo.

Cavalar Dividir a entrada de um torneio com um amigo, repartindo também possíveis lucros no mesmo.

Chances ou odds Relação que expressa a probabilidade de um resultado; por exemplo: "As chances de se fazer o *flush* são de quatro contra um." Significa que há uma chance em cinco de fazê-lo.

Chase Continuar jogando uma mão que, claramente, é pior que a de outro jogador no momento, na esperança de melhorá-la. Os jogadores ruins costumam perseguir (*chase*) chamadas para *flush* e seqüência independente das apostas em jogo. Podem eventualmente ganhar mãos, mas em geral são jogadores perdedores.

Check (Mesa) Dar *check* é continuar no jogo sem apostar; passar a vez; bater mesa. Na verdade, representa uma aposta de zero ficha.

Check-raise O jogador primeiro dá *check* e, depois que alguém aposta e a ação retorna para ele, decide aumentar a aposta em uma rodada. É uma jogada poderosa que deve ser respeitada, pois indica força na mão.

Chop Devolver os *blinds* aos jogadores que os colocaram e seguir para a próxima mão, se mais nenhum outro igualar a aposta. Isto ocorre apenas em *ring games* (*cash games*). Não é possível fazer *chop* dos *blinds* em torneio. Um outro significado é o de dividir a mesa (total de fichas no pote), mas, neste caso, é mais utilizada a expressão *split pot*. Por último, também pode significar um acordo feito no final de um torneio entre os premiados para redividir a premiação.

Circuito Paulista Torneio mensal realizado na cidade de São Paulo e no interior do estado. Em 2007 iniciou sua terceira temporada. O jogador que mais pontos faz no ranking, ao longo do ano, recebe um bracelete de prata que representa sua conquista de melhor jogador do circuito. É visto como o campeonato paulista de poker.

Clubs ou Paus Um dos quatro naipes de cartas.

Cold call Quando paga uma aposta que já foi aumentada antes de chegar a você. Você ainda não colocou fichas no pote. Portanto, para entrar no jogo, deveria pagar o valor do *big blind*. Porém, se alguém aumentar a aposta antes de a ação chegar a você, deve pagar mais para participar da rodada. *Cold call* é chamar esta aposta maior.

Completar Colocar o restante de fichas necessárias para cobrir uma aposta de um adversário.

Copas Um dos quatro naipes de cartas.

Cortar Ato de dividir o baralho depois de embaralhar em montes e de colocar o monte que estava em baixo para cima; todas as cartas ficam viradas para baixo durante o corte.

Cowboys Par de reis na mão.

D

Dead man's hand Mão folclórica nos EUA. Era uma mão com dois pares, sendo eles ases e oitos. Era a mão que Wild

Bill Hickock tinha quando Jack McCall o atingiu com um tiro pelas costas.

Dead money Fichas que ficam em um pote de um jogador que não está mais ativo na jogada.

Deal Distribuir cartas para os jogadores. Pode também significar um acordo final de um torneio.

Deal twice Quando dois jogadores estão *all-in* em uma mesa de *ring game* e concordam que o restante das cartas a serem distribuídas (o *flop*, o *turn* ou o *river*) determinará o vencedor de metade do pote. Então, estas cartas são removidas, e são dadas novas cartas, substituindo as anteriores para decidir o vencedor da outra metade do pote.

Dealer Pessoa que manuseia as cartas, distribui a mesa e monitora o jogo. Às vezes também conhecido como *croupier*. Pode ser um jogador da mesa por rodada. Neste caso, a função de *dealer* muda de posição a cada rodada em sentido horário. Ou pode haver um funcionário que não participa do jogo e exerce exclusivamente estas funções de controle e distribuição das cartas.

Dealer's position Posição de *dealer*. A última pessoa a apostar em uma rodada, aquela que está com o botão *dealer*.

Deuces (Duques) Um par de duques.

Diamonds (Ouros) Naipe de ouros.

Dominado (estar dominado ou mãos dominadas) Quando você joga com uma mão contra um adversário que tem a carta mais alta igual à sua, porém com a segunda carta mais alta que a sua, dizemos que você está dominado.

Dominating hands (Mãos dominantes) Mãos ótimas, que também são sólidas e ainda podem melhorar bastante.

Door card Primeira carta exposta, ou carta "aberta", em uma mão em jogos Stud. Também é um termo utilizado para chamar a primeira carta que você vê exposta quando o *dealer* distribui o *flop* no jogo de Hold'em.

Down card Cartas fechadas, que são distribuídas viradas para baixo.

Draw lowball Tipo de poker em que cada jogador recebe cinco cartas com a opção de trocar uma ou mais por outras — a mão baixa ganha.

Draw poker (Poker fechado) Tipo de poker em que cada jogador recebe cinco cartas fechadas, com a opção de trocar uma ou mais por outras, para tentar formar uma mão melhor. Era a modalidade de poker mais difundida no Brasil anos atrás.

Drawing ou draw Quando um jogador tem um jogo que precisa que alguma carta específica apareça, dizemos que ele está em um *draw* ou *drawing*. Também usados: chamada ou projeto.

Drawing dead Quando não existem cartas que possam aparecer no jogo que o façam ganhar a mão, pois seu adversário já tem um jogo que você não consegue bater.

Drawing hand Mão que precisa melhorar para ganhar, normalmente para uma seqüência ou *flush*.

Drop Desistir; dar *fold*; sair do jogo.

Duas pontas Quando você possui uma chamada para seqüência que pode ser preenchida com cartas de qualquer um dos seus dois lados. Exemplo: você tem: 5678. Se aparecer um 4 ou um 9, sua seqüência se completa.

Ducks Dois patinhos. Um par de duques.

Duque ou Deuce Outro nome para um 2.

E

Early position Posição inicial. Posição em uma rodada de apostas na qual o jogador tem de agir antes da maioria dos demais que estão na mesa. São consideradas as duas ou três posições à esquerda dos *blinds* em uma mesa com dez jogadores.

Espadas ou Spades Um dos quatro naipes de cartas.

Estrutura Limites impostos aos *blinds/ante*, apostas e aumentos em um determinado jogo.

F

Fatiada Quando um jogador perde uma quantidade grande de fichas dizemos que ele levou uma fatiada no seu *stack*.

Fifth street Quinta carta. Também conhecida como *river*. Nos jogos com *flop*, representa a quinta carta comunitária na mesa e a rodada final de apostas. Nos jogos Stud, trata-se da quinta carta comunitária distribuída a cada jogador e representa a terceira rodada de apostas.

Figuras Cartas de figuras são o valete, a dama e o rei. Também conhecidas como *Face cards*.

Fish/Sucker Jogador que joga mal e perde com freqüência. É o mesmo que pato. Normalmente tem pouco conhecimento teórico e joga muitas mãos, pagando apostas com poucas chances de ganhar.

Five-card draw Forma de poker mais conhecida no Brasil antes do Texas Hold'em. Cada jogador recebe cinco cartas individuais fechadas. Há uma rodada de apostas e depois pode, se quiser, realizar a troca de uma ou mais cartas. Nova rodada de apostas e o jogador com a melhor mão ganha.

Five-card stud Também é conhecido como *stick* de cinco cartas. Um jogo de poker em que cada jogador recebe cinco cartas, uma fechada e quatro abertas, com apostas após a 2ª, 3ª, 4ª e 5ª cartas.

Flashed card Carta que foi parcialmente exposta por um jogador ou pelo *dealer*.

Flat call Pagar uma aposta sem aumentar. Não confundir com *cold call*, que ocorre quando o jogador chama uma aposta em que houve um aumento. Um *flat call* é quando o jogador apenas chama uma aposta que não foi aumentada (por exemplo, apenas paga o valor do *big blind*).

Flop No Hold'em e no Omaha, são as três primeiras cartas comunitárias abertas no centro da mesa, todas ao mesmo tempo. Também representa o início da segunda rodada de apostas (tendo sido a primeira antes do *flop* ou pré-*flop*).

Flop games (Jogos com flop) São aqueles jogados com cartas comunitárias, abertas no centro da mesa. Os mais famosos são o Texas e o Omaha Hold'em.

Floorman Responsável pela supervisão e pelo cumprimento das regras em uma sala de poker.

Flush Cinco cartas do mesmo naipe, independentemente dos valores de face das cartas.

Flush draw (Tentativa de flush) Quando um jogador tem quatro cartas na sua mão, todas do mesmo naipe e espera receber uma quinta para fazer um *flush*.

Fold Correr. Desistir da sua mão quando é a sua vez de jogar. Sair da jogada. Ao dar *fold*, o jogador perde o direito a todas as apostas que estão no pote. Atenção: se o jogador descuidar-se de suas cartas e, acidentalmente, elas forem recolhidas pelo *dealer*, isto é considerado *fold*. Da mesma forma, se o jogador largar suas cartas, jogando-as no monte de descartes (conhecido como *muck*), sua mão também é declarada morta (*fold*).

Forced bet (Aposta forçada) Uma aposta obrigatória que dá início à primeira rodada de uma mão de poker.

Four of a kind O mesmo que quadra. Quatro cartas de um mesmo tipo, ou seja, com o mesmo número ou valor de figura.

Fourth street Quarta carta. Em jogos com *flop*, é a quarta carta comunitária distribuída (também conhecida como *turn*) e representa a terceira rodada de apostas. Em jogos de Stud, é a quarta carta a ser distribuída aos jogadores e representa a segunda rodada de apostas.

Free card Carta grátis. Quando ninguém aposta em uma rodada, dando o direito a um adversário ver qual é a próxima carta (o *turn* ou o *river*) de graça, sem ter de pagar nenhuma aposta.

Freeroll Chance de ganhar algo sem custo. Normalmente refere-se a torneios em que a taxa de inscrição é gratuita, mas pagam prêmios.

Full house Uma trinca e um par. Também conhecidos como *full hand* ou *full*.

G

Grinding Jogar em um estilo com risco mínimo e lucro modesto durante muito tempo. É o jogador que vai ganhando pequenos potes e evita os grandes.

Gutshot Quando você precisa de uma carta que preenche uma seqüência, mas que se encontra no meio dela. Exemplo: após o *flop*, você tem 5♠6♠8♦9♥. Precisa de um 7 no *turn* ou *river* para fechar a seqüência. O 7 é a carta que completa o seu *gutshot*.

H

Hand (mão) 1. As melhores cinco cartas de um jogador. Melhor combinação que um jogador pode fazer, juntando as suas cartas com as comunitárias. **2.** Suas duas primeiras cartas no jogo de Hold'em. Cartas que um jogador recebe fechadas e só ele pode ver. **3.** Pode ter também o mesmo sentido que uma jogada inteira.

Heads up (Mano-a-mano) Quando apenas dois jogadores estão envolvidos em uma mão, um contra um.

Hearts ou Copas Um dos quatro naipes de cartas.

High Card 1. Maior carta. Pode ser um jogo. Se ninguém tiver ao menos um par ao final da rodada, o desempate da mão é feito com base em quem tem a maior carta ou *high card*. **2.** Para decidir quem vai ser o primeiro *dealer* nos torneios com *flop*, cada participante recebe uma única carta, e o jogador com a carta mais alta (com base na carta e na ordem de naipes — espadas, copas, ouros e paus) é o *dealer* teórico.

High limit ou High stakes Limite alto. Um jogo em que os montantes apostados são elevados.

Hi/lo Também *high/low*, são os jogos de divisão da mesa entre os jogadores com as melhores mãos alta e baixa.

Hold'em Também conhecido como Texas Hold'em, é um jogo em que os jogadores recebem duas cartas fechadas e cinco comunitárias.

Hole cards ou Pocket cards Cartas da mão ou cartas fechadas, são as cartas que o jogador recebe viradas para baixo e que somente ele pode ver.

I

Imagem Forma como os demais jogadores o vêem ou como você os vê na mesa. A imagem refere-se ao estilo do jogador, *tight* ou *loose*, passivo ou agressivo. Pode também ser algo mais simples como imagem de ser um bom ou mau jogador.

Implied odds Probabilidades ou chances implícitas são as probabilidades que você pode calcular, considerando, além das fichas que já estão no pote, aquelas que ainda tendem a entrar em outras apostas ao longo da mão.

Inside straight (Seqüência interior) Quatro cartas que necessitam de uma carta no meio para completar uma seqüência interior. O mesmo que *gutshot*.

J

Jackpot Prêmio atribuído a um jogador que cumpre uma série de pré-requisitos. Por exemplo, alguns *cardrooms* atribuem um *jackpot* a alguém que obtém uma quadra ou superior e perde a mão.

K

Kansas City Lowball Tipo de poker *lowball* no qual a pior mão de poker (2, 3, 4, 5, 7 de diferentes naipes) é a melhor mão. Também conhecida como *Deuce to Seven* (duque até sete).

Key hand (Mão-chave) Em uma sessão ou torneio, a mão que se torna o ponto de virada para um jogador, seja para melhor ou para pior.

Kicker Carta de desempate. A mais alta carta sem par na mão de um jogador, a que geralmente resolve a jogada em caso de empate, caso dois jogadores tenham mãos iguais.

Kojak Mão que contém um K-J.

L

Ladies Duas damas.

Late position (Posição final) Posição em uma rodada de apostas na qual o jogador tem de jogar depois da maioria (normalmente consideradas as duas ou três posições à direita do botão).

Lead Primeiro jogador a apostar para uma mesa. Se o texto se referir a *leading bet*, estamos falando da aposta que abriu a rodada.

Limit Poker (Poker com limite) Um jogo que tem intervalos fixos de apostas mínima e máxima, juntamente com um determinado número de aumentos de aposta.

Limp Quando um jogador entra em uma mão sem fazer aumento pré-*flop*, apenas pagando o *big blind*. Normalmente indica que ele não possui uma mão muito forte, mas quer ver se as cartas do *flop* o ajudam.

Limper Jogadores que apenas pagam o *big blind* pré-*flop* sem aumentar as apostas.

Live card(s) (Cartas vivas) Em jogos de Stud, cartas que ainda não foram vistas e presume-se que ainda estejam em jogo.

Live one Gíria com o mesmo significado de *fish*. É o jogador inexperiente que costuma perder nas sessões.

Lock Mão que faz de você o vencedor sem chances para outra pessoa ganhar. Também é dito do jogador que costumeiramente é vencedor.

Long shot Fazer uma mão apesar de ter poucas *outs* e/ou pouca probabilidade.

Loose (solto) Jogador que joga muitas mãos, entra com uma maior variedade de cartas iniciais.

Lowball Miséria. É um tipo de poker fechado no qual a mão mais baixa ganha a mesa.

Low limit (Limite baixo) Um jogo no qual os montantes apostados são baixos.

M

Main pot (Pote principal) A diferenciação entre *main pote* e *sidepot* (pote secundário) passa a existir quando um dos jogadores envolvidos na mão em um determinado momento vai *all-in*, colocando todas as suas fichas no meio. Se dois ou mais outros jogadores pagarem a aposta e sobrarem fichas a eles, poderão continuar apostando ao longo da mão. Porém, todas as fichas extras irão para o pote secundário.

Maníaco Jogador que é muito solto e muito agressivo ao mesmo tempo, que joga muitas mãos, aumentando as apostas, mesmo com mãos fracas.

Maverick Nome para uma dama e um valete entre suas cartas fechadas, sendo do mesmo naipe ou não.

Middle pair (Par médio) Em jogos com *flop*, quando um jogador faz um par com uma das suas cartas fechadas e a carta do meio do *flop*.

Middle position (Posição intermédia) As posições entre a posição inicial e a posição final em uma rodada de apostas (o quinto, sexto e sétimo lugares à esquerda do botão). Em outras mesas pode-se considerar o sexto, sétimo e oitavo lugares.

Minimum buy-in (Compra mínima) O montante mínimo de dinheiro possível de iniciar um determinado jogo.

Miscall Quando um jogador ou o *dealer* cantam o jogo errado. Ou seja, anunciam o jogo de forma incorreta.

Misdeal Erro na distribuição das cartas que faz com que sejam novamente embaralhadas e redistribuídas do início.

Money game Jogo em que se aposta dinheiro em cada mão. Emprega-se o termo para diferenciar este jogo daqueles de torneios. Também é conhecido como *Cash game* ou *Ring game.*

Monster Mão muito grande ou jogo muito forte. Em um torneio, um jogador que começa a acumular fichas, tendo começado com uma pequena quantidade, é considerado um *monster* (monstro).

Muck Quando você dá *fold* em suas cartas e não as mostra, jogando-as fora, escondido: o nome desta ação é dar *muck* em suas cartas. O *muck* também pode se referir à pilha onde ficam as cartas jogadas fora na mesa de poker.

N

Naipe Símbolos de uma carta (paus, ouros, copas ou espadas).

No-limit (Sem limite) Um jogo em que os jogadores podem apostar tudo o que quiserem (desde que tenham as fichas à sua frente) em qualquer rodada de apostas.

Nuts Melhor mão possível em um determinado momento de uma rodada. Não pode ser vencida por outra melhor, dadas as cartas em jogo.

Nutzz! Empresa que organiza os torneios do Circuito Paulista e BSOP, além de promover cursos de poker, palestras, treinamentos e eventos especiais, como o cruzeiro realizado pela Tower Torneos com jogadores brasileiros.

O

Odds (Chances) A probabilidade de se fazer uma mão vezes a probabilidade de não fazê-la.

Offsuit Cartas de naipes diferentes.

Omaha Jogo no qual cada jogador recebe quatro cartas fechadas com cinco cartas comunitárias. Para fazer a sua mão, o jogador tem de jogar duas de suas cartas e três das cartas comunitárias.

Open-ended straight No Brasil, conhecido como duas pontas. É quando você tem a oportunidade de fazer um *straight* se aparecer a carta que seria a menor ou a maior da seqüência formada.

Ouros Um dos quatro naipes de cartas.

Outs Número de cartas restantes no baralho que podem melhorar a sua mão.

Overcard Carta na mão do jogador que é mais alta do que qualquer uma das comunitárias.

Overpair Par em sua mão que seja mais alto do que qualquer uma das cartas na mesa.

P

Par (pair) Duas cartas do mesmo valor de face.

Passar Não apostar, mas continuar no jogo.

Paus Um dos quatro naipes de cartas.

Pay off Pagar na rodada final de apostas quando você pensa que pode ou não ter a melhor mão.

Play money Dinheiro virtual utilizado em sites on-line sem valor monetário. Permite que você jogue torneios ou *ring games* sem gastar dinheiro e é uma alternativa para quem quer praticar poker sem ter uma *bankroll*.

Playing the board (Jogar a mesa) Em jogos de *flop*, quando a sua melhor mão de cinco cartas é totalmente constituída por cartas comunitárias.

Pocket cards Duas cartas que você recebe no início de uma mão Hold'em que mais ninguém pode ver.

Pocket rockets Par de ases entre as suas cartas fechadas.

Position (Posição) Onde um jogador está sentado em relação ao *dealer*, estabelecendo, assim, o lugar dele na ordem da rodada de apostas.

Post (Colocar) O ato de colocar as fichas representando os *blinds* na mesa.

Pot limit (Limite de mesa) Um jogo no qual a aposta máxima pode ser igual ao valor da mesa.

Pot odds Relação entre o dinheiro do pote e a aposta que você tem de fazer.

Pote ou pot (alguns chamam de poço) Total de fichas apostado na mão. O pote fica no centro da mesa com as apostas realizadas pelos jogadores em uma mão. O pote final é entregue ao vencedor ou aos vencedores da mão.

Pot committed Estar comprometido com o pote, ou seja, após realizar uma aposta, se um adversário subir, o aumento é pequeno em relação à quantidade de fichas total no pote, tornando matematicamente obrigatório a chamada da aposta (indo você mesmo com todas as suas fichas ou chamando um *all-in*).

Pré-flop Rodada de apostas que se faz depois de dar as duas cartas a cada jogador e antes que saiam as três comunitárias.

Prop Pessoa contratada pela sala de poker para trabalhar jogando na mesa e assim mantê-la funcionando.

Push O mesmo que *all-in*. A palavra vem do ato de empurrar todas as fichas para o centro da mesa, que é o que você deve fazer quando está *all-in*.

Q

Quadra Quatro cartas de um mesmo tipo, ou seja, com o mesmo número ou valor de face.

Queimar Descarte de uma carta do topo do baralho sempre antes de iniciar uma distribuição de carta comunitária. É realizada uma queima antes de dar o *flop*, o *turn* e o *river*. Serve para ajudar a garantir a honestidade da distribuição, como no caso de algum jogador ter identificado a primeira carta no topo do baralho por meio de alguma marca.

R

Rack Suporte utilizado para colocar fichas de poker. Pode ser pequeno e portátil, ou grande, dependendo da utilidade.

Rags Cartas ruins que não melhoram o seu jogo. Normalmente, chama-se de *rags* as cartas baixas. É comum a expressão *Ace rag*, que significa que o jogador tinha um A acompanhado de uma carta baixa.

Rail Barreira fora de uma área de poker. Quando um jogador é eliminado de um torneio, diz-se que ele vai assistir ao restante do *rail*.

Railbird (Platéia) Alguém que permanece em uma sala de poker, que observa os jogos e/ou também pretende jogar.

Rainbow Quando no *flop* saem três cartas de naipes diferentes.

Raise Também conhecido como repicar, dar *raise* é aumentar a aposta anterior.

Rake (Comissão) Fichas retiradas da mesa pela sala de poker como percentagem pela organização do evento em um *ring game*. Em torneios, é fixo na inscrição e não é retirado de nenhum pote.

Rank (Ranking) O valor de cada carta e mão.

Ratholing Ação ilegal de retirar dinheiro da mesa e colocá-lo em algum outro lugar. Ou seja, quando um jogador está ganhando, ele não pode tirar parte de seu lucro da mesa. Ou levanta da mesa e vai embora com todas as suas fichas ou continua jogando com todas elas.

Razz 7 Card Stud em que as cinco cartas mais baixas ganham a mesa.

Re-buy (Recompra) O montante de dinheiro que um jogador paga em um torneio para adicionar um número fixo de fichas ao seu *stack*.

Reraise (Reaumentar) Também conhecido como repicar, dar *reraise* é aumentar novamente uma aposta que já tenha sido aumentada.

Reading (Leitura) Análise de um jogador com base na forma como ele joga, seus maneirismos e indícios dados.

Reverse domination ou Dominância reversa Quando uma carta sua é igual à do adversário, mas a segunda carta é maior.

Ring game Jogo em que há aposta de dinheiro em cada mão. Termo usado para diferenciar este jogo daqueles de torneios. Também conhecido como *Money game* ou *Cash game*.

River Última carta a ser distribuída em todos os jogos. No Hold'em e no Omaha, também é conhecida como 5th street ou 5ª carta.

Rock (Rocha) Um jogador sólido, que escolhe bem as mãos que joga.

Rodada de apostas (round of betting) Quando os jogadores têm a oportunidade de apostar, dar mesa ou repicar. Cada rodada de apostas acaba quando a última aposta ou aumento forem pagos.

Rounders Pessoas que ganham a vida por meios ilegais e enganando os outros. Também é o nome de um popular filme sobre poker com Matt Damon e Ed Norton.

Royal Flush ou Royal Straight Flush *Ace high straight* (A-K-Q-J-10) do mesmo naipe. É a melhor mão possível no poker.

Run Seqüência de resultados. Pode ser uma *bad run*, jogos seguidos em que se perde, ou uma *good run*, sessões vitoriosas em seqüência.

Rush Uma série de vitórias.

S

Sandbag Apostar uma mão forte como se tivesse uma mão fraca, na esperança de encorajar os outros jogadores a ficarem e você ganhar uma banca maior.

Satélite Torneio cujo prêmio é a entrada em um torneio maior.

SB – Small blind Aposta obrigatória colocada pelo primeiro jogador após o *dealer* (*button*) da rodada. É aproximadamente metade do valor da *big blind*.

Scoop Em um jogo *high-lo*, significa ganhar toda a mesa, com as mãos alta e baixa.

Seating list Lista de espera, na qual um jogador pode colocar o seu nome se não houver lugares livres na mesa em que pretende jogar.

Second pair (Segundo par) Em jogos com *flop*, quando você forma par com a segunda carta mais alta na mesa.

Semi-blefe Apostar com uma mão que ainda não está pronta, mas que pode fazer um jogo forte caso determinada carta apareça.

Set Trinca feita com um par na mão e uma carta da mesa.

Seven card stud (Stud de sete cartas) É um jogo de poker bastante conhecido, no qual os jogadores recebem três cartas fechadas e quatro abertas. Ele faz mão com as cinco melhores cartas destas sete.

Short-handed Jogo com poucos jogadores, normalmente entre três e seis pessoas.

Showdown Abertura das cartas após a rodada final de apostas, quando todos os jogadores ativos revelam as suas cartas para ver quem ganhou a mesa.

Side pot Pote paralelo que é disputado pelos jogadores ativos restantes, quando um ou mais jogadores estão *all-in*.

Sit and go's O nome vem do fato de estes torneios não terem um horário marcado, iniciando toda vez que o número máximo de jogadores previstos é alcançado.

Slowplay Quando temos um jogo muito forte, mas, em vez de apostar forte, o jogador pede mesa ou faz uma aposta fraca na esperança de atrair mais pagadores ou uma aposta maior de um adversário, e assim ganhar mais fichas.

Slowroll Atitude pouco ética. Quando um jogador que sabe que ganhou uma mão propositadamente demora a mostrar a mão vencedora ou a pagar uma aposta, tendo o melhor jogo possível, apenas pela intenção de criar uma falsa expectativa de vitória para o adversário.

Soft seat Lugar ou jogo favorável devido à falta de habilidade dos outros jogadores na mesa.

Sólido Jogador consideravelmente seguro e que joga bem.

Spades ou espadas Um dos quatro naipes de cartas.

Splash the pot Quando o jogador joga as fichas na mesa de forma desordenada, misturando-as com aquelas que já estão no pote.

Split pot (Pote dividido) Acontece quando dois ou mais jogadores têm a mesma melhor jogada.

Stack (Pilha de fichas) A quantidade de fichas ou dinheiro que cada jogador possui.

Staking Outra forma comum de custeio dos gastos é o chamado *staking*. Um investidor paga parte das entradas de um jogador em um torneio ou em um *cash game*, em troca de uma porcentagem dos lucros obtidos por ele.

Steal (Roubo) Tentar levar um pote apostando, quando os demais jogadores deram *check* ou demonstraram fraqueza. O jogador não precisa ter uma mão forte.

Steam Quando um jogador está jogando em desequilíbrio emocional. O mesmo que *tilt*.

Straddle Aposta *blind* (feita no escuro), que normalmente equivale ao dobro do *big blind* colocada pelo primeiro jogador após o *blind* (UTG). Ao colocar o *straddle*, o jogador tem a chance de falar novamente ao final da rodada de apostas, antes de *flop*. Ou seja, ao colocar o dobro do *big blind* como *straddle*, o jogador ganha o direito de falar após todos os adversários terem agido antes do *flop*.

Straight (Seqüência) Também chamada de seguida, são cinco cartas consecutivas de qualquer naipe.

Straight flush Cinco cartas consecutivas do mesmo naipe.

String bet ou String raise Para realizar uma aposta, o jogador deve fazê-lo de uma só vez, seja anunciando em voz alta o valor que deseja apostar ou colocando a quantidade de fichas desejadas de uma só vez (em um só movimento no pote). Quando o jogador, ao realizar uma aposta, põe fichas no meio da mesa, depois retorna com sua mão para pegar mais fichas e coloca na aposta sem antes declarar o valor total, ele está fazendo um *string bet*, o que é proibido.

Stud games Também conhecidos como poker aberto e, em alguns casos, *stick*. São jogos nos quais os participantes recebem cartas fechadas e abertas. Neste tipo não há cartas comunitárias.

Suit (Naipe) As cartas podem ser de paus, ouros, copas ou espadas.

Suited cards Cartas do mesmo naipe.

T

Table (Mesa) A superfície em que se joga poker.

Tell (Indicação) Uma ação que dá indícios sobre as cartas de um jogador; pistas sobre a mão de um adversário.

Tilt Perder o controle emocional. Normalmente ocorre após perder algumas mãos em seqüência ou um pote muito grande. O jogador em *tilt* começa a jogar sem avaliar suas ações e, portanto, tende a perder ainda mais.

Tight (Amarrado) Um jogador seguro, que não joga muitas mãos e é seletivo com as cartas que joga. Pode, ainda, referir-se ao jogo que não tem muita ação.

Top pair (Par maior) Em jogos de *flop*, quando o jogador forma par entre uma das suas cartas fechadas e a carta mais alta na mesa.

Top two pair Quando as suas duas primeiras cartas fechadas fazem jogo com as duas cartas mais altas na mesa.

Treys Um par de ternos.

Trinca (Three of a kind) Também chamados de terno, trinca, *trips* ou *set*, são três cartas do mesmo valor de face.

Turn Em jogos de *flop*, é a quarta carta a ser distribuída. É a terceira rodada de apostas.

Two pairs (Dois pares) Uma mão com dois pares diferentes.

U

Underpair (Par inferior) Um par fechado de valor inferior ao da carta mais baixa na mesa.

Underdog Mão não-favorita. Mão que tem as piores probabilidades para ganhar o pote.

Under the gun (UTG) Na mira do revólver. A pessoa que joga logo após o *big blind.*

Up Card Carta que é distribuída virada para cima.

V-W

Walking sticks (Muletas) Apelido dado a um par de setes.

Worst hand Pior mão dentre as que estão em jogo.

WPT (World Poker Tour) Série de torneios de renome internacional.

WSOP Campeonato Mundial de Poker que ocorre anualmente em Las Vegas.

Bibliografia

BERNSTEIN, P. *Desafio aos deuses:* a fascinante história do risco. São Paulo: Campus, 1997.

BURGESS, R. *Ultimate Guide to Poker Tells:* Devastate Opponents by Reading Body Language, Table Talk, Chip Moves, and Much More. Chicago, Illinois: Triumph Books, 2006.

CIAFFONE, B.; BRIER, J. *Middle Limit Hold'em Poker:* How to be a big winner at America's most popular form of poker in the 21st century. 2004. ISBN 0-9661007-4-3.

CRAIG, M. *The Professor, the Banker and the Suicide King:* Inside the Richest Poker Game of All Time. Nova York: Warner Books, 2005.

DUKE, A. *How I Raised, Folded, Bluffed, Flirted, Cursed and Won Millions.* Nova York: Hudson Street Press, 2005.

FISCHMAN, S. *Online Ace:* a World Series of Poker Champion's Guide to Mastering INTERNET POKER. Nova York: ESPN Books, 2003.

FRIEDMAN, T. *O mundo é plano:* uma breve história do século XXI. Rio de Janeiro: Objetiva, 2005.

GLADWELL, M. *Blink:* a decisão num piscar de olhos. Rio de Janeiro: Rocco, 2005.

GORDON, P. *Phil Gordon's Little Green Book:* Lessons and Teachings in No-limit Texas Hold'em. Nova York: Simon & Schuster, 2005.

GREENSTEIN, B. *Ace on the River:* An Advance Poker Guide. Fort Collins, Colorado: Last Knight Publishing Company, 2005.

HARRINGTON, D.; ROBERTIE, B. *Harrington on Hold'em:* Expert Strategy for No-Limit Tournaments. Vol 3. Nevada: Two Plus Two Publishing LLC, 2006.

KPLAN, M.; REAGAN, B. *Aces and Kings.* Nova York: Wenner Books, 2005.

KRIEGER, L. *A bíblia do jogador de póquer:* como jogar e ganhar no póquer. Lisboa: Editorial Estampa, 2005.

LESSINGER, M. *The Book of Bluffs:* how to Bluff and Win at Poker. Nova York: Warner Books, 2005.

LINDGREN, E. *Making the Final Table:* No-Limit Texas Hold'em Winning Strategies For Surviving and Thriving. Nova York: HarperCollins Publishers, 2005.

MATROS, M. *The Making of a Poker Player:* How an Ivy League Math Geek Learned to Play Championship Poker. Nova York: Lyle Stuart, 2005.

MILLER, E. et al. *Small Stakes Hold'em:* Winning Big With Expert Play. Nevada: Two Plus Two Publishing LLC, 2004.

REUBEN, S.; CIAFFONE, B. *Pot-Limit & No-Limit Poker.* 2004. ISBN 0-9661007-1-9.

SCHOONMAKER, A. N. *The Psychology of Poker*. Nevada: Two Plus Two Publishing LCC, 2005.

SKLANSKY, D.; MILLER, E. *No-Limit Hold'em:* Theory and Practice. Nevada: Two Plus Two Publishing LLC, 2006.

SKLANSKY, D.; MALMUTH, M. *Hold'em Poker for Advanced Players.* Nevada: Two Plus Two Publishing LLC, 2004.

TZU, S. *A arte da guerra.* Rio de Janeiro: Record, 1983.

YAO, K. *Weighing The Odds in Hold'em Poker.* 2005. ISBN 0-935926-25-9.

Índice remissivo

D

E

F

G

H

I

J

K

L

M

N

O

P

Q

R

S

T

U

V

W

Y

Editora Responsável

Cristiane Costa

Produção Editorial

Daniele Cajueiro

Guilherme Bernardo

Revisão

Ana Carla Sousa

Anna Carla Ferreira

Fernanda Correia

Fernanda Machtyngier

Patricia Reis

Thiago Escobar

Indexação

Sheila Louzada

Diagramação

Filigrana

Este livro foi impresso no Rio de Janeiro, em novembro de 2010,
pela Ediouro Gráfica, para a Editora Nova Fronteira.
A fonte usada no miolo é Adobe Caslon Pro, corpo 11/16 e Helvetica Neue LT Std, corpo 10/16 .
O papel do miolo é pólen soft $70g/m^2$, e o da capa é cartão $250g/m^2$.